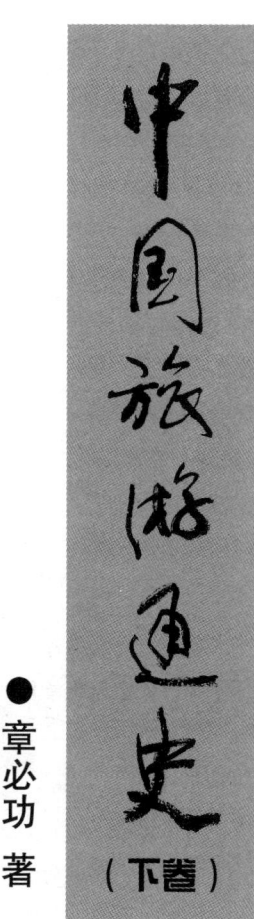

中国旅游通史

（下卷）

章必功 著

创于1897
商务印书馆
The Commercial Press
2016年·北京

内容提要

　　1992年，章必功教授编撰中国第一本《中国旅游史》（云南人民出版社出版）。2014年，作者重修，仍以朝代分章，而章节多有增补，论述直至当代，文字由30万增至63万，分上下两卷。上卷由原始社会、夏商周、秦汉魏晋南北朝至隋唐五代十国；下卷由宋辽夏金、明清民国至中华人民共和国。全面介绍中国旅游的发展过程、发展状况、发展条件与时代特色，内容涉及政治、经济、文化、文学、历史、地理、民俗、时令、交通、旅馆、饮食、人物等。论述生动，时有发凡。适合高等学校旅游专业教学、旅游研究者参考、旅游爱好者阅读。

赵玉茹 摄

章必功，安徽铜陵人，深圳大学教授、校长（2005年4月至2012年7月），主要研究方向：中国古代文学、中国传统文化。著有《文体史话》、《红楼讲稿》、《中国旅游史》、《元好问及金人诗传》、《古典作业》、《〈天问〉讲稿》及论文《六诗探故》等；译有《意识形态的时代》（英译汉）；主编《华夏人文概览》、《近代岭南散文选注》等。

中国旅游通史（下卷）

第十章　宋代旅游　　　　　　　　　　　　　/ 413
　第一节　游中未敢忘忧国　　　　　　　　　/ 414
　第二节　景物理趣　　　　　　　　　　　　/ 432
　第三节　士林冶游　　　　　　　　　　　　/ 445
　第四节　百姓游城　　　　　　　　　　　　/ 449
　第五节　以文载游　　　　　　　　　　　　/ 457
　第六节　宋人旅游观　　　　　　　　　　　/ 469
　第七节　旅游服务业初具规模　　　　　　　/ 473
　第八节　旅游文献　　　　　　　　　　　　/ 508

第十一章　辽夏金旅游 　　　　　　　　　　/ 512
　第一节　四时捺钵　　　　　　　　　　　　/ 516
　第二节　三国游士　　　　　　　　　　　　/ 520
　第三节　南来北往　　　　　　　　　　　　/ 527
　第四节　一年节庆　　　　　　　　　　　　/ 534
　第五节　北方新都　　　　　　　　　　　　/ 536
　第六节　北国名胜　　　　　　　　　　　　/ 541

第十二章　元代旅游　　　　　　　　　　　　/ 548

第一节　蒙古游士　　　　　　　　/ 550
第二节　契丹游士　　　　　　　　/ 555
第三节　回回游士　　　　　　　　/ 558
第四节　维族游士　　　　　　　　/ 559
第五节　汉族游士　　　　　　　　/ 562
第六节　意大利游客　　　　　　　/ 573
第七节　摩洛哥游客　　　　　　　/ 577
第八节　罗马教士　　　　　　　　/ 578
第九节　以文载游　　　　　　　　/ 580
第十节　元人旅游观　　　　　　　/ 591
第十一节　基本建设　　　　　　　/ 596
第十二节　修志绘图　　　　　　　/ 607

第十三章　明代旅游　　　　　　/ 611
第一节　林下风流　　　　　　　　/ 612
第二节　南洋船队　　　　　　　　/ 619
第三节　西域马队　　　　　　　　/ 627
第四节　基督说客利玛窦　　　　　/ 631
第五节　踏遍青山徐霞客　　　　　/ 634
第六节　民间游　　　　　　　　　/ 643
第七节　以文载游——记游小品　　/ 648
第八节　明人论游道　　　　　　　/ 651
第九节　旅游环境建设　　　　　　/ 667
第十节　景观专著　　　　　　　　/ 690

第十四章　清代旅游　　　　　　/ 692
第一节　康乾江南游　　　　　　　/ 693
第二节　士林山水游　　　　　　　/ 696

第三节　儒商游	/ 706
第四节　新疆行	/ 709
第五节　西藏行	/ 714
第六节　少数民族节日游	/ 718
第七节　外宾游华	/ 722
第八节　华人游洋	/ 729
第九节　以文载游	/ 752
第十节　清人论游道	/ 757
第十一节　晚清洋场	/ 767
第十二节　晚清交通	/ 784
第十三节　晚清宾馆酒楼	/ 793
第十四节　景观名胜	/ 797

第十五章　民国旅游　/ 807
第一节　旅游活动　　　/ 807
第二节　以文载游　　　/ 833
第三节　景区开拓　　　/ 839
第四节　旅行社　　　　/ 842
第五节　旅　馆　　　　/ 845
第六节　旅行交通　　　/ 849

第十六章　共和国旅游　/ 861
第一节　旅游大众化　　　　/ 861
第二节　旅游活动如火如荼　/ 864
第三节　旅游资源大开发　　/ 873
第四节　旅游行业大发展　　/ 886
第五节　旅游交通现代化　　/ 896
第六节　港澳台旅游业　　　/ 904

第七节　国家旅游战略　　　　　　　　　　/ 908
第八节　旅游文艺创作　　　　　　　　　　/ 915
第九节　旅游理论研究　　　　　　　　　　/ 921

参考文献　　　　　　　　　　　　　　　　/ 925

第十章

宋代旅游

北宋（960—1127），天下一统，经济复挺，"稻穗登场谷满车，家家鸡犬更桑麻"[1]。旅游，局面大开，"红尘北道，碧波南浦"，"落木千山天远大"[2]。

南宋（1127—1279），划江自守，半壁虚荣，"笑歌声里轻雷动，一夜连枷响到明"[3]。旅游，亦"绿荫不减来时路"，"一箭风快，半篙波暖"，"柳暗花明又一村"[4]。

但是，宋人旅游，天地不及唐人广阔。即如北宋，东北华北，先是辽国霸道，侵占燕云（今北京和山西大同地区）；后是金国横行，据有山东；西北夏国，"东尽黄河，西界玉门，南接萧关，北控大漠"[5]。北宋游客，北不能上幽州台，眺"单于猎火照狼山"[6]；西不能走玉门关，看"瀚海阑干百丈冰"[7]。而南宋游客，只能是："长淮望断"，"问当年，祖生去后，有人来否？"[8]

---

[1] 北宋·滕元《观稻》。

[2] "红尘"句，北宋·贺铸《好女儿·北门东》。"落木"句，北宋·黄庭坚《登快阁》。

[3] 南宋·范成大《四时田园杂兴》。

[4] "绿荫"句，南宋·曾几《三衢道中》。"一箭"句，北宋·周邦彦《兰陵王·柳》。"柳暗"句，南宋·陆游《游山西村》。

[5] 《宋史·夏国传》。

[6] 唐·元稹《燕歌行》。

[7] 唐·岑参《白雪歌》。

[8] "长淮望断"，南宋·张孝祥《六州歌头》。"问当年"，南宋·刘克庄《贺新郎》。

宋人旅游，精神不及唐人豪放。故地沦丧，屡战屡败，自尊受挫，精神压抑，情绪悲愤。宋代又推崇"道学"即"程朱理学"，"革尽人欲，复尽天理"①，思想趋于保守。情绪没有唐人振奋，闯劲没有唐人抖擞。一般游步谨慎，安于常见的、平稳的诸如清游山水、凭吊古迹、浏览都市的活动，而极少放浪形骸，铤而走险。像唐人那种青春一掷的漫游，舍生忘死的"西游"和"东游"，宋人每每临川羡鱼。南北两宋，既无李白、杜甫那样杰出的旅游家，更无玄奘、鉴真那样非凡的旅行家。

① 南宋·朱熹《朱子语类》卷十三。

虽然如此，宋人旅游，仍有长处。宋人山河破碎，游心悲愤。宋人雅赏风景，意在理趣。宋人精筑旅游城市。宋人特重旅游文学。宋人建构旅游服务业。正是这些长处，为中国旅游增添了有宋光彩。

第一节 游中未敢忘忧国

北宋游心，因国土分裂，常怀悲愤。游人登临送目，往往触景伤怀，勾起剪不断的国破阴影和理还乱的战败痛苦，游中未敢忘忧国。

王樵，字肩望，淄州（今山东淄博）人。宋真宗咸平年间（996—1003），辽骑南下，掠其父母。王樵挺身入辽，查访无获，遂于家乡刻木招魂，立祠画像。丧毕，王樵"一驴负装，徒步千里"②，广游边境，以论兵击剑，献谋划策，交接朋友、官吏，鼓动北扫契丹，是宋初弃文习武、仗剑出游、务求灭辽复仇的游客。

② 《宋史·王樵传》。

魏野（960—1019），字仲先，号草堂居

第十章 宋代旅游

士。蜀人，迁居陕州（今河南陕县）。"嗜吟咏，不求闻达。居州之东郊，手植竹树，清泉环绕，旁对云山，景趣幽绝。凿土袤丈，曰：'乐天洞'。前为草堂，弹琴其中，好事者多载酒肴从之游。啸咏终日"①，是一位遁世避俗的隐逸之士。但他漠视名利，却珍视国土。一次，旅游原州（今甘肃镇原与宁夏固原地区），独登危楼，远眺西北，悲从中来：

> 异乡何处最牵愁，独上边城楼外楼。
> 日暮北来唯有雁，地寒西去更无州。②

这一刻，抒发的不是隐士的世外之情，而是疆土丢失的家国之恨。

寇准，字平仲，华州下邽（今陕西华县）人。进士，宋初著名宰相和主战派首领。宋真宗景德元年（1004），辽兵大举南侵，满朝惊惶，寇准力排众议，鼓动真宗亲渡黄河，督战澶州（今河南清丰）。寇准性豪侈，喜剧饮，政治失意，尤爱以游泄愤。咸平初年，寇准从邓州（今河南邓县）调任河阳（今河南孟县），心情落寞，常游河阳河心亭，本想"状其物景"，③忘情自娱，但一睹山河，愁因景浓，借景消愁愁更愁：

> 峰阔樯稀波渺茫，独凭危槛思何长。
> 萧萧远树疏林外，一半秋山带夕阳。④

忧愁如何？似眼中景，秋波浩渺，林木萧疏，夕阳残照；景色如何？似心中愁，迷茫，寂寥，悲凉；生动而含蓄地表达了寇准无计消除的仕途伤感和忧国情愫，展示了寇准郁悒、苍凉的游风。

张愈，字少愚，益州郫（今四川郫县）人。"喜弈棋，乐山水"⑤。青年时，出外求

---

① 《宋史·魏野传》。
② 魏野《登原州城呈张贲从事》。
③ 寇准《书河上亭壁》原诗题："予顷从穰下移涖河阳，洎出中书，复领分陕。惟兹二镇，俯接洛都，皆山河襟带之地也。每凭高极望，思以诗句状其物景，久而方成四绝句，书于河上亭壁。"穰县，邓州治所。
④ 寇准《书河上亭壁》其三。
⑤ 《宋史·张愈传》。

学，四处漫游，常在游途之上思考安定四夷、断绝外寇的大计。仁宗宝元年间，张愈游至首都汴京（今河南开封），将游学所思，上书朝廷，"请使契丹，令外夷相攻，以定中国之势，其论甚壮"，朝廷因此封为校书郎。但张愈志在辅弼，不甘校书，"愿以授父显忠而隐于家"，"浮湘、沅，观浙江，升罗浮，入九嶷，买石载鹤以归，杜门著书"①。

① 《宋史·张愈传》。

范仲淹（989—1052），字希文，苏州吴县（今江苏苏州）人。进士，"以天下为己任"，"日夜谋虑兴致太平"②，是北宋难遇的相才、帅才和文才。他在朝为官，倡言变革，主持了有名的"庆历新政"；又爱广交宾客，"尝推其俸以食四方游士"，"每激论天下事，奋不顾身"。③ 他守边为将，屯兵营田，备战备荒，攻守自如，恩威并用，使诸羌受命，西夏约和。他挥毫为文，文章、诗、词，俱属一流。所写《岳阳楼记》文采极佳，立意极高，"先天下之忧而忧，后天下之乐而乐"如黄钟大吕，响彻九霄，是一切英雄好汉、爱国爱民者的处世原则和立身之道，也是范仲淹竭诚提倡和身体力行的旅游原则和旅游之道。《宋史》说他初涉仕途，不满官吏的冗僭与骄奢，上书论之，凡万余言，其中一条就是"斥游惰"，反对士大夫好逸恶劳，沉湎游乐。他本人坚持忙里偷闲，或借调任之机，或借巡查之途，游目自然，寄情山水，把旅游当作"先天下之忧而忧"的一种宣泄方式，风物景观尽系民生苦乐和国家盛衰。在江上：

② 《宋史·范仲淹传》。

③ 《宋史·范仲淹传》。庆历，仁宗年号。

　　江上往来人，但爱鲈鱼美。
　　君看一叶舟，出没风波里。④

④ 范仲淹《江上渔者》。

秋风起，鲈鱼堪脍，范仲淹注视捕鱼人搏击风浪，涌上心头的不是鲈鱼的美味，而是渔民生计的艰难苦涩，是"不以物喜，不以己悲，居庙堂之高则忧其民"[1]了。在边塞：

> 塞下秋来风景异，衡阳雁去无留意。四面边声连角起，千嶂里，长烟落日孤城闭。
>
> 浊酒一杯家万里，燕然未勒归无计。羌管悠悠霜满地，人不寐，将军白发征夫泪。[2]

深秋，西北边关，黄土高原，千峰叠嶂，长烟落日，雁阵惊寒，孤城紧锁，范仲淹戎装勒马[3]，满目萧然，感极而悲，乡思的煎熬和克敌制胜、封疆守土的愿望以及战局未定的焦虑，绾结于胸。忧患意识，浓烈深厚。这一点正是唐宋两代边塞游风的显著差别。唐代，富国强兵，游边者大多如血气方刚的青年，"黄沙百战穿金甲，不斩楼兰誓不还"，景观壮阔，观感豪迈。宋代，积贫积弱，游边者大多如饱经风霜的老将，"浊酒一杯家万里，燕然未勒归无计"，景观萧杀，观感沉郁。

王珪，字禹玉，成都华阳（今四川成都）人。进士，历经仁宗赵祯、英宗赵曙、神宗赵顼、哲宗赵煦四朝，"朝廷大典策，多出其手"，在朝"典内外制十八年"，"自执政至宰相，凡十六年"[4]。勤勉王政，忧劳国事，旅游偏重吊古。游金陵，作《金陵怀古》：

> 怀乡访古事悠悠，独上江城满目秋。
> 一鸟带烟来别渚，数帆和雨下归舟。

[1] 范仲淹《岳阳楼记》。

[2] 范仲淹《渔家傲》。

[3] 宋仁宗康定元年（1040）八月，范仲淹任陕西经略安抚副使兼知延州（治所在今陕西延安）。

[4] 《宋史·王珪传》。

> 萧萧暮吹惊红叶，惨惨寒云压旧楼。
> 故国凄凉谁与问，人心无复更风流。

王珪渲情于景，借寒烟冷雨、晚风落叶、孤鸟低迴、帆影远逝的迷惘秋色，叹故国凄凉，伤人心无复，深切担忧大宋前途。又作《游赏心亭》：

> 六朝遗迹此空存，城压沧波到海门。
> 万里江山来醉眼，九秋天地入吟魂。
> 于今玉树悲风起，当日黄旗王气昏。
> 人事不同风物在，怅然犹得对芳樽。

赏心亭是北宋丁谓在金陵修建的楼阁，踞"下水门之城上，下临秦淮，尽观览之胜"。① 王珪极目天地怀今古，由六朝遗迹，追思亡国之鉴；以亡国之鉴，惕惧当今时局；登高伤政，怅然若失。

王安石（1021—1086），字介甫，抚州临川（今江西临川）人。进士，神宗时两任宰相，变法革新。罢相后，闲居江宁（今江苏南京），在"春风又绿江南岸"，"两山排闼送青来"②的自然山水中自得其乐，但爱国忧思不减，常以忧心游步，关注人民生活和朝廷政治。郊游村野，观顾桑林，他"聊向村家问风俗，如何勤苦尚凶饥？"③金陵城头，纵览山河，他对景思危，写下了传为"绝唱"④的《桂枝香·金陵怀古》：

> 登临送目，正故国晚秋，天气初肃。千里澄江似练，翠峰如簇。征帆去棹斜阳里，背西风，酒旗斜矗。彩舟云淡，星河鹭起，画图难足。
> 念往昔，繁华竞逐。叹门外楼头，悲恨相续。千古凭高对此，谩嗟

① 《景定建康志》卷二十二。

② "春风"句，王安石《泊船瓜洲》。"两山"句，王安石《书湖阴先生壁》。

③ 王安石《郊行》。

④ 宋·杨湜《古今词话》"金陵怀古，诸公调寄《桂枝香》者三十余家，独介甫为绝唱。"

荣辱。六朝旧事随流水，但寒烟，芳草凝绿。至今商女，时时犹唱，《后庭》遗曲。

画图难足的景观勾起他悲恨相续的观感，进亦忧、退亦忧的政治家游风俨然、确然。

靖康之难，"山河破碎风飘絮"①。南宋朝野最沉重的话题是"庙堂无策可平戎"②，最痛苦的心病是"南人堕泪北人笑"③。旅游的忧国精神，远比北宋强烈悲愤。

李纲（1083—1140），字伯纪，邵武（今属福建）人。进士，抗金名臣。北宋钦宗时任兵部尚书、尚书右丞。南宋高宗时任职尚书右仆射（宰相）兼中书侍郎。后外放潭州（今湖南长沙），徙居洪州（今江西南昌）。在洪州赋闲，李纲游鄱阳湖，举目"潮落潮生波渺渺，江树森如发"，感叹壮志未酬，"高楼谁设"④？重阳节登高，李纲眺望北方故土，"回首中原何处是，天似幕，碧周遭"，期盼"会取八荒皆我室，随节物，且游遨"⑤。

吕本中（1084—1145），字居仁，寿州（今安徽寿县）人。徽、钦时任低级朝官，高宗时赐进士出身，任中书舍人。早年山间林下，诗酒风流。南渡后，游风转而深沉。走驿路，步溪桥，进深山，中原归思，萦绕心头。《南歌子》：

驿路侵斜月，溪桥度晓霜。短篱残菊一枝黄。正是乱山深处，过重阳。

旅枕元无梦，寒更每自长。只言江左好风光。不道中原归思，转凄凉。

---

① 南宋·文天祥《过零丁洋》。

② 南宋·陈与义《伤春》。

③ 南宋·汪元量《送琴师毛敏仲北行》。

④ 李纲《六幺令·鄱阳席上作》。

⑤ 李纲《江城子·九日与诸季登高》。

他避乱柳州（今广西柳州），游开元寺。"云深不见千岩秀，水涨初闻万壑流"①，环境幽深，恍若隔世。吕本中身临其境，心中所想却是光复国土，杀敌立功，比肩"班超封列侯"②。

叶梦得（1077—1148），字少蕴，吴县（今江苏吴县）人。进士，徽宗时官龙图阁直学士，高宗时官江东安抚使兼知建康府。绍兴中，登寿阳楼，观八公山。寿阳，今安徽寿县，战国楚考烈王故都，地当淮河南岸，是南宋的边防重镇。八公山在寿阳城北，是西汉淮南王刘安八位门客的隐居之地，也是东晋与前秦淝水大战的战场。叶梦得俯视长淮，遥看八公，缅怀东晋谢玄③，抱怨南宋"无处问豪英"，凄凄然"信劳生，空成今古"④。晚年，叶梦得退居乌程（今浙江湖州）卞山。卞山北临太湖，丛生怪石，风景奇佳。叶氏赏会其间，仍牵挂抗金大业，"徙倚望沧海，天净水明霞"，"却恨悲风时起，冉冉云间新雁，边马怨胡笳。谁似东山老，谈笑净胡沙"。⑤

李清照（1084—1156），号易安居士，山东济南人。一代才女，性好游览。18岁之前，居家汴京，喜作舟游。《如梦令》：

　　常记溪亭日暮，沉醉不知归路。
　　兴尽晚回舟，误入藕花深处。争渡，
　　争渡，惊起一滩鸥鹭。

每至佳节，结伴闺游。《永遇乐》：

　　中州盛日，闺门多暇，记得偏重
　　三五。铺翠冠儿，捻金雪柳，簇带争
　　济楚。⑥

18岁（徽宗建中靖国元年，1101），与赵明诚

① 南宋·吕本中《柳州开元寺夏雨》。

② 吕本中《柳州开元寺夏雨》。

③ 谢玄（343—388），字幼度，陈郡阳夏（今河南太康）人，东晋名将，淝水之战前锋都督。

④ 叶梦得《八声甘州·寿阳楼八公山作》。

⑤ 叶梦得《水调歌头》。"东山老"，东晋谢安，早年隐居会稽郡山阴县东山（今浙江绍兴会稽东山），后入朝安定朝政，遥控淝水大战，主持北伐大计。

⑥ 济楚，出众。

结婚。次年,因政治斗争,其父李格非罢官返乡,子女不得留京,李清照新婚离别,回至历下(今山东济南)①,时常以游泄忧。《一剪梅》:

> 红藕香残玉簟秋。轻解罗裳,独上兰舟。云中谁寄锦书来?雁字回时,月满西楼。
> 花自飘零水自流。一种相思,两处闲愁。此情无计可消除,才下心头,又上眉头。

崇宁五年(1106)朝廷毁《元祐党人碑》,解除党禁,李格非回朝,李清照也回京团聚。次年,赵家又遇变故,夫妇离开汴京,屏居青州(今山东青州)②。宣和二年(1120),赵明诚官莱州(今山东莱州)、淄州(今山东淄博),李清照随之居莱州、淄博。有词说旅途情景:"人道山长山又断,萧萧微雨闻孤馆。""好把音书凭过雁,东莱不似蓬莱远。"③至南宋,赵明诚知江宁府,李清照独自押送收藏,"载书十五车,至东海,连舻渡淮,又渡江"④,于建炎二年(1128)春抵达江宁。在江宁(今江苏南京),李清照踏雪登城,远览寻诗。南宋周煇《清波杂志》:

> 倾见易安族人言,明诚在建康日,易安每值天大雪,即顶笠披蓑,循城远览以寻诗。得句必邀其夫赓和,明诚每苦之也。

建炎三年(1129)二月,赵明诚罢守江宁,与李清照"具舟上芜湖,入姑孰(今安徽当涂),将卜居赣水上"⑤,舟过乌江,李清照凭

---

① 宋徽宗崇宁元年(1102)七月,李格非列元祐党籍,罢提点京东路刑狱。九月,徽宗亲书元祐党人名单,刻石端礼门,共120人,李格非名列第二十六。崇宁二年(1103)九月诏禁元祐党人子弟居京。元祐党人,指宋哲宗元祐年间(1086—1094)以司马光为首的反对王安石变法的一派。

② 李格非罢官,女婿赵明诚的父亲赵挺之一路升迁,崇宁四年(1105),任尚书右仆射兼中书侍郎。六月,因与蔡京斗争,辞右仆射。过半年,崇宁五年(1106)二月,蔡京罢相,赵挺之恢复相位。但徽宗大观元年(1107)正月,蔡京复相,三月,赵挺之罢右仆射,五日后病卒。卒后三日,因蔡京诬陷,家属、亲戚被捕入狱,不久获释。

③ 李清照《蝶恋花·晚止昌乐馆寄姊妹》。昌乐馆,昌乐县驿馆,故址在今山东昌乐县西北。

④ 《金石录后序》。

⑤ 李清照《金石录后序》。

吊项羽，作《夏日绝句》：

> 生当作人杰，死亦为鬼雄。
> 至今思项羽，不肯过江东。

忧心时局，讥讽当朝。45岁时，明诚病故，金兵南侵，高宗南逃，清照追赶朝廷行踪①，长途奔波。先到洪州（今江西南昌），洪州失陷，"到台（今浙江台州），守已遁。之剡（今浙江嵊州）出陆，又弃衣被走黄岩（今属台州），雇舟入海，奔行朝，时驻跸章安（今属台州），从御舟海道之温（今浙江温州），又之越（今浙江绍兴）"②。十一月，到达衢州（今浙江衢州）。绍兴元年（1131）三月，再赴越州。绍兴二年（1132），到杭州。孤独无依中，改嫁张汝舟，未几离婚。③绍兴四年（1134），避乱金华。颠沛中，游心不泯。登八咏楼，览景伤时：

> 千古风流八咏楼，江山留与后人愁。
> 水通南国三千里，气压江城十四州。④

赞江山雄壮，悲宋室不振，叹社稷难守。

　　李清照的足迹、事迹、作品，为中国旅游增添了人文资源。今山东章丘、山东青州、山东济南、浙江金华均有李清照纪念堂；杭州西湖柳浪闻莺公园、济南历城区蟠龙山森林公园，有李清照纪念亭；济南泉城广场、河南开封滨河路、北京中华世纪坛，有李清照全身雕塑。景观之多，压倒须眉。

　　张元干（1091—1170？），字仲宗，号芦川居士，长乐（今福建长乐）人。进士，徽宗宣和时为陈留（今属河南开封）县丞，高宗靖康时为李纲幕僚，绍兴时声援主战派胡铨，被

---

① 高宗十月到越州（今浙江绍兴），后逃明州（今浙江宁波），自明州到定海（今浙江舟山），漂泊海上，逃温州（今属浙江）。直到建炎四年夏金兵撤离江南，才回到临安（今浙江杭州），定临安为宋都。

② 李清照《金石录后序》。

③ 李清照《投内翰綦公崇礼书》后悔再嫁张汝舟："忍以桑榆之晚景，配兹驵侩之下才。"

④ 李清照《题八咏楼》。八咏楼，原名元畅楼，在今浙江金华。十四州，宋两浙路计辖二府十二州（平江府、镇江府，杭、越、湖、要、明、常、温、台、处、衢、严、秀州），统称十四州。

朝廷削夺官籍,遂漫游东南,泻愤江湖,"梦中原,挥老泪,遍南州","犹有壮心在,付与百川流"①。

陈与义(1090—1138),字去非,号简斋,河南洛阳人。进士,徽宗时任太学博士。靖康之变,出奔襄汉,转至湖湘,南投广东。尔后,"出贺溪,过封州,经五羊(今广州),度庾岭,上罗浮"②,抵临安。长途逃难,费时五年,"虽流离困阨",却遍观"山川秀杰"③,每遇形胜,必"徘徊舒啸","慷慨赋诗"④,"造次不忘忧爱"⑤。在湖南,他游于巴丘(传为后羿斩巴蛇处,三国东吴军事重地),面临"晚木声酣洞庭野",忧思报国无门:"未必上流须鲁肃,腐儒空白九分头。"⑥游于岳阳,登岳阳楼,痛陈国破家亡的愁苦:

万里来游还望远,三年多难更凭危。
白头吊古风霜里,老木苍波无限悲。⑦

在广东五羊城(广州)海山楼⑧,"百尺阑干横海立",陈与义高高在上,目睹"岸边天影随潮入",自觉"一生襟抱与山开",疾呼"灭胡猛士今安有?"⑨后在高宗朝,历官中书舍人、吏部侍郎、翰林学士、参知政事。

岳飞(1103—1142),字鹏举,相州汤阴(今河南汤阴)人。少年从军,高宗时官至河南、河北诸路招讨使,枢密副使。工诗善词,热爱大好河山,常在"八千里路云和月"的南征北战中,纵览山河,"凭栏处",时时"怒发冲冠"⑩。绍兴四年(1134)秋天,岳飞屯兵鄂州(今湖北武昌),游蛇山,登黄鹤楼:

---

① 张元干《水调歌头·追和》。

② 南宋·胡穉《简斋先生年谱》。

③ 南宋·葛胜仲《陈去非诗集序》。

④ 陈与义《雨中再赋海山楼》。

⑤ 明·吴之振《宋诗钞·简斋诗集序》。

⑥ 陈与义《巴丘书事》。

⑦ 陈与义《登岳阳楼》。

⑧ 《广州府志》:"海山楼在镇南门外,宋嘉佑中,经略魏炎建。"嘉佑,北宋仁宗年号。

⑨ 陈与义《雨中再赋海山楼》。

⑩ 岳飞《满江红·写怀》。

遥望中原，荒烟外，许多城郭。想当年花遮柳护，凤楼龙阁。万岁山前珠翠绕，蓬壶殿里笙歌作。到而今，铁骑满郊畿，风尘恶。

兵安在？膏锋锷；民安在？填沟壑。叹江山如故，千村寥落。何日请缨提锐旅，一鞭直渡清河洛。却归来，再续汉阳游，骑黄鹤。①

偶尔，军情和缓，也喜放马山水，踏春寻芳：

经年尘土满征衣，特特寻芳上翠微。
好山好水看不足，马蹄催趁月明归。②

这时的心境，温和而从容。

陆游（1125—1210），字务观，号放翁，山阴（今浙江绍兴）人。出身名门，恩荫入仕。当过地方官，如镇江通判；也当过朝官，如礼部郎中；又当过大员属僚，如干办公事、参议官③。陆游爱游，游如其名，游而务观。旅游踪迹遍布在频繁调任的旅途及任所。高宗绍兴二十九年（1159），陆游出任福州（今福建福州）司理参军。听说南台胜景，抱病出游，渡浮桥而登南台④，临风赋诗：

客中多病废登临，闻说南台试一寻。
九轨徐行怒涛上，千艘横系大江心。
寺楼钟鼓催昏晓，墟落云烟自古今。
白发未除豪气在，醉吹横笛坐榕阴。⑤

壮丽的景致激发了陆游建功立业的豪情和未能建功立业的遗憾。"白发未除豪气在"，这一略带伤感的"豪"字正是他的游风特征。绍兴三十一年（1161），陆游从福州调任临安敕令所删定官⑥。时赐进士出身，孝宗乾道元年

① 岳飞《满江红·登黄鹤楼有感》。

② 岳飞《池州翠微亭》。池州，今安徽贵池。翠微亭，在贵池齐山，杜牧任池州刺史时建造。

③ 通判，州郡副职。郎中，各部要员。干办公事，军中属官，协助主官处理事务。

④ 浮桥，今福州闽江大桥的前身。宋人梁克家《三山志》："由郡直上南台，有江广三里，扬帆浩渺，涉者病之。"宋哲宗元祐八年（1093），郡人王祖道"造舟为梁"，"北港五万尺，用舟二十"，"南港二千五百尺，用舟百"，舟上架板，"翼以扶栏，广丈有二尺，中穿为二门，以便行舟，左右维以大藤缆，以挽直桥路。于南、北、中岸植石柱十有八而系之，以备痴风涨雨之患"。南台在浮桥南边，依山而临江。山即福州有名的天宁山，上有天宁寺，"危楼万仞，波光入户"；下有泗州堂、钓鱼台院、高盖院等寺庙，暮鼓晨钟，云烟飘渺。

⑤ 陆游《度浮桥至南台》。

⑥ 敕令所，编纂行政命令的机构。删定官，校对员，八品。

第十章 宋代旅游

（1165），出任镇江通判、隆兴（治所在今江西南昌）通判，景物一路，诗意满眼：

> 风力渐添帆力健，橹声常杂雁声悲。
> 晚来又入淮南路，红树青山合有诗。①

乾道二年（1166），陆游因言罢职②，在山阴老家，一住五年，游遍了远远近近的村野。《游山西村》：

> 莫笑农家腊酒浑，丰年留客足鸡豚。
> 山重水复疑无路，柳暗花明又一村。
> 箫鼓追随春社近，衣冠简朴古风存。
> 从今若许闲乘月，拄杖无时夜叩门。

山重水复，柳暗花明，击鼓吹箫，丰衣足食，游境优美而淳朴；蒙诟闲居，信念犹在，养精蓄锐，来日方长，心境从容而爽朗；景与情，观与感，和谐默契。乾道六年（1170），陆游官夔州（今四川奉节）通判。初夏，离开山阴，舟行长江，万里赴蜀。途中，他目睹了江淮大地"落日啼鸦戍堞空"的战后荒凉，观察了长江之夜"邻舫有时来乞火，丛祠无处不祈风"的船民生活，伤感"半世无归似转篷，今年作梦到巴东"③；船过黄州（今湖北黄冈），他在黄冈赤壁④，托三国人物，讽当今时政，悲国家残破，浩叹"江声不尽英雄恨，天意无私草木秋"⑤；船过江陵（今湖北江陵），正当"荆州十月早梅春"，他遥望这座当年显赫繁华而今"废城霜露湿荆榛"的楚国故都，哀及屈原，哀及自己，迸发出两句极为沉重的牢骚：

> 天地何心穷壮士？江湖自古著羁臣。⑥

乾道八年（1172），陆游从夔州北上南郑（今

---

① 陆游《望江道中》。望江，今属安徽安庆。
② 《宋史·陆游传》："交结台谏，鼓唱是非，力说张浚用兵。"
③ 陆游《夜泊》。
④ 三国"赤壁大战"的赤壁在今湖北蒲圻县西北。所谓黄冈赤壁，本是黄冈赤鼻矶，因苏轼误信传闻，以为是"三国周郎赤壁"，作《念奴娇·赤壁怀古》，词境高妙，遂使后之游客或以黄冈"赤壁"为三国战场。
⑤ 陆游《黄州》。
⑥ 陆游《哀郢》。

陕西汉中），担任四川宣抚使王炎的干办公事。南郑，"北瞰关中，南蔽巴蜀，东达襄邓，西控秦陇，形势最重"①，是宋、金两国的必争之地，也是宋人进取中原的前哨阵地。陆游到此，周行山南②，看到麦陇青青，桑林郁郁，苜蓿连云③，大道纵横，人强马壮，不由精神振奋，斗志昂扬，或游陕西汉中拜将台，赞汉高祖用韩信而成帝业；或游陕西勉县丞相祠，颂诸葛亮出祁山而图一统；豪言壮语，对景奔出："会看金鼓从天下，却用关中作本根。"④同年十月，陆游出差阆中（今四川阆中），特游阆中锦屏山，拜谒杜甫祠堂，向诗圣遗像倾吐抗金卫国的心志。同年年底，陆游调任四川制置使范成大的参议官，由南郑走马成都。微风细雨中，他道经剑门关，见危生情，想到这次调动，不能在前线杀敌，只能在后方弄文，惆怅自嘲：

衣上征尘杂酒痕，远游无处不消魂。
此身合是诗人未？细雨骑驴入剑门。⑤

到职成都，陆游怀念南郑军营的火热生活，所游之处，万里桥、拟砚台、垂虹亭、摩诃池、北门楼⑥，处处留下"山河兴废共搔首"，"梦魂犹绕古梁州"⑦的长吁短叹。孝宗淳熙五年（1178），陆游54岁，奉调临安。辞成都，下岷江，入长江，顺流而东。过嘉州（今四川乐山），游凌云山；过泸州（今四川泸州），登南定楼；过忠州（今四川忠县），谒龙兴寺；过归州（今湖北秭归），望屈原祠；过夷陵（今湖北宜昌），回首黄牛峡；过庐山，参观东林寺；过金陵，凭高赏心亭；但他"看尽江湖千万峰"⑧，"孤臣老抱忧时意"⑨，忧虑国

①《广州府志》卷五十六《陕西王》。襄邓，襄州（治所在今湖北襄阳），邓州（治所在今河南邓县）。

②山南，南郑县位于终南山之南，北临汉水，南依巴山，南郑一带称山南。

③苜蓿，俗名金花草，又名草头。上等养马饲料。

④陆游《山南行》。

⑤陆游《剑门道中遇微雨》。

⑥万里桥，在成都南郊锦江。拟砚台，垂虹亭，未详。《剑南诗稿》卷十二载陆游拟砚台诗八首，《拟砚台观雪》："垂虹亭上三更月，拟砚台前清晓雪。"摩诃池，故址在成都旧县城东，隋将摩诃筑。北门楼，成都北门城楼。

⑦陆游《秋晚登城北门》。

⑧陆游《六月十四日宿东林寺》。

⑨陆游《登赏心亭》。

家安危,渴望北伐立功,为早年略带伤感的豪放游风添加了几分悲凉。这年秋天,陆游抵达京城,因权臣作梗,朝廷又派他外任提举福建常平茶盐公事(治所在今福建建瓯)①、提举江南西路常平茶盐公事(治所在今江西抚州),其间,旅游洪州(今江西南昌),度元宵节,看上元灯,寄托"哀发萧萧老郡丞","羞将枉直分寻尺"②的牢骚。淳熙七年(1180),陆游二次罢官,又回山阴,一闲又是五年。冬去春来,他在山阴山水,想的是"京洛雪消春又动","谁赋南征北伐篇"?③秋水灌河,夜泊水村,想的是"老子犹堪绝大漠,诸君何至泣新亭"④。淳熙十三年(1186),孝宗起用62岁的陆游为朝奉大夫,权知严州(治所在今浙江建德)。临行陛辞,皇帝慰之:"严陵山水姓处,职事之暇、可以赋咏自适。"⑤但陆游人在景中,心在军中。一日,踏雪而游,突发奇想,"三尺马鞭装白玉,雪中画字草军书","雪上急追奔马迹,官军夜半入辽阳"⑥,报国热情,如火如荼。淳熙十六年(1189),陆游65岁,朝廷责其"嘲咏风月",再次罢官。此后,虽有短暂任职,主要是在山阴闲居读书,旅游赋诗。他游过山阴以东四十余里的茶乡平水,游过"负鼓盲翁正作场"的"斜阳古柳赵家庄"⑦,游过"数家临水自成村"的"乱山深处小桃源"⑧。而游心一如从前,"壮心未与年俱老"⑨,"尚思为国戍轮台"⑩,"自恨不如云际雁,南来犹得过中原"⑪。宁宗嘉定二年(1210),陆游怀着"但悲不见九州同"⑫的巨大遗恨,病逝山阴,终年85岁。梁启超《读陆放翁集》论其人品是"亘古男儿一放翁",诗品亦然,游品亦然。

①提举,专管一事的官员。

②陆游《自咏示客》。

③陆游《感愤》。

④陆游《夜泊水村》。

⑤《宋史·陆游传》。

⑥陆游《雪中忽起从戎之兴》。

⑦陆游《小舟游近村舍舟步归》。

⑧陆游《西村》。

⑨陆游《书愤》。

⑩陆游《十一月四日风雨大作》。

⑪陆游《枕上偶成》。

⑫陆游《示儿》。

辛弃疾（1140—1207）字幼安，号稼轩，济南府历城（今山东历城）人。在金占区长大，21岁聚众起义。绍兴三十二年（1162），投奔南宋。历任建康府通判，江西提点刑狱，湖南、江西、福建、浙东等地的安抚使及镇江知府。旅游事迹集中江南。孝宗乾道四年至六年（1168—1170），辛弃疾任建康通判，登赏心亭，抚今追昔，报国无门的悲愤与时光流驰的忧伤，激如泉涌。《水龙吟·登建康赏心亭》：

楚天千里清秋，水随天去秋无际。遥岑远目，献愁供恨，玉簪螺髻。落日楼头，断鸿声里。江南游子。把吴钩看了，栏干拍遍。无人会，登临意。

休说鲈鱼堪脍，尽西风，季鹰归未？求田问舍，怕应羞见，刘郎才气。可惜流年，忧愁风雨，树犹如此。倩何人唤取，红巾翠袖，揾英雄泪。

孝宗淳熙三年（1176），辛弃疾到赣州任江西提点刑狱，游览了赣江之滨、田螺岭上的郁孤台：

郁孤台下清江水，中间多少行人泪。西北望长安，可怜无数山。
青山遮不住，毕竟东流去。江晚正愁予，山深闻鹧鸪。①

淳熙五年（1178），辛弃疾由朝廷大理少卿调任湖北转运副使，从临安下船，顺道访友扬州，攀登庐山，浮舟赤壁，流连襄阳，至于武

---

① 辛弃疾《菩萨蛮·书江西造口壁》。造口在江西万安县。赣江从郁孤台下流经万安造口，过南昌，入鄱阳湖。

第十章 宋代旅游

昌。自言：

> 荆楚路，吾能说。要新诗准备，庐山山色。赤壁矶头千古浪，铜鞮陌上三更月。①

淳熙八年（1181），辛弃疾因力主抗金，解职罢官，闲居信州（今江西上饶），常和二三知己联袂出游，游博山，游鹅湖。博山，在永丰（今江西永丰）西二十里，"千峰云起"，"远树斜阳"，"青旗买酒"，"松窗竹户，万千潇洒"②。辛弃疾爱其风景，常来常往。鹅湖，在今江西铅山县鹅湖山，晋人龚氏居此养鹅，称鹅湖。辛弃疾与好友陈亮结伴来游，一游之下，兴致陡增，又从鹅湖出发，同游江西、福建交界处的紫溪。在松梢残雪、风月疏梅中，指点"剩水残山"，讨论国家前途，"风流酷似卧龙诸葛"③。光宗绍熙三年（1192），辛弃疾52岁，出任福建提点刑狱，次年，任福州兼福建安抚使。绍熙五年（1194），又被罢官，返回信州。途中，他游南剑州，登双溪阁。南剑州，治所在今福建南平。南平有剑溪、樵川、澄潭，"剑溪环其左，樵川带其右，二水交流，汇为澄潭，是为宝剑化龙之津"④。又有双溪阁"在剑津上"⑤。辛弃疾胸怀"千古兴亡，百年悲笑，一时登览"，"举头西北浮云，倚天万里须长剑"，⑥借双溪的宝剑化龙，表达扫荡敌寇、收复中原的雄心。宁宗嘉泰四年至开禧元年（1204—1205），辛弃疾年过六十，出任镇江（今江苏镇江）知府。镇江的西面有一座古城京口，是建康即金陵的北向门户，京口又有一座形势险要的山，称北固山。山上有始建于三

---

① 辛弃疾《满江红·送李正之提刑入蜀》。铜鞮陌，在襄阳。

② 辛弃疾《丑奴儿近·博山道中效李易安体》。

③ 辛弃疾《贺新郎·把酒长亭说》。

④ 南宋·王象之《舆地纪胜·南剑州》。"宝剑化龙"出晋王嘉《拾遗记》及《晋书·张华传》。

⑤ 《南平县志》。

⑥ 辛弃疾《水龙吟·过南剑双溪桥》。

国东吴甘露元年（265），重建于北宋真宗大中祥符年间（1006—1015）的甘露寺，建于北宋神宗元丰年间（1078—1085）的九级铁塔，始建于东晋、重建于南宋孝宗时的北固亭，以及大书法家米芾称之为"天下江山第一楼"①的多景楼等。辛弃疾公务之暇，数次走访京口，游观北固。

①宋·米芾《多景楼》。

　　何处望神州？满眼风光北固楼。千古兴亡多少事？悠悠，不尽长江滚滚流。
　　年少万兜鍪，坐断东南战未休。天下英雄谁敌手？曹刘，生子当如孙仲谋。②

②辛弃疾《南乡子·登京口北固亭有怀》。

眼界的坦荡，思路的广阔，志向的宏大，情绪的激昂，游风的豪迈，胜似陆放翁。

　　汪元量，字大有，号水云，钱塘（今浙江杭州）人。恭帝赵㬎(xiǎn)德祐二年（1276），元兵破临安，俘掳6岁的恭帝及太后、臣僚等北上大都（今北京），宫廷琴师汪元量亦充乎俘列，在橹声帆影里浮行京杭大运河。舟经太湖，面对"太湖风卷浪头高"，涌上心来的不是生命的恐惧感，而是"船头船尾短弓刀"③的民族屈辱感。途经扬州，汪元量久倚船窗，凝视故土，"淮南渐远波声小，犹见扬州望火楼"④，满腔留恋，满腔绝望。元世祖忽必烈至元二十六年（1289），汪元量陪送恭帝到甘州（今甘肃张掖）出家，再由甘州，经潼关，返回大都，在莽莽苍苍的中国北部绕了一个大圈子。在潼关，他坐"黄叶邮亭"，看"绿芜径路"，想起恭帝远在甘州，茕茕孑立，正处"塞外秋风"、"大漠天寒"⑤，不禁悲

③汪元量《湖州歌》之十。

④汪元量《湖州歌》之四十二。

⑤汪元量《潼关》。

国悲君,当道痛哭。回到大都,汪元量请准元廷,"黄冠南归",以一介道士,漫游西南、东南,走一处,看一处,写一处,"城因兵破悭歌舞,民为官差失井田","酒边父老犹能说,五十年前好四川"①,痛陈亡国的无限痛苦。

谢翱(1249—1295),字皋羽,晚年号宋累,又号晞发子,原籍长溪(今福建霞浦)。元兵渡江,他捐尽家财,纂集乡兵,投文天祥,任谘议参军,转战各地。少帝赵昺祥兴二年(1279),文天祥兵败,谢翱隐姓埋名,潜伏抗争。元世祖至元十九年(1282),文天祥就义,他在东南地区,恸哭而游。至元二十年(1283),谢翱游姑苏(今江苏苏州),望姑苏台,哭文天祥。至元二十三年(1286),游广州,上越秀山,登越王台,又哭文天祥。至元二十七年(1290),与友人吴思齐、冯桂劳等,游桐庐(今浙江桐庐),上富春山,登子陵台②,为文天祥设灵位,奠酒浆,以竹如意击石,唱楚歌,招英魂,竹石俱碎,大哭而去,作《登西台恸哭记》。又,谢翱游临安,凭吊沦为番僧寺院的南宋故宫,写下七绝《过杭州故宫二首》:

禾黍何人为守阍?落花台殿黯销魂。
朝元阁下归来雁,不见前头鹦鹉言。

紫云楼阁燕流露,今日凄凉佛子家。
残照下山花雾散,万年枝上挂袈裟。

触景兴悲,托物寄慨,倾诉抗元成虚话、故国永别离的哀恨。

北宋南宋,由王禹偁、寇准、范仲淹、陆

---

① 汪元量《利州》。

② 子陵台,东汉隐士严光,即严子陵,垂钓钓台。

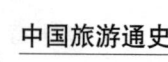

游、辛弃疾、谢翱等展示的爱国忧国的游风，强烈浓重，是宋代旅游的鲜明特色。

第二节 景物理趣

两宋，版图局促，外患连绵，国内统治却有所加强。在政治上，宋廷设枢密使分解宰相的军政大权，设三司使分解宰相的财务大权，以防宰相专政；又设转运使，提点刑狱，分管各路州郡的财赋、司法，以防州郡长官的尾大不掉。在军事上，军队统归中央，兵无常将，将无常师，守内虚外，集中兵力防范人民起义。在思想上，大倡"一统"，于历史倡"正统"，于文学倡"文统"，于哲学倡"道统"，所谓"吾之道，孔子、孟轲、扬雄、韩愈之道"①。宋人上承"道统"的哲学理论是"理学"，又称"道学"。宋人理学是吸收了佛家和道家思想的新儒学。强调："理也者，形而上之道也，生物之本也。"②"物物各具此理，而物物各异其用，然莫非一理之流也。"③"学者须是革尽人欲，复尽天理。"④"盖人心之灵，莫不有知，而天下之物，莫不有理。""所谓致知在格物者，言欲致吾之知，在即物而穷其理也。"⑤

受理学影响，宋人游乐山水、欣赏景物，喜爱探究人生与自然的种种道理。这与唐人旅游旨在抒情有所区别，而与六朝玄游有所相通。但六朝玄游，因玄而游，玄趣抽象玄虚，深奥难懂。宋人则因游及理，因景言理，且多为事理、物理，理趣平实形象，明白晓畅。如此游客有北宋周敦颐、曾巩、苏轼、黄庭坚，南宋朱熹等。

① 宋·柳开《应责》。

② 宋·朱熹《答黄道夫书》。
③《朱子语类》卷十八。
④《朱子语类》卷十三。
⑤ 朱熹《大学章句·格物补传》。

周敦颐（1016—1073），字茂叔，道州营道（今湖南道县）人。在分宁（今江西修水）、南康军（今江西星子县）等地当过几年主簿、知府。后退居庐山，在莲花峰下修筑濂溪书堂聚徒讲学，世称濂溪先生。他的《太极图说》是宋代理学第一部自成体系的道学论著。著名理学家程颢、程颐兄弟都是他的门下弟子。周敦颐讲理，"无欲故静"①。"主静"左右了周敦颐的游观意境。他偏爱静谧的村野：

> 花落柴门掩夕晖，昏鸦数点傍林飞。
> 吟余小立栏干外，遥见樵渔一路归。②

从夕阳下花自落、鸟自飞、人自归的自然景色中，体验"大顺大化，不见其迹，莫知其然"的"天道行而万物顺"③的规律。他激赏静谧的莲花：

> 水陆草木之花，可爱者甚蕃。晋陶渊明独爱菊；自李唐来，世人甚爱牡丹；予独爱莲之出淤泥而不染，濯清涟而不妖，中通外直，不蔓不枝，香远益清，亭亭净植，可远观而不可亵玩焉。予谓菊，花之隐逸者也；牡丹，花之富贵者也；莲，花之君子者也。噫，菊之爱，陶后鲜有闻；莲之爱，同予者何人？牡丹之爱，宜乎众矣。④

赞美莲花"亭亭净植"、"出淤泥而不染"的高尚品格，暗喻"无欲则静虚动直"⑤的君子操守。

曾巩（1019—1083），字子固，南丰（今江西南丰）人。进士，仁宗时历任实录检讨官、福

① 周敦颐《太极图说自注》。
② 周敦颐《题春晚》。
③ 周敦颐《通书·顺化》。
④ 周敦颐《爱莲说》。
⑤ 周敦颐《通书·圣学》。

中国旅游通史

州知州、齐州知州、中书舍人。文章写得好,和韩愈、柳宗元、欧阳修、王安石、苏洵、苏轼、苏辙,并称唐宋古文八大家。旅游兴致高昂,凡遇楼台亭榭,泉水河渠,必定畅怀而游。仅在齐州治所(今山东济南),他就浏览了鹊山亭、环波亭、芍药厅、水香亭、静化堂、仁风厅、凝香斋、北渚亭、历山堂、泺源堂、阅武堂、下新渠、舜泉、趵突泉、金丝泉、北池、大明湖、郡楼、郡斋等几十处名胜。① 他的旅游理趣浓厚,凡临游境,常常静心领略自然与人生的意义及为人处世的法则。游建康城南,曾巩见暴雨过后,横塘水满②,桃李零落,芳草青青,深感繁华易失,质朴持久:

雨过横塘水满堤,乱山高下路东西。
一番桃李花开尽,惟有青青草色齐。③

游抚州临川(今江西临川),曾巩登上城东高丘,观看王羲之"临池学书,池水尽黑"的墨池,认真三思,一思书法造诣出于勤学苦练;二思道德修养出于勤学苦练;三思后来观池者应当"推其事以勉其学",发扬仁人志士勤学苦练的风尚,锻炼技能,锻炼道德,不然,纵有书圣墨池,亦"恐其不彰"④。曾巩观柳,想的也是处世之理:

乱条犹未变初黄,倚得东风势遍狂。
解把飞花蒙日月,不知天地有清霜。⑤

看柳树迎风,想春天招展,秋天凋零,如得志猖狂,不过一时。

沈括(1031—1095),字存中,号梦溪丈人,钱塘(今浙江杭州)人。仁宗时以父荫入仕,任海州沭阳县(今属江苏)主簿,嘉佑

① 清·王士禛《带经堂诗话》卷十四。

② 横塘,在今南京城南秦淮河南岸。

③ 曾巩《城南》。

④ 曾巩《墨池记》。

⑤ 曾巩《咏柳》。

年间，任宁国（今属安徽）县令，并中进士，改任扬州司理参军。英宗治平年间（1064—1067），进京师昭文馆编校书籍。神宗时参与王安石变法，后反对之①。历任提举司天监、翰林学士、权三司使，知延州（今陕西延安），兼鄜延路（治所在今陕西延安）经略安抚使。元丰时（1078—1085）升任龙图阁直学士。复因永乐城之战败于西夏，贬均州（今湖北均县）团练副使，随州（今湖北随州）安置。哲宗元佑中（1086—1094），移居润州（今江苏镇江市东），经营自家园地，冠名"梦溪园"，撰写《梦溪笔谈》。《宋史·沈括传》称他"博学善文，于天文、方志、律历、音乐、医药、卜算无所不通"。

沈括早年，随父迁调，到过福建、河南、江苏、四川；父亲去世后，他自己又到过安徽、山东、河北、内蒙、陕西、湖北、浙江；一生踪迹广泛，且好学于途，钻研物理。在福建泉州，听说江西铅山（yánshān）县有一泓泉水不甜而苦，当地称"胆水"，煎熬"胆水"，能得黄铜。即不远千里，访问铅山，观看"胆水炼铜"，录于《梦溪笔谈》②。在陕西，沈括读书，读至"高奴县（地在今延安）有洧水，可燃"，甚感好奇，乃旅游山野，实地考察，发现石油。《梦溪笔谈》："鄜（今陕西富县）、延（今陕西延安）境内有石油……颇似淳漆，燃之如麻，但烟甚浓，所沾幄幕甚黑……此物后必大行于世，自余始为之。盖石油至多，生于地中无穷，不若松木有时而竭。"石油一词，沈括首用，至今沿用。在陕西，他观察地下发掘的化石，指出它们是古代动物和植物的遗迹。在河北，他观察太行

① 沈括与王安石本是世交，沈括父亲的墓志铭就是王安石写的，王安石当政时，沈括支持变法。王安石下野，沈括上书反对王安石法令，王安石复出，骂沈括"小人"。沈括又参与"乌台诗案"，罗织罪名、攻击苏轼。乌台，御史台。神宗元丰二年（1079）三月，苏东坡由徐州调任湖州。作《湖州谢上表》，发了几句牢骚，被人连系诗作，弹劾他反对朝政，逮捕下狱，交御史台审判。

② 沈括所记"胆水"就是亚硫酸铜溶液。铁锅煎熬，生成"胆矾"。"胆矾"就是亚硫酸铜，亚硫酸铜在铁锅中与铁反应，析生铜。

山崖带状分布的螺蚌壳和卵形砾石，指出太行一带是远古海滨，华北平原是黄河、漳水、滹沱河、桑干河的泥沙沉积。在山东，他观察黄河三角洲，指出黄河三角洲是黄河泥沙的沉积。在浙江，他观察雁荡诸峰，指出雁荡山石出于水流的千年冲刷。在河南，游览开封相国寺，观赏管弦奏乐壁画，评说琵琶演奏的手指指向，是动作先于声音。眼光之精细，超逾常人。沈括读诗，也务求甚解。白居易《大林寺桃花》："人间四月芳菲尽，山寺桃花始盛开。"沈括疑惑，于四月上山，发觉山上寒气逼人，顿时想通了山下花谢、山上花开的道理。沈括旅游，之所以见多识广，受益于不耻下问。"或医师，或里巷，或小人，以至士大夫之家，山林隐者，无不求访"①。他说："至于技巧器械，大小尺寸，黑黄苍赤，岂能尽出于圣人。百工、群有司、市井田野之人，莫不预焉。"②沈括是中国旅游史上第一位以科学态度考察物理的旅游家。

苏轼（1036—1101），字子瞻，号东坡，眉山（今四川眉山）人。仁宗时进士，入朝任监官告院，兼判尚书祠部。因政见与王安石不合，出为杭州通判，复知密州（治所在今山东诸城）、徐州（治所在今江苏徐州）、湖州（治所在今浙江吴兴）。神宗元丰二年（1079），坐文字狱，贬黄州（今湖北黄冈）团练副使。哲宗元佑元年（1086），司马光等旧党上台，召为中书舍人、翰林学士、知制诰。绍圣年间（1094—1097），新党执政，贬惠州（今广东惠阳）、儋州（今海南儋州市）。徽宗建中靖国元年（1101）召回朝廷，旋即去世。苏轼是北宋的一代文宗，极善诗、

① 北宋·林灵素《苏沈良方序》。林灵素，道士。苏，苏轼。沈，沈括。

② 沈括《上欧阳修参政书》。

第十章 宋代旅游

词、散文，且精通书法，深谙旅游理趣。元丰五年（1082）秋夜，泛舟黄冈赤壁，见清风徐来、水波不兴、月出东山、白露横江，引发物我皆变、物我皆不变、物我皆须臾、物我皆永恒的观感：

> 客亦知夫水与月乎？逝者如斯，而未尝往也；盈虚者如彼，而卒莫消长也。盖将自其变者而观之，则天地曾不能以一瞬；自其不变者而观之，则物与我皆无尽也，而又何羡乎？①

①苏轼《赤壁赋》。

元丰六年（1083）十月，苏轼与朋友张怀民夜游黄冈承天寺，"庭下如积水空明，水中藻荇交横，盖松柏影也"。苏轼陶醉其中，忽悟一理，这般景色原本寻常，何以赏心乐事？

> 何夜无月，何处无松柏，但少闲人如吾两人耳。②

②苏轼《记承天寺夜游》。

体会到乐因乎心，不因乎境，有心者得之，无心者失之。元丰七年（1084）五月，苏轼过九江，游庐山，看四周峰峦，随步换形，千变万化，不知哪一种景象才是庐山的真正面貌，岂非当局者迷，旁观者清？

> 横看成岭侧成峰，远近高低各不同。
> 不识庐山真面目，只缘身在此山中。③

③苏轼《题西林壁》。西林壁，庐山西林寺壁。

元丰七年六月，苏轼行至湖口（今江西湖口），访石钟山。石钟山坐落于鄱阳湖边。山名由来，郦道元《水经注》以为"水石相搏，声如洪钟"；唐人李渤以为扣石于潭，铿然有声。苏轼将信将疑，暮夜月明，乘小舟，临绝壁，实地考察，方知郦道元言之不诬，所谓"石钟"者，是因"山下皆石穴罅，不知其浅深，微波入焉，涵澹澎湃"而使"大声发于水上，噌吰如钟鼓不绝"；又有"大石当中流，可坐百人，空中而多窍，与风水相吞吐，有窾坎镗鞳之声，与向之噌吰者相应，如乐作焉"。由此感悟凡事必须"目见耳闻"然后"得其实"的道理①。元丰八年（1085），苏轼任登州（治所在今山东蓬莱）知州，观赏海市蜃楼。既没有莫名惊诧，也没有手舞足蹈，而是冷静思考了这一"重楼翠阜出霜晓，异事惊倒百岁翁"的自然现象，认定"云海空复空"，"所见皆幻影"，确信人事与天象各不相干，"人间所得充力取"，"信我人厄非天穷"②，借海天幻景质疑"富贵在天"，主张事在人为。

① 苏轼《石钟山记》。

② 苏轼《登州海市》。

黄庭坚（1045—1105），字鲁直，号山谷道人，分宁（今江西修水）人。英宗时进士。神宗时，在叶县（今河南叶县）、太和（今江西泰和）等地做官。哲宗时，任秘书省秘书郎、国史编修、涪州（今四川涪陵）别驾（即通判）。徽宗时，离川东归，继因党争，羁管宜州（今湖北宜昌），卒于宜州。黄庭坚一生，官不大，名气极大。诗歌与苏轼齐名，人称"苏黄"。书法与苏轼、米芾、蔡襄齐名，人称宋代四大家。他旅游也慧眼常开，"观山观水皆得妙"③。徽宗崇宁元年（1102），58岁的黄庭坚穿行鄂、湘、赣、皖。这年春天，他利用荆州（今湖北江陵）待命的机会，南下岳州，经岳州治所巴陵（今湖南岳阳）、平江（今属湖南）、临湘（今属湖南）、通城（今属湖北），回到老家分宁；再由分宁行至萍乡

③ 黄庭坚《题胡逸老致虚庵》。

(今江西萍乡),过筠州(今江西高安),行至江州(今江西九江),旋接朝廷任命,赴太平州(今安徽当涂)知州;到官九日,即遭罢免,遂回船江州,居停鄂州(治所在今湖北武昌)。这趟旅游,黄庭坚沿途登览,迁想妙得。在巴陵岳阳楼,他眺望八百里烟雨浩渺的洞庭湖,顿感一切烦恼已被满湖波涛冲刷干净,"未到江南先一笑,岳阳楼上对君山"①。这"措意也深"②的诗句寄托了黄庭坚崇尚自然的高旷情志。四月,在武宁(今属江西)黄龙山,他访问老朋友、自号灵源叟的惟清和尚,与惟清在"野水自添田水满,晴鸠却唤雨鸠归"③的山野里,反省自我,观照人生:"白发苍颜重到此,问君还是昔人非?"试想田水是野水又不是野水,晴鸠是雨鸠又不是雨鸠,今人是昔人又不是昔人;人生易老,本性难移,我黄庭坚还是我黄庭坚,但生命无常,苦乐有加,今日的黄庭坚又非昨日的黄庭坚;世界上的万事万物,变犹不变,不变犹变;变中藏不变,不变中藏变;变或不变,处当不惊;变与不变,顺其自然。游山能游出这番意念,算得上是"游心雕龙"了。九月,在武昌(今湖北鄂城)松风阁,黄庭坚夜宿赏雨,晨起听涛,喜枯泉涌流,燥石浸润;慕山水清音,启迪心灵;"胸中无一点尘俗气"④。在鄂州南楼:

> 四顾山光接水光,凭栏十里芰荷香。
> 清风明月无人管,并作南楼一味凉。⑤

满楼清风,满楼明月,满楼荷香,满楼清凉。黄庭坚陶醉其中,无牵无挂,无忧无虑,表里俱澄澈,达于禅宗"断离憎爱""名曰清凉"

①黄庭坚《雨中登岳阳楼望君山》。

②朱熹《简斋集引》评黄山谷。

③黄庭坚《自巴陵略平江临湘入通城无日不雨至黄龙奉谒清禅师继而晚晴邂逅禅客戴道纯款语作长句呈道纯》。

④宋·蔡绦(tāo)《西清诗话》。

⑤黄庭坚《鄂州南楼书事》。

的"三昧"①。在南昌，他凭吊徐孺子祠堂。徐孺子，东汉名士徐稺②。徐氏故居，人称孺子台或孺子亭，在南昌东湖西堤，后毁坏。曾巩为南昌太守，按其旧址，建徐孺子祠堂。黄庭坚睹屋思人，"乔木幽人三亩宅"；称赞徐孺子"生刍一束，其人如玉"，③鄙视富贵，坚守名节；叹息世风日下，人心不古，"白屋可能无孺子，黄堂不是欠陈蕃"，贫士品德如孺子者罕有其匹，官僚中正直如陈蕃④者难见难遇；不过，少了他们又有什么关系？"古人冷淡今人笑，湖水年年到旧痕"。⑤名声是虚假的，世俗是虚假的，只有大自然是真实的存在，永恒的存在。

朱熹（1130—1200），字元晦，晚年自称晦庵，徽州婺源（今江西婺源）人。进士。经高宗、孝宗、光宗、宁宗四朝。做官泉州同安（今福建同安）、潭州（今湖南长沙）、台州（今浙江临海）、南康军（今江西南康）、漳州（今福建漳州）、临安（今杭州）等地，在临安朝廷任焕章阁待制、侍讲。朱熹是宋明理学权威，与程颐、程颢并构程朱理学。一生最爱讲学游学。

孝宗乾道三年（1167）三月，朱熹从福建赶赴湖南长沙岳麓书院，与张栻⑥会讲太极，到会学生数以千计。淳熙二年（1175），朱熹到江西上饶铅山鹅湖寺，与陆九渊⑦会讲，"论及教人，元晦之意，欲令人泛观博览而后归之约，二陆之意欲先发明人之本心，而后使之博览"⑧。淳熙六年（1179），朱熹在庐山重修白鹿洞书院。淳熙八年（1181），朱熹在武夷山修建武夷精舍，广召门徒，

① 佛经汇编《大方等大集经》。

② 《后汉书·徐稺传》："稺字孺子，豫章南昌人。家贫，常自耕稼，非其力不食。恭俭义让，所居服其德。屡辟公府不起。时陈蕃为太守，以礼请署功曹，稺不之免，既谒而退。蕃在郡，不接宾客，唯稺来特设一榻，去则悬之。……灵帝初，欲蒲轮聘稺，会卒。"

③ 黄庭坚《徐孺子祠堂》。诗云"生刍一束向谁论"，语出《诗·小雅·白驹》："生刍一束，其人如玉。"

④ 陈蕃，字仲举，汝南平舆（今河南驻马店平舆县）人。东汉桓帝时为太尉，汉灵帝时为太傅。为官耿直，犯颜直谏。后因谋除阉宦，事败而死。

⑤ 黄庭坚《徐孺子祠堂》。

⑥ 张栻（1133—1180），字敬夫，号南轩，汉州绵竹（今四川绵竹）人。中兴名相张浚之子。从师南岳衡山五峰先生胡宏，潜心理学。孝宗乾道元年（1165），主管岳麓书院教事，从学者众。淳熙七年（1180）迁右文殿修撰，提举武夷山冲祐观。其学与朱熹、吕祖谦齐名，时称"东南三贤"。著有《张南轩公全集》。

⑦ 陆九渊（1139—1193），号象山，字子静，江西抚州金溪县人。因书斋名"存"，世称存斋先生；因在贵溪龙虎山聚徒讲学，山形如象，自号象山翁，世称象山先生。是著名的理学家和教育家，是宋明两代"心学""陆王学派"的奠基人。

⑧ 《陆九渊集》卷三六。

编选《大学》、《中庸》、《论语》、《孟子》，注释刻印。是为宋元明清著名教科书《四书》。淳熙十二年（1185），朱熹动员衡州官府重修石鼓书院，撰《石鼓书院记》。绍熙三年（1192），朱熹定居建阳（今福建建阳），建竹林精舍①，传道授业。绍熙五年（1194），在潭州（今湖南长沙）整修岳麓书院。岳麓、石鼓、白鹿，后来蜚声中国，名满天下②。

朱熹游踪，遍布江南。南宋罗大经《鹤林玉露》：

> 朱文公每经行处，闻有佳山水，虽迂途数十里，必往游焉。携樽酒，一古银杯，大几容半升，时引一杯，登览竟日，未尝厌倦。

旅游是朱熹格物致知、明性见理的实践。春游水滨，他琢磨春天的特征和春天的本质。特征，百花烂漫，色彩缤纷；本质，生机勃勃，新意盎然：

> 胜日寻芳泗水滨，无边光景一时新。
> 等闲识得东风面，万紫千红总是春。③

夏游水公庵，突逢急雨，雨过天晴，他看着冲刷干净的道路，绿溶溶的山野，水灵灵的花草，讶叹大自然是清洁天地的巨匠，也是清洁人心的巨匠，感觉存天理、灭人欲的最好去向，是躲开名利场，回归自然界：

> 我来偶兹适，中怀淡无营。
> 归路绿泱漭，因之想岩耕。④

秋游山寺，朱熹故地重来，看见往日的小溪

---

① 淳佑四年（1244）宋理宗为崇祀朱熹，赐名考亭书院。

② 中国素有四大书院之说。南宋吕祖谦说四大书院：白鹿、岳麓、嵩阳、应天。白鹿洞（今江西庐山）书院，南唐时称庐山园学。岳麓（今湖南长沙岳麓山）书院，北宋期朱洞创办。嵩阳（今河南登封嵩山）书院，始建于北魏，称嵩阳寺，五代时称太室书院。应天（今河南商丘）书院，前身是五代后晋杨悫创办的南都学舍，北宋大中祥符二年（1009），宋真宗赐额应天书院。南宋马端临《文献通考·学校考》说四大书院：石鼓、应天、岳麓、徂徕。石鼓书院，在今湖南衡阳。北宋太平兴国2年（978），宋太宗赵匡义赐额"石鼓书院"，朱熹《石鼓书院记》："始唐元和年间，州人李宽之所为，至国初时尝赐敕额。" 徂徕书院，在今山东泰山，创始人北宋理学家孙复、石介。南宋范成大《骖鸾录》："天下书院四：徂徕、金山、岳麓、石鼓。"金山书院，在今江苏句容茅山，又名茅山书院，北宋仁宗天圣二年（1024）处士侯遗创办。

③ 朱熹《春日》。泗水，在山东泗水县。泗水和洙水在泗水县北合流，至曲阜，又分为二水，洙水在北，泗水在南。春秋时地属鲁国，孔子聚徒讲学，地在洙泗之间。朱熹时，洙泗金占，诗用泗水，是借称郊外野水，隐喻自己效仿孔子春游。

④ 朱熹《六月十五日诣水公庵雨作》。

仍淙淙流淌，过去的山峰仍巍巍屹立，但寺院的横梁上已燕巢新筑，重逢一笑的主客已两鬓斑白，感叹岁月如流，人生奈何？虽你讲你的道，我讲我的理，其实都是秉持自然之道，自然之理："三生漫说终无据，万法由来本自闲。"①某日游岩赏桂，朱熹寄托返朴归真的净想：

　　亭亭岩下桂，岁晚独芬芳。
　　叶密千层绿，花开万点黄。
　　天香生净想，云影护仙妆。
　　谁识王孙意，空吟招隐章。

①朱熹《奉酬九日东峰道人溥公见赠之作》。

某日冬游赏花，由花及人，批评时人重美色，不重节操：

　　嗟彼世俗人，欲火焚衷肠。
　　徒知慕佳冶，讵识怀贞刚？②

②朱熹《赋水仙花》。

某日游溪，朱熹沿波讨源，未得真源，始信真理难求：

　　步随流水觅溪源，行到源头却惘然。
　　始信真源行不到，倚筇随处弄潺湲。③

③朱熹《偶题》其三。

某日游峡，以飞泉破峡，奔腾澎湃，感悟力道爆发，方可摧枯拉朽：

　　擘开苍峡吼奔雷，万斛飞泉涌出来。
　　断梗枯槎无泊处，一川寒碧自萦回。④

④朱熹《偶题》其二。

某日观雨，由雨从云出，想云从何来，警示知其然且须知其所以然：

　　门外青山翠紫堆，幅巾终日面崔嵬。

第十章 宋代旅游

只看云断成飞雨,不道云从底处来。①

某日休闲活水亭,以源头充足,流水不腐,喻示为学之道须吐故纳新,立身之道须正本清源:

半亩方塘一鉴开,天光云影共徘徊。
问渠那得清如许,唯有源头活水来。②

朱熹观景说理,受益于他格物致知的游乐旨归,受益于他对景物的精心观察和深刻思考。

宋人游风近乎朱熹、苏轼者,不但有文士,而且有僧侣。本来,魏晋南北朝,玄、佛交游已成趋向;唐代,儒学与佛教禅宗惺惺相惜;至宋代,理学、禅学,并肩而盛。文人的理学与佛教的禅学心有灵犀,妙合而凝。理学所主张的"居敬穷理"③、"慎静处忧"④,神似禅宗的内省观照。禅宗、理学心有灵犀,相得益彰。那些礼拜禅宗的士大夫,亦俗亦僧,禅化僧化,言必称居士。欧阳修⑤、周敦颐、苏轼、黄庭坚、张镃、真德秀、朱熹、葛天民⑥等,满怀理性禅趣,出入佛寺僧院。那些欣赏理学的禅师,亦僧亦俗,士大夫化。道潜、思聪、仲殊、文莹、惠洪、道璨、德光、宝印、道枢等,也满怀禅性理趣,出入城门侯门。理学士林与佛家禅林的交游,比起魏晋隋唐,更为亲密,更为热闹。

道潜,北宋名僧,字参寥,本名昙潜,赐号妙总大师,俗姓何,杭州于潜(今浙江临安)人。善诗,爱游。是苏轼、秦观的知交。苏轼贬黄州,道潜千里往访,同游庐山。一次,他独自一人秋夜游江,眺览傍晚时分雨暗苍江的混沌,聆听井边梧桐枝叶翻动的喧响及

---

① 朱熹《偶题》其一。

② 朱熹《活水亭观书有感》其一。

③《朱子语类》卷九。

④ 苏轼《与章质夫三首》:"承喻慎静以处忧患,非心爱我之深,何以及此,当谨置之座右也。"

⑤ 欧阳修(1007—1072),庐陵(今江西吉安)人。进士及第。仁宗时,累迁知制诰、翰林学士;英宗时,官枢密副使、参知政事;神宗时,任刑部尚书、兵部尚书,封上柱国、乐安郡开国公,以太子少师致仕。《佛祖统记》卷四十五说欧阳修:"致仕居颍上,日与沙门游,因号六一居士,名其文曰《居士集》。"

⑥ 葛天民,字无怀,越州山阴(浙江绍兴)人。徙台州黄岩(今属浙江)。一度为僧,法名义铦(kuò),字朴翁,其后返俗,居杭州西湖。

半夜楼头风声雨声一时俱寂的静谧，忽然想到暗中有明，"月在浮云深处明"①，思维敏锐，推理有致。

① 北宋·道潜《江上秋夜》。

仲殊，名挥，字师利，俗姓张，安州（今湖北安陆）人。早年举进士，后弃家落发，住苏州承天寺、杭州吴山宝月寺，与苏轼交往颇深，才思文藻，诗词歌赋，均为上乘。曾游润州（今江苏镇江）北固楼，赋景言理：

> 北固楼前一笛风，断云飞出建昌宫。
> 江南二月多芳草，春在蒙蒙细雨中。②

② 仲殊《润州》。

这"春在蒙蒙细雨中"和朱熹的"万紫千红总是春"正有异景同感、异曲同理的妙处。

惠洪，俗姓彭，又名德洪，字觉范，筠州（今江西高安）人。精通佛学，精通文学，著《冷斋诗话》。惠洪交际广泛，苏轼、黄庭坚是他的贴心朋友。惠洪游路悠长，江北诸地有木榻、江南诸地有蒲团。一日，应人之邀，登南岳衡山芙蓉峰。山道蜿蜒，绿云缭绕，高岩万仞，天风劲吹。惠洪开怀忘形之际，转念出家已久仍然因物动情，实属本性难移，犹如"蜜渍白芽姜，辣在那改性"③。以物理喻人理，反思中肯，内观确切。

③ 北宋·惠洪《次韵天锡提举》。

道璨，字无文，豫章（今江西南昌）人。脱俗奉禅，居饶州（今江西波阳）荐福寺、开元寺。撰《柳塘外集》，在南宋文坛颇有诗名。某年，出游瑞昌（今江西瑞昌），访景苏堂，赏厅前竹。景苏堂是苏轼住过的堂屋。神宗元丰七年（1084），苏轼路经瑞昌留宿过夜，于瑞昌亭子山挥毫题字。其山有竹，竹痕如墨，称墨竹。好事者附会苏轼墨洒竹叶，斯有墨竹。理宗景定年间（1260—1264），瑞昌主簿王景琰移植亭子山墨竹于苏轼所居草堂，题名"景苏堂"。道璨登堂入室，徘徊庭院，睹竹思人，借竹论理：

> 一叶复一叶，也道几翻覆。
> 一点复一点，书墨要接续。①

以竹叶的新陈代谢，说明岁月轮回，人事变故；以竹上墨痕的千秋相传，说明斯人虽去，正气常留。

两宋士林、佛门理趣盎然的游风，增加了宋代旅游的理性深度，也精细了宋代旅游的鉴赏尺寸和审美尺寸。宋人通过旅游所领悟的道理，所把握的形象，所创造的意境，往往独具慧眼，新鲜别致，发人深省。这不单有朱熹游郊野，点出"万紫千红总是春"的自然特征；苏轼游庐山，勘破"不识庐山真面目，只缘身在此山中"的认识局限；他如欧阳修游滁州琅琊山（今安徽滁县琅琊山），"醉翁之意不在酒，在乎山水之间也"②，超然物外；王安石游舒州褒禅山（今安徽含山县北褒禅山），"非常之观，常在于险远"，"尽吾至也而不能至者，可以无悔矣"③，倡导进取；宋祁游城东，"绿杨烟外晓寒轻，红杏枝头春意闹"④，叶绍翁游田家，"满园春色关不住，一枝红杏出墙来"⑤，汪藻游林园，"西窗一雨无人见，展尽芭蕉数尺心"⑥，都是物理深藏、意境宛转的观感；启迪人心，教化人心，悦愉人心。

① 道璨《题景苏堂竹》。
② 欧阳修《醉翁亭记》。
③ 王安石《游褒禅山记》。
④ 北宋·宋祁《玉楼春》"东城门外风光好"。
⑤ 南宋·叶绍翁《游园不值》。
⑥ 南宋·汪藻《即事》。

第三节　士林冶游

冶游风气，两宋盛极。

皇帝为之。北宋末，李师师是东京艺压

群芳的名妓。宋徽宗爱其姿色,悦其弦歌,微服狭邪,偷期密约。宋人无名氏《李师师外传》:"宋徽宗般乐艮狱中①,久而厌之。更微行为狭斜游,累至汴京镇安坊李师师家,计前后赐金银钱帛器用食物等不下十万。"

官僚为之。晏殊②赏妓,《浣溪沙》:

> 玉碗冰寒滴露华,粉融香雪透轻纱。晚来妆面胜荷花。
> 鬓亸欲迎眉际月,酒红初上脸边霞。一场春梦日西斜。

晏殊的儿子晏几道③流连妓馆,"彩袖殷勤捧玉钟,当年拚却醉颜红。舞低杨柳楼心月,歌尽桃花扇底风"④,且狎妓狎出感情,《临江仙》:

> 梦后楼台高锁,酒醒帘幕低垂。去年春恨却来时。落花人独立,微雨燕双飞。
> 记得小苹初见,两重心事罗衣。琵琶弦上说相思。当时明月在,曾照彩云归。

欧阳修访妓,《蝶恋花》:

> 庭院深深深几许,杨柳堆烟,帘幕无重数。玉勒雕鞍游冶处,楼高不见章台路。
> 雨横风狂三月暮,门掩黄昏,无计留春住。泪眼问花花不语,乱红飞过秋千去。

秦观⑤宿妓,在绍兴,与歌妓缠绵⑥,作《满庭芳》:

①般乐,肆意玩乐。艮狱,皇室离宫。

②晏殊,字同叔,抚州临川(今江西临川)人。十四岁因才华横溢赐进士。北宋仁宗时,官至检校太尉刑部尚书同平章事、中书门下平章事、集贤殿学士兼枢密使。

③晏几道(1030—1106),字叔原,号小山。晏殊第七子。一辈子做小官,颍昌府许田镇监、干宁军通判,开封府判官。

④晏几道《鹧鸪天》。

⑤秦观(1049—1100),字太虚,又字少游,别号邗沟居士,世称淮海先生,北宋高邮(今江苏)人。进士,官至太学博士,国史馆编修。

⑥南宋·胡仔《苕溪渔隐丛话》引《艺苑雌黄》。

> 销魂，当此际，香囊暗解，罗带轻分。漫赢得青楼，薄幸名存。

在蔡州"与营妓楼婉字东玉者甚密"，作《水龙吟》，镶进东玉名字，"小楼连苑横空"、"玉佩丁东别后"①。秦观最著名的冶游词是《鹊桥仙》：

> 纤云弄巧，飞星传恨，银汉迢迢暗度。金风玉露一相逢，便胜却人间无数。
>
> 柔情似水，佳期如梦，忍顾鹊桥归路。两情若是久长时，又岂在朝朝暮暮。

写青楼幽会，青楼离别，句句感人。钱钟书《宋诗选注》说秦观这类诗情是"公然走私的爱情"。

书生为之。柳永（987—1053），崇安（今福建武夷山）人。原名三变，字景庄，后改名永，字耆卿。在家排行第七，又称柳七。年青时浪迹青楼，屡试不第，直到仁宗景佑元年（1034），47岁，始中进士，先在余杭（今浙江杭州）做三年县宰，与妓女交往火热；再到汴梁做几年屯田员外郎，级别相当于七品县令。后遭罢免，复混迹花街，穷困潦倒。总其经历，大体是个风流落魄的书生，一生填词，一生失意，一生冶游。冶游是柳永政治失意的避风港。《鹤冲天·黄金榜上》：

> 黄金榜上，偶失龙头望。明代暂遗贤，如何向。未遂风云便，争不恣游狂荡。何须论得丧？才子词人，自

---

① 明·蒋一葵《尧山堂外纪》。

是白衣卿相。

烟花巷陌，依约丹青屏障。幸有意中人，堪寻访。且恁偎红倚，风流事，平生畅。青春都一饷。忍把浮名，换了浅斟低唱。

冶游是柳词创作的温床，柳永名篇几乎篇篇出乎冶游。《雨霖铃》：

寒蝉凄切，对长亭晚，骤雨初歇。都门帐饮无绪，留恋处，兰舟催发。执手相看泪眼，竟无语凝噎。念去去千里烟波，暮霭沉沉楚天阔。

多情自古伤离别，更那堪，冷落清秋节。今宵酒醒何处？杨柳岸，晓风残月。此去经年，应是良辰美景虚设。便纵有千种风情，更与何人说。

冶游是柳词传播的渠道。南宋叶梦得《避暑录话》：

柳永为举子时，多游狭邪，善为歌辞。教坊乐工每得新腔，必求永为辞，始行于世，于是声传一时。余仕丹徒，尝见一西夏归朝官云："凡有井水处，即能歌柳词。"

冶游是柳永生活的归宿。南宋罗烨《醉翁谈录》："耆卿居京华，暇日遍游妓馆。所至，妓者多以金物资给之。"死后送葬，据说是一城名妓，半城缟素。

俞国宝，号醒庵，抚州临川（今江西抚州临川）人。南宋孝宗淳熙年间（1174—1189）太学生。在杭州游西湖，招妓作陪，作《风入松》：

> 一春长费买花钱，日日醉湖边。玉骢惯识西湖路，骄嘶过、沽酒楼前。红杏香中箫鼓，绿杨影里秋千。
>
> 暖风十里丽人天，花压鬓云偏。画船载取春归去，馀情付、湖水湖烟。明日重扶残醉，来寻陌上花钿。

南宋周密《武林旧事》说淳熙十二年（1185），太上皇赵构游西湖，见酒肆屏风上有《风入松》词，结尾两句："明日再携残醉，来寻陌上花钿。"赵构笑曰："此调甚好，但末句未免儒酸。"改"明日再携残醉"为"明日重扶残醉"，下令俞国宝释褐为官。

宋人冶游，或多一往情深。王国维《人间词话》：

> 古今之成大事业、大学问者，必经过三种之境界："昨夜西风凋碧树。独上高楼，望尽天涯路"，此第一境也。"衣带渐宽终不悔，为伊消得人憔悴"，此第二境也。"众里寻她千百度，蓦然回首，那人却在，灯火阑珊处"，此第三境也。

所引词句均出宋人冶游。"昨夜西风"，晏殊思妓①。"衣带渐宽"，柳永思妓②。"众里寻她"，稼轩思妓③。

第四节　百姓游城

宋代，城市旅游兴起。城乡百姓概以游城为乐。

---

① 晏殊《蝶恋花》："槛菊愁烟兰泣露，罗幕轻寒，燕子双飞去。明月不谙离别苦，斜光到晓穿朱户。昨夜西风凋碧树，独上高楼，望尽天涯路。欲寄彩笺无尺素，山长水阔知何处？"

② 柳永《凤栖梧》："伫倚危楼风细细，望极春愁，黯黯生天际。草色烟花残照里，无言谁会凭栏意。拟把疏狂图一醉，对酒当歌，强乐还无味。衣带渐宽终不悔，为伊消得人憔悴。"

③ 辛弃疾《青玉案》："东风夜放花千树，更吹落星如雨。宝马雕车香满路。凤箫声动，玉壶光转，一夜鱼龙舞。　蛾儿雪柳黄金缕，笑语盈盈暗香去。众里寻他千百度。蓦然回首，那人却在，灯火阑珊处。"元宵佳节，诗人上街，看灯，看舞，更看人。夜间街头，花枝招展、香气袭人、招摇过市的女子，必是倚门卖笑的红巾翠袖。

一、百姓游东京

北宋东京（汴梁，今开封），吉日盛会喜空前，朝廷时时举办大型隆重的庆祝活动。凡皇帝生日、登基、改元、大赦、赐酺①及郊拜天地等，皆大张旗鼓地安排典礼，场面铺张，万人空巷。《宋史·礼志》太宗雍熙元年（984）十二月，因"四海混同，万民康泰"，下诏"赐酺推恩，与众共乐"，太宗亲临丹凤楼观酺：

> 自楼前（皇城城楼）至朱雀门（里城南门）张乐，作山车旱船，往来御道。又集开封府诸县及诸军乐人列于御街，音乐杂发，观者溢道，纵士庶游观，迁市肆百货于道之左右，召畿甸耆老列坐楼下，赐之酒食。②

真宗的赐酺之典，规模赶超太宗。《东京梦华录》：

> 命内诸司使三人主其事，于干元楼前露台上设教坊乐。又骈采方车四十乘，上起采楼者二，分载钧容直，开封府乐。复为棚车二十四，每十二乘为之，系驾以牛，被之锦绣，萦以彩绸，分载诸军，京畿使乐，又于中衢编木为栏处之。徙坊市邸肆，对列御道，百货骈布，竞以彩幄镂版为饰。上御干元门，召京邑父老分番列坐楼下，传旨问安否，赐以衣服、茶帛……上举觞，教坊乐作，二大车自升平桥而北，又有旱船四挟之以进，棚车由东西街交骛，并往复日再

① 秦法，三人以上无故不得聚饮，违者罚金。朝廷若有庆祝之事，特许臣民会聚欢饮，称赐酺。其后，历代王朝常以赐酺贺喜、劳民。

② 南宋·孟元老《东京梦华录》。

焉。东距望春门,西连阊阖门,百戏竞作,歌吹腾沸。宗室亲王,近列伯牧,泊旧臣、宗室官,为设彩棚于左右廊庑,士庶纵观,车骑填溢,欢呼震动。

东京最盛大的节日是阴历正月十五的元宵节。元宵节全民总动员,官民同办,官民同庆。官府的筹备工作年前开始:

正月十五日元宵,大内前自岁前冬至后,开封府(开封府衙)绞缚山棚,立木正对宣德楼。游人已集御街两廊下,奇术异能,歌舞百戏①。

① 南宋·孟元老《东京梦华录》。

皇城的"东华,左右掖门,东西角楼,城门大道,大宫观寺院,悉起山棚,张乐陈灯,皇城雉堞亦遍设之";正门宣德楼下又"结彩为山楼影灯",人称"灯山";从"灯山"至百丈开外的横大街,用棘刺围成大乐场,人称"棘盆"②;"棘盆"当中又搭戏台,以供演出。届时,"灯山"上万种灯火,大放光明;"棘盆"里百样杂伎,各显其能:

② 《宋史·礼志》。

金翠光中宝焰繁,山楼高下鼓声喧。
两军伎女轻如鹘,百尺竿头电线翻。③

③ 宋·无名氏作。

皇帝是夜"先幸寺观行香,遂御楼(宣德楼),或御东华门及东西角楼,饮从臣,四夷蕃客各依本国歌舞列于楼下",又准"开旧城达旦,纵士民观"④。每年正月十六,"贵家车马,自内前鳞切,悉南去游相国寺"⑤;民间百姓也于元宵前后在大街小巷张灯结彩,燃放烟火,陈列花市。朱淑真"去年元夜时,花市灯

④ 《宋史·礼志》。

⑤ 南宋·孟元老《东京梦华录》。

如昼"①，讲的是杭州，东京犹过之。

东京，不但闹元宵闹个天翻地覆，其他传统节日，居民都爱逢场作戏。三月一日，"游人士庶，车马万数"②。每到清明节，城内男女又争先恐后涌向城郊，汴梁城外，"四野如市，往往就芳树枝下，或苑囿之间，罗列杯盘，互相劝酬，都城之歌儿舞女，遍满园亭，抵暮而归"③。

即便不过节，东京城也同过节一样，笼罩融融喜庆。《东京梦华录》：

> 太平日久，人物繁阜。垂髫之童，但习歌舞，斑白之老，不识干戈。时节相次，各有观赏，灯宵月夕，雪际花时，乞巧登高，教池游苑。举目则青楼画阁，绣户珠帘，雕车竞驻于天衢，宝马争驰于御路。金翠耀目，罗绮飘香，新声巧笑于柳陌花街，按管调弦于茶坊酒肆。八荒争凑，万国咸通，集四海之珍奇，皆归市易，会环宇之异味，悉在庖厨。花光满路，何限春游，箫鼓喧空，几家夜宴。

宋人张择端④以一幅《清明上河图》为历史复制了东京的熙熙攘攘、快快乐乐。

二、百姓游杭州

"临安风俗，四时奢侈"，逢年过节，"赏玩殆无虚日"⑤。择要言之，正月初一元旦节，男男女女衣服新鲜，往来拜贺，"不论贫富，游玩琳宫梵宇，竟日不绝。家家饮宴，笑语喧哗"⑥。正月十五元宵节，花灯怒放，歌舞并作，"栏街戏耍，竟夕不眠"，"又有深坊

① 南宋·朱淑真《生查子·元夕词》："去年元夜时，花市灯如昼。月上柳梢头，人约黄昏后。今年元夜时，月与灯依旧，不见去年人，泪湿春衫袖。"

② 南宋·孟元老《东京梦华录》。

③ 南宋·孟元老《东京梦华录》。

④ 张择端（1085—1145），字正道，琅琊东武（今山东诸城）人。北宋画家。徽宗宣和年间任翰林待诏。

⑤ 南宋·吴自牧《梦粱录》。

⑥ 南宋·吴自牧《梦粱录》。

小巷，绣额珠帘，巧制新装，竞夸华丽。公子王孙，五陵年少，更以纱笼喝道，将带佳人美女，遍地游赏"，"堕翠遗簪，难以枚举"①。二月十五花朝节，"都人皆往钱塘门外玉壶，古柳林，杨府云洞，钱湖门外庆乐，小湖等园，嘉会门外包家山王保生、张太尉等园，玩赏奇花异木"②。又有天庆观万盏华灯盛会，长明寺涅槃胜会，观者纷集。三月"寒食"后第三天是清明节，这一天：

> 官员士庶，俱出城省坟，以尽思时之敬。车马往来繁盛，填塞都门。宴于郊者，则就名园芳圃，奇花异木之处。宴于湖者，则采舟画舫，款款撑驾，随处行乐。此日又有龙舟可观，都人不论贫富，倾城而出，笙歌鼎沸，鼓吹喧天，虽东京金明池未必如此之佳。殢酒贪欢，不觉日晚。红霞映水，月挂柳梢，歌韵清圆，乐声嘹亮，此时尚犹未绝。男跨雕鞍，女乘花轿，次第入城。又使童仆挑着木鱼，龙船，花篮，闹竿等物归家，以馈亲朋邻里。③

七月七日七夕节，傍晚，人人穿新衣，户户列香案，少女拜月，乞巧于牛郎、织女。八月十五中秋节，这一夜：

> 金风荐爽，玉露生凉，丹桂香飘，银蟾光满。王孙公子，富家巨室，莫不登危楼，临轩玩月，或开广榭，玳筵罗列，琴瑟铿锵，酌酒高楼，以卜竟夕之欢。至如铺席之

① 南宋·吴自牧《梦粱录》。

② 南宋·吴自牧《梦粱录》。

③ 南宋·吴自牧《梦粱录》。

家，亦登小小月台，安排家宴，团圞(luán)子女，以酬佳节。虽陋巷贫窭之人，解衣市酒，勉强欢迎，不肯虚度。此夜天街卖买，直至五鼓，玩月游人，婆娑于市，至晓不绝。①

① 南宋·吴自牧《梦粱录》。

再加五月端午，九月重阳，十月小春，十一月冬至，十二月除夕夜，一年四季，欢天喜地。

杭州西湖是四方游客的天堂，也是杭州市民的天堂。吴自牧《梦粱录》，每年二月初八，"苏堤游人来往如蚁"，百花争放之时，"湖山游人，至暮不绝"，"都人不论贫富，倾城而出，笙歌影沸，鼓吹喧天"，"大抵杭州胜景，全在西湖。他郡无比，更兼仲春景色明媚，花事方殷，正是公子王孙、武陵年少赏心乐事之时，岂宜虚度？至于贫者亦能解质借兑，带妻挟子，竟日嬉游，不醉不归"。南宋林升《题临安邸》："山外青山楼外楼，西湖歌舞几时休？暖风熏得游人醉，直把杭州作汴州。"

杭州钱塘江，是观潮胜地。每年八月，潮水怒涌，"都人自十一日起，便有观者，至十六、十八日倾城而出，车马纷纷，十八日最为繁盛"，"自庙子头直至六和塔，家家楼屋，尽为贵戚内侍等雇赁作看位观潮"②，"方其远出海门，仅如银线，既而渐近，则玉成雪岭，际天而来，大声如雷霆，震撼激射，吞天沃日，势极雄豪"③。两岸观众将牲礼、经文，纷纷投江，驻足江边，往往半夜，"钱塘佳月照青霄，壮观仍看半夜潮"④。更有楞头青，手执彩旗，伺候潮出，"争先鼓勇，溯迎而上，出没于鲸波万仞中，腾身百变，而旗略不沾

② 南宋·吴自牧《梦粱录》。

③ 南宋·周密《武林旧事》。

④ 南宋·楼钥《海潮图》。

湿"①，动作惊险。有人作诗赞弄潮儿："弄罢江潮晚入城，红旗飐飐白旗轻。不因会吃翻头浪，争得天街鼓乐迎。"②

三、百姓游广州

宋代广州，是华南旅游大都。西城共乐楼，楼高五丈，是供人登览的观光楼台。北宋程师孟《题共乐亭》：

> 千门日照珍珠市，万户烟生碧玉城。
> 山海是为中国藏，梯航尤见外夷情。

镇南门外海山楼，是市舶司欢宴外商和海员之地。南宋陈去非《登海山楼》誉为蓬莱宫阙："海清无蜃气，彼固蓬莱宫。"广州的娱乐活动也吸引外籍游客。周去非《岭外代答》："番禺酷好斗鸡，诸番人尤甚。"

四、百姓游成都

成都以"蚕市"、"药市"、"小游江"和"大游江"著称。北宋张仲殊《望江南》记蚕市：

> 成都好，蚕市趁遨游。夜放笙歌喧紫陌，春邀灯火上红楼，车马溢瀛州。
>
> 人散后，茧馆喜绸缪。柳叶已饶烟黛细，桑条何似玉纤柔，立马看风流。

陆游《与李运使启》提到药市："三熏三沐，尚陪药市之游。"元人费著《岁华纪丽谱》追记宋时药市："九月九日玉局观药市，宴监司宾僚于旧宣诏堂，晚饮于五门，凡二日，官为幕帘棚屋，以事游观。或云有恍惚遇仙者。"游江，指成都民众乘船游江及江边游乐活动，

① 南宋·周密《武林旧事》。

② 南宋·吴自牧《梦粱录》引。

有大小之分。二月二踏青，民众游江，俗称"小游江"；四月十九在浣花溪上的游乐，俗称"大游江"。北宋田况《泛浣花溪》咏"大游江"：

> 浣花溪上春风后，节物正宜行乐时。
> 十里绮罗青盖密，万家歌吹绿杨垂。
> 画船迭鼓临芳甸，彩阁凌波泛羽卮。
> 霞景渐曛归棹促，满城欢醉待旌旗。

费著《岁华纪丽谱》说宋时"大小"游江：

> 二月二日踏青节，初郡人游赏散在四郊。张公咏①以为不若聚之为乐，乃以是日出万里桥，为彩舫数十艘，与宾僚分乘之。歌吹前导。号小游江，盖指浣花为大游江也。士女骈集，观者如堵。晚宴于宝历寺。公为诗，有曰："春游千万家，美人颜如花。三三两两映花立，飘飘似玉乘烟霞。"公铁心石肠，乃赋此丽词哉。后以为故事。清献公为记时，彩舫至增数倍。今不然矣。
>
> 四月十九日浣花佑圣夫人诞日也。②太守出笮桥门，至梵安寺谒夫人祠，就宴于寺之设厅。既宴，登舟观诸军骑射，倡乐导前，沂流至百花潭，观水嬉、竞渡。官舫民船，乘流上下，或幕帘水滨，以事游赏，最为出郊之盛。

游客倾城，彩船满江，歌吹沸天，热闹非凡。"大小"游江，是成都春季规模不同的两次旅游节。

①张咏（946—1015），字复之，自号乖崖，濮州鄄城（今属山东）人。北宋太宗太平兴国间进士。真宗时官礼部尚书，诗文俱佳。

②浣花佑圣夫人，唐代剑南西川节度使崔宁的夫人，因率兵御敌，保卫成都有功，封冀国夫人。人们纪念她，在百花潭旁建梵安寺，供其塑像。

五、百姓游扬州

扬州以芍药花会著称。清四库馆臣《扬州芍药谱提要》:"扬州芍药,自宋初名于天下。"欧阳修赞扬州芍药:

洛阳三见牡丹月,春醉往往眠人家。
扬州一遇芍药时,夜饮不觉生朝霞。
天下名花惟有此,樽前乐事更无加。
如今白首春风里,病眼何须厌黑花。①

苏轼《东坡志林》:"扬州芍药为天下冠。蔡繁卿为守,始作万花会,用花十余万枝。"南宋吴曾《能改斋漫录》说扬州三月芍药花开:"游观者相属于路。障幕相望,笙歌相闻。"②

宋代的百姓游城是大众化旅游的发端。在汴梁、杭州的勾栏瓦肆中,无数的"下里巴人"进进出出,东张西望,享受游观的乐趣。

第五节 以文载游

宋代重文。宋人强调"国之文章,应于风化,风化厚薄,见乎文章"③,非常自觉地继承了前代旅游以文载游的重文传统,并在体裁上有所创新,在运用上有所发明,在数量上大幅增加。旅游文学,极为可观。

一、记游诗

宋人记游诗,或如唐人,重在即景抒情,北宋梅尧臣游河南鲁山,作《鲁山山行》:

适与野情惬,千山高复低。
好峰随处改,幽径独行迷。
霜落熊升树,林空鹿饮溪。

---

① 欧阳修《眼有黑花戏书自遣》。

② 孔常甫,即孔武仲(约1041—1097),字常父,今江西峡江人。与苏轼兄弟同时。进士,元祐间,累官礼部侍郎,知洪州。坐元祐党夺职,居池州。浃旬,满十天。

③ 北宋·范仲淹《奏上时务书》。

人家在何处？云外一声鸡。

"状难写之景，如在目前；含不尽之意，见于言外"①，风格有似宋之问。陆游记游诗兼含李白的豪放、白居易的浅近。陈与义记游诗抒情悲凉，风格有似杜甫的沉郁。

宋人记游诗更具自家特色。这特色就是记游说理。六朝山水诗好以玄言结尾，玄理深奥，一般读者难有共鸣，且与景物缺少形象关联，常常味同嚼蜡。唐诗记游，偶尔说理。王之涣《登鹳雀楼》："欲穷千里目，更上一层楼。"杜甫《江亭》："水流心不竞，云在意俱迟。"宋诗说理，理趣出于景致，景理交融，警句联翩。苏轼《题西林壁》：

不识庐山真面目，只缘身在此山中。

黄庭坚《徐孺子祠堂》：

古人冷淡今人笑，湖水年年到旧痕。

朱熹《活水亭观书有感》：

问渠那得清如许，唯有源头活水来。

景物理趣使宋代记游诗滋味隽永。

二、记游词

以词记游，始于唐，盛于宋。两宋词坛，记游词高手林立，佳作琳琅，风格多姿。

北宋潘阆②钱塘观潮，作《酒泉子》：

长忆观潮，满郭人争江上望。来疑沧海尽成空，万面鼓声中。

弄潮儿向涛头立，手把红旗旗不湿。别来几向梦中看，梦觉尚心寒。

①北宋·欧阳修《六一诗话》记梅尧臣语。

②潘阆（？—1009），字梦空，号逍遥子，大名（今属河北）人，一说扬州（今属江苏）人。性格疏狂，坐事亡命，真宗赦之，任滁州参军，后游戏江湖。善诗工词。

潮势滔天,潮声动地,弄潮惊险,观潮惊心,确是一篇咏潮杰作。清人张宗橚(sù)《词林纪事》:"好事者以阆遨游浙江,咏潮著名,以轻绡写其形容,谓之《潘阆咏潮图》。"

欧阳修泛舟颍州(今安徽阜阳)西湖,作《采桑子》:

> 轻舟短棹西湖好,绿水逶迤,芳草长堤。隐隐笙歌处处随。
>
> 无风水面琉璃滑,不觉船移,微动涟漪。惊起沙禽掠岸飞。

轻松,明快,洁净,秀丽,自然而有神韵。

柳永爱游都市,爱写都市。游杭州,作《望海潮》;游开封,作《迎新春》;游长安,作《少年游》;游苏州,作《瑞鹧鸪》;皆绘景如画,声情宛约,且多用长调①,是宋人长调记游的先锋。

苏轼精彩吊古,《念奴娇·赤壁怀古》,"大江东去",大气磅礴;又精彩当下,《江城子·密州出猎》,"西北望,射天狼",豪情万丈。

南宋张孝祥②游洞庭,作《念奴娇》:

> 洞庭青草,近中秋,更无一点风色。玉界琼田三万顷,着我扁舟一叶。素月分辉,明河共影,表里俱澄澈。怡然心会,妙处难与君说。
>
> 自念岭海经年,孤光自照,肝胆皆冰雪。短发萧骚襟袖冷,稳泛沧浪空阔。尽吸西江,细斟北斗,万象为宾客。扣舷独笑,不知今夕何夕。

上片写洞庭的透彻空明,下片写胸怀的坦荡洒

---

① 长调词即慢词,调长拍缓,与小令、中调同为宋词的三大形式。以字数分,小令不出58字,中调90字之内,长调90字之上。

② 张孝祥(1132—1169),字安国,别号于湖居士,历阳乌江(今安徽和县)人。

脱，"神采高骞，兴味洋溢"①。

南宋辛弃疾记游词，或豪迈，如《水龙吟·登建康赏心亭》；或悲凉，《菩萨蛮·书江西造口壁》；或沉雄，《水龙吟·过南剑双溪楼》；或清新，《浣溪沙·偕叔高、子似宿山寺戏作》；令人读之无厌，味之无极，游途之上，足以提神。

女词人记游词，以李清照、朱淑真领衔两宋。所写闺阁闲游，景致清丽，感情缠绵，风格婉约。

宋代记游词是古代旅游文学的骄傲。

三、记游文

旅游散文，宋人写得多，写得好。宋人发扬唐人柳宗元《永州八记》的文风，以不拘格式、自由抒写的笔法，记述旅游过程、旅游景观和旅游感受。王安石的《游褒禅山记》，苏轼的《记承天寺夜游》、《石钟山记》，晁补之的《新城游北山记》，朱熹的《南岳游山后记》、《记游南康庐山》，文从字顺，陈言务去，写景切实，说理深刻，是宋代游记体散文的典范。

宋人游记能在继承中变格。欧阳修《醉翁亭记》：

> 环滁皆山也。其西南诸峰，林壑尤美。望之蔚然而深秀者，琅琊也。山行六七里，渐闻水声潺潺，而泻出于两峰之间者，酿泉也。峰回路转，有亭翼然临于泉上者，醉翁亭也。作亭者谁？山之僧曰智仙也。名之者谁？太守自谓也。太守与客来饮于此，饮少辄醉，而年又最高，故自号

① 清·黄苏《蓼园词选》。

曰醉翁也。醉翁之意不在酒，在乎山水之间也。山水之乐，得之心而寓之酒也。若夫日出而林霏开，云归而岩穴暝，晦明变化者，山间之朝暮也。野芳发而幽香，佳木秀而繁阴，风霜高洁，水落石出者，山间之四时也。朝而往，暮而归，四时之景不同，而乐亦无穷也。

至于负者歌于途，行者休于树，前者呼，后者应，伛偻提携，往来而不绝者，滁人游也。临溪而渔，溪深而鱼肥；酿泉为酒，泉香而酒洌；山肴野蔬，杂然而前陈者，太守宴也。宴酣之乐，非丝非竹；射者中，弈者胜；觥筹交错，起坐而喧哗者，众宾欢也。苍颜白发，颓然乎其间者，太守醉也。

已而夕阳在山，人影散乱，太守归而宾客从也。树林阴翳，鸣声上下，游人去而禽鸟乐也。然而禽鸟知山林之乐，而不知人之乐；人知从太守游而乐，而不知太守之乐其乐也。醉能同其乐，醒能述以文者，太守也。太守谓谁？庐陵欧阳修也。

文章写于宋仁宗庆历六年（1046），描写欧阳修谪居滁州（今安徽滁县）游观琅琊的所见所感。主题是表达作者处贬不惊、悠然自乐的情愫。语言流利、精美、疏朗而有韵致，和柳宗元、王禹偁、曾巩、王安石、苏轼、晁补之等人随意书写，无意求工，严谨平实的游记大不相同，是一篇诗化的游记体散文，或

者说是一篇诗化的文赋。南宋朱弁《曲洧旧闻》:"《醉翁亭记》初成,天下莫不传诵,家至户到,当时为之纸贵。宋子京得其本,读之数过,曰:'只目为《醉翁亭赋》有何不可'。"

陆游也善于创新,以日记的形式记写旅游。他的《入蜀记》按时间顺序,记录了宋孝宗乾道六年(1170)闰五月至十月,从浙江绍兴旅游四川夔州(今四川奉节)的一路光景,一路传闻:

> (十月)六日,过荆门。十二碚皆高崖绝壁,崭岩突兀,则峡中之险可知矣。过碚,望五龙及鸡笼山,嵯峨正如夏云之奇峰。荆门者,当以险固得名。碚上有石穴,正方,高可通人,俗谓之荆门,则妄也。

文笔简练朴素,叙事详略得当,深得日记要领,具有旅游文献价值。

宋人或以游记志古。北宋张礼,字茂中,浙江人,哲宗元祐时旅游长安城南,寻访唐代陈迹,作《游城南记》,记实景,注变化,对于考察唐宋长安的历史地理甚有补益。

四、题 记

专为景观题写的记文,称题记。一般只记景观,不记游踪。王禹偁为自家竹楼作《黄州新建小竹楼记》,苏舜钦为自家苏州园林作《沧浪亭记》,梅尧臣为节度推官李君所建之亭作《览翠亭记》,欧阳修为自己在滁州所建之亭作《丰乐亭记》,苏轼应眉州知州黎希声之请作《眉州远景楼记》,曾巩为萧县东亭作《清心亭记》,陈师道为岳父、曹州知州郭概所建披云楼作《披云楼记》,杨万里为谭姓人家景延楼作《景延楼记》,都是景上添花的妙笔。最为著名的题记是范仲淹的《岳阳楼记》。北宋滕子京重修岳阳楼,专函奉达范仲淹:

> 窃以为天下郡国,非有山水环异者不为胜,山水非有楼观登览者不为显,楼观非有文字称记者不为久,文字非出于雄才巨卿者不成著。①

范仲淹欣然命笔,作《岳阳楼记》:

> 庆历四年春,滕子京谪守巴陵郡。越明年,政通人和,百废具兴。乃重修岳阳楼,增其旧制,刻唐贤今人诗赋于其上,属予作文以记之。
>
> 予观夫巴陵胜状,在洞庭一湖。衔远山,吞长江,浩浩荡荡,横无际涯,朝晖夕阴,气象万千,此则岳阳楼之大观也。前人之述备矣。然则北通巫峡,南极潇湘,迁客骚人,多会于此,览物之情,得无异乎?
>
> 若夫淫雨霏霏,连月不开,阴风怒号,浊浪排空,日星隐耀,山岳潜形,商旅不行,樯倾楫摧,薄暮冥冥,虎啸猿啼,登斯楼也,则有去国怀乡,忧谗畏讥,满目萧然,感极而悲者矣。
>
> 至若春和景明,波澜不惊,上下天光,一碧万顷,沙鸥翔集,锦鳞游泳,岸芷汀兰,郁郁青青。而或长烟一空,皓月千里,浮光跃金,静影沉璧,渔歌互答,此乐何极。登斯楼

① 宋·滕子京《与范经略求记书》。范经略即范仲淹。

也，则有心旷神怡，宠辱皆忘，把酒临风，其喜洋洋者矣。

嗟夫！予尝求古仁人之心，或异二者之为。何哉？不以物喜，不以己悲。居庙堂之高，则忧其民；处江湖之远，则忧其君；是进亦忧，退亦忧。然则何时而乐耶？其必曰：先天下之忧而忧，后天下之乐而乐乎？噫！微斯人，吾谁与归？时六年九月十五日。

这篇记文先写作序原由，次写洞庭景色，继写仁人之心，骈散相间，辞藻富丽，感情激越，立意高尚，千古传诵。

五、题 名

题名是游客的即兴题刻，刻石于所游景观。一般寥寥数语，仅记姓名、身份、时间、地点。唐人率先为之，题名热点是西安大雁塔。宋代，景观题名更为时兴。北宋大中祥符五年（1012）重阳节，官员俞献可①、熊同文②、王贞白，游览桂林七星岩。俞献可以小篆题名，刻于岩壁：

> 尚书外郎熊同文、侍禁阁门祗侯王贞白、殿中侍御史俞献可，大中祥符五年九月九日同来。献可书。

北宋天禧二年（1018）中元节，俞献可又与广西提点刑狱燕肃③及李诰同游七星岩，燕肃以悬针篆书题名，刻于岩壁：

> 河间俞献可、上谷燕肃、赵郡李诰，圣宋天禧二年孟秋月中元同游。肃书。

①俞献可，字昌言，河间人。端拱二年进士。历官广西转运使、吏部郎中、龙图阁待制。

②熊同文，江西临川人。

③燕肃（961—1040），字穆之，一作仲穆，北宋著名书画家、科学家，政绩卓著，官终礼部侍郎。

第十章 宋代旅游

这两处题名，胜在书法。俞献可的小篆功力深厚，燕肃的悬针玉筋篆书，新颖别致。

宋人或以题名作文，记游写景。南宋韩元吉[①]与陈岩等人同游金华（今浙江金华）双龙洞，挥毫题名，请人刻石：

> 淳熙改元，七月既望，陈岩，萧子象，陈良佑天与黄扲子余，赵师龙德言，韩元告无咎，观稼秋郊，自智者山来谒双龙洞。篝火蒲伏，遍阅乳石之状，寒气袭人，酌酒竹荫，支筇至中间，饮泉乃归。[②]

文字精练，表达清楚，记游踪，写景物，抒感受。北宋秦观游于杭州龙井，作《龙井题名记》：

> 元丰二年中秋后一日，余自吴兴道杭，东还会稽，龙井有辩才大师，以书邀余入山。比出郭，日已夕。航湖至普宁，遇道人参寥，问龙井所遣篮舆，则曰以不时主去矣。是夕天宇开霁，林间月明，可数毫发，遂弃舟从参寥杖策并湖而行，出雷峰，度南屏，濯足于惠因涧，入灵石坞，得支径上凤篁岭，憩于龙井亭，酌泉据石而饮之。自普宁凡经佛寺十五，皆寂不闻人声，道旁庐舍，或灯火隐显，草木深郁，流水激激悲鸣，殆非人间之境。行二鼓矣，始至寿圣院，谒辩才于潮音堂，明日乃还。高邮秦观题。

文字优美，记叙生动，描写细腻，等同一篇山

[①] 韩元吉（1118—1187），字无咎，号南涧。开封雍邱（今河南开封）孝宗时官吏部尚书，以礼部尚书出使金国。后封颍川郡公，归老于信州南涧。与陆游、朱熹、辛弃疾、陈亮等诗词唱和，交游相善。《四库全书总目》称其"诗体文格，均有欧、苏之遗，不在南宋诸人下"。

[②] 明·陈继儒《销夏部》引韩无咎题名。

水游记。

题名是景观招贴，常令游客引颈观看。北宋郭祥正《游华阳洞阻雨》："此洞昔无闻，……刻石记所好。遂令天下知，游者争欲造。"不过，今日题名要申请批准，不可随意为之。

六、匾　额

亦称题额，是书刻在楼台馆阁池榭洞天等门户中堂上的题辞。西汉已创，南朝羊欣《笔陈图》："前汉萧何善篆籀，为前殿成，覃思三月，以题其额，观者如流。"宋人普及匾额，擅长用匾额为景观画龙点睛。南宋杭州西湖的滨湖亭，因是"祝网纵鳞之所"，亭匾"泳飞"。西湖西泠桥孤山路的香月亭，正对葱茏的群山，亭匾"挹翠"。西湖北山寿星寺，"外江内湖，一览目前"[①]，堂匾"江湖伟观"。杭州东太乙宫后花园虎林山，山上起一亭，题匾曰"武林"。杭州八郎庙巷池，广三亩，水清甘，立匾曰"碧沼"。杭州崇化坊白龙洞，因祈雨显灵，朝廷立庙，钦赐庙额曰"敏应"。杭州望仙桥东皇家德寿宫，"其宫籞四面游玩庭馆，皆有名匾"[②]，梅堂匾"香远"，荼蘼亭匾"新研"，荷花亭匾"临赋"，金林擒亭匾"灿锦"，郁李花亭匾"绛叶"，海棠大楼匾"浣溪"，芙蕖岗南御宴大堂匾"载忻"[③]等。

七、楹　联

书刻在楹柱上的对联，也可刻于石，写于屏风。清人梁章钜《楹联丛话》：

楹联之兴，肇于五代之桃符。孟蜀"余庆"、"长春"十字，其最古

[①] 南宋·吴自牧《梦粱录》。

[②] 南宋·吴自牧《梦粱录》。

[③] 忻，欣。

第十章 宋代旅游

也。至推而用之楹柱，盖自宋人始，而见于载籍者寥寥。然如苏文忠、真文忠及朱文公撰语，尚有存者，则大贤无不措意于此矣。①

现查最早的楹联是宋初杭州龙华寺僧契盈撰写的碧波亭联：

> 三千里外一条水
> 十二时中两度湖

苏轼为黄鹤楼撰联：

> 爽气西来　云雾扫开天地撼
> 大江东去　波涛洗尽古今愁

朱熹知漳州（今福建漳浦），在天宝镇山开元寺后山造书舍，自题一联：

> 十二峰送青排闼　自天宝以飞来
> 五百年逃墨归儒　跨开元之顶上

任南康军守，为江西庐山白鹿书院撰写一联：

> 傍百年树
> 读万卷书

南宋真德秀（1178—1235）读书蒲城（今福建蒲城）粤山学易斋，题联：

> 坐看吴粤两山石
> 默契羲文千古心

南宋文天祥（1236—1283），为山海关孟姜女庙撰联：

> 秦皇安在哉　万里长城筑怨
> 姜女未亡也　千秋片石铭贞

---

① 五代时，每到春节，习贴桃符于门，以驱妖邪。蜀主孟昶题辞于寝门桃符："新年纳余庆，嘉节号长春。"是为古代春联的发端。

宋人或借句作联。寇准刻石联：

> 但知行好事
> 不用问前程

句出五代冯道《天道》。南宋杭州西湖香月亭照屏联：

> 疏影横斜水清浅
> 暗香浮动月黄昏

句出北宋林逋《山园小梅》。南宋杭州德寿宫屏风联：

> 赖有高楼能聚远
> 一时收拾付闲人

句出苏轼《聚远楼》[①]。

八、山水画

宋代山水画硕果累累。董源的《秋山行旅图》、《溪山风雨图》、《仙山楼阁图》，郭熙的《长沙万里图》，刘松年的《西湖春晓图》，李唐的《长夏江寺图》，王诜的《层峦古刹图》，夏珪的《溪山不尽图》，都是山水画的上品。沈括《梦溪笔谈·书画》称赞宋迪："度支员外郎宋迪工画，尤善为平远山水。其得意者，有《平沙雁落》、《远浦帆归》、《山市晴岚》、《江天暮雪》、《洞庭秋月》、《潇湘夜雨》、《烟寺晚钟》、《渔村落照》，谓之'八景'。"山水画宣传山水，增加观者的旅游兴致。山水画的创作也得力于画家游观山水的感悟。郭熙《林泉高致》总结山水画创作经验，指出山水画创作的要妙是"饱游饫看，历历罗列于胸中"。

[①] 聚远楼，在江西德兴。

第六节　宋人旅游观

一、游以务观

游观一词，古已有之。或泛指游览。《关尹子》："一蜂至微，亦能游观乎天地。"[①] 晋人葛洪《抱朴子·知止》："穷游观之娱，极畋渔之欢。"或指离宫别观。《史记·李斯列传》："治驰道，兴游观。"扬雄《羽猎赋》："游观侈靡，穷妙极丽。"宋人说游观，重在观字，游以务观，观是游的任务。游，身临其境，身临其物；观，观察其境，观察其物，观其表，察其实。苏辙《乞裁损待高丽事件札子》："所至游观，伺察虚实。"苏轼《超然台记》：

> 凡物皆有可观，苟有可观，皆有可乐。

可观，意指可赏，可鉴，可思，可悟。凡物，自有特性，赏其形象，鉴其品质，思其物理，悟其哲理，格物致知，乐在其中。邵雍[②]《重游洛川》：

> 买石尚绕云，买山当从水。
> 云可致无心，水能为鉴止。

云，可观飘忽，可悟自然。水，可观静止，可资鉴照。换句话说，游而不观，不仔细观察，不认真品味，游来游去，跑腿而已，何乐之有？宋人旅游饱含景物理趣正是宋人游以务观的成果。

二、素志江湖

素志，向来的心志、心愿。江湖，自然山

[①] 关尹子，尹喜，东周函谷关关令。《关尹子》刘向序："关尹子名喜，号关尹子，或曰关令子，隐德行人易之，尝请老子著《道德经》上下篇，列御寇、庄周皆称道家。"

[②] 邵雍（1011—1077），字尧夫，谥号康节，自号安乐先生、伊川翁，后人称百源先生。河北范阳（今河北涿州）人。少有志，读书苏门山百源上。仁宗嘉祐及神宗熙宁中，先后被召授官，皆不赴。北宋哲学家、易学家，有"内圣外王"之誉。著有《观物篇》、《先天图》、《伊川击壤集》等。

水。素志江湖，以旅游自然山水为理想的生活方式，向往之，追求之。欧阳修《与王懿敏公仲仪》："一偿素志于江湖之上，然后归老汝阴尔。"① 范仲淹《出守桐庐道中》："素心爱云水，此日东南行。"素心云水，即素志江湖。邵雍《代书寄濠倅张都官》"老去难忘千里心"。千里心，即旅游心。罗大经《鹤林玉露》说赵季仁："平生有三愿：一愿识尽世间好人；二愿读尽世间好书；三愿看尽世间好山水。"这些人都是向往自然山水、追求旅游生活的旅游者。

三、适意而游

苏辙《武昌九曲亭记》："盖天下之乐无穷，而以适意为悦。方其得意，万物无以易之。"适意，就是乘兴、尽兴。得意，就是通过游观获得心意的满足。天下的赏心乐事，不可穷尽，应为兴而游，兴起而来，兴满而乐，兴尽而返。

四、山川育人而贵

宋人发挥唐人"山水因人增采"、"山不在高，有仙则名"的观念。

欧阳修《岘山亭记》举例证明山水因人而胜：

> 岘山临汉上，望之隐然，盖诸山之小者，而其名特著于荆州者，岂非以其人哉。其人谓谁？羊祜叔子、杜预元凯是已。

岘山（在今湖北襄阳），原不出名。西晋羊祜（221—278），字叔子，泰山平阳（今山东新泰）人。武帝时坐镇襄阳，都督荆州。屯田兴学，以德怀柔，深得民心。西晋杜预，（222—

---

① 汝阴，今安徽阜阳。欧阳修做过颍州（汝阴）太守。

285），字元凯，京兆杜陵（今陕西西安）人，以镇南大将军，接替羊祜，到职襄阳，备战伐吴，兴修水利，人民爱戴，尊称"杜父"。两人在任，时登岘山。《晋书·羊祜传》：

> 祜乐山水，每风景，必造岘山，置酒言咏，终日不倦。尝慨然叹息，顾谓从事中郎邹湛等曰："自有宇宙，便有此山。由来贤达胜士，登此远望，如我与卿者多矣！皆湮灭无闻，使人悲伤。如百岁后有知，魂魄犹应登此也。"湛曰："公德冠四海，道嗣前哲，令闻令望，必与此山俱传。至若湛辈，乃当如公言耳。"

《晋书·杜预传》：

> 预好为后世名，常言："高岸为谷，深谷为陵。"刻古为二碑，纪其勋绩，一沉万山之下，一立岘山之上，曰："焉知此后不为陵谷乎！"

岘山，因羊祜、杜预，著名于世。

汪藻①《昼绣堂记》进而论说山川人物关系，指出山川育人而贵：

> 自古人物与山川相为轻重。崧岳生甫申，淇澳生卫武。山东出相，山西出将，此人物以山川为重也。莘野以伊尹闻，磻溪以吕望闻，隆中由诸葛亮而显，曲江系张九龄而大，此山川以人物为重也。故为名山大川者，不以生明堂大辂之材，九鼎之金，照乘之珠，连城之璧为贵，而以毓英贤

① 汪藻（1079—1154），字彦章，号浮溪，又号龙溪。先世籍贯婺源（今江西婺源），后移居饶州德兴（今江西德兴）。北宋徽宗崇宁二年（1103）进士，官至南宋高宗显谟阁大学士、左大中大夫。

为贵。

崧高，中岳嵩山。甫申，甫侯，申伯，西周及东周诸侯①。淇澳，淇水、澳水，卫国（在今河南）著名河流。卫武，卫国国君卫武公②。"山东"，华山、函谷关以东，又称关东；"山西"，华山函谷关以西，又称关西。《汉书·赵充国传》："秦汉以来，山东出相，山西出将。"《后汉书·虞诩传》"关西出将，关东出相。"唐李贤注："秦时郿白起，频阳王翦；汉兴，义渠公孙贺，傅介子，成纪李广、李蔡，上邽赵充国，狄道辛武贤，皆名将也。丞相，则萧、曹、魏、丙、韦、平、孔、翟之类也。"③汪藻说，这些秦汉将相生于名贯古今的山川，成才有赖地灵，所谓"此人物以山川为重也"。莘野，有莘（今陕西合阳）之野。《孟子·万章》："伊尹耕于有莘之野，而乐

① 《诗·大雅·崧高》："崧高维岳，骏极于天。维岳降神，生甫及申。"崧岳，中岳嵩山。甫，甫侯，甫国（穆王时称吕国，地在今山西；宣王时称甫国，地在今河南南阳北）国君。为西周穆王，作刑罚三千条，称《甫刑》。申，申伯，申国（地在今河南南阳）国君，周宣王妻舅，史称公子诚。申国原是西周西北地区诸侯国，族属姜戎，地在今陕西宝鸡县。穆王西巡，协助有功，封申侯。宣王中兴，申国公子诚协同大臣尹吉甫征伐狁狁，狁狁溃逃，封申伯。《竹书纪年》："宣王七年（前821），王赐申伯命。"

② 卫武公（约前853—前758），姬卫和，朝歌（今河南淇县）人，卫国第11代国君。在位55年，增修城垣，兴办牧业，自我惕惧，百采众谏，政通人和，百姓和集。犬戎杀周幽王，卫武公抵戎立功，受封公爵。95岁，仍作诗诫勉："人亦有言，靡哲不愚，投我以桃，报之以李，温温恭人，维德之基。"诗即《大雅·抑》。

③ 白起，郿（今陕西眉县）人，秦国名将。为秦昭王征战六国，伊阙之战大破魏韩联军，秦楚之战攻陷楚都郢都，长平之战重创赵国主力。王翦，关中频阳（今陕西富平东北）人，秦国名将。灭赵灭燕灭楚。公孙贺，字子叔，北地义渠（今甘肃庆阳西南）人，西汉景帝时，从军有功；武帝时任车骑将军等，七击匈奴，官至丞相。傅介子（？—前65），北地（治所义渠，今甘肃庆阳西北）人。昭帝时，出使大宛，在大宛杀匈奴使者。后出使楼兰，宴席中杀楼兰王，封义阳侯。李广（？—前119），陇西成纪（今甘肃天水秦安县）人，西汉名将。文帝时从军击匈奴。景帝时，先后任北部七郡太守。武帝时任骁骑将军，与匈奴作战，负伤被俘。佯死逃归，任右北平郡（今内蒙古宁城西南）太守。匈奴畏服，称飞将军。李蔡（？—前118）李广堂弟，西汉名将。武帝时封轻车将军、乐安侯，官至丞相。赵充国（前137—前52），字翁孙，陇西上邽（今甘肃天水）人，西汉名将。武帝时官车骑将军长史。昭帝时，任中郎将等，讨伐氐族叛乱，俘虏匈奴西祁王。宣帝时任后将军、少府等，宣帝用其计，平定羌人叛乱。辛武贤，陇西郡狄道（今甘肃临洮）人，西汉名将。宣帝时任酒泉太守，平定西羌，征讨乌孙。萧何（前257—前193），丰邑（今江苏徐州丰县）人，西汉名相。辅佐刘邦、汉惠帝。曹参（？—前190），字敬伯，沛（今江苏沛县）人。惠帝时，接替萧何，职官丞相，行事一如萧氏，人称"萧规曹随"。魏相（？—前59），字弱翁，定陶（今山东定陶）人，官至丞相。丙吉（？—前55），字少卿，北海（今山东潍坊）人，宣帝时为丞相。韦贤（约前148—前67），字长孺，邹（今山东邹城）人。宣帝时丞相，老病辞官，开丞相致仕制度。平当（？—前4），字子思，下邑（今河南商丘夏邑）人，哀帝时丞相。孔光，字子夏，曲阜人。孔子十四代孙，哀帝时丞相。平帝时，王莽当政，称病辞职。翟方进（前53—前7），字子威，西汉上蔡人。为官铁面，按章办事。成帝时，群臣推举，出任丞相。

尧舜之道焉。"伊尹，商初名相①。磻溪，在今陕西宝鸡市东南。郦道元《水经注·清水》："城西北有石夹水，飞湍浚急，人亦谓之磻溪，言太公尝钓于此也。"太公，姜太公姜子牙②。隆中，在今湖北襄阳，诸葛亮躬耕处。诸葛亮，蜀汉名相。③曲江，今广东韶关曲江，张九龄故乡。张九龄，盛唐名相。④汪藻说，莘野、磻溪、隆中、曲江，原无名气，却因人物出众，知名天下，所谓"此山川以人物为重也"。明堂大辂之材，栋梁之材。明堂，天子之堂⑤。大辂，天子车驾⑥。九鼎之金，夏初九鼎，以金铸之，雕刻九州，镇守中国⑦。照乘之珠，照耀车乘的明珠⑧。连城之璧，价值连城的美玉⑨。毓，育。英贤，德才兼备的人才。汪藻之意，山川人物相互借重，而以人为本，地灵可致人杰，人杰彰显地灵。山川之所以名胜，非因物华而贵，实因育人而贵。

第七节　旅游服务业初具规模

旅游业是依靠旅游资源为旅游者提供旅游服务的行业。宋之前，中国旅游资源虽然富足，但旅游服务薄弱。至宋代，官府加强旅游治理，民间谋求旅游营生，交通、住宿、饮食、游乐等旅游条件与旅游设施改善，旅游从业者增多，旅游服务业初具规模⑩。

一、旅馆、餐馆

宋代，官府旅馆仍是驿传与国宾馆。

---

① 伊尹，一名挚，小名阿衡，夏末商初人。辅佐商汤建立商朝，是中国历史上的千古名臣。

② 姜子牙，又称姜尚、吕望。商朝末年人。曾垂钓磻溪，屠牛市中，辅佐周文王、周武王，伐纣灭商，受封齐国。古代深具影响的军事家与政治家。

③ 诸葛亮（181—234），字孔明，号卧龙，琅琊阳都（山东临沂市沂南县）人，蜀汉丞相，封武乡侯，一生"鞠躬尽瘁，死而后已"，是杰出的政治家、军事家。

④ 张九龄（678—740），字子寿，韶州曲江（今广东省韶关市）人，世称"张曲江"。唐玄宗开元年间尚书丞相，秉公守则，直言敢谏，选贤任能，不徇私枉法，不趋炎附势，深为时人敬仰。

⑤《孟子·梁惠王》："夫明堂者，王者之堂也。"

⑥《礼记·乐记》："所谓大辂者天子之车也。"

⑦《墨子·耕柱》曰："昔日夏后开（启）使蜚廉折金于山川，而陶铸之于昆吾，……九鼎既成，迁于三国。"

⑧《史记·田敬仲完世家》："（齐威王）二十四年，与魏王会田于郊。魏王问曰：'王亦有宝乎？'威王曰：'无有。'梁王曰：'若寡人国小也，尚有径寸之珠照车前后各十二乘者十枚，奈何以万乘之国而无宝乎？'"

⑨《史记·廉颇蔺相如列传》："赵惠文王时，得楚和氏璧。秦昭王闻之，使人遗赵王书，原以十五城请易璧。"

⑩ 王福鑫《宋代旅游研究》论之详尽。河北大学出版社，2007年。

驿传接待官家出差。秦观《踏莎行》："驿寄梅花，鱼传尺素。"陆游《卜算子》："驿外断桥边，寂寞开无主。"驿传也接待官员家眷。李清照《蝶恋花·晚止昌乐馆寄姊妹》，昌乐馆，就是昌乐县驿传，故址在今山东昌乐西北。

国宾馆接待外宾。《宋史·职官志五》"凡四夷君长、使价朝见，辨其等位，以宾礼待之，授以馆舍。"北宋东京汴梁国宾馆，不下五处。都亭驿，专接辽国使节；同文馆，专接高丽使节；都亭西驿，专接西夏使节；怀远驿、瞻云馆主接南海外宾；礼宾院，主接西北外宾。

宋代，私营旅馆遍布城乡。

在城市，东京名店"十三间楼"，始建于后周世宗时，有巨楼十三间，招待富商巨贾，"岁入数万计"①。北宋宣和时，十三间犹存，孟元老《东京梦华录》："南门大街以东，南则唐家金银铺、温州漆器什物铺、大相国寺，直至十三间楼、旧宋门。"

在乡村，浙江至江西，"途中邸店颇多"②。河南"及境驻马，少憩村店"③。岭南偏僻，"还至庾岭，少憩村店"④。

在景区，邵雍《游龙门》："龛岩千万穴，店舍两三家。"成都转运使赵抃"过青城山，遇雪，舍于逆旅。"⑤

寺庙兼营旅馆。一般自设客房，南宋方勺《泊宅编》，北宋举子朱行中、朱久中，到汴梁赶考，"舍开宝寺"；南宋《西湖老人繁盛录》，士子科举，赶考临安，住宿"权借仙林寺、明庆寺、千顷寺、净住寺、昭庆寺、报恩观、元真观"。有些寺庙拥有专门旅馆。兖

① 北宋·文莹《玉壶清话》。

② 南宋·周必大《文忠集》。

③ 南宋·范公偁《过庭录》。

④ 南宋·曾敏行《独醒杂志》。

⑤ 沈括《梦溪笔谈·人事》。

州(今山东济宁)有会真宫邸店,大中祥符三年(1010),兖州(今山东济宁)会真宫落成,宋真宗赐于"闲田、邸店"①。东京有上清寺旅馆,庆历四年(1044),宋仁宗"以上清宫田园、邸店赐国子监"②;有洪福寺旅馆,庆历六年(1046),仁宗又以"洪福禅院火,即诏以院之庄产、邸店并赐章懿皇太后家"③;有景德寺旅馆,王得臣"假馆京师景德寺之白土院"④。

宋代,旅馆多,餐馆更多。通都大邑,大量商家经营餐馆。

东京汴梁,门面阔绰的饭店有七十二家。《东京梦华录》,大酒楼立"彩楼欢门",形式时或翻新,"中秋节前,诸店都卖新酒,重新结络门面彩楼,花头画竿,醉仙锦旆";九月重阳前后,以菊花妆点门楼。酒楼大多上下两层,进门院落或主廊,底层是散座,贵客往楼上招呼,楼上天井两廊是"小阁子",即包厢。汴梁最著名的大酒楼是御街北端的矾楼,或称樊楼。"三层相高,五楼相向,各用飞桥栏槛,明暗相通,珠帘绣额,灯烛晃耀"⑤,自身已是景观。且樊楼西楼借景皇宫,北楼可远眺艮岳(万寿山宫苑),又可俯视汴河夜市,是登高览胜的绝好场所。据说宋徽宗与李师师常在矾楼饮酒作乐。南宋刘子翚(huī)《汴京纪事》:

> 梁园歌舞足风流,美酒如刀解断愁。
> 忆得少年多乐事,夜深灯火上矾楼。

矾楼生意火爆,"饮徒常千余人"。汴梁又有风味食店,"川饭店",川味;"南食店",江浙味;"胡饼店",西北味。

杭州酒楼、饭馆、小吃铺多之又多。豪华

---

① 南宋·李焘(1115—1184),《续资治通鉴长编》卷七三。

② 《续资治通鉴长编》卷一四六。

③ 《续资治通鉴长编》卷一五九。

④ 北宋·王得臣《麈史》。

⑤ 孟元老《东京梦华录》。

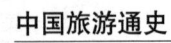

酒楼，官营的有春风楼、丰乐楼、太和楼、和乐楼等，私营的有三元楼、熙春楼、嘉庆楼、双凤楼等，楼中花样有似当今夜总会，既能饮酒聚谈，又能听歌观舞，并能呼妓相陪。《梦粱录》说三元楼：

> 店门首彩画欢门，设红绿杈子，绯绿帘幕，贴金红纱栀子灯，装饰厅廊庑，花木森茂，酒座潇洒。但此店入其门，一直主廊，约一二十步，分南北两廊，皆济楚阁儿，稳便坐席。向晚灯烛荧煌，上下相照，浓妆妓女数十，聚于主廊檐面上，以待酒客呼唤，望之宛如神仙。

一般中小酒店，"俱有厅院廊庑，排列小小稳便阁儿，吊窗之外，花竹掩映，垂帘下幕，随意命妓歌唱，虽饮宴至达旦，亦无厌怠也"①。又有南瓦子熙春楼，新街巷口花月楼、融和坊嘉庆楼、聚景楼，俱康、沈脚店，金波桥风月楼，灵椒巷口赏新楼，坝头西市坊双凤楼，下瓦子日新楼，"俱有妓女，以待风流才子买笑追欢耳"②。

杭州兴茶肆及小吃铺。《梦粱录》说杭州茶肆：

> 插四时花，挂名人画，装点店面。四时卖奇茶异汤，冬月添卖七宝擂茶、馓子、葱茶，或卖盐豉汤，暑天添卖雪泡梅花酒，或缩脾饮暑药之属。
>
> 大街有三五家开茶肆，楼上专安着妓女，名曰"花茶坊"，如市西坊

①吴自牧《梦粱录》。

②吴自牧《梦粱录》。

> 南潘节干、俞七郎茶坊，保佑坊北朱骷髅茶坊，太平坊郭四郎茶坊，太平坊北首张七相干茶坊，盖此五处多有吵闹，非君子驻足之地也。更有张卖面店隔壁黄尖嘴蹴球茶坊，又中瓦内王妈妈家茶肆名一窟鬼茶坊，大街车儿茶肆、蒋检阅茶肆，皆士大夫期朋约友会聚之处。

杭州小吃铺，各有专卖，有包子店、肥羊店、面食店、荤素从食店等。

杭州西湖景区，饮食尤盛。流动小贩，穿流不息。湖上，小贩开小船，卖食物。《梦粱录》：

> 湖中南北搬载小船甚伙，如撑船买卖，羹汤、时果；掇酒瓶，如青碧香、思堂春、宣赐、小思、龙游新煮酒俱有。及供菜蔬、水果、船扑、时花带朵、糖狮儿，诸色千千，小段儿、糖小儿、家事儿等船，更有卖鸡儿、湖鳖、海蛰、螺头，及点茶、供茶果。

旅游旺季，叫卖之声不绝，"岸上游人，店舍盈满。路边搭盖浮棚"[①]。

① 《西湖老人繁胜录》。

杭州繁华路段，常开夜市。陆游《夜归砖街巷书事》说杭州："近坊灯火如昼明，十里东风吹市声。"《梦粱录》说："杭城大街，买卖昼夜不绝。夜交三四鼓，游人始稀，五鼓钟鸣，卖早市者又开店矣。"

各地寺庙或染指饮食买卖。或卖茶，《宋道观会要》提举福建路茶事司状："一体访得本路产茶州诸军寺观园圃，甚有种植茶株去处，造品色等第腊茶，自来拘籍，多是供赡僧道外，有妄作远乡馈送人事为名，冒法贩卖。"或卖猪肉，北宋沈辽《云巢集》说湖南零陵天庆观："为浮屠道者，与群姓通商贾，逐酒肉。其塔庙，则屠脍之所聚也。"

二、旅行工具、景区游览工具与交通租赁业

宋人旅行习用船、车、马、驴、骡、牛。

船。苏轼旅行，喜欢乘船走水路。《江上看山》：

> 船上看山如走马，倏忽过去数百群。
> 前山槎牙忽变态，后岭杂沓如惊奔。
> 仰看微径斜缭绕，上有行人高缥缈。
> 舟中举手欲与言，孤帆南去如飞鸟。

陆游《晴和出游湖山间》："日出气稍和，呼船渡烟津。" 范成大从杭州赴桂林做官，一路游览，大多乘船。在湖州，"将游北山石林，薛守愿同行，乘轻舟十余里"①；途经湘江，看到一种六桨客船。《初泛潇湘》：

> 六桨齐飞急下滩，碧琉璃上雪花翻。
> 越来溪色清如此，只欠矶头一钓竿。

曾巩游金山寺，看到一种"方舟"客船："自扬子渡以两小舟夹引所乘舟，故云方舟。"②"方舟"是组合船，动力在两边小舟，中间是游客座舱，行驶平稳，载运量增大。宋代的皇家游船豪华气派。沈括《梦溪笔谈》：

> 国初，两浙献龙船，长二十余丈，
> 上为宫室层楼，设御榻以备游幸。

海船已用指南针。北宋徐兢《宣和奉使高丽图

① 范成大《吴船录》。

② 曾巩《游金山寺作》。

第十章 宋代旅游

经》：

> 是夜，洋中不可住，惟视星斗前进，若晦冥，则用指南针，以揆南北。

北宋朱彧《萍洲可谈》："舟师识地理，夜则观星，昼则观日，阴晦观指南针。"

车。有马车、牛车、骡车、驴车。邵雍旅洛阳，坐马车。《宿延秋庄》："驱车入洛周，下马弄飞泉。"《故宫书画图录》第三册收有宋人《雪栈牛车》图轴。北宋张择端《清明上河图》画有骡车。太平兴国四年（979），太宗北伐辽国，围攻燕京，中箭受伤，乘驴车撤离①。

马。宋代缺马，达官用之。王禹偁《村行》："马穿山径菊初黄，信马悠悠野兴长。"邵雍《同福昌令王赞善游龙潭》："马上回头更一观，云烟已隔无重数。"文同《寻春》："马行如疾轮，十里去寻春。"

驴。宋人特色脚力。华山隐士陈抟"乘驴游华阴"②。司马光骑驴旅行，"温公熙宁元丰间，尝往来于陕洛之间，从者才三两人，跨驴道上，人不知其温公也。"③王安石骑驴。《东轩笔录》王荆公再罢政："平日乘一驴，从数僮游诸山寺。欲入城，则乘小舫，泛潮沟以行，盖未尝乘马与肩舆也。"陆游特善骑驴。长途骑之，《远游》：

> 老子平生喜远游，流尘不惜闇貂裘。
> 江亭吹笛三巴夜，关路骑驴二华秋。

短途也骑之，《大雪过若耶溪至云门山中》："山中看雪醉骑驴"。官员骑驴，有标榜节俭的意思。北宋邵伯温《邵氏闻见录》："枢密

① 《辽史》。

② 北宋·魏泰《东轩笔录》。

③ 马永卿《懒真子》卷二。

章公粲谓余曰：'某初官入川，妻子乘驴，某自控。儿女尚幼，共以一驴驮之。近时初官，非车马仆从数十不能行，可叹也。'前辈勤俭不自侈，大盖如此。"

骡。苏辙说苏轼骑骡，"老兄骑骡日百里，据鞍作诗若翻水。"① 周密说韩世忠骑骡："韩忠武王以元枢就第，绝口不言兵，自号清凉居士。时乘小骡，放浪西湖泉石间。"②

牛。南宋楼钥《攻媿集》说隐士杨璞"每乘牛往来郭店，自称东野遗民。"

宋代景区已有专门的游览交通工具。

游船。吴自牧《梦粱录》说杭州西湖：

> 湖中大小船只，不下数百舫。舫船有一千料，约长二十余丈，可容百人。五百料者，约长十余丈，亦可容三五十人。亦有二三百料者，亦长数丈，可容三二十人。皆精巧创造，雕栏画栱，行如平地。各有其名，曰百花、十样锦、七宝、戗金、金狮子、何船、劣马儿、罗船、金胜、黄船、董船、刘船，其名甚多。姑言一二。更有贾秋壑府车船，船棚上无人撑驾，但用车轮脚踏而行，其速如飞。又有御舟，安顿小湖园水次，其船皆是精巧雕刻创造，俱用香楠木为之。只是周汉国公主游玩，曾一用耳。灵芝寺前水次，有赵节斋所造湖舫，名曰乌龙，凡遇撑驾，即风浪大作，坐者不安，多不敢撑出，以为弃物。……又有小脚船，专载贾客妓

① 苏辙《次韵子瞻特来高安相别先寄迟适远却寄迈迨过遁》。

② 周密《齐东野语》。

第十章 宋代旅游

女、荒鼓板、烧香婆嫂、扑青器、唱耍令缠曲，及投壶打弹百艺等船，多不呼而自来，须是出着发放支犒，不被哂笑。若四时游玩，大小船只，雇价无虚日。遇大雪亦有富家玩雪船。……更有豪家富宅，自造船只游嬉，及贵官内侍，多造采莲船，用青布幕撑起，容一二客坐，装饰尤其精致。

《西湖老人繁胜录》："寒食前后，西湖内画船布满，头尾相接，有若浮桥。头船、第二船、第三船、第四船、第五船、槛船、摇船、脚船、瓜皮船、小船自有五百余只。"

游车。游览用车，女性为多。宋代，成都妇女常坐犊车，小牛车。陆游《老学庵笔记》：

成都诸名族妇女，出入皆乘犊车，惟城北郭氏车最鲜华，为一城之冠，谓之"郭家车子"。江渎庙西厢有壁画犊车，庙祝指以示予曰："此郭家车子也。"

杭州妇女多坐马车。陆游《闰二月二十日游西湖》："西湖二月游人稠，鲜车快马巷无留。"青楼美女喜用马车中的油壁车①。油涂车壁、防风防雨、装饰考究、精美轻便。司马光《和公达过潘楼观七夕市》："谁家油壁车，金碧照面光。"欧阳修《闻梅二授德兴令戏书》：

朝逢油壁车，暮结青聪尾。
岁月倏可忘，行乐方未已。

穆修《合欢芍药》："油壁车中同载女，菱花

---

① 油壁车，南朝已有。南朝民歌《苏小小歌》："妾乘油壁车，郎骑青聪马。"

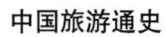

镜里并装人。"张耒①《春日遣兴》:"草迷公子障泥锦,花近佳人油壁车。"

花轿、肩舆、竹轿、山轿。花轿是妇女专用轿型,有轿箱,双人抬之。孟元老《东京梦华录》说汴梁金明池,"贵家士女,小轿插花,不垂帘幕"。吴自牧《梦粱录》说杭州郊游:"男跨雕鞍,女乘花轿,次第入城。" 肩舆,轻便轿子,也有轿箱,也是双人抬,多用于平地。王安石《招元度》:"陆乘肩舆水乘舟。" 苏轼《端午遍游诸寺得禅字》:"肩舆任所适,遇胜辄留连。" 竹舆,双人肩扛竹轿,无轿箱。黄庭坚《游愚溪》:"意行到愚溪,竹舆鸣担肩。"楼钥《宿登山》:"竹舆来访小梅山,山在空蒙紫翠间。" 刘子翚《入开善》"双童肩竹舆,兀兀如乘舟。"竹轿又称篮舆。刘攽②《游东寺》:"篮舆出乘兴,佳客不相遗。"韦骧《画舫泛春偶联一绝》:"欲知昨日篮舆客,便是今朝画舫人。"腰舆,似是双人手抬轿,高度及腰。项安世《还过诸宫》:

下得腰舆倚瘦藜,闲将病骨照清陂。
三王故苑风流处,二月游人烂漫时。

山轿,用于上山下山。周必大一日"乘山轿游白云庵、菖蒲田、碣石岩";一日"晚至乌石山,山如削铁,悬瀑十仞,其上有幽岩精舍,今为宗室仪恭孝王功德寺。意欲一游,而从者终日冒大雨,皆告惫,遂呼山轿而上。"③杨万里坐山轿,《再入城宿张氏庄早起》:"山轿已十里,谯门纔四更。"张侃④坐山轿,《纪程十绝》:

① 张耒(1054—1114),字文潜,号柯山,人称宛丘先生,楚州淮阴人。宋神宗熙宁进士,哲宗绍圣初,以直龙阁知润州。徽宗初,召为太常少卿。苏门四学士(秦观、黄庭坚、张耒、晁补之)之一。

② 刘攽(bān, 1023—1089),字贡夫,一作贡父、赣父,号公非。临江(今属江西樟树)人。庆历进士,北宋史学家,官至中书舍人。一生潜心史学,《资治通鉴》副主编。

③ 周必大《文忠集归庐陵日记》。

④ 张侃,南宋宁宗时人(1206年前后),字直夫,本居扬州,后徙吴兴。尝监常州奔牛镇酒税,迁为上虞丞。志趣萧散,浮沈末僚,工诗好游,恬静不争。

第十章 宋代旅游

> 旋呼篷艇到新桥，日影随寒上柳梢。
> 乌帽丝裙真野服，又乘山轿过山腰。

山轿，设有机关，常需多人共抬。林洪[①]《山家清事》：

> 若山轿，则无如今庐山建昌，高下轮转之制，或施以青罩，用肩板棕绳低昂之。犹今贵介郊行者，良便游赏。有如谢屐，上山则去前齿，下山则去后齿，非不为雅。

所谓"高下转轮之制"指山轿有保持平衡的机关，上山下山调节之。张舜民[②]《郴行录》记游潭州岳祠：

> 登山，自岳西渡小涧，以转轴轿子迤逦挽行。路皆直上，略无盘曲，一轿至十余夫方可举而前。

这"转轴轿子"也就是林洪所言"高下转轮之制"的山轿。王质[③]《绍陶录》形容山轿形声："跚跚以出，轧轧以趣。"跚跚，轿子左晃右晃；轧轧，轿子嘎叽嘎叽。范成大游峨眉山，因山岭陡峻，坐山轿："以健卒挟山轿强登，以山丁三十夫，曳大绳行前挽之。"[④]

宋代已有交通租赁业。

租船。《东京梦华录》说汴梁金明池和琼林苑，"宣、政间，亦有假赁大小船子，许士庶游赏，其价有差。"不同的船，不同的价。《梦粱录》："若（杭州）士庶欲往苏、湖、常、秀、江、淮等州，多雇艚船、舫船、航船、飞蓬船等。"耐得翁《都城纪胜》说西湖舟船，"无论四时，常有游玩人假赁"。《西

[①] 林洪，字龙发，号可山，晋江安仁乡(今福建石狮)人。南宋绍兴进士。善长诗文书画，研究园林、饮食。著有《山家清供》和《山家清事》。

[②] 张舜民，北宋文学家、画家。字芸叟，自号浮休居士，又号矴斋。邠州（今陕西彬县）人。英宗治平二年(1065)进士，元祐初任监察御史，徽宗时任右谏议大夫，以龙图阁待制知定州。曾因元祐党争，贬为楚州团练副使，后任集贤殿修撰。

[③] 王质（1135—1189），字景文，号雪山，兴国军阳辛里（今湖北省阳新县）人，南宋高宗绍兴进士，荐为太学正（太学学官）。后绝意仕途，隐居家乡，治学撰文。

[④] 范成大《吴船录》。

湖老人繁胜录》记"节日大船，多是王侯节相府第及朝士赁了，余船方赁市户。"西湖还有特种游乐船，钓鱼船、放生船、赌博船，可供租赁。《梦粱录》说"渔庄岸小钓鱼船"，租给钓鱼爱好者；"放生龟鳖螺蚌船"，租给善男信女；"投壶打弹百艺等船"，租给碰运气的赌客。西湖租船。价格不菲。《梦粱录》说西湖旺季："若此日分舫船，非二三百券不可雇赁。"

租车马。《东京梦华录》说东京"坊巷桥市，自有假赁鞍马者，不过百钱。"北宋魏泰《东轩笔录》说："京师人多赁马出入，驭者先许其直，必问曰：'一去耶？却来耶？'苟乘以往来，则其价倍于一去也。（孙）良孺以贫，不养马，每出，必赁之。"

租轿。宋代有专职轿夫，称轿担或担轿。日本僧人成寻租轿游天台山，"十九日戊戌，参石桥。担轿二人，各与六十文钱"，"廿日己亥，轿担二人各与钱卅文"，"廿一日丁卯，天晴。国清寺轿担男钱长、小周与钱各二百三十文返归"，"廿四日庚午，天晴。卯时出宿，未到着国清寺十方教院。雇州轿担二人，各与五百文钱"。①

三、旅游代办组织与旅游从业队伍

旅游代办"四司六局"。

宋代官府设置游乐代办机构，杭州称"四司六局"。性质官办民营，服务范围是：

> 欲就名园异馆、寺观亭台，或湖舫会宾，但指挥局分，立可办集，皆能如仪。②

四司：帐设司，主理场合布置；茶酒司（官称

---

① 日本·成寻《参天台五台山记》，又称《善惠大师赐紫成寻记》。成寻（1011—1081），俗姓藤原氏，其父为著名书法家藤原佐理。七岁入京都岩仓大云寺，剃发受戒，习内外典，精通天台显密二法。天喜元年（1053）任延历寺总持院阿阇梨，延久四年（1072）三月，以六十余岁高寿，携徒搭乘宋人商船西渡，巡礼天台山、五台山，后居汴京太平兴国寺，因祈雨有功，获赐"善慧大师"，并任译经场监事。师欲返国，为神宗挽留，遂将所获佛书五二七卷，托弟子运回日本，呈献白河天皇。宋元丰四年（1081）示寂，享年七十一岁，葬于天台山国清寺。《参天台五台山记》是成寻在华日记，自延久四年（1072）三月十五日，至熙宁元年（1073）六月十二日，几乎每天勤记不缀，这部日记为后人了解当时中日海路交通、宋代佛教概况、北宋政治制度及社会风俗提供了珍贵的原始资料。

② 南宋·吴自牧《梦粱录》。

宾客司），主理端茶送酒；厨司，主理宴会饮食；台盘司，主理台面杯盘。六局：果子局、主理水果小菜；菜蔬局、主理宴会时新蔬菜；蜜煎局，主理蜜煎类果品；油烛局，主理灯火照明；香药局，主理香炉香烟；排办局，主理桌椅安排。"四司六局"服务官府，也服务民间。《梦粱录》：

  盖四司六局等人，祗直惯熟，不致失节，省主者之劳也。

为民服务不能乱收费。《东京梦华录》说汴梁："欲就园馆亭榭寺院游赏命客之类，举意便办，亦各有地方，承揽准备，自有则例，亦不敢过越取钱。"这汴梁的"各有地方"就相当于杭州的"四司六局"。

  从业队伍。

  宋代的旅游从业队伍阵容庞大。旅馆从业者，餐馆从业者，交通从业者，勾栏瓦肆从业者，妓院从业者，节目表演者，陪游、导游等。

  宋代陪游。其一称"闲人"，为游客跑腿帮闲。《梦粱录》：

  今则百艺不通，专精陪侍涉富豪子弟郎君，游宴执役，甘为下流，及相伴外方官员财主，到都营干。

有些闲人是欢场的马仔，《梦粱录》：

  又有猥下之徒，与妓馆家书写柬贴、取送之类。

  更有一等不本色业艺，专为探听妓家宾客，赶趁唱喏，买物供过，

> 及游湖酒楼饮宴所在,以献香送欢为由,乞觅赡家财,谓之"厮波"。

这批帮闲者,纠缠游客,死皮赖脸,"若顾之则贪婪不已,不顾之则强颜取奉,必满其意而后已。但看赏花宴饮君子,出著发放何如耳"①。据说南宋大臣贾似道做过陪游。小说话本:

> 那临安是天子建都之地,人山人海,况贾似道初到,并无半个相识,没处讨个消费。镇日只在湖上游荡,闲时未免又在赌博场中玩耍,也不免平康巷中走走。不勾几日,行囊一空,衣衫蓝缕,只在西湖帮闲趁食。②

在西湖帮闲趁食,就是在西湖陪游度日。

其二是官妓。宋代官府蓄有官妓,有官员或名流来访,地方官妓不仅陪酒,而且陪游。北宋吴处厚《青箱杂记》:

> 世传魏野尝从莱公游陕府僧舍,各有留题。后复同游,见莱公之诗已用碧纱笼护,而野诗独否,尘昏满壁。时有从行官妓颇慧黠,即以袂就拂之。野徐曰:"若得常将红袖拂,也应胜似碧纱笼。"莱公大笑。

魏野,北宋名士。莱公,寇准,北宋名相。从行官妓,即陪游官妓。

其三,是陪游志愿者。北宋王绅,年轻时,未做官,居家附近有名胜,"乃唐官寺之遗址,老株巨石,气势甚古,偃寒崎崪,罗立如画,亭观台榭,号一城之甲。名公巨卿,才人豪士,往来过雍,未尝不下马入门登览叹

① 南宋·吴自牧《梦粱录》。

② 明·冯梦龙《古今小说·木绵庵郑虎臣报冤》。

爱。君（王绅）少时与兄中隐君，出入迎候，游陪不厌，人咸喜之。"①这三种陪游，前两种属于旅游从业者。

宋代又有近似当今的导游。苏轼《游罗浮山》自注："唐僧契虚，遇人导游稚川仙府。" 南宋罗愿《新安志·山阜门》："暮，有老人导游诸洞。"这些导游是否收费，不得而知。若收费，或收赏钱，可算从业者；不收费，也不收赏钱，不算从业者。

旅游从业者直接或间接地依靠旅行、旅游服务经营生计，按今天的分类，属于第三产业的服务业。因阵容庞大，出现行会组织。旅店有行会，交通也有行会。《梦粱录》："官员士夫等人，欲出路、还乡、上官、赴任、游学，亦有出陆行老，顾倩脚夫脚从，承揽在途服役，无有失节。" 出陆行老，就是提供挑夫的行会长老。

四、官府的旅游管理

鼓励旅游。

宋代官府制定了比较宽松的休假制度。官员休假，汉代已有规定，至宋代大备。按宋人笔记《文昌杂录》，元日(春节)、寒食、冬至各放假7天，天庆节、上元节、天圣节、夏至、先天节、中元节、下元节、立春、人日、中和节、清明、上巳、天祺节、立夏、端午、天贶节、初伏、中伏、立秋、七夕、末伏、秋分、授衣、重阳、立冬等也有假日，合计节假日74天；再加上每旬（十天）休息一天，合计旬休日36天；共计110天。

宋代举办大型游乐集会，并且动用军队参与表演。东京元宵节，军人提供精彩节目。开封府所设彩山，"内设乐棚，差衙前乐人作

---

① 北宋·文同《丹渊集》。

乐杂戏，并左右军百戏在其中。"在相国寺，"寺之大殿前设乐棚，诸军作乐。"东京清明节，"诸军禁卫，各成队伍，跨马作乐四出，谓之'摔脚'。其旗旄鲜明，军容雄壮，人马精锐，又别为一景也。"八月观潮，军队演习水战。《梦粱录》："帅府节制水军，校阅水军，统制部押于潮未来时，下水打阵展旗，……舟楫分布左右，旗帜满船，上等舞枪飞箭，分别交战，试炮放烟，捷追敌舟，火箭群下，烧毁成功，鸣锣放教，赐犒等差。盖因车驾幸禁中观潮，殿庭下视江中，但见军仪于江中整肃部伍，望阙奏喏，声如雷震。"①

保护、开发资源。

宋代官府为保护西湖开足了国家机器。北宋真宗景德四年（1007），知州王济疏浚西湖，修建堤匣。北宋仁宗时（1023—1063），知州郑戬、沈遘，以数万民工，清理西湖葑田，疏浚西湖淤泥，并在"六大井"之外，增加了一座人称"沈公井"的供水设置。北宋神宗熙宁二年（1069），苏轼任杭州通判，在职3年，治河岸水渠。16年后，宋哲宗元祐元年（1086），苏轼又任杭州知州。他忧虑西湖常年失修，淤积严重，危及杭州的环境和生态，上表朝廷："西湖如人之眉目，岂能废之？"①请准筹措资金，募民开湖。这次开湖，苏轼撤除了湖上所有的私家葑田，彻底控掘了湖中淤积。经此修整，西湖，越女明妆，青春焕发：

    水光潋滟晴方好，山色空蒙雨亦奇。
    欲把西湖比西子，淡妆浓抹总相宜。②

南宋高宗绍兴年间（1131—1160），郡臣汤鹏举疏陈西湖事宜，增设开湖军兵，委派专员管

---

① 南宋·吴自牧《梦粱录》引。

② 苏轼《饮湖上初晴后雨》。

理，建造撩湖用房、用船，清洁"六大井"水口，添置斗门水闸等。孝宗乾道年间（1165—1173），安抚使周淙奏请朝廷，禁止官兵向西湖抛弃污秽，或有违戾，许人告捉。理宗淳佑年间（1241—1250），杭州大旱，湖水尽涸，郡守赵节斋奉命维修，将环湖所种菱荷等物，一概扫除，使湖水恢复如常。度宗咸淳年间（1265—1273），御史鲍度弹劾内臣陈敏贤与刘公正在西湖包占水池，私盖房屋，濯污水质，降旨削官。

宋代官府为装饰西湖也开动了脑筋，花足了本钱。北宋时，苏轼开湖，在全湖最深处，建立了三座石塔，严禁在石塔的范围内养殖菱藕。这三座石塔就是著名的"三潭印月"。苏轼又用挖掘出来的湖底葑泥，筑成横贯西湖南北，长度长于五里的大堤，人称"苏堤"。"苏堤"将西湖一分为二，堤上修六座石桥，沟通水流，堤畔种花草垂杨，迎风摇曳，这就是著名的"苏堤春晓"、"六桥烟柳"。南宋，楼台、庙宇、桥梁、庄园等人工造物，在湖岛、湖堤、湖岸及湖周，纷纷兴起。西泠桥里湖内，俱是贵官别墅，高阁危榭，雕栏玉砌，花团锦簇；西泠桥孤山路，遍立延祥观、太乙观、香月亭、清新亭、香莲亭；孤山桥即断桥周边，有森然亭、放生堂、滨湖亭、枕山亭；锁澜桥桥西的湖山堂，栋宇雄起，水光晃漾；锁澜桥桥侧的三贤堂，奉祀白乐天、林和靖、苏东坡这三位与西湖关系至深的贤达，堂前挹湖山，气象清旷，背负长岗，林樾深窈，南北诸峰，岚翠环合；人工与天工，雕琢与自然，形神默契，相得益彰。宋人按四时景色从西湖挑出最佳十景：

苏堤春晓，曲院风荷，平湖秋月，断桥残雪，柳浪闻莺，花港观鱼，雷峰夕照，两峰插云，南屏晚钟，三潭印月。

这十景，除"两峰插云""平湖秋月"属自然造化，余下八景都是人工裁构。

宋代开发城乡旅游新资源。

在城市，官府创新与民同乐的场所，增设民众登高揽胜的楼台，如广州共乐楼、海山楼；开建城市公共园林"郡圃"，范成大《吴郡志》说苏州郡圃"在州宅正北，前临池光亭大池，后抵齐云楼城下，甚广袤"；利用皇家资源向民众定时开放，如汴京金明池。

在乡野，民众猎奇，一批岩洞，成为景观。颍阳（今河南嵩山颍阳镇）石堂山紫云洞，又称神清洞。唐时，有道士邢和璞，居此修炼。宋时，紫云洞为世人所知，所游。明人傅梅《嵩书》："石堂山，在少室正西颍阳镇之北山也。山峰奇秀，转宛相向，如巧者为之。上有石室，名紫云洞，即唐邢和璞所隐之地。宋许昌龄闻其奇，亦卜居焉。欧阳永叔与谢希深等曾游此，见峭壁有若"神清之洞"四字，如古篆隶，在薛老峰之北。诸君疑苔藓成文，又意造化自然之笔。"怀宁（今安徽怀宁）石牛洞，唐时有名，宋时著名。现存唐宋游客的诗文石刻四百多处，最著名的游客唐有李翱，宋有王安石。仁宗皇祐三年（1051）王安石任舒州通判，拥火夜游石牛洞，目睹李翱石刻后，写下《题舒州山谷寺石牛洞泉穴》，刻于石牛洞外石壁：

　　皇祐三年九月十六日，自州之太

第十章 宋代旅游

湖过怀宁县山谷乾元寺，宿，与道人文铣、弟安国拥火游石牛洞，见李翱习之书，听泉久之。明日复游，乃刻习之后：水冷冷而北出，山靡靡而旁围。欲穷源而不得，竟怅望以空归。

宜兴（今江苏宜兴）孟峰山张公洞，又名庚桑洞，是石灰岩溶洞。相传汉代张道陵，唐代张果老在此隐居，故称张公洞。宋时，名气渐大。周必大、尤袤、蔡中道游之。

加强景区管理。

公共景区。如郡圃，由官府建设、官府管理，免费开放。有些皇家景点，定期开放，也免费，如汴梁迎祥池，"唯每岁清明日放百姓烧香游观一日"①。大相国寺每月开放五次。公共景区的资源私人不得挪用，汴梁金明池"多垂钓之士，必于池苑所买牌子，方许捕鱼"②。如要利用，须经官府批准。杭州产酒家酿制官酒，经官府核准，用西湖水，每年上交酒税达二十万两。景区有安全措施。有些景点严禁夜游，有些景点"多设小影戏棚子，以防本坊游人小儿相失，以引聚之"③。民间景区，或免费，或收费。北宋穆修《城南五题贵侯园》："名园虽是属侯家，任客闲游到日斜。"宋《宣和画谱》："每岁，都城士大夫有园圃者，花开时，必纵人游观。"范成大《吴郡志》说苏州南园，"吴越广陵王元璙之旧圃也。老木皆合抱，流水奇石参错其间"，徽宗赐蔡京，"每春，纵士女游观。"这些园林可能免费。朱勔虎丘渌水园，"游人交司阍钱二十文，任入游观，妇稚不费分文"④。这家园林就在收取参观费。北宋蔡绦《铁围山丛

①南宋·孟元老《东京梦华录》。

②南宋·孟元老《东京梦华录》。

③南宋·孟元老《东京梦华录》。

④元·徐大焯《烬余集》。朱勔（1075—1126），苏州人，善于堆山造园，绰号"花园子"。徽宗时主持苏州、杭州应奉局，负责采办"花石纲"，又官合州防御使、威远节度使。宣和七年（1125），朝野同声，要求诛杀。钦宗削其官职，先流放，后处死，籍没其家。消息传到苏州，民众冲进朱家，把同乐园抢砸一空。

谈》：

> 洛阳人为吾言：姚黄檀心碧蝉生异花，黄独号花王，虽有其名，亦不时得，率四三岁一开，开或得一两本而已。遇其一，必倾城，其人若狂而走观，彼余花纵盛弗视也。于是，姚黄花圃主人是岁为之一富。

花圃主人"为之一富"，必靠观花收费。南宋马永卿《元城先生语录》记司马光"独乐园"：

> 独乐园在洛中诸园，最为简素，人以公之故，春时必游。洛中例，看园子所得茶汤钱，闭园日与主人平分之。一日，园子吕直得钱十千省，来纳。公问其故，以众例对，曰：此自汝钱，可持去。再三欲留，公怒，遂持去。回顾曰：只端明不爱钱者。后十许日，公见园中新创一井亭，问之，乃前日不受十千所创也。

这家园林不收参观费，但接受游客小费。"茶汤钱"就是小费。小费与主人平分，是园林的一笔进账。

加强旅馆管理。

北宋李元弼《作邑自箴》记有官府管理旅馆的规定：保证旅客人身安全，"严切指挥，邻保夜间巡喝，不管稍有疏虞"；可疑人物要上报官府，"客旅安泊多日，颇涉疑虑及非理使钱不着次第，或行止不明之人，仰密来告官或就近报知捕盗官员"。《水浒传》第十七回："官司行下文书来，着落本村，但凡开客店的须要置立文簿,一面上用勘合印信;每夜有客商来歇息,须要问他'那里来?何处去?姓甚名谁?做甚买卖?'都要抄写在簿子上。官司察时,每月一次去里正处报名。"

官府并为旅馆组织行会,通过民间行会约束行业。元代无名氏《居家必用事类全集》说宋代"司县到任,体察奸细、盗贼","旅店各立行老"。

五、旅游城

北宋南宋,尽管积贫积弱,但毕竟治理了三百余年。农业、手工业在唐人基础上恢复、发展。商品经济,尤其是城市商品经济十分活跃。通都大邑和沿海口岸,如东京(今河南开封)、洛阳、成都、湖州(今浙江吴兴)、明州(今浙江宁波)、杭州、苏州、建康(今江苏南京)、长沙、福州、广州等,都在商品经济的高涨中,用心规划,放手建设,以城池的宏伟,楼阁的富丽,市场的热闹,物资的充裕,车马的川流,酒肆的罗列,娱乐的火红,成为宋代风流云集的旅游城。

东京

东京汴梁,是北宋最繁华的旅游城。

东京,自宋太祖到宋钦宗,定都于斯,发号施令,是历时167年的政治中心。

东京,东临商丘,西连郑州,南接许昌,北靠黄河,水陆畅通。汴河、惠民河、五丈河、金水河,贯穿市区;漕引河淮,勾连四海;是北宋极为便利的交通中心。

东京,居民人口增长迅速。唐玄宗时计约58万,宋太宗时计约90万,宋神宗时超过100万,宋徽宗时多达140万至170万,是北宋最大的居民中心。

东京，工商发达。内外贸易，忙忙碌碌。手工，门类众多，分工细致，各种工匠超过8万。商店、当铺、酒楼、客舍，鳞次栉比，挑灯夜市，通宵达旦。是北宋最大的经济中心。

东京，城建完善，布局合理。全城绕墙三匝，分外城、内城、皇城三重。外城周长"四十八里二百二十三步"[1]，呈长方形，南北长而东西略短，墙体高大坚固。墙外护城河宽十余丈，沿河栽种杨柳，崇光泛绿，煞是好看。内城，亦称里城，周长"二十里一百五十五步"[2]。城的中央稍偏西北是又名大内或紫金城的皇城。皇城建筑考究，均衡对称。六座大门四周洞开，"周回十三里八十步，高三丈五尺"[3]。正南宣德门金碧辉煌。整个东京的街道，纵横交错，状同方格，密如蛛网，是北宋市政设计的楷模。

东京，宫苑罗列。外城四郊和内城东北遍布皇室别宫及贵族林园。别宫有寿圣宫、龙德宫、延福宫、景灵宫等。林园有金明池、琼林苑、玉津园、芳林园、下松园、药朵园、奉灵园等，而以万岁山工程浩大。万岁山，一名艮岳，位于内城东北角，是宋徽宗赵佶传旨建造的游乐园。"周十余里，高九十步"，楼台亭榭，池沼曲桥，花木鸟兽，应有俱有。园中堆石，从江浙专程运来，谓之"花石纲"[4]。金明池、琼林苑，是两处定期开放的宫廷园林。《东京梦华录》说宋徽宗每年阴历三月一日例开金明池、琼林苑，以享臣民。

东京，庙宇众多。城内计有寺院、庙宇、祠堂一百三十多处。名气响亮的有相国寺、开宝寺铁塔、天清寺繁塔。

相国寺，初建于北朝齐文宣帝高洋天保六

[1] 明·史玄《旧京遗事》。
[2] 明·史玄《旧京遗事》。
[3] 明·史玄《旧京遗事》。
[4] 花石纲是为皇家运送奇花异石的运输名称。"纲"指运输团队。团队所到，扰地扰民，逼苦了东南地区的千家万户，逼出了震惊天下的方腊起义。

第十章 宋代旅游

年（555），原名建国寺。后毁于兵火，由唐睿宗李旦重修，改名相国寺。北宋时，相国寺占地五顷四十亩，寺内有五百尊千姿百态的铜罗汉，又有相当数量的唐宋名家壁画，还有集市排挡，中庭两庑，装得下万余人。是东京宗教、文化和经济活动的风水宝地。

开宝寺，初建于北朝齐文宣天保十年（559），原名独居寺，宋太祖开宝三年（970），改名开宝寺。宋太宗端拱二年（989），开宝寺破土造塔。塔高"三百六十尺"，八角十三层，镀金饰玉，擎天摩云。宋仁宗庆历四年（1044）遭雷电击毁。仁宗皇佑年间（1049—1053），宋人又依照原来样式，采用铁色琉璃砖，在旧址上重起一座，这就是千百年来虽经洪水、地震而岿然不动的开封铁塔。

天清寺，初建于五代周世宗郭荣显德二年（955），地当东京外城东南隅的繁台。天清寺有佛塔，正名兴慈塔，俗名繁塔。繁塔六角平面，九层楼阁。明初倒塌，只遗三层。① 三层墙壁上计有宋人活龙活现的佛像雕砖七千余块，是宋太宗太平兴国二年（977）的杰作。

东京，游乐场所兴旺。北宋时，市民文化方兴未艾，适应市民口味的各种各样的民间通俗文艺涌上街头，为此开设的"勾栏瓦肆"重重叠叠。"瓦肆"或称"瓦子"、"瓦舍"，是群众性综合性游乐设施。名称缀一"瓦"字，"谓其来时瓦合，去时瓦解之义，易聚易散也"②。在"瓦肆"中，凡演出地点，上有天棚，外有栏杆，内有观众席位的，称"勾栏"。仅有天棚，不设栏杆、席位的，称"瓦棚"。宋人孟元老《东京梦华录》说开封：

---

① 繁塔倒后，有人组织重修，于残留的三层之上加建了一层七级小塔。小塔高约7米，三层大塔高约24米，总高近32米。至今犹存。

② 南宋·吴自牧《梦粱录》。

街南桑家瓦子，近北则中瓦，次里瓦。其中大小勾栏五十余座。内中瓦子莲花棚，牡丹棚，里瓦子夜叉棚，象棚最大，可容纳数千人。

　　登场献艺者，或表演"五花爨弄"的杂剧；或表演杂技"踢瓶"、"弄碗"、"踢缸"、"弄水"、"驯兽"、"烧火"；或表演影戏"乔影戏"、"手影戏"、"大影戏"；或表演傀儡戏"杖头傀儡"、"悬线傀儡"、"药发傀儡"、"肉傀儡"；或表演曲艺鼓子词、诸宫调；或表演武术、相扑、蹴鞠；或表演口技、幻术、舞蹈；或表演讲唱故事的"说话"。"说话"有四家，"小说"讲唱现实生活的短篇故事，"讲史"讲唱改朝换代的长篇历史故事，"讲经"讲唱佛经故事，"合生"是插诨打科、炫智斗巧的相声。每日价，"勾栏瓦肆"吹拉弹唱，鼓掌喝彩，一片欢腾。

　　东京，妓院繁荣。城内有专门的"红灯区"，称"柳巷花街"①、"柳陌花街"②，或"烟月市"、"花柳巷"③。花街妓院有高下之分，妓女也有文野之分。下等妓院多用倚门卖笑、进门卖身的色妓。高等妓院多用能歌善舞、能诗善文、卖艺而不轻易卖身的艺妓。一般市井无赖、下层客商，钻下等妓院；豪门阔少、倜傥文士、达官显贵进高等妓院。

杭州

　　杭州是两宋最美丽的旅游城。

　　北宋时，杭州繁华，生机勃勃。柳永《望海潮》歌其盛况：

　　　　东南形胜，三吴都会，钱塘自古繁华。烟柳画桥，风帘翠幕，参

①宋元话本《众名姬春风吊柳七》。

②南宋·孟元老《东京梦华录》。

③宋元话本《残塘梦》。

差十万人家。云树绕堤沙，怒涛卷霜雪，天堑无涯。市列珠玑，户盈罗绮，竞豪奢。

重湖叠巘清嘉，有三秋桂子，十里荷花。羌管弄晴，菱歌泛夜，嬉嬉钓叟莲娃。千骑拥高牙，乘醉听箫鼓，吟赏烟霞。异日图将好景，归去凤池夸。

南宋，杭州升临安府，定为京都①，超常发展。既是政治上的"东南第一州"，又是经济上的"东南第一州"②，也是旅游上的"东南第一州"。

人口。北宋仁宗时，杭州"参差十万人家"；到南宋孝宗时，翻了一番，计约26万余户，55万余人③；至南宋度宗，又翻了一番，计约39万余户，124万余人④。是南宋人口第一大城。

宫殿。杭州本无皇家宫殿，宋室南渡，一朝交秦。从高宗起，朝廷所造大内皇宫，复压凤凰山麓：

> 正门曰丽正，其门有三，皆金钉朱户，画栋雕甍，覆以铜瓦，镌镂龙凤飞翔之状，巍峨壮丽，光耀溢目。左右列阙，待百官侍班阁子。登闻鼓院，检院相对，悉皆红杈子，排列森然，门禁甚严，守把铃束，人无敢辄入仰视。丽正门内正衙，即大庆殿。……次曰垂拱殿。……内后门名和宁，在孝仁登平坊巷之中，亦列三门，金碧辉映，与丽正同。⑤

① 建炎元年（1127年），宋高宗过江，驻跸杭州。建炎三年（1129年），升杭州为临安府。高宗绍兴八年（1138年），正式定杭州为首都。

② 宋仁宗赵祯《赐梅公仪任杭州太守诗》："地有湖山美，东南第一州。"

③ 《乾道志》。乾道，宋孝宗年号，1165—1173年。

④ 《咸淳志》。咸淳，宋度宗年号，1265—1274年。

⑤ 南宋·吴自牧《梦粱录》。

大内之外，又有皇家行宫，如德寿宫、景宁宫；皇家庙观，如宁寿观、佑圣观、太庙；东分西布，南陈北列，帝都气派，阔绰轩昂。

街渠。全城以长达"一万三千多尺"[①]的御街为主干，接通各条大街。各街又与城中的河渠串联交叉。街上车水马龙，人来人往，河上桨声橹声，舟去船回，洋溢着江南城乡水道纵横的特色。

集市。杭州集市稠密兴隆。御街，荐桥街，后市街，是综合性大集市。其他街道罗列专门集市：川广生药市、象牙玳瑁市、金银市、珍珠市、衣绢市、肉市、米市等；又有专门商行：金漆桌凳行、青器行、麻布行、海鲜行、纸扇行、鱼行、木行、竹行、果行等；又有"大小铺席，连门俱是"[②]：狮子巷徐家纸扎铺、凌家刷牙铺、市南坊沈家白衣铺、徐官人璞头铺、市西坊纽家彩帛铺、张家铁器铺、水巷口阮家京果铺、戚家颜色铺等；又有专门卖花的货郎。陆游诗"小楼一夜听春雨，深巷明朝卖杏花"[③]。

手工。杭州的手工行业，诸如造船、陶瓷、纺织、造纸、印刷、酿酒、食品、刺绣等，都建立了大规模的作坊，雇佣了大批工匠，产品倾销江浙，驰名海外。尤其是印刷出版，官私书坊，可以查实的，就有二十多家。刊印的书籍，字体工整，刀法娴熟，纸质坚白，装帧考究，墨色清香，古今学者交口称赞。

航运。杭州的内陆交通主要依靠运河，船舶种类，名目繁多。短途旅客和轻便货物可搭落脚头船，近郊笨重货物可雇大滩船，长途旅客可乘艟船、舫船、航船、飞蓬船；运输朝廷粮草可用大型的纲船。又有贩运稻米的铁

[①]《咸淳临安志》。

[②] 南宋·吴自牧《梦粱录》。

[③] 陆游《临安春雨初霁》。

头舟，载送寺庵柴薪的红油滩，以及渔船、钓艇。《梦粱录》说杭州城北的运河水面，各种公私船只，成群结队，"每日往返"；下海的船由钱塘江开拔，海商之船，坚固宽敞，"大者五千料，可载五六百人；中等二千料至一千料，亦可载二三百人；余者谓之'钻风'，大小八橹或六橹，每船可载百余人。"从杭州远航福州、广州、日本、朝鲜及南洋诸国。

外宾。杭州外宾来自日本、朝鲜、波斯、大食约50多个国家。外宾中，有政府官员，有民间商贾，有传教僧侣，有观光游客。朝廷专设四方省馆及市舶务机构，负责外事。又在今武林门外造北郭驿，在候潮门外造都亭驿，用作外交宾馆。

学校。杭州有国学三所：太学、武学、宗学，合称"三学"。太学在纪家桥，校舍宏敞，生员济济，多达一千七百余人。又有府学一所，在凌家桥。又有县学两所，在钱塘、仁和两县的县衙附近。又有医学一所，在通江桥。还有乡校、家塾、书会等，散见住宅区。南宋耐得翁《都城纪胜》说偌大杭州，"弦诵之声，往往相闻"。

瓦舍。临安的瓦舍胜似东京。南宋周密《武林旧事》说杭州城里城外共有南瓦、中瓦、大瓦、北瓦、东瓦、钱湖门瓦、赤山瓦、北郭瓦、龙山瓦、羊坊桥瓦、候潮门瓦、米市桥瓦等二十三座；北瓦最大，内有十三处勾栏。民间百戏在瓦舍日夜演出，不同身份的市民在瓦舍日夜围观。二十三座瓦舍是二十三座市民文艺的大观园。

风景。杭州西属浙西丘陵，山峦逶迤；东属浙北平原，河网密布；自然环境得天独厚。

举其大端，一是西门外的西湖，一是东门外的钱塘江。《梦粱录》说临安"西有湖光可爱，东有江潮堪观，皆绝景也。"

西湖。原称武林水，《汉书·地理志》："钱唐，西部都尉治。武林山，武林水所出，东入海，行八百三十里。"又因杭州古名钱塘，称钱塘湖，白居易《钱塘湖春行》；又因湖在杭城之西，称西湖。白居易《西湖晚归回望孤山寺赠诸客》。自北宋起，湖名多用西湖，苏轼上表《乞开杭州西湖状》。

钱塘江，又称浙江，以钱塘潮擅名天下。钱塘江在杭州湾的入海口呈喇叭状，江口大而江身小。每当潮涨，海水从宽达一百公里的江口一涌而入，约束于逐渐狭窄的江岸，形成水坡，继而又受江口拦门沙坎的阻挡，峭立江面，最高潮头可达3.5米，势同千军万马，呼啸奔腾。世称钱塘潮、浙江潮或海宁潮。钱塘观潮，始于唐代，盛于两宋。

苏州

南宋苏州也是仪态万方的城市。

苏州的前身是东周敬王六年（前514）由吴王阖闾下令营造、由伍子胥设计规划的"阖闾大城"。秦代称吴县，南朝陈代称吴州，隋代称苏州，宋代又称平江府。

苏州，地处长江三角洲。城外，湖荡连着湖荡，太湖、阳澄湖、金鸡湖、独墅湖；城内，水道连着水道，横竖二十多条；居家，前门临街，后门临河；河上，一桥隔一桥，计398座；"朱门白壁枕湾流"，"家家门外泊舟航"①。

苏州，是江南鱼米之乡，地饶民富，丰衣足食，丝绸产量与刺绣质量，高居全国第一。

---

① "朱门"句，范成大《枫桥》。"家家"句，白居易《登阊门闲望》。

范成大《吴郡志》苏、杭并称,赞美"天上天堂,地下苏杭。"

苏州,山水秀美。姑苏山、灵岩山、虎丘山、东西洞庭山、太湖、销夏湾等。

苏州,满城寺庙。天庆观、开元寺、报恩寺、能仁寺、定慧寺、瑞光寺、云岩寺、龙兴寺、枫桥寺等。

苏州,处处古迹。姑苏台、吴王郊台、柳毅井、林屋馆、馆娃宫、毛公坛等。

苏州善筑私家园林。北宋苏舜钦筑沧浪亭:"前竹后水,水之阳又竹,无穷极,澄川翠干,光影会合于轩户之间,尤与风月为相宜。"① 北宋梅宣义筑五亩园,园在桃花坞(今苏州高长桥附近),又称梅园。内有清池奇石,并峙五座石峰,丈人峰、三老峰、观音峰、桃坞庆云峰和擎天柱,各高二丈许。苏轼《寄题梅宣义园亭》:"仙人子真后,还隐吴市门。不惜十年力,治此五亩园。"北宋朱长文②筑乐圃,临水两亭,题名"墨池"、"笔溪";水上之桥题名"招隐"、"幽兴";朱长文自谓:

> 曳杖逍遥,陟高临深,飞翰不惊,皓鹤前引,揭厉于浅流,踟蹰于平皋,种木灌园,寒耕暑耘,虽三事之位,万钟之禄,不足以易吾乐也。③

北宋朱勔筑同乐园,据称园林之大,湖石之奇,堪称江南第一。

广州

岭南地区,商代称"南越",周代称"百粤"、"南海"。周时,楚国势力已达岭南,在今广州越秀山建有"楚庭"。或以为"楚

---

① 苏舜钦《沧浪亭记》。苏舜钦(1008—1048),字子美,梓州铜山(今四川中江)人。历官大理评事、集贤殿校理、监进奏院、湖州长史等职。善诗,与欧阳修并称"欧苏",与梅尧臣合称"苏梅"。有《苏学士文集》。

② 朱长文(1041—1100),字伯原,苏州人。以病足不应试,筑室乐圃,著书阅古,士大夫过者,莫不到访,遂名动京师。北宋元祐中,起教授于乡,召为太学博士。迁秘书省正字。著有《乐圃余稿》、《琴史》、《墨池编》等诗歌、音乐、书法类著作。

③ 朱长文《乐圃记》。揭厉,犹褰裳,谓揭衣涉水。

庭"是广州建城之始。秦始皇征服岭南，在广州地区设南海郡、南海郡治、番禺县治。南海郡尉任嚣在番山、禺山（今广州中山四路附近）修筑番禺城，史称任嚣城。秦末大乱，前204年，南海郡尉赵佗兼并桂林郡和象郡，据有岭南（今广东、广西大部、越南北部），建立南越国，定都番禺（今广州）。前113年，南越国丞相吕嘉叛变，立赵建德为南越王。次年，汉武帝讨平南越国。公元217年，交州刺史步骘将交州州治迁回番禺，扩大城池，世称步骘城。三国时，226年，孙权分交州为交州和广州，广州由此得名。晋代，广州称南海郡。隋代，称番州，唐代，高祖时称广州，太宗时称广州郡，玄宗时称南海郡，肃宗时复称广州。之后，相沿不改。917年，刘䶮建立南汉国，定都兴王府（广州）。后梁贞明三年（917），清海、靖海两军节度使刘岩立国，国都广州。国号初名大越，次年称汉，史称南汉。到北宋统一，广州已有四做国都的资历，政治上已晓有名气。

广州城建，宋之前，初具规模。三国至唐末五代，广州曾向南扩大，因临近江边，常为洪水所淹，南海王刘隐凿禺山，取土垫高，拓展城垣，名为新南城。唐代，广州城从南到北依次为南城、子城和官城。至宋代，广州因战争的破坏和飓风的摧残，唐朝五代的版筑土墙，早已是残垣断壁。

为此，宋人大兴土木，改造广州城池。

修筑五城。仁宗景祐四年（1037），广州官府申报"城壁催塌，乞差人夫添修"，朝廷派当地士兵修整城墙。庆历五年（1045），经朝廷批准，广州知府魏瓘在文溪之东的南汉旧城修筑"子城",也称"中城",位置约在今广州吉祥路、中山路、小北路、越华路。神宗熙宁元年（1068），朝廷批准广州在子城东面、南越赵佗城故基烧砖筑城，"环七里，赋功五十万"，当年12月完工，称"东城"，是广州见诸史志的最早砖城。熙宁四年（1071），在子城西边建城。环十三里，面积大过子城、东城的总和，称"西城"。三城功能清晰：子城为官衙所在，东城为商业区，西城为蕃汉杂居地和商业市舶区。南宋时，广州三城累加修缮，不断加固。宁宗嘉定三年（1210）在三城以南濒临珠江的地带拓展居住及贸易场地，建筑东西雁翅城。东翅城长90丈，西翅城长50丈。确立了宋代广州的五城格局。

开掘城壕。北宋景德中（1004-1007），开凿南濠（又名西澳）为内港码头。大中祥符七年（1014），为子城凿内濠，为舟楫避风港。熙宁三年（1070），为东城凿城外濠，形成贯通东西的玉带河。开庆元年（1259），从白云山引水至濠城，灌溉城北农田。

开通六脉渠。"六脉"指广州城内有东西六个水渠，是广州城区的供排水系统。水流经玉带河，归入大海。

架设桥梁。北宋时广州南濠有建花桥、果桥、菜桥和春风桥。南宋时，广州文溪有文溪桥、狮子桥、状元桥等。桥既是路，也是景，一桥就是一景。

宋代广州，是海外贸易枢纽。桑原骘藏[①]《蒲寿庚考》总论华船发达："南洋贸易船，自法显后，代有进步，载量日增，设备日周，航术日精。降至宋元，益臻其极。"其中，就有广州市舶司[②]发往南洋诸国的大批贸易船只。《宋会要·职官》北宋徽宗崇宁五年

[①] 桑原骘藏（1871—1931），日本人。专治东洋史。1907年，桑原骘藏在中国留学，游历了陕西、山东、河南、内蒙古东部等地。1909年，桑原骘藏回国就任京都帝国大学文科大学的东洋史讲座教授，1926年，桑原骘藏因其《宋末提举市舶西域人蒲寿庚的事迹》，简称《蒲寿庚考》，获日本学士院奖。1942年出版《考史游记》。

[②] 管理外贸的官府，相当于今之海关。

（1106），诏"广州市舶司旧来发舶往南蕃诸国博易回，元丰三年（1112）旧条，只得却赴广州抽解"。抽解，征收实物税。《宋史·食货志》南宋孝宗乾道三年（1167），诏"广南两浙市舶司所发舟还，因风水不便，船破樯坏者，即不得抽解。"外国商船也多在广州靠岸，居住广州的外籍商贾数量甚多，《宋史·食货志》："海外蕃商至广州贸易，听其往还居止。"所居蕃坊，又名蕃巷；所贸之市，名为番市。因获利丰厚，外商或携带家眷，长居广州。《宋会要·刑法》北宋仁宗景佑二年（1035）："广州每年多有蕃客带妻儿过广州居住。"苏辙《龙川略志》："番商辛押陀罗者，居广州数十年矣。家资数百万缗。"因此，广州外贸所得在国内外贸港口高居第一。北宋朱彧(yù)《萍洲可谈》徽宗崇宁初："三路（广东、福建、两浙）各置提举市舶司。三方唯广最盛。"《宋会要·职官》南宋高宗绍兴二年（1132）："广州自祖宗以来，兴置市舶，收课入倍于他路。"

六、景观名胜

峨眉山

位于四川乐山市境，最高峰万佛顶海拔3000多米。峨眉山一名，始见于西周，晋人常璩《华阳国志·蜀志》：

> 杜宇以褒斜（今陕西汉中）为前门，熊耳（今四川青神县境内）、灵关（今四川雅安芦山县西北）为后户，玉垒（今四川都江堰市境内）、峨嵋为城廓。

宋代，峨眉山受朝廷重视。宋太祖赵匡胤乾德四年（966），"敕内侍张重进，往峨嵋山普贤寺庄严佛象，因嘉州屡奏：白水寺普贤相见也"。太宗太平兴国五年（980），"敕内侍张仁瓒，往成都铸金铜普贤像，高二丈，奉安嘉州峨嵋山普贤寺之白水，建大阁以覆之。诏重修峨嵋五寺，白水普贤、黑水华严、中峰、干明、光相也。三峨高出五岳，秀甲九州岛。西竺千岁和尚曰：此震旦第一山也"。太宗雍熙四年（987），"敕内侍送宝冠、璎珞、袈裟，往峨嵋普贤寺"。真宗景德四年（1007），"诏赐黄金三千两，增修峨嵋山普贤寺，设三万僧斋，岁度僧四人"。次年，真宗召见峨眉高僧茂贞。"上赐以诗，馆于景德寺。"北宋邵博《邵氏闻见后录》：

> 又有峨嵋普贤寺，光景殊胜，不下五台，在唐无闻，李太白峨嵋山诗言仙而不言佛，《华严经》以普贤菩萨为主，李长者《合论》言五台山而不言峨嵋山，又山中诸佛祠，俱无唐刻石文字，疑特盛于本朝也。

是中国佛教四大名山之一。

庐山

又称匡山、匡庐。位于今江西九江，高耸长江南岸鄱阳湖畔，峭壁悬崖，瀑布飞泉，云雾缭绕，雄伟壮观。白居易《庐山草堂记》："匡庐奇秀，甲天下山。"庐山道释同尊。东晋佛教高僧慧远在庐山建东林寺，创净土法门；竺道生开庐山精舍，创"顿悟说"。道教张道陵，一度在庐山修炼；陆修静，在庐山建简寂观，编撰藏道经1200卷，奠定了"道藏"基础，并创立了道教灵宝派。至宋代，庐山的

寺庙、道观多达500处。旅游景点，遍布山中。北宋陈舜俞《庐山记》如数家珍：鸡冠石、香炉峰、十八贤台、白鹿台、虎跑泉、五彬阁、滴翠亭、聪明泉、白龙潭、望云亭、马尾泉、陆羽井、谢康乐经台、陶令醉石、石渠流泉、石镜、白云楼、文殊亭、绿野亭、行春亭、仙亭、滴翠亭、松峰亭、望云亭、四会亭、杨梅亭、通隐桥、鸾溪桥、官道涧桥、开先禅院招隐桥、康王谷石桥。苏轼最称道漱玉亭和三峡桥，"往来山南北十余日，以为胜绝不可胜谈，择其尤者，莫如漱玉亭、三峡桥。"南宋时，朱熹复兴白鹿书院，又使庐山增添了学术氛围、学子热情和学堂气象。

明州日月湖

在今浙江宁波。南宋《宝庆四明志》："南隅曰日湖，又曰细湖，又曰小江湖，又曰竞渡湖。久湮，仅如污泽。独西隅存焉，曰月湖，又曰西湖。其从三百五十丈，其衡四十丈，周围七百三十丈有奇。中有桥二，绝湖而过。汀洲、岛屿，凡十，曰柳汀，曰雪汀，曰芳草洲，曰芙蓉洲，曰菊花洲，曰月岛，曰松岛，曰花屿，曰竹屿，曰烟屿。亭台院阁，随方面势。四时之景不同，而士女游赏特盛于春夏。飞盖成阴，画船漾影，殆无虚日。"

越州鉴湖

在今浙江绍兴，又称镜湖。陆游游镜湖："懒日轻云淡淹天，扑灯过后卖花前。便从水阁杭湖去，卷起朱帘上画船。""舫子窗扉面面开，金壶桃杏间尊罍。东风空送笙歌近，一片楼台泛水来。"①

桂林岩洞

桂林，今广西桂林。北宋张维《张公洞题

---

① 陆游《乡人或病予诗多道蜀中邀乐之盛适春日游镜湖共请赋山阴风物遂即杯酒间作绝句当持以夸西州故人也》。

记》："环桂之郊，岩洞二十有一。"南宋范成大《桂海虞衡志》记桂林岩洞"有名可纪者三十余所，皆去城不过七八里，近者二三里，一日可以遍至。"又说："兴安石乳洞最奇，予罢郡时过之。上、中、下三洞。此洞与栖霞相甲乙，他洞不及也。阳朔亦有绣山、罗汉、白鹤、华盖、明珠五洞，皆奇。又闻容州都峤有三洞天，融州有灵岩真仙洞，世传不下桂林，但皆在瘴地，士大夫尤罕到。"

东阳赤松山金华洞

在今浙江金华东阳。西汉时，刘仲卿隐居。唐人孟浩然、李白到此一游。柳宗元撰有《刘仲卿隐金华洞》：

> 贾宣伯爱金华山，即今双溪别界，其北有仙洞，俗呼为刘先生隐身处，其内有三十六室，广三十六里，石刻上以松炬照之，云："刘严，字仲卿，汉室射声校尉，当恭显之际，极谏，被贬於东陬，隐迹於此，莫知所终。"即道士萧至玄所记也。山口人时得玉篆牌，俗传刘仲卿每至中元日来降洞中，州人祈福，寻溪口边得此者当巨富，此亦未必为然，然仲卿亦梅子真之徒欤。

宋时，金华洞有上洞"朝真洞"、中洞"冰壶洞"和下洞"双龙洞"，是道教洞天福地的第三十六洞。宋方凤《金华洞天记》说"双龙"是内洞："伛偻踏水入内洞，有形蜿蜒，头角须尾，凡二，屈蟠隐见，爪尖皆白，石如玉，所谓双龙也。"宋《赤松山志》赤松山洞天："系三十六洞天，亦名金华洞天。"探洞知名游客有

王安石、苏轼、李清照、赵抃、韩元吉等。

洛阳园林

北宋时，洛阳以园林著称。富贵人家多造私家园林。李格非《洛阳名园记》说洛阳构造出众的园林不下十九处，赵普的韩王园、富弼的郑公园、吕蒙正的文穆园，司马光的独乐园，文彦博的东园，安焘的丛春园等，"百花酣而白昼眩，青苹动而林荫合，水静而跳鱼鸣，木落而群峰出"，"园囿亭观之盛实甲天下"。

济南泉水

南宋张邦基《墨庄漫录》："济南为郡，在历山之阴。水泉清冷，凡三十余所，如舜泉、爆流、金线、真珠、洗钵、孝感、玉环之类皆奇。"

洋川园池

在今陕西洋县。北宋文与可守洋州，寄苏轼《洋川园池》三十首，每一首写园池一景。

第八节 旅游文献

一、风物杂记

宋代最富史料价值的旅游文献是杂记地方风土、景物、掌故、物产的笔记，称风物杂记。这类杂记，西晋有张华《博物志》，唐代有段成式《酉阳杂俎》，宋人写得最多最勤。宋真宗时，钱易、陈越、刘均、宋绶等奉命编集《祥符土训录》，记录皇帝从东京到汾阴（今山西宝鼎）途中的州县、山川、古迹、风俗。南宋孟元老的《东京梦华录》记录北宋汴梁盛况，吴自牧的《梦粱录》，耐得翁的《都城纪胜》，周密的《武林旧事》，署名西湖老人的《繁胜录》等记录杭州盛况。内容包罗朝廷典礼，皇宫布局、官署衙门、城市建设、河道桥梁、街坊巷市、店铺酒楼、贵族起居、市民生活、民风民俗、时令节日、歌舞百戏，是研究宋代都市生活、经济文化的几部重要古籍。《武林旧事》尤善介绍西湖风景，将全湖景区分为南山路、三堤路、孤山路、北山路、葛岭路、西溪路及三天竺等七个小区，脉络分明，逐一描述，使西湖概貌，跃然于卷。

二、名胜专记

记录各地名胜或专记一地名胜的笔记。这类笔记前代已有，宋人大量写作。记录各地名胜的，有祝穆《方舆胜览》、王象之《舆地纪胜》等。《方舆胜览》记录南宋境内路府州县的沿革、形势、土产、人物与名胜古迹。《舆地纪胜》也是重在风俗、形胜、景物、古迹。"使人一读，使身如到其地，其土俗人才城郭民人，与夫风景美丽，名物之繁缛，历代方言之诡异，故老传记之放纷，不出户庭皆坐而得之"①。专记一地名胜的，有北宋李格非《洛阳名园记》、欧阳修《洛阳牡丹记》、陈舜俞《庐山记》、南宋倪守约《赤松山记》等。作者考真校实，务求赅备，有时附有图画。陈舜禹《庐山记》自言："以六十日之力，尽南北高深之胜。昼行山间，援毫折简，旁钞四诘，小大弗择，夜则发书攻之，至可传而后已。其高下广狭，山石水泉，与夫浮屠老子之宫庙，逸人达士之居舍，废兴衰盛，碑刻诗什，莫不毕载。而又作俯视之图纪，寻山先后之次。"

三、地 志

宋人编撰全国性总地志。太宗开宝四年（971）诏命卢多逊、扈蒙等重修《天下图

---

① 李埴《舆地纪胜》序。

经》。卢多逊搜求，"十九州形势尽得之"[①]。又有宋准编制《开宝诸道图经》、邢昺等编制《景德地理记》、王存编制《元丰九域志》等。

宋人编撰地方志。开宝八年（975），太宗诏命宋准统一校定地方图志。此后，新编地方志层出不穷，仅《宋史·艺文志》已著录一百几十种，名目或"图经"、"图志"或"志"，如朱长文《吴郡图经续记》、范成大《吴郡志》、宋敏求《长安志》、周淙《乾道临安志》、陆游《会稽志》等。各书未必有图，凡有图多冠卷首，宋代地方图经，大多图文并茂，山川形势、道路桥梁、地名里程，指示清楚。王禹偁《送鞠评事宰兰溪》："东下兰溪数十程，几多山水入图经。"论者断言："郡志之学，至南宋而特盛。"[②]

宋人编撰异国志。北宋王延德《西州行程记》记述太宗时高昌回鹘（地当今新疆天山地区）的地理民俗。北宋李远《青唐录》记述哲宗时青海湟水流域的地理民俗，真实可靠，是了解和研究高昌回鹘与湟水流域历史地理的珍贵资料。南宋周去非的《岭外代答》，南宋赵汝适的《诸蕃志》，记录南洋诸国地理。但这两本书的内容不是作者的亲身经历，而是根据听闻及其他书籍上的记载编辑起来的，所述诸国的先后秩序漫无条理，所记事实却能佐证宋人对南洋地理已有相当清楚的认知。

四、旅行导引图

宋人编印并出售旅行导引图。南宋杭州《地经》是现存最早的旅行交通向导。《地经》印刷精细，图画清楚，以杭州为中心，勾画标明了各地通向杭州的道路、里程及途中旅馆。元人李有《古杭杂记》："驿路有白塔

[①] 宋·王应麟《玉海》卷十四"开宝修图经"。

[②] 吴其昌《宋代地理学史》，清华研究院《国学论丛》，1927年，第一卷，第一期。

桥，印卖朝京里程图，士大夫往临安，必买以披阅。有人题于壁曰：'白塔桥边卖地经，长亭短驿甚分明。如何只说临安路，不数中原有几程。'"

五、飞鸟图

宋人地图绘制有创新。熙宁九年（1076），沈括奉旨绘制全国地图。旧时制图用"循路步之"法，即沿路步行丈量，用步行数据绘制地图，由于道路弯弯曲曲，山川高低错落，"循路步之"与实况有很大的误差。沈括在采用分率、准望、互融、傍验、高下、方斜、迂直等九种绘图法的基础上，"取飞鸟之数"①，即按飞鸟飞行的直线距离，避免地面的高下弯曲，绘制地图，完成了我国制图史上的一部巨作《天下州县图》，又称《守令图》。沈括《守令图》计大图一幅，高一丈二尺，宽一丈；小图一幅；各路图十八幅（当时全国行政区划分十八路）。地图的精度与幅度，前所未有。沈括又用木板制作立体地理模型，相当于今之沙盘。为我国古代地图学做出了重要贡献。

宋代旅游的突出贡献是城市旅游和市民旅游兴起，旅游服务业初步成型。

---

① 沈括《梦溪笔谈》："地理之书，古人有'飞鸟图'，不知何人所为。所谓'飞鸟'者，谓虽有四至里数，皆是循路步之，道路迂直而不常，既列为图，则里步无缘相应，故按图别量径直四至，如空中鸟飞直达，更无山川回屈之差。予尝为《守令图》，虽以二寸折百里为分率，又立准望、牙融、傍验高下、方斜、迂直，七法以取鸟飞之数。图成，得方隅远近之实，始可施此法，分四至八到为二十四至，以十二支、甲乙丙丁庚辛壬癸八干、乾坤艮巽四卦名之。使后世图虽亡，得予此书，按二十四至以布郡邑，立可成图，毫发无差矣。"

第十一章

辽夏金旅游

五代两宋时，在中国北方先后兴起了三个国家，辽国、西夏与金国。

辽国（916—1125），是契丹族王朝。契丹是东胡（通古斯民族）鲜卑族后裔①。唐太宗在契丹住地（今内蒙古西拉木伦河流域及支流老哈河中下游）设置松漠都督府，治所在今内蒙古巴林右旗。晚唐最后一年，哀帝天祐四年（907），契丹迭剌部首领耶律阿保机（872—926）自称"天皇帝"，后梁贞明二年（916）称"大圣大明天皇帝"，国号契丹，建元神册。神册三年（918）定都上京临潢府（今内蒙古赤峰市巴林左旗南波罗城）。契丹耶律德光会同十年（947）灭后晋，改契丹国号为辽。"辽"义"铁"，或指契丹发祥地辽水（辽水，今辽河，流经河北、内蒙、吉林、辽宁四省）。全盛时期，辽国领土，东到日本海，西至阿尔泰山，北到额尔古纳河、大兴安岭，南

① 东胡，即通古斯，（古阿尔泰语Tounggus的音译）。"通古斯"，作为族称，意思是柳河族人。秦汉之际，东胡被匈奴打败，分为两部，分别退保乌桓山和鲜卑山，以山名作族名，称为乌桓族和鲜卑族。汉时，匈奴分裂，鲜卑族趁机崛起，占据蒙古草原。魏晋南北朝时，鲜卑各部独自发展。慕容部建立前燕、后燕、西燕、南燕四个国家，乞伏部建立西秦，秃发部建立南凉。385年，拓跋部建立北魏，于439年统一北方。534年，北魏分裂为东魏和西魏。557年，北周取代西魏。鲜卑部落大都解体。

到今河北南部白沟河（发源太行山，流经山西东部、河北保定地区，注入白洋淀）。辽天祚帝保大五年（1125），辽国亡于金国，国祚209年。

西夏（1038—1227），是党项族王朝。党项族是古代北方少数民族西羌族的一支，称"党项羌"。发迹今青海东南部西倾山白龙江流域①。至南北朝，羌族内迁河陇（今陕西、甘肃），不知稼穑、草木记岁、游牧游猎，以部落为单位，以姓氏为部落名称。《隋书·党项传》"每姓别为部落，大者五千余骑，小者千余骑"，形成著名的党项八部，以拓跋部最为强盛②。隋开皇五年（585），党项族首领拓跋宁丛率部内附，受封大将军。唐初，党项各部相率归唐。唐就其地分设32州，总称西戎州，以拓跋赤辞为西戎州都督，赐姓李。安史之乱后，唐廷集中陕甘宁党项族，定居陕北、河套。唐末，党项首领拓跋思恭因率兵镇压黄巢起义③，朝廷封其军为定难军，封拓跋思恭为定难军节度使，领有夏州（治所在今陕西靖边县白城子）地区，封爵夏国公，再赐李姓。后周末，党项族割据夏州。宋初，投附宋朝，内部分裂，首领李继捧之弟李继迁抗宋自立，受封辽国，为辽国定难军节度使，都督夏州诸军事。辽兴宗重熙七年、北宋仁宗宝元元年（1038），李继迁之孙李元昊（1003—1048）称帝，即夏景宗，定都兴庆（今宁夏银川），国号大夏，史称西夏。西夏建国，联辽抗宋。夏景宗天授礼法延祚七年（北宋仁宗庆历四年，1044），对宋称臣。夏崇宗元德五年（金太祖天辅七年［1123年］），对金称臣。领土大致拥有今宁夏、甘肃、新疆、青海、内蒙及陕西部分地区。夏末主保义二年（1227），西夏亡于蒙古。

① 《后汉书·段颎传》，东汉桓帝延熹三年，段颎追击羌族，"遂至河首积石山"，"又分兵击石城羌"。石城，在白河上游。陈炳应译西夏诗："黔首石城漠水畔，红脸祖坟白河上。"白河即白龙江。白龙江源出西倾山东麓，出峡谷，过古迭州、西固，趋武都。白龙江南岸，为岷江上游，适于稻作园艺，兼饶森林。

② 或以拓跋部为鲜卑族后裔。

③ 河套，黄河几字形上端部分，地在内蒙阴山之南，涉及宁夏、陕北。

国祚189年。

　　金国（1115—1234），是女真族王朝。女真也是通古斯民族后裔，靺鞨（mòhé）族的"黑水靺鞨"，世居黑龙江中下游。男人"留颅后发"①，绑辫。北宋徽宗政和五年、辽天祚帝天庆五年（1115），女真族首领金太祖完颜阿骨打（1068—1123）在会宁府（今黑龙江哈尔滨阿城区）建都，称大都，国号金。完颜阿骨打说："辽以宾铁为号，取其坚也。宾铁虽坚，终亦变坏，唯金不变不坏。"② 金太宗天会三年（1125），金灭辽。金太宗天会五年（1127），金亡北宋。金海陵王贞元元年（1153），金主完颜亮迁都大兴府（今北京西南），称中都。到金世宗（1161—1189在位）、金章宗（1189—1208在位）执政，金朝的政治、经济、文化，气象一新。金国疆域，南至秦岭淮河，东到混同江（今黑龙江支流松花江）下游，西至六盘山（今宁夏、甘肃六盘山），北到火鲁火疃谋克（今俄罗斯外兴安岭南博罗达河上游），包括了今黑龙江、吉林、辽宁、河北、山东、山西的全部，陕西大部，内蒙古、甘肃的东部，俄罗斯东部外兴安岭以南、乌苏里江以东，及蒙古部分地区。金卫绍王大安三年（1211），蒙古国发动蒙金战争。金贞祐二年（1214），金宣宗迁都南京（今开封）。金哀宗正大七年（1230）蒙金三峰山（今河南禹州东南）之战，金军溃败。蒙军围攻汴京，哀宗奔蔡州（今河南汝南），蒙军约会宋军联合围攻。金天兴三年（1234）正月，金哀宗传位统帅完颜承麟，史称金末帝。城陷，哀宗自杀，末帝死于乱军，金国亡。国祚119年。

① 南宋·宇文懋昭《大金国志》："金辫发垂肩，留颅后发系以色丝。"

② 《金史·太祖纪》。一说女真兴起金水，故国号为金。

第十一章 辽夏金旅游

辽、夏、金三国，契丹、党项、女真三族，汉化趋同，社会向荣。

辽国转益多师，吸收中原、西域文化，设南面官和北面官双轨官制，北面官治宫帐、部族、属国之政；南面官治汉人州县、租赋、军马之事；以"本族之制治契丹，以汉制待汉人"①。契丹原来"畋鱼以食，皮毛以衣，马逐水草"②，开国前后，在阴山以北至额尔古纳河流域，拥有优良牧场；并鼓励开荒务农，借鉴中原农业，结合北方气候，形成了一套独特的作物栽培技术。辽东是产铁要地，辽瓷工艺精湛，辽五京是重要商城，北方塞外文明进步国力增强，军事影响，涵盖西域。乃至中亚、西亚与东欧地区一度以契丹（辽国）为中国代称。

西夏体制、官制大体学宋朝制度，受儒家影响。族人地处西北，本以游牧为生，畜牧业一向发达，牧区分布在夏州（陕西靖边白城子）、绥州（今陕西绥德）、银州（今陕西米脂西北）、盐州（今宁夏盐池北）与宥州（今陕西定边东）、鄂尔多斯高原、阿拉善和额济纳草原及河西走廊，盛产"党项马"。自侵占宋土，灵州（今宁夏吴忠）、兴庆（今宁夏银川）、凉州（今甘肃武威）、瓜州（今甘肃安西），学习汉族务农，兴修农业水利。景宗李元昊主持修筑的灌渠（今青铜峡至平罗），世称"昊王渠"或"李王渠"。手工业生产和商业贸易也随之繁荣。西夏近200年，经营西北，促进了今宁夏、甘肃地区的社会进步和民族融合。

金国借鉴辽、宋政治制度和中原生产技术，农业崛起，东北成粮仓；陶瓷业复荣，

①《辽史·百官志》。
②《辽史·食货志》。

工艺有特色；炼铁业发达，铁制工具普及；商业活跃，输出皮革、人参、纺织品、竹纸、麻纸；尊崇儒学，封孔子衍圣公，儒、道、佛相互包容，文化趋向汉化，女真贵族争相改汉姓、着汉服，民族融合日趋紧密。北方尤其是东北地区发展显著。

有此基础，旅游之风，在辽、夏、金，以显著的民族特色和北方的区域特色，纵情抒展。

第一节　四时捺钵

契丹、党项、女真本以游牧游猎为生，游猎是辽国、西夏、金国的举国嗜好。而辽金两国族性同根，游猎习俗，表里一致。

辽廷游猎，春夏秋冬，"四时捺钵"。

捺钵，或作纳拔、纳宝、剌钵，契丹语，意为行旅之所，一般为毡帐围幕式行营。《辽史·营卫志》：

> 有辽始大，设置犹密，居有宫卫，谓之斡鲁朵，出有行营，谓之"捺钵"。

> 辽国尽有大漠，浸包长城之境，因宜为治。秋冬违寒，春夏避暑，随水草就畋渔，岁以为常。四时各有行在之所，谓之"捺钵"。

捺钵意在游猎，因时择地。春捺钵，地点近水，重在捕鱼；夏捺钵，地点就凉，行猎消夏；秋捺钵，地点近山，重在捕兽；冬捺钵，地点就暖，行猎避寒。所谓"辽国之君，春水秋山，冬夏捺钵"[①]

《辽史》专设《游幸表》记录帝王游幸

[①]《金史·梁襄传》。

山泽,捺钵四时①。太祖耶律阿保机六月"射野马于漠北",太宗耶律德光三月"射虎于松山",穆宗耶律述律七月"障鹰于白羊山"②,景宗耶律贤八月"射鸭于惠民湖",圣宗耶律隆绪,九月"射兔于平川",兴宗耶律宗真正月"叉鱼于治河",道宗耶律洪基八月"射熊于靓里山",天祚帝耶律延禧五月"射鹿于沙只山"。所记捺钵涉猎地点多达二百处。辽制,皇帝捺钵,后妃随行。辽人王鼎《焚椒录》道宗耶律洪基:"清宁二年(1056)八月,上猎秋山,后率嫔妃从行在。所至伏虎林,命后赋诗。后应声云云。上大喜,出示群臣,曰:'皇后可谓女中才子。'"这首诗就是道宗皇后萧观音的《伏虎林应制》:

　　威风万里压南邦,东去能翻鸭绿江。
　　灵怪大千俱破胆,那教猛虎不投降。

伏虎林在今内蒙古巴林右旗察罕木伦河源。诗意:皇上南压南宋,东讨高丽,神怪披靡,何况猛虎?

　　金廷游猎,也是"四时捺钵"。金熙宗完颜亶(dǎn)皇统三年(1143)七月,诏谕尚书省:"将循契丹故事,四时游猎,春水秋山,冬夏刺钵。"③朱熹说女真:"旧巢在会宁府,四时迁徙无常:春则往鸭绿江猎;夏则往一山,极冷,避暑;秋亦往一山如何;冬往一山射虎。"④虽欠准确,大致不差。

　　金帝春捺钵,亦称春水,次数绵密。按一年一次,熙宗在位十五年,春水八次;世宗完颜雍在位二十九年,春水十五次;章宗完颜璟在位二十年,春水十七次。⑤金帝春水,偏爱捕猎鹅鸭。《金史·食货志·田制》章宗泰

①二十五史列表专记游猎,仅此一例。

②障鹰,放鹰狩猎。清末小横香室主人《清朝野史大观》:"鹰以绣花锦帽蒙其面,擎者挽绦于手,见禽乃去帽放之。"辽设障鹰官,训练猎鹰。

③《大金国志·熙宗孝成皇帝》。

④《朱子语类·本朝·夷狄》。

⑤刘浦江《金代捺钵研究》。

和七年（1207）："募民种佃清河等处地，以其租分为诸春水处饵鹅鸭之食。"金人赵秉文《扈从行》：

> 马翻翻，车辘辘，尘土难分真面目。
> 年年扈从春水行，裁染春山波漾绿。
> 绿鞯珠勒大羽箭，少年将军面如玉。
> 车中小妇听鸣鞭，遥认飞尘郎马足。
> 朝随鼓声起，暮逐旗尾宿，
> 乐事从今相继躅。
> 圣皇岁岁万机暇，春水围鹅秋射鹿。

"年年扈从"，"春水围鹅"，地点多在境内腹地。赵秉文《春水行》：

> 光春宫外春水生，鸳鹅飞下寒犹轻。
> 绿衣探使一鞭信，春风写入鸣鞘声。

光春宫在遂城，今河北徐水。

金帝夏捺钵，多在山后。山后，阴山、燕山之北。常去之地是阴山之北的炭山金莲川，地在今河北省沽源县境。炭山，原是辽帝捺钵处，契丹语称旺国崖，《辽史》称凉径。旺国崖之北是金莲川，原名曷里浒东川。山岭重叠，沟谷纵横，疏林草甸，清溪流泉，花木葱茏，夏季阴凉，东南距金中都（今北京）200公里，是避暑游猎的胜地。金太宗、金熙宗、金海陵王、金世宗都到金莲川捺钵。金世宗尤其钟爱，大定八年（1168），"改旺国崖曰静宁山，曷里浒东川曰金莲川"①。"莲者连也，取其金枝玉叶相连之义"②。并在凉径修建行宫景明宫③，"在位二十九年间，至少有十年驻夏于金莲川"④。由此，引发激烈朝议。汉族大臣因金莲川地处边陲，靠近漠北鞑靼，行止冒险，反对游幸，主张

① 《金史·世宗纪》。
② 《金史·地理志》。
③ 《金史·地理志》："景明宫，避暑宫也，在凉陉。"
④ 刘浦江《金代捺钵研究》。

第十一章 辽夏金旅游

在中都周边就近捺钵。金世宗为此暂停一次，次年照旧，"车驾频年幸金莲川"①。金人杨果《羽林行》：

> 当时事少游幸多，御马御衣尝得赐。
> 年年春水复秋山，风毛雨血金莲川。
> 归来宴贺满宫醉，山呼摇动东南天。

金莲川之外，金帝夏捺钵，还有山后的天平山与好水川，在今内蒙古扎鲁特旗境内。《金史·地理志·临潢府》注："有天平山、好水川，行宫地也，（世宗）大定二十五年（1185）命名。"又有宣德②塞外长乐川。章宗泰和二年（1202）五月，至宣德龙门县（今河北张家口赤城）泰和宫，题诗《云龙川泰和殿五月牡丹》：

> 洛阳谷雨红千叶，岭外朱明玉一枝。
> 地力发生虽有异，天公造物本无私。

并谕有司："金井捺钵不过二三日留，朕之所止，一凉厦足矣。若加修治，徒费人力。其藩篱不急处，用围幕可也。""更泰和宫曰庆宁，长乐川曰云龙。"③金井，长乐川一地，捺钵野营地。泰和宫，行宫。

西夏宫廷，似无四时捺钵的制度，但游猎兴致，较之辽金，也无遑多让。景宗李元昊，"少时好衣长袖绯衣，冠黑冠，佩弓矢，从卫步卒张青盖。出乘马，以二旗引，百余骑自从"④。既尚武，必好猎。他的儿子谅祚，出生游猎途中。《宋史·夏国传》："谅祚，景宗长子也。""两岔，河名也，母曰宣穆惠文皇后没藏氏，从元昊出猎，至此（两岔）而生谅祚（两岔谐音），遂名焉。"

① 金·赵秉文《梁公墓铭》。

② 宣德州，金大定八年（1158）置，治文德县（后改名宣德县，即今河北宣化县），辖境相当今河北省沽源、崇礼、张家口、宣化、万全、张北、尚义，内蒙古自治区兴和、察哈尔右翼前旗、商都、化德及镶黄旗等地。

③《金史·章宗纪》。

④《宋史·夏国传》。

第二节 三国游士

辽国甚少诗文,游客行踪,寥寥落落。西夏绝少诗文①,游客行踪,难得一见。金国诗文繁富,知名游客,为数甚多。共同特征是往来塞上,游风质朴。

一、几位辽客

耶律倍海上行。耶律倍(899—936),小字图欲,契丹人,辽太祖长子。通阴阳,知音律,精医药,善画,工诗文,好藏书。立为太子,封东丹王,都天福城(原渤海故都忽汗城,今黑龙江省宁安县)。太祖卒,太后述律平择位耶律倍之弟耶律德光。太宗德光猜忌兄长,令居东平(今辽宁辽阳)。后唐明宗李延嗣知其压抑,密函邀请,耶律倍说:"我以天下让主上,今反见疑;不如适他国,以成吴太伯之名。"借口下海打猎,"携高美人,载书浮海而去"②。开船之前,立碑海边,刻《海上诗》:

> 小山压大山,大山全无力。
> 羞见故乡人,从此投外国。

船到山东,后唐摆天子仪卫迎接,耶律倍坐楼船,众官陪列,游观至汴梁。后唐明宗赐名李赞华,使镇滑州(今河南滑县),后被明宗养子李从珂杀害。葬之今辽宁医巫闾山,封显陵,谥让国皇帝。

赵延寿草原行。赵延寿(?—948),常山(今河北正定)人。本姓刘,后梁将领赵德钧养子,改姓赵。后唐明宗时,赵德钧授东北面招讨使,累官至检校太师兼中书令,封北平王;

① 西夏文学作品留存极少,西夏汉文文献存有零星佚文。俄藏黑水城文献有西夏文诗歌写本,贺兰山拜沟寺双塔存有汉文诗集残本,存有谚语集《新集锦合辞》,西夏佛经有一些发愿文和序言,《宋史·夏国传》录有西夏致宋廷文书。

② 《辽史·义宗传》。

第十一章 辽夏金旅游

赵延寿官宣武、忠武两镇节度使。赵氏父子谋于契丹，争夺后唐帝位，契丹不许。待后唐灭，赵德钧、赵延寿投奔契丹，被契丹太后述律平以理羞辱①，赵德钧郁郁而死，赵延寿迫不得已，效忠辽国，官至中京留守、大丞相。闲时游猎，穿行沙漠风尘，踏雪阴山脚下，射雕高原草野，渡马冰河寒川，生火野营帐外，作《塞上》：

> 黄沙风卷半空抛，云重阴山雪满郊。
> 探水人回移帐就，射雕箭落著弓抄。
> 鸟逢霜果饥还啄，马渡冰河渴自跑。
> 占得高原肥草地，夜深生火折林梢。

《太平广记》："延寿幼习武略，即戎之暇，时复以篇什为意，尝在北庭赋诗曰：'占得高原肥草地，夜深生火折林梢。'南人闻者传之。"但旅居草原，并非赵延寿由衷之爱。赵人在草原，心爱中原。《塞上》示人豪爽，内心苦涩。脱辽立国之志，耿耿在怀，后被辽世宗囚禁，老死塞外。

王枢故乡行。王枢，字子慎，良乡（今北京房山区良乡镇）人。仕途多难，历经三国。辽国进士，宋国燕山府僚，金国翰林学士。三国感情，以辽为深。曾回访故乡，悼念故国。《三河道中》：

> 十载归来对故山，山光依旧白云闲。
> 不须更读元通偈，始信人间是梦间。②

三河，今河北廊坊三河县，地近良乡。但见山水依然，而国家改姓，深感沧桑无情，人生如梦。

寺公大师山野行。辽代有一首契丹《醉

---

① 《资治通鉴》："（辽）太后问曰：'汝近者何为在太原？'德钧曰：'奉唐主之命。'太后曰：'汝从吾儿求为天子，何妄语耶！'又自指其心曰：'此不可欺也。'又曰：'吾儿将行，吾戒之云："赵大王若引兵北向榆关，亟须引归，太原不可救也。"汝欲为天子，何不先击退吾儿，徐图亦未晚。汝为人臣，既负其主，不能击敌，又欲乘乱邀利，所为如此，何面目复求生乎？'德钧俯首不能对。"《辽史·赵延寿列传》："又问（德均）：'田宅何在？'曰：'俱在幽州。'国母曰：'属我矣，又何献也？'"

② 元通，佛家语，指觉悟佛法，畅通佛性。偈，佛家偈语。《楞严经》："阿难及诸大众，蒙佛开示，慧觉圆通，得无疑惑。"元通偈，指示佛性的偈语。

义歌》，作者署名寺公大师。耶律楚材《醉义歌》序："辽朝寺公大师者，一时之豪俊也。贤而能文，尤长于歌诗，其旨趣高远，不类世间语，可与苏、黄并驱争先耳。"①这位豪俊，既不从政，也不居家，常年客游，游于山野。

> 晓来雨霁日苍凉，枕帏摇曳西风香。
> 困眠未足正展转，儿童来报今重阳。

雨过天晴，晨光照户，日高犹自不畅眠，轻松自在。

> 一器才空开一器，宿醒未解人先醉。
> 携棋挈榼近花前，折花顾影聊相戏。

饮酒下棋，折花顾影，聊为游戏，开心快乐。"我爱南村农丈人"，"一樽浊酒呼予频"：

> 丈人迎立尾杯寒，老母自供山果醋。
> 扶携齐唱雅声清，酬酢温语如甘澍。

农家好客，热情款待；农家生活，返朴归真。"争如终日且开樽，驾酒乘杯醉乡里"，寺公志向，不在功名富贵，只在村野田园。

辽人隐居山野者又有萧札剌、耶律官奴、萧蒲离不等。萧札剌，契丹人，圣宗时退居颉山，不拒宴游，不言世务，澹泊自适。耶律官奴，契丹人，兴宗时辞官悠游，自言："若居林下，以枕簟自随，觞咏自乐，虽不官，无慊焉。"②萧蒲离不，字楼懒，契丹人，天祚时官召不应。居抹古山，与亲朋游猎山水。

二、几位夏客

张元赏雪。张元③，汉族人，投奔西夏李元昊，官至太师、尚书令兼中书令。一日，万里雪飘。张元赏之，托雪言志，作《咏雪》：

① 元·耶律楚材《湛然居士文集》卷八。《醉义歌》原为契丹字，耶律楚材译成汉文。"与苏黄争先"，言过其实；属辽诗上乘，应为公论。

② 《辽史·卓行传》。

③ 张元（？—1044），华阴（今陕西华阴）人。年轻时"以侠好任"、"负气倜傥、有纵横才"，累试不第，约在宋仁宗景祐年间（1034—1037），与胡姓好友投奔西夏李元昊，张改名张元，胡改名吴昊，合成李元昊之名。李元昊称帝，重用张、吴。张元鼓动元昊，反宋伐宋。打胜好水川之战，策划定川寨之战（1042），撰写元昊"亲临渭水，直据长安"的文告。延祚六年、宋庆历三年（1043）元昊与宋议和，张元反对。延祚七年（1044）西夏与契丹发生贺兰山之战，张元伐宋无望，郁郁病逝。

第十一章　辽夏金旅游

> 五丁仗剑决云霓，直上天河下帝畿。
> 战罢玉龙三百万，败鳞残甲满天飞。①

用神怪战争拟写漫天飞雪，突出了飞雪场景的凶猛、急迫、纷乱，借以抒发张元助夏灭宋的政治抱负。五丁，暗喻自己出身清寒和元昊出身草莽；天河帝畿，喻大宋江山；五丁战玉龙，喻西夏战赵宋；败鳞残甲，喻宋军丢盔弃甲。张元赏雪，赏的其实是好水川（今宁夏德隆县北）之战。西夏景宗天授礼法延祚四年、北宋仁宗康定二年（1041），张元辅助元昊在好水川大败夏竦、韩琦所领宋军，宋军阵亡高达七万，张元题壁界上寺："夏竦何曾耸，韩琦未足奇。满川龙虎辇，犹自说兵机。"②

无名氏踏春。1991年，在贺兰山拜寺沟方塔（西夏佛塔）废墟发现西夏汉文诗集残本③。幸存整首记游诗《春风》：

> 习习柔和动迩遐，郊原无物不相加。
> 轻摇柔柳开青眼，微拂香兰发紫芽。
> 催促流莺来出谷，吹嘘蛱蝶去寻花。
> 扫除积雪残冰净，解使游人觅酒家。

这位无名氏游人，或许是居住西夏的汉族文人，或许是西夏党项族文人④。以愉快的心情歌唱西夏郊野的早春景物。又有《桃花》残句："栽植偏称去竹深，灼灼奇苞露邑红。"也是一位无名氏的春游咏物。

无名氏节日游。贺兰山拜寺沟方塔诗集残本有题名《重九》诗：

> 古来重九授天衣，槛里金铃色更艳。

重九，农历九月九，汉族传统节日。这位游

① 五丁，神话五力士。《艺文类聚》卷七引汉扬雄《蜀王本纪》："天为蜀王生五丁力士，能献山，秦王（秦惠文王）献美女与蜀王，蜀王遣五丁迎女。见一大蛇入山穴中，五丁并引蛇，山崩，秦五女皆上山，化为石。"玉龙，雪龙。唐吕岩《剑画此诗于襄阳雪中》："岘山一夜玉龙寒，凤林千树梨花老。"

② 夏竦（985—1051），北宋宣徽南院使兼陕西四路经略安抚招讨使。韩琦（1008—1075），陕西经略安抚副使。范仲淹，亦为副使。

③ 贺兰山拜寺沟方塔是一座实心砖塔，高11层约30米。塔身自下而上逐层收缩，每层南面各有彩塑佛龛，塔身四角风铃清脆。1990年遭人炸毁。次年，宁夏考古研究所清理废墟，发现一本汉文诗集。有诗75首，大多残缺，不知书名，不知编者、作者，仅一诗后注"此乃高走马作。"参看宁夏考古研究所《拜寺沟西夏方塔》。

④ 西夏办国学、蕃学、汉学并重，培养党项人才。西夏诗《颂师典》："蕃汉弥人同一母，语言不同地乃分。西方高地蕃人国，蕃人国中用蕃文。东方低地汉人国，汉人国中用汉文。各有语言各珍爱，一切文字人人尊。吾国野利贤夫子，文星照耀东和西。选募弟子三千七，一一教诲成人杰。"

客，或许是西夏汉人，按汉族风俗过重阳节；或许是西夏党项族人，受汉族影响，也过重九节。

高智耀隐居。高智耀（约1206—1271），字显达，中兴府（今宁夏银川）人。汉族。曾祖父高逸，官西夏大都督府尹。祖父高良惠，西夏官右丞相。高智耀本人是西夏进士，"见国事殷，不愿受职"，西夏亡，隐居贺兰山。

三、几位金客

蔡珪（？—1174），字正甫，真定（今河北正定）人。金海陵王时进士，授澄州（登州，今山东烟台、蓬莱地区）军事判官，官至礼部郎中。通金石，鉴古器，善诗文，是金代"国朝文派"第一人①。蔡珪常在游途，从关内到关东，游医巫闾，仰望"北镇高且雄"②；从华北到塞北，出居庸关，喜看"山花两三树"③；游山西，登陶唐山寺（疑在今山西临汾陶唐峪），纵览"千里好风随野色，一轩空翠聚山光"④；游河南，观赏河洛荼蘼，"十丈更余长，窗栊六日香"⑤。自言"万里天涯"，行路"倦客"⑥。倦在哪里？倦在心里。蔡珪是汉人，俸禄女真，内心总有阴影，游路生情，不免身在金国心在汉："想象泽南洲，寄兴栖云霞。"⑦

党怀英（1134—1211），冯翊（今陕西大荔）人，父官北宋泰安军，居家奉符（今山东泰安）。少年时与辛弃疾同师亳州（今安徽亳州）刘瞻。金世宗时进士，任莒州（今山东莒县，莒，jǔ）军事判官，累迁至翰林学士。其诗文，蜚声文坛；其书法，独步当时。金朝钱币刻其手书"泰和重宝"，金太祖武功碑《大金得胜陀颂碑》由其篆额。赵秉文《党公碑》

① 金初文坛大多是宋代文士，是"借才异代"的"宋人诗派"。其后文坛主流是土生土长的金人，文风与金初有别，称"国朝文派"。元好问《中州集》："国初文士如宇文大学、蔡丞相、吴深州等，不可不谓之豪杰之士，然皆宋儒，难以国朝文派论之，故断自正甫为正宗之传。"

② 金·蔡珪《医巫闾》。

③ 蔡珪《出居庸》。

④ 蔡珪《登陶唐山寺》。

⑤ 蔡珪《初至洛中》。

⑥ 蔡珪《医巫闾》："我方万里来天涯。"《保德军中秋》："倦客明朝又短亭。"

⑦ 蔡珪《邻屋如江村》。

第十一章　辽夏金旅游

说怀英"文似欧阳公，不为尖新奇险之语；诗似陶、谢，奄有魏晋；篆籀入神，李阳冰之后一人而已。"党怀英性好旅游，游历潍州（今山东潍坊）、沂山（在今山东潍坊）、龙池（今山东潍坊昌邑）、朐(qú)山（在今山东临朐）、穆陵关（在今山东临朐县沂山镇）、密州（今山东诸城）、新泰（今山东泰安新泰县）、旧县（今山东泰安旧县村）、天封寺（在今山东泰安邱家店镇旧县村）①、日照（今山东日照）、蔡口（今山东曹县蔡口村）、高邮（今江苏高邮）、金山（今江苏镇江西北，原为江心岛屿）等等，几乎游遍了山东、苏北的山山水水。且观察精细，感觉深刻。《高邮道中》："潮吞淮泽小，云抱楚天低。"吞，状潮之汹涌；抱，状云之浓厚。《夜发蔡口》："孤程发晚泊，倦楫摇天星。"一个孤字，凸显夜间行舟的寂寞；一个倦字，凸显通宵行舟的漫长。

元好问（1190—1257），字裕之，号遗山，太原秀容（今山西忻州）人。师从郝天挺。金宣宗时进士，不就选。金哀宗正大元年（1224），中博学宏词科，授儒林郎，充国史院编修，出为镇平、南阳、内乡县令。后受诏入都，除尚书省掾、左司都事，转员外郎。金亡不仕。是金代最著名的诗人与游客。

元好问游于战乱之途。早年，正逢蒙金开战，他年青气盛，仍然四处游走。"乱石通樵迳，重岗拥戍城"，"年年避营马，几向此中行"②。中年，蒙古灭金，元好问在汴京被俘，羁送聊城，一路所见，尽是兵荒马乱，百姓流离，"红粉哭随回纥马，为谁一步一回头"，"白骨纵横似乱麻，几年桑梓变龙沙"③。

---

① 天封寺，原名干封寺，原在旧县村西南，因水冲塌，唐乾封时移建村东，易名天封寺。金代重修，党怀英书重修碑，今存岱庙。

② 元好问《阳兴砦(zhài)》。

③ 元好问《癸巳五月三日北渡三首》。

元好问游于山水之间。早年，蒙古兵围太原，元好问举家南迁，乡居河南登封。登封好山好水好乡村，他游兴倍增，流连吟咏。上箕山（在今河南登封），访琴台（唐人元德秀琴台，在今河南鲁山），所作《箕山》、《琴台》，名震京师①。初秋，傍晚，他欣赏断桥秋草，夕阳残照，竹影稀疏。《三乡杂诗》：

尖新秋意晚晴中，六尺筇枝满袖风。
草合断桥通暗绿，竹影残照疏漏红。

夏天，中午，热风，骄阳，他纳凉桥边竹林，听蝉声起伏，看路人寻瓜。《纳凉张氏庄》：

小桥深竹午风便，一道垂杨带乱蝉。
山下行人遮日去，却从茅屋问瓜田。

冬天，雪后，招邻饮酒，享受收获。《雪后招邻舍王赞子襄饮》：

今年得田昆山阳，积年劳苦似欲偿。
邻墙有竹山更好，下田宜抹稻亦良。
已开长沟掩乌芋，稍学老圃分红姜。

甚至打算谢绝仕途，野居一生。《隐亭》：

乾坤入望眼，容我谢羁束。
一笑百鸥前，春波动新绿。

中年，在国史编修任上，因受不了官场倾轧，告假探亲，又回到登封田家，寄情登封秋色，"林高风有态，苔滑水无声"，"野阴添晚重，山意向秋多"，"疏烟沉去鸟，落日送归牛"，"陂长留积水，川阔尽斜阳"②。晚年，元好问亡国余生，游龙山（在今山东即墨），游黄华山，（即隆虑山，又称林虑山，在今河南林县），游

① 郝经《遗山先生墓铭》："《箕山》、《琴台》等诗，赵礼部见之，以为少陵以来无此作，以书招之，于是名震京师，目为元才子。"赵礼部，当时诗坛权威、礼部尚书赵秉文。

② 元好问《山居杂诗六首》。

苏门山涌金亭（在今河南辉县），游岳山（指登封嵩山）。《岳山道中》：

> 野禾成穗石田黄，山木无风雨气凉。
> 流水平岗尽堪画，数家村落更斜阳。

这时，元好问真的是心如止水，元通自然了。

第三节 南来北往

一、北人游南

辽宋对峙，殷勤通使。辽使旅宋者，《辽史列传》载有穆宗应历年间耶律昌术，圣宗太平年间特末、刘六符，道宗大康年间药师奴，道宗咸雍年间杨遵勖，天祚帝乾统年间得里底、牛温舒等。民间南游者，天祚时有易州（今河北易县）人任贵。元好问《中州集》说任贵"有才干，善绘画"，"离乡远游江、浙"。

夏宋对峙，西夏使节张浦（？—1014），汉族，银州（今陕西榆林）人。北宋太宗至道元年（995），受李继迁委派，朝贡汴京。奉诏，游观宫廷。

> 上（太宗赵光义）令卫士数百辈射于崇政殿庭，召浦观之。先是李延信还，帝赐（李）继迁劲弓三，皆力一石六斗，继迁意欲威示戎裔，非有人能挽也。至是士皆引满平射有馀力，浦大骇。帝笑问浦："戎人敢敌否？"浦曰："蕃部弓弱矢短，不敢敌也。"帝因谓浦曰："戎无可恋。

继迁何不束身自归，永保富贵？"①

太宗借表演，炫耀武力；张浦看表演，虚与委蛇。之后，太宗留下张浦，居宋三年。三年中，张浦无所事事，惟游而已。

金宋对峙，金使南下，次数频密；文人游宋，时或在道。

任询（1133—1204），任贵之子，字君谟，一作君谋，号南麓先生，籍贯易州，出生虔州（今江西赣州）。金正隆二年（1157）进士，官北京盐使。"随人渡江水"，"南游道路长"，在浙江亭观潮，在杭州西湖泛舟，在苏州城听歌。

张斛（1120前后），字德容，渔阳（今天津蓟县）人。辽末南渡，仕宋为武陵（今湖南常德）守。金建国，北归，官秘书省著作郎。著有《南游》、《北归》集。南游舟楫，西到巴蜀，"巴蜀三年客，江湖万里行"②；南临湘水，"巫山今夜月，湘水几人看"③；流连吴楚，"楚客相逢少，吴天入望低"④。

二、南人游北

礼尚往来，北宋南宋也时常派出访辽使和访金使。

为北宋访辽，辽国开通了专门的外交驿道。南起宋辽界河白沟（河北保定地区），北至中京（今内蒙宁城），再北至上京（今内蒙巴林左旗）。全长1800里，设驿馆32座⑤。由南至北，依次是白沟河馆（今河北雄县）、新城县馆（今河北高碑店市新城镇）、涿州馆（今河北涿州）、良乡馆（今北京房山区良乡镇）、辽南京永平馆（今北京西南）、孙侯馆（今北京通州区）、顺州馆（今北京市顺义

① 南宋·李焘《续资治通鉴长编》卷十八。

② 金·张斛《东川春日》。

③ 张斛《巫山对月》。

④ 张斛《沙边》。

⑤ 肖鸿，安忠和《宋辽驿道钩沉》。

第十一章 辽夏金旅游

区)、檀州馆(今北京密云县)、金沟馆(今北京密云水库)、古北口馆(今北京密云古北口镇)、新馆(今河北滦平县平坊乡)、卧如来馆(今河北滦平县大屯乡南沟门村)、柳河馆(今河北滦平县红旗镇房山沟。柳河,今伊逊河)、长源邮舍(中途休息馆)、打造部落馆(奚人居地,以打造车辆兵器谋生)、牛山馆(今北京顺义县)、会仙馆(中途休息馆)、鹿儿峡馆(今河北承德县东山嘴)、铁浆馆(今河北平泉县罗杖子)、富谷馆(今河北承德山区,古称奚山)、通天河馆(今内蒙宁城县境)、辽中京大同馆(今内蒙宁城县),由此再向北,通达上京[①]。

① 肖鸿,安忠和《宋辽驿道钩沉》。

出使待遇,北宋与辽称兄道弟,宋为兄,辽为弟,北宋访辽使享受国宾礼遇,辽主召见,辽臣陪吃陪喝陪游。北宋仁宗至和元年(1054),王拱辰访辽,在混同江,辽兴宗钓鱼,"每得鱼,必亲酌劝拱辰","曰南朝少年状元,入翰林十五年矣,故吾厚待之"[②]。南宋使金使的境况远逊北宋访辽使。南宋与金,互称叔侄,金为叔,宋为侄,辈分上已经低了一等,出使金国,饱受简慢,甚至扣为人质。

② 南宋·李焘《续资治通鉴长编》。

宋使访辽、使金设正副使,正使为文官,副使为武官。文官须有文才,善应对。所派使节,多有盛名。富弼、包拯、欧阳修、苏颂、沈括、沈遘、宋祁、苏辙、王曾、路振、王安石、苏绅、刘敞、彭汝砺、刘跂、蔡京、高俅、童贯等,做过访辽使节,南宋曹勋、朱弁、洪皓、范成大、李若水做过使金使节。

北宋访辽使苏颂(1020—1101),字子容,汉族,福建泉州南安人。庆历二年(1042)进士。官开封知府,至尚书右仆射兼中书侍郎。

宋神宗熙宁元年（1068），苏颂48岁，以三司度支判官，使辽，贺辽太后生辰；熙宁十年（1077），苏颂58岁，以龙图阁直学士、给事中，再度使辽，贺辽道宗生辰。途中，苏颂留心记写山川行程、民风民俗、城乡见闻，作《前使辽诗》30首和《后使辽诗》28首。诗《契丹纪事》"夷俗华风事事违"，"繁促声音听自悲"，"沙眯目看朱似碧，火熏衣染素成缁"。自注："契丹饮食、风物皆异中华。行人颇以为苦。"《北帐书事》：

> 百重沙漠连空暗，四向茅檐卷地飘。
> 与日过河流水涸，行天畜物密云遥。

自注："到会同馆，晚夕大风，沙尘蔽日，倍觉寒苦。"盼望大宋统一北方，"汉节经过人竞看，忻忻如有慕华心"①。"安得华风变殊俗，免教辛有叹伊川"②。苏颂也注意考察辽国的政治、经济、军事，权衡实际，主张维持澶渊之盟，"民获耕桑利，时无斥堠劳。金缯比千橹，未损一牛毛"③，支持宋廷修好辽国，并汇编两国接待礼仪和交往文书，神宗题名《鲁卫信录》。

北宋访辽使彭汝砺（1047—1095），字器质，饶州鄱阳（今江西波阳）人。英宗治平时状元。哲宗元佑六年（1091），以集贤殿修撰、刑部侍郎充太皇太后贺辽主生辰使。在辽国，他仔细观察山川、沙漠、草原、霜雪、鸟兽等自然景观，畋猎、服饰、礼仪、习俗、民情等人文事物。他深入内蒙大沙（今内蒙西拉木伦河区沙漠）、小沙（今内蒙乌兰图格南面沙漠），亲身经历沙漠之行的艰难困苦。《大小沙》：

---

① 北宋·苏颂《和过打造部落》。

② 北宋·苏颂《和晨发柳河馆憩长源邮舍》。辛有，东周太史。《左传·僖公二十二年》："初，平王之东迁也，辛有适伊川，见被发而祭于野者，曰：'不及百年，此其戎乎！其礼先亡矣。'"

③ 北宋·苏颂《和国信张宗益少卿过潭州朝拜信武殿》。

第十一章 辽夏金旅游

> 大沙小沙深没膝，车不留踪马无迹。
> 曲折多途胡亦惑，自上高冈认南北。
> 大风吹沙成瓦砾，头面疮痍手皴折。
> 下带长水蔽深泽，层冰峨峨霜雪白。
> 狼顾鸟行愁覆溺，一日不能行一驿。
> 吾闻治生莫如啬。

他深入民间，采风野外歌谣，"不问南朝与北朝"①；聆听优伶口号，"南北生灵共一天"②；深切感知辽国民众不要战争要和平，"祝愿官家千万岁，年年欢好似今年"③。

北宋访辽使苏辙（1039—1112），字子由，苏轼之弟。仁宗嘉佑时与苏轼同科进士，又与苏轼制科中举。官至尚书右丞，门下侍郎。哲宗元佑四年（1089）以吏部尚书，出使契丹。他始出宋界，遥望燕山，即悲从中来，"燕山如长蛇，千里限夷汉"，"哀哉汉唐余，左衽今已半"④。路遇云燕汉民，更伤心不已，"汉人何年被流徙，衣服渐变存语言"，"汉奚单弱契丹横，目视汉使心凄然"⑤。到杨无敌庙（古北口河东村北门坡，今北京密云古北口镇，1025年，辽圣宗建），悼念抗辽而死的宋将杨业：

> 行祠寂寞寄关门，野草犹知避血痕。
> 一败可怜非战罪，太刚嗟独畏人言。⑥

他惊讶契丹安于"毡庐窟室"、"岁岁旋蓬"，惊讶契丹惯于"春粱煮雪"、"击兔射鹿"⑦。他也察觉契丹人希望两国友好，"胡人送客不忍去，久安和好依中原"。但无论如何，一想到燕云十六州属辽不属宋，总是忧愁满腹，"年年相送桑干上，欲话白沟一惆怅"⑧。

---

① 北宋·彭汝砺《记使人语呈子开侍郎深之学士二兄》。
② 北宋·彭汝砺《记中京伶人口号》。
③ 北宋·彭汝砺《记中京伶人口号》。
④ 北宋·苏辙《奉使契丹·燕山》。
⑤ 苏辙《奉使契丹·出山》。
⑥ 苏辙《奉使契丹·过杨无敌庙》。
⑦ 苏辙《奉使契丹·虏帐》。
⑧ 苏辙《奉使契丹·渡桑干》。

南宋使金使曹勋（1098—1174），靖康之难（1127），跟随徽宗，被俘北上，后被遣返。高宗绍兴十一年（1141）奉使金国。感受最深的不是异风异俗，而是沦陷区汉民的盼归悲情。《出入塞》诗序："仆持节朔庭，自燕山向北。部落以三分为率，南人居其二。闻南使过，骈肩引颈，气哽不得语。但泣数行下，或以慨叹，仆每为挥涕惮见也。因作《出入塞》纪其事，用示有志节、悯国难者。"

南宋使金使朱弁（1085—1144），字少章，号观如居士，婺源（今江西婺源）人，朱熹叔祖。高宗建炎二年（1128）以通问副使出使金国，被扣十七年。羁旅期间，朱弁"出国持汉节，入国暂同俗"，烧石睡炕、烧艾治病，馔饱膻荤，地菜为宝，菌子（蘑菇）为珍品，松皮为佳肴。饱经异国风霜，不忘北来使命，"兵器常时见，客怀何日开"，"已负秦庭哭，终期汉节回"[①]。《中州集》说朱弁："命以官，托目疾固辞，猝然以锥刺之而不为瞬，用是得归。"

南宋使金使洪皓（1088—1155），字光弼，江西乐平人。徽宗政和时进士。高宗建炎三年（1129），以礼部尚书出使金国，请归二帝，被金廷扣留。因拒绝做官，从云中（今山西大同）流放冷山（今黑龙江五常大青顶子山）。冷山寒冷荒凉，女真贵族完颜希尹赏识洪皓，请其家教。高宗绍兴十三年（1143），金熙宗喜得贵子，大赦回南，羁旅金国十五年。洪皓在金，传播中原文化，写诗词，金人"争抄诵求锓锌"；教经典，"无纸则取桦叶写《论语》、《大学》、《中庸》、《孟子》传之，时谓'桦叶四书'"[②]。女真人敬重洪

[①] 南宋·朱弁《客怀》。

[②] 南宋·徐梦莘《三朝北盟会编》引《金虏节要》。

第十一章 辽夏金旅游

皓，每到一地，"争持酒食相劳苦"。过涿(zhuó)州（今属河北保定）鞑靼帐，"其酋闻洪尚书名，争邀入庐，出妻女胡舞，举浑脱酒以劝"①。洪皓全面考察了金国的政治制度、历史沿革、经济社会、风土人情、地理物产，撰《松漠纪闻》②。

南宋使金使范成大（1126—1193），字致能，号石湖居士，平江吴县（今江苏苏州）人。孝宗乾道六年（1170），出使金国，索求北宋诸帝陵寝，并请更定受书之仪。③八月过淮，十月回杭，旅金两月，途经汴京（今河南开封）、相州（今河南安阳）、邯郸（今河北邯郸）、涿州（今河北保定）、燕京（金中都，今北京地区）。在金国占领区北宋故都汴京，当年繁华的御花园宜春园，如今"孤冢獾蹊满路隅，行人犹作御园呼"④；当年著名的寺院相国寺，已是"倾檐缺吻护奎文，金碧浮图暗古尘"⑤。住客栈，"女僮流汗逐毡軿(píng)"，"屠婢杀奴官不问"⑥；过州桥⑦，天街父老见到故国使臣，热泪盈眶：

州桥南北是天街，父老年年等驾回。
忍泪失声问使者，几时真有六军来。⑧

成大使金，压抑而悲怆。每到一地，必写一诗，计72首，题为《北征小集》；每过一天，要写日记，积为一本，题名《揽辔录》。诗与录，写满了山河破碎、汉民南望的凄凉景象。

南宋也派使节访问蒙古。彭大雅，字子文，鄱阳人。宁宗嘉定时进士，官朝请郎。理宗绍定五年（1232），蒙古遣使访宋，联络攻金，宋遣使报谢，彭大雅以书状官随行，与来年出使蒙古的徐霆，协作《黑鞑事略》，记述

---

① 南宋·洪迈《容斋随笔》。

② 松漠，松林之原。唐贞观二十二年（648），太宗在今内蒙赤峰巴林右旗设松漠都督府，洪皓以松漠概指塞北。

③ 更定受书之仪，更改接受金国国书的仪式。《续资治通鉴》宋孝宗淳熙元年（1174年）四月："命工部尚书张子颜等如金报聘，仍请改受书之仪。金主与大臣议，左丞相赫舍哩良弼曰：'宋国免称臣为侄，免奏表为书，为赐亦多矣。今又乞免亲接国书，是无厌也。必不可从。'"

④ 南宋·范成大《宜春苑》。

⑤ 范成大《相国寺》。

⑥ 范成大《清远店》。

⑦ 州桥，汴州桥，唐代汴州节度使李勉建，架于汴梁城中汴河之上。五代称"汴桥"，北宋称"州桥"，也称"天汉桥"。《东京梦华录》："州桥，正名天汉桥，正对于大内御街，其桥与相国寺桥皆低平，不通舟船，唯西河平船可过，其柱皆青石为之，石梁石榫楯栏，近桥两岸皆石壁，雕镌海牙、水兽、飞云之状。桥下密排石柱，盖车驾御路也。"

⑧ 范成大《州桥》。

蒙古状况，介绍蒙古人物，是研究蒙古史的珍贵史料。

第四节　一年节庆

《辽史·礼志·岁时杂仪》记契丹逢年过节的游乐风俗。

正旦，新年第一天：以糯饭和白羊髓为饼，丸之若拳，每帐赐四十九枚。戊夜，各于帐内掷丸于外，数偶，动乐饮宴，数奇，令巫十有二人，鸣铃执箭，绕帐歌呼。

二月一日中和节：国舅族萧氏设宴，请皇夫耶律氏家族。

二月八日，悉达太子（释迦牟尼）生辰：京府及诸州雕木为像，仪仗百戏导从，循城为乐。

三月三日上巳节：刻木为兔，分朋走马，射中者胜。负者下马，列跪进酒，胜者马上饮之。

五月初五，称重五：午时采艾叶，和绵着衣。君臣宴乐，以五彩丝为索缠臂，谓之合欢结。又以彩丝宛转为人形，簪之，谓之长命缕。

六月十八日：耶律氏设宴，请国舅萧氏家族。

七月十三日夜：天子于宫西三十里帐宿。及早，诸军部落从者皆动番乐，饮宴至暮，乃归行宫，谓之迎节。

七月十五日中元节：动汉乐，大宴。

九月重九日：天子率群臣部族射虎，少者为负，罚重九宴。射毕，择高地卓帐，赐番汉臣僚饮菊花酒，又研茱萸酒，洒门户。

九月十五日：天子与群臣望祭木叶山。

冬至日：天子望拜黑山。黑山在境北，俗谓国人魂魄，其神司之，犹中国之岱宗云。每岁是日，五京进纸造人马万余事，祭山而焚之，俗甚严畏，非祭不敢近山。

腊辰日（冬季祭辰日）：天子率北南臣僚，戎服，夜坐，天明作乐饮酒，等第赐甲仗羊马。

金因辽俗，借鉴宋俗。《金史·礼志》记岁时节庆，官员放假三天，官民皆有所乐。

元旦，女真比契丹重视。金帝行圣诞上寿仪，升座、鸣鞭、受尊、朝拜、使节朝贺、曲宴。民间也热热闹闹，金人王寂《踏莎行·元旦》：

> 爆竹庭前，树桃门右，香汤浴罢五更。高烧银烛，瑞烟喷金兽。萱堂次第了，相为寿。改岁宜新，应时纳右，从今诸事，愿胜如旧。人生强健，喜一年入手。休辞最后饮，醅酥酒。

家家立桃符，人人须沐浴、燃香、放爆竹，互相道贺。

正月十五日或十六日为上元，上元之夜称元夕。此节原是汉节，金贞元年间始元夕张灯，宴请群臣，赋诗纵饮，京都男女盛饰游观。正月十六，纵偷为戏。南宋使金使洪皓《松漠纪闻》说这一天妻女、宝货、车马为人所窃，皆不加刑。是日，人皆严备，遇偷至则笑遣之。既无所获，微物亦携去。亦可私约未婚女子，至期窃奔，沿契丹旧俗。

立春斗牛。金人岳行甫《立春日》："银

线青丝翠椀堆，争牛击鼓欲惊雷。"

寒食放假。《金史·章宗纪》明昌元年（1190）谕有司："寒食给假五日。"

四月八日，传为佛祖诞辰。女真原不信佛，金中期特别信佛，朝野大行佛事。

五月初五，金又称端午。比赛插柳驰射。以驰马射柳射断之并以手接之者为上。每射，观者必擂鼓助兴。

九月重九，朝廷祭天北郊，射柳、击球。民间承接宋俗，赏菊、饮酒、登高、插茱萸。

第五节　北方新都

辽代热衷造城。设五都：上京临潢府、中京大定府、东京辽阳府、南京析津府、西京大同府。五京中，上京首都，其他陪都。

辽上京临潢府

在今内蒙巴林左旗林东镇，契丹国初期京城。《辽史·本纪》神册三年（918）二月，太祖阿保机在草原开建皇宫。五月"建孔子庙、佛寺、道观"。太宗耶律德光继之，会同元年（938）六月，太宗"诏建日月四时堂，图写古帝王事于两庑"，上京基本竣工。上京分二城，北名皇城，周长10华里；南名汉城，周长17华里；两城筑就"日"字形。皇城分外城、内城，城墙高三丈。汉城在皇城之南，略呈正方形，墙高二丈。契丹贵族居皇城，汉族居汉城，体现辽国一国两制的政治制度。上京，拥有200年辉煌。辽天祚帝天庆十年（1120）金兵攻占上京。改称北京临潢路，元代废弃。

辽中京大定府

在今内蒙赤峰市宁城县，是辽国在草原兴

建的又一座都城。圣宗统和二十三年（1005）开工，统和二十五年（1007）完工，"号曰中京，府曰大定"①。城建布局模仿北宋汴梁，分外城、内城和皇城。外城东西长4000米，南北宽3500米；内城东西长2000米，南北宽1500米，内外两城构成"回"字形。皇城正方，边长1000米，居于内城中北部。城中有塔，称大明塔，建于辽兴宗重熙四年（1036）②，塔高80米，塔身八角十三层砖砌密檐式。城市规模大于上京，城建面貌也优于上京。是辽国与南宋的主要外交场所，有150年辉煌。辽天祚帝保大二年（1122）金兵攻占中京，改中京为北京大定府。元初改北京总管府，明初设大宁卫。后成废墟，惟塔独立。

辽东京辽阳府

在今辽宁辽阳市。神册三年（918），太祖耶律阿保机灭渤海国③，占辽东城④，翌年改称东平郡。辽天显三年（928）升东平为南京，天显十三年（938）改南京为东京，府曰辽阳。辽阳东、西、南三面抱海。《辽史·地理志》说府城高三丈，立八门，四隅有角楼，幅员三十里。宫城在城东北隅，宫城南部外城为汉城，有南市、北市贸易。晨集南市，夕集北市。城内居民多为渤海人和汉人。街西有金德寺、大悲寺、驸马寺、铁幡竿、赵头陀寺。府城白塔在城西北，观音寺在城东。白塔，原称广佑寺宝塔，因塔身涂有白垩，俗称"白塔"。塔高70米，是八角十三层垂幔式密檐砖塔。塔橼八角外翘，飞橼远伸，橼头风铎，迎风清响。塔顶为砖砌覆钵、仰莲。塔刹竖刹杆，中穿宝珠、火焰环、项轮。刹杆帽为铜铸小塔，直指蓝天。

---

① 《辽史·地理志》。

② 《元一统志》。

③ 渤海国（698—926），唐代东北粟末靺鞨族政权。698年，粟末首领大祚荣建立靺鞨国，号震国王。713年，唐玄宗册封大祚荣为渤海郡王，粟末靺鞨政权遂以渤海为号。762年，唐廷诏令渤海为国。都城初驻旧国（今吉林敦化），742年迁至中京显德府（今吉林和龙），755年迁至上京龙泉府（今黑龙江宁安），785年再迁东京龙原府（今吉林珲春），794年复迁上京龙泉府。926年为辽国所灭，传国十五世，历时229年。

④ 辽东故址，在今辽阳市区辽阳老城东北隅。东晋义熙六年（410年）高句丽占据辽东，改筑襄平城为辽东城。城方形，内外两重城垣。内城官署，外城为商业区。城门三，双层门楼。城外西北有高楼。太子河在东墙外，是高句丽东部首府，后为渤海国属地。

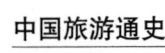

辽南京析津府

在今北京西南。辽太祖天显十一年（936），后唐大将石敬瑭将幽云十六州（今河北、山西北部地区）割让契丹。天显十三年（938）辽太祖定幽州（今北京西南一带）为南京幽都府，开泰元年（1012），改南京幽都府为南京析津府[①]，或称燕京。在辽五京中，南京析津府规模最大。城高三丈，宽一丈五，幅员三十六里，称大城。大城西南区为子城，又称内城、皇城，主要是宫殿区和皇家园林区。宫苑占地较大，瑶池中有岛屿，上有瑶池殿，池旁建有皇亲宅邸。因子城在西南，大城贯通全城的干道有两条，一条东西向，名檀州街，一条南北向。里坊区分布在子城周围，有归厚、显中、棠阴、甘泉、时和、仙露、敬客、铜马、奉先等九坊。坊内多寺观，留存至今，有悯忠寺（今法源寺）、天王寺塔（今天宁寺塔）等。

[①] 取义"以燕分野旅寅为析木之津"。

辽西京大同府

在今山西大同市。辽兴宗重熙十三年（1044），升云州（今山西大同）为西京大同府。这主要出于军事考虑。大同地区，北部地形平坦，利于游牧民族进出；南部诸山高大，有利于防御北宋。选择大同营造陪都，可以兼顾塞外和中原。辽西京大同立足秦汉平城、北魏京城和唐代云州故址，城墙周长20里，建有敌楼、棚橹等守御设施，开设迎春、朝阳、定西、拱极四门。城内多军事衙门，有宫殿，也有寺庙。最著名的寺庙是大同华严寺。辽代佛教盛行华严宗，辽道宗亲撰《华严经随品赞》，特地建寺弘法。华严寺坐西向东，山门、普光明殿、大雄宝殿、薄伽教藏殿、华严宝塔等30余座单体建筑排列南北，布局严谨，规模宏大。寺中奉安辽室诸帝的石像、铜像，具有皇室祖庙性质。

西夏造城，造兴庆府。

西夏兴庆府

在今宁夏银川，地处宁夏平原，西倚贺兰山，东临黄河。这一带，原是北疆民族北羌、荤粥、匈奴游牧区。秦始皇灭六国，北击匈奴，夺取河套，据有宁夏，置北地郡。汉成帝阳朔年间（前24年前后），在北地建北典农城（又称吕城、饮汗城），是为今日银川建城之始。南北朝，大夏国①在吕城改建丽子园，为驻军、屯粮重镇。北周置怀远县，属灵州（今宁夏灵武西南）。唐高宗仪凤二年（677）怀远遭黄河水淹，城废。第二年（678）在故城西更筑新城（今银川兴庆区）。宋初废怀远县，置怀远镇。北宋真宗天禧四年（1020），西夏更名兴州。李元昊升兴州为兴庆府，为大夏国京都。都城长方形，周18余里，护城河阔10丈，南北各两门，东西各一门。道路成方格形，有宫城、园林、作坊区、居民区。民居为土屋或土板屋。西夏崇佛，建有戒坛寺、高台寺、承天寺、佛祖院等。《大夏国葬舍利碣铭》②："下通掘地之泉，上构连云之塔。香花永馥，金石周陈。"天庆十二年（1205），夏桓宗纯佑改兴庆府为中兴府。1227年，蒙古兵临城下，西夏投降，皇族被杀，中兴府毁坏。

金代造城。金有三都，上京，中都，南京。南京（今河南开封）是旧城，上京、中都，是新城。

金上京会宁府

在今黑龙江哈尔滨阿城白城子。金太祖

①公元407年，匈奴人赫连勃勃，在鄂尔多斯南部建立起大夏国，自称大夏天王，建都统万城。故地在今鄂尔多斯乌审旗巴图湾无定河北岸。

②《大夏国葬舍利碣铭》作于西夏天授礼法延祚元年（1038）八月，是西夏佛事碑铭中最早的一篇，由元昊的右仆射兼中书侍郎平章事张陟撰写。

完颜阿骨打，因战争繁忙，未筑宫殿。金天会二年（1124），第二代皇帝金太宗完颜吴乞买选址阿城，修建都城，称上京会宁府。都城城建由汉人卢彦伦主持，体现辽、宋城市风格。布局大致均衡，是黑龙江流域第一座大城市。三十年后，海陵王迁都中都，正隆二年（1157），罢上京称号，市井衰落。金世宗大定十三年（1173）恢复上京。金末，地入蒙古，府废。

金中都燕京

地在幽州，今北京西南，亦称蓟。先秦，幽州为燕国封地。《尚书·舜典》："燕曰幽州。"因靠近燕山，国称燕国，都称燕都。秦灭燕，置蓟县。隋称涿郡，唐称幽州。辽会同元年（938），升幽州为幽都府，作为陪都，后改析津府，建号南京，又称燕京。北宋宣和三年（1122），宋、金联合伐辽，攻占燕京。宋、金议和，燕京归北宋，建燕山府。宋宣和六年（1125），金占燕山府。海陵王天德三年（1151），下诏以燕京为京城，仍由卢彦伦等负责扩建。金贞元元年（1153），正式迁都燕京，称中都，府名大兴。与南京开封府、西京大同府、东京辽阳府、上京会宁府，并称五京。金中都以辽燕京旧城为扩建基础，仿照北宋汴京，皇城居中，宫门四：东宣华门、南宣阳门、西玉华门、北拱辰门。皇城中心是大安殿，为朝会庆典之所。南宋范成大《揽辔录》说中都宫阙："工巧无遗力，所谓穷奢极侈者。"都城城墙，周围36里。东南角，在今永定门四路通；东北角在宣武门内翠花街；西北角在今军博南黄亭子；今西南角在凤凰嘴村。开有城门13处。都市南北通衢，在今右安门大街、牛街、长椿街至闹市一线。世宗时开凿"金口引水渠",引永定河水,补护城河,接通惠河,入北运河。章宗时修永定河卢沟桥。海陵王迁都,大批女真贵族从上京迁往中都。海陵王又下诏,凡四方之民,欲居中都者,免役十年。中都经济迅速繁荣,游乐景观大量涌出。北海、香山、钓鱼台、玉泉山、陶然亭、玉渊潭等,都有离宫别馆。都城内外,布有寺院塔林、天地祭坛。后人所谓燕京八景,太液秋风、琼岛春荫、西山晴雪、卢沟晓月、玉泉垂虹等,都在金代发迹。金中都显赫63年,宣宗贞佑三年(1215)五月,毁于蒙金战火。

第六节　北国名胜

辽医巫闾山

医巫闾,今称闾山,在今辽宁境内。奇峰怪石,苍松翠柏,南望渤海,水天苍茫。周时为名山五镇之一。《周礼·职方》:"东北曰幽州,其山镇曰医巫闾。"隋文帝杨坚开皇十四年,诏修医巫闾北镇庙,隋炀帝杨广东征高句丽,上山谒庙。李渊、李世民父子也先后登山拜祭。辽太祖长子、东丹王耶律倍在医巫闾主峰望海山修建望海堂,收藏中原书籍,人称万卷藏书楼。辽廷又在望海山东谷,为身死异国的耶律倍筑显陵,为辽景宗耶律贤筑干陵。一批皇亲国戚,平王耶律隆先、秦晋国王耶律隆庆、晋王耶律隆运、魏国王耶律宗政、郑王耶律宗允、秦晋国妃萧氏、广陵郡王耶律宗教等,死后均葬医巫闾。医巫闾算得上契丹祖陵之一。金代,医巫闾仍是游观之地。建悬岩寺、胜鉴亭。

辽应县木塔

是今山西朔州应县佛宫寺内的释迦塔。建于辽清宁二年（1056），金明昌六年（1195）增修。是中国现存最高最古的一座木结构佛塔。塔在前，寺在后。塔基4米，塔身67.31米，底层直径30米，八角平面，五层六檐。木柱圈撑，每层外柱24根，内柱8根，塔内佛像面目端庄，神态怡然，塔顶八角攒尖，上立铁刹，檐下风铃。凭栏远眺，恒岳如屏，桑干似带[1]。

辽锦州大广济寺砖塔

在今锦州古塔区旧城北街。寺内碑文[2]记金代中靖大夫高琏《塔记》，谓砖塔建于辽道宗清宁三年（1507）。砖塔实心，八角十三级密檐式。塔高71.25米。塔身八面，体量宏伟，是锦州古城标志性建筑。

辽壁画墓群

在今宣化下八里村，墓室的四壁及顶部有壁画98幅。张世卿墓墓顶天文图，将中国传统二十八宿记星法与西方古巴比伦黄道十二宫融合一起，是我国至今发现的最早一幅中西合璧天文图。前室东壁有茶道图，西壁有散乐图，对弈图等。后室壁画表现妇人挑灯、仙鹤花卉等。色彩绚丽，富丽华美。时间较晚的三号张氏墓壁画、四号韩师训墓壁图，与张世卿墓壁画明显不同，显受宋代文人画的影响。

辽义县奉国寺

在今辽宁锦州义县。清光绪八年，发现梁上所附"八门尺"，上书"辽开泰九年（1020）正月十四起工"。内殿塑有七尊泥塑大佛，左起依次为迦叶佛、拘留孙佛、尸弃佛、毗婆尸佛、毗舍浮佛、拘那舍牟尼佛、释

---

[1] 桑干河是永定河上游，流于河北西北和山西北部朔州地区。

[2] 明嘉靖时，宣大巡抚文贵撰。

迦牟尼佛，身披袈裟，端坐莲花，姿态各异，表情各异。也称七佛寺或大佛寺。与天津蓟县（辽南京）独乐寺、山西大同（辽西京）华严寺，同为我国现存三大辽代佛寺建筑。

辽台香山石窟

台香山，清称阿圭山，现称福峰山，在今内蒙赤峰市宁城县甸子镇。山势巍峨，险峰峻奇，绿树掩映，清幽湿润。登临送目。可见辽中京（今宁城县天义镇）大明塔。在东侧石山，辽人开凿五大石窟"佛爷洞"、"响洞"、"娘娘洞"、"十八罗汉洞"。洞内门窗佛龛、烟道、灯窝、炕道，雕凿整齐，巧夺天工。应是契丹民众朝山进香的石窟寺庙。

西夏贺兰山

位于宁夏回族自治区与内蒙古自治区交界处，南北走向，北起巴彦敖包，南至青铜峡，东瞰银川平原、黄河河套和鄂尔多斯高原，西侧连接内蒙重镇巴彦浩特，阿拉善高原。西部和北部有著名的腾格里大沙漠和乌兰布和大沙漠。气势宏伟，怪石嶙峋，山涧林涛，风光奇丽，主峰海拔3556米。贺兰山是游牧民族的胜地。上古贺兰山岩画[①]展示了羌戎、月氏、匈奴、鲜卑、铁勒、突厥、党项等游牧民族的游猎生活。山名贺兰，出于鲜卑族贺赖族（支破多罗族）。贺兰是贺赖的音转。《晋书·四夷列传》说匈奴北狄："其入居者有屠各种……贺赖种。"宋人胡三省《资治通鉴》注疏："兰、赖语转耳。"一说贺兰，语义斑马。唐人李吉甫《元和郡县志》："山多树林，青白望如驳马，北人呼驳为贺兰。"西夏时，贺兰山是西夏军事重地，五万精兵长期驻守，对抗北方蒙古和东北契丹。东麓建有皇家陵园，计

[①] 贺兰山东麓发现数以万计的古代岩画，记录远古至西夏游牧民族的生活场景，以及羊、牛、马、驼、虎、豹等多种动物图案和抽象符号，是研究中国人类文化史、宗教史、原始艺术史的珍贵遗存。

九座帝陵，253座陪葬墓，体型最大的是李元昊泰陵，今人誉为"东方金字塔"。在东麓滚钟口建有李元昊离宫。在拜寺口建有双塔。在贺兰口（地在贺兰山中段贺兰县金山乡）贺兰山岩画中，也有西夏党项族的创作。

西夏兴庆府承天寺塔

西夏垂圣元年（1050），李元昊死，其子李谅祚年幼登位，皇太后没藏氏为"圣寿以无疆，俾宗祧而延永"，"役兵数万"①，历时五六年，建造承天寺和承天寺塔。承天寺塔是一座密檐式八角形十一层砖塔，造型挺拔，古朴简洁。塔内木梯盘旋，顶层四面开窗。塔基埋有西域僧人所献佛骨，寺内供有宋朝所赐《大藏经》。塔寺落成，延请高僧讲经，皇太后与皇帝即席聆听。寺内香火旺盛，是西夏佛教圣地。元明时，承天寺塔遭兵火、地震危害，明初一塔独存。朱元璋第十六子明庆靖王朱㮵，重修寺院，承天寺以"梵刹钟声"名噪塞上，成为明代宁夏胜景。清乾隆三年（1739）十一月二十四日大地震，塔、寺震毁。现存承天寺塔，通高64.5米，高度超过西安大雁塔半米。为清嘉庆二十五年（1820年）重修。

① 《夏国皇太后新建承天寺瘗佛顶骨舍利碑》。

西夏青铜峡一百零八塔

在贺兰山东南端，黄河穿流青铜峡（今属宁夏青铜峡市）。在今青铜峡大坝西面陡峭山坡上，一百零八座喇嘛式实心塔，依山而筑，自上而下，按一至十九的奇数排列成十二行，构成三角形平面。塔基藏有西夏文题记的千佛图帛画，是始建于西夏的罕见塔群。

西夏参与建设百眼窑石窟寺（在今内蒙古自治区鄂托克旗）、榆林石窟（在今甘肃瓜州），修整敦煌莫高窟。大庆二年（1036），西夏人统辖敦煌地区。从景宗到仁宗，多次整修莫高窟，为莫高窟增添了党项族的民族特色。

金长白山

指长白山脉的主山长白山，海拔2749米，位于今吉林和朝鲜边境。《山海经·大荒北经》称不咸山，《后汉书》称单单大岭，《魏志》称盖马大山，《北史·勿吉列传》称从太山，《新唐书·黑水靺鞨列传》称太白山，辽代始称长白山。《契丹国志》："长白山在冷山东南千余里……禽兽皆白。"金代祭祀长白山，《金史·礼志》：

> 大定十二年，有司言："长白山在兴王之地，礼合尊崇，议封爵，建庙宇。"十二月，礼部、太常、学士院奏奉敕旨封兴国灵应王，即其山北地建庙宇。十五年三月，奏定封册仪物，冠九旒，服九章，玉圭、玉册、函、香、币、册、祝。遣使副各一员，诣会宁府。行礼官散斋二日，致斋一日。所司于庙中陈设如仪。庙门外设玉册、衮冕幄次，牙仗旗鼓从物等视一品仪。礼用三献，如祭岳镇。

1999年，长白山天池北出土金代刻碑，上刻女真文字"长白山神"。2008年5月在长白山西坡发现"大荒顶子"祭坛遗址，是女真祭祀长白山的遗址。长白山是东北第一高峰，山上天池，天下奇观。海拔高度2192米，比新疆天山天池高200余米。今日天池南北长4.85公里，东西宽3.35公里，池水总面积达9.82平方公里，最

大水深达373米，平均水深200米以上，总蓄水量约达20亿立方米。是中国最高、最深的火山湖。

金大房山皇家陵园

大房山，古名大防山，今称九龙山，为太行山余脉，在今北京房山区。金海陵王贞元三年（1155），择地大房山，建造皇陵。金世宗大定二十一年（1181），封大房山神为保陵公。《金史·礼志》：

> 大定二十一年，敕封山陵地大房山神为保陵公，冕八旒、服七章、圭、册、香、币，使副持节行礼，并如册长白山之仪。其册文云："皇帝若曰：古之建邦设都，必有名山大川以为形胜。我国既定鼎于燕，西顾郊圻，巍然大房，秀拔浑厚，云雨之所出，万民之所瞻，祖宗陵寝于是焉依。仰惟岳镇古有秩序，皆载祀典，矧兹大房，礼可阙欤？其爵号服章俾列于侯伯之上，庶足以称。今遣某官某，备物册命神为保陵公。申敕有司，岁时奉祀。其封域之内，禁无得樵采弋猎。着为令。"

金皇陵至章宗末年（1208）停工。建有地下宫殿和地上建筑，分帝陵、妃陵及诸王兆域三部分。陵园无围墙，每隔一段建土堡，范围达六七十公里。地域辽阔，有山有水。共葬金始祖至章宗17位皇帝、后妃及诸王，是北京地区第一个皇陵，比明十三陵早约200年。金亡，荒废。1986年，北京市文物部门踏勘金陵，找到睿宗景陵。

第十一章 辽夏金旅游

金混同江

即今松花江。黑龙江中国境内的最大支流。东晋南北朝，上游称速末水，下游称难水。隋、唐，上游称粟末水，下游称那河。辽代，称混同江、鸭子河。金代，上游称宋瓦江，下游称混同江。元代，称宋瓦江，自明代称松花江。混同江有南北两源，南源头道江，北源二道江，均发源长白山。两源会于吉林靖宇县两江口。金世宗大定二十五年（1185），因"太祖征辽，策马径渡，江神助顺，灵应昭著，宜修祠宇，加赐封爵。"乃封混同江神为兴国应圣公，致祭如长白山仪，册礼如保陵公（金皇家园陵所在大房山神，在今北京房山）。申命有司，岁时奉祀。

金庆云女真摩崖石刻

在今吉林梅河口市小杨乡庆云村北半截山，山南巨石，刻有铭文，右上角刻楷体汉字"大金太祖大破辽军于节山息马立石"，左侧刻女真字"番安儿必罕的谋克堇之文"[①]中部仍刻女真字，大意是"阿素鲁于收国二年五月五日率领部落归顺金国，建番安儿必罕谋克"[②]。是流传至今十分罕见的女真摩崖石刻。

金应县净土寺

在今山西朔州应县。金天会二年（1124）建造，金大定二十四年（1184）重修。现存大雄宝殿是金代原物。大殿天花、藻井及天宫楼阁的混金做法，反映金代高超的装饰工艺。

辽、夏、金，发扬北方民族旅游特色，拓展北方旅游资源。

---

① 番安儿必罕，梅河口一带地名。谋克，军队百夫长。堇，字堇，长官。

② 阿素鲁，辽地方部落首领。

第十二章

元代旅游

公元1206年（西夏襄宗应天元年、金章宗泰和六年、南宋宁宗开禧二年），蒙古大草原冲出"黑马"。蒙古孛儿只斤部落首领铁木真（1162—1227）结束蒙古分裂，即蒙古大汗位，号成吉思汗，国号大蒙古国。成吉思汗与儿子窝阔台大汗①、孙子蒙哥大汗②，西卷东欧，东扫东亚，架构了一个以和林（今蒙古哈尔和林）为轴心的横跨欧亚的蒙古大帝国。势力范围北抵北冰洋、南至黄河、东到太平洋、西达黑海沿岸的广大地域。1260年（元世祖中统元年）蒙哥之弟忽必烈（1215—1294）即位大汗。1271年（元世祖至元八年），迁都大都（今北京），国号元③，尊成吉思汗为元太祖。随后，元世祖操戈南下，于至元十六年（1279）消灭南宋，统治中国约九十年④。

元代国土，北至西伯利亚，南至南海，西至今西藏、新疆，东至太平洋。全国分两区十

---

① 窝阔台大汗（1186—1241），成吉思汗第三子。

② 蒙哥大汗（1209—1259），成吉思汗第四子拖雷（1193—1232）的长子。

③ 这时的蒙古大帝国表面统一，实际分裂，且一分为五，元帝国，忽必烈（拖雷第四子）建；钦察汗国，成吉思汗长子术赤（约1178—1225）及其子拔都（1200—1255）建，疆域东至今新疆吐鲁番、罗布泊，西及中亚阿姆河，北到今中国与哈萨克斯坦边境塔尔巴哈台山，南越今阿富汗兴都库什山；察合台汗国，成吉思汗次子察合台（1183—1241）建，地占天山南北；窝阔台汗国，窝阔台建，地在额尔齐斯河上游和巴尔喀什湖以东；伊尔汗国，拖雷第五子旭烈兀（1217—1265）建，地在今伊朗地区。五国维持名义上的以元为宗主的主从关系。

④ 1368年，朱元璋攻占大都，元廷丧失中国，退居漠北（漠北，今蒙古高原大沙漠以北，南以戈壁为界，东到克鲁伦河，西到杭爱山，阿尔泰山），称北元。1402年元臣鬼力赤篡位，建国鞑靼，北元亡。

第十二章 元代旅游

省，两区：中书省直接管辖的腹里地区（今河北、山东、山西及内蒙古部分地区）、宣政院管辖的吐蕃地区（今西藏自治区，及青海、四川部分地区）；十省：岭北①、辽阳、甘肃、陕西、河南江北、湖广、四川、云南、江浙、江西行省（行中书省）。藩属国，东有高丽（今朝鲜半岛）、南有缅甸、安南（今越南北部）、占城（今越南南部）②、爪哇（今印度尼西亚），西有伊儿汗国，西北有钦察汗国、察合台汗国。并在高丽王朝建有征东行省，在缅甸蒲甘王朝建有缅中行省。

元代，农业技术、垦田面积、粮食产量、水利兴修、棉花种植，均有发展；官营手工业发达，海运漕运通畅，纸币交钞发行；商业贸易，尤其是对外贸易，盛于两宋。

元代，思想宽松，虽有诸多法令歧视汉人，但尊重汉族文化，尊重儒学，册封孔子为"大成至圣文宣王"；推崇理学，定理学为官学；恢复科举，规定南宋朱熹的《五经》注释是科举教材，启用汉人在朝廷任职。重视西方文化，重用西方人材，波斯马拉加天文学家扎马鲁丁，意大利人马可·波罗，先后任职中国。国内外各种宗教，东方的佛教、道教、白莲教，西方的伊斯兰教、基督教、犹太教，尽可传播。自然科学进步，密置天文台，测定黄道，观察恒星。

元代，旅游活动大开放。国内蒙古族、契丹族、女真族、维吾尔族与汉族等各种民族的游客，人来人往；国外阿拉伯游客，俄罗斯游客，非洲游客，欧洲游客，或手持《古兰经》，或胸挂十字架，或身披百衲衣，形形色色；在中国旅游史上掀起了一次中外民族大合唱。

---

①岭北是元朝北方行省。治和宁（见和林），北至今西伯利亚北部，西接钦察汗国和察合台汗国，东至今大兴安岭，南接甘肃行省。

②占城（Champa Kingdom）印度支那古国。即占婆补罗（补罗，梵语意为城），简译占婆、占波。位于今越南河静省的横山关至平顺省潘郎、潘里地区。王都因陀罗补罗（今茶荞）。汉时称象林邑，唐时称环王国，五代称占城。

第一节　蒙古游士

马祖常（1279—1338），字伯庸，蒙古族雍古部人①，出生开封，亦称浚仪（开封）可温（也里可温）氏。祖先原居河湟②，后"居净州天山"③。高祖锡里吉思任金代凤翔兵马判官，死后封恒州刺史，子孙以官为姓，改姓马。曾祖马月合乃，追随元世祖忽必烈，留居开封，累官礼部尚书。父马润，同知漳州总管府事，移居光州（今河南潢川县），任光州监军。马家先祖是基督教景教信徒，后改信伊斯兰教。马祖常是儒教中人。元仁宗时，以会试第一，廷试第二，应奉翰林文字，任监察御史。英宗、顺帝时，官礼部尚书、江南行台中丞、御史中丞、枢密副使等。

马祖常热爱西北祖地，"昔我七世上，养马洮河西，六世徙天山，日日闻鼓鼙"④。游河湟，观赏武夫射狼：

　　阴山铁骑角弓长，闲日原头射白狼。
　　青海无波春雁下，草生碛里见牛羊。⑤

游河西（今宁夏地区），乐看少妇骑马：

　　乍入西河地，归心见梦余。
　　葡萄怜酒美，苜蓿趁田居。
　　少妇能骑马，高年未识书。
　　清明重农谷，稍稍把犁锄。⑥

河西的游牧习俗，粗犷民风，正是他梦魂牵绕的族根乡情。

马祖常喜爱北方草原。在驿站李陵台（今内蒙锡林郭勒盟正蓝旗黑城子），目睹草原小

① 《元史·马祖常列传》。雍古部，即汪古部（突厥语wak，意为守边塞的人），属突厥语系部落。或云，属蒙古语系部落。

② 河湟，今青海和甘肃境内的黄河、湟水流域。湟水是黄河上游支流，源出青海东部，流经西宁，至甘肃兰州市西汇入黄河。唐时，河湟地区是边境地带。《唐书·吐蕃传》："世举谓西戎地曰河湟。"歌唱河湟风貌。

③ 净州，金置，治所在天山，今内蒙四子王旗城卜子村。

④ 洮河，源于青海蒙古族自治县西倾山，流于甘肃，全长673公里。

⑤ 金·马祖常《河湟书事》二首之一。

⑥ 马祖常《灵州》。灵州故城在今宁夏吴忠。

城的繁华。《车簇簇行》：

> 李陵台西车簇簇，行人夜向宿。
> 美酒斗十千，下马饮者不计钱。
> 青旗遥遥出华表，满堂醉客俱年少。
> 侑杯少女歌竹枝，衣上翠金光陆离。
> 细肋沙羊成体荐，共诩高门食三县。
> 白发从官珥笔行，毳袍冲雨桓州城。①

在上都城楼，眺望天地辽阔：

> 万里云沙碣石西，高楼一望夕阳低。
> 谷量牛马烟霞错，天险山河海岱齐。②

在上都城内，观赏芍药花开：

> 红芍花开端午时，江南游客苦相疑。
> 上京不是春光晚，自是天家日景迟。③

在上都乡下，他浏览民俗物产，《上京翰苑书怀》：

> 沙草山低叫白翎，松林春雨树青青。
> 土房通火为长炕，毡屋疏凉启小棂。
> 六月椒香驼贡乳，九秋雷隐菌收钉。
> 谁知重见鳌峰客，飒飒临风鬓已星。
>
> 门外春桥漾绿波，因寻红药过南坡。
> 已知积水皆为海，不信疏星又隔河。
> 酒市杯陈金错落，人家冠簇翠盘陀。
> 薰风到面无蒸暑，去鸟长云奈客何？

蒙古草原，沙草山低，积水为海，疏星隔河，夜空寥廓；蒙古人家，土房烧炕，毡屋开窗，六月椒香，九月收菌，金杯翠冠，丰衣足食。

马祖常也喜爱南方山水。他为官江南，常

---

① 桓州，治所在今内蒙古正蓝旗西北。

② 金·马祖常《上京翰苑书怀》之一。

③ 马祖常《五月芍药》。

游苏州，满怀闲情逸致，听唱婉约歌曲：

> 侬家姑苏阊门外，能唱春风白纻词。
> 为君艳歌三五曲，只愁别后苦相思。①

①金·马祖常《绝句》。

观赏南溪荷花、北堤杨柳，浏览渔船酒船画船、禅客诗客与波斯来客：

> 南溪荷花涨云锦，北堤杨柳绊晴烟。
> 留连禅客与诗客，漂泊渔船共酒船。②

②马祖常《绝句》。

> 翡翠明珠载画船，黄金腰带耳环穿。
> 自言家住波斯国，只种珊瑚不种田。③

③马祖常《绝句》。

马祖常是元代蒙古族大官僚、大诗人、大游客。

迺贤（1309—1368），字易之，汉姓马，又名马易之，号河朔外史，蒙古族哈鲁（葛逻禄，或作哈喇鲁、合鲁）部人。④世居金山（今新疆阿尔泰山），信奉伊斯兰教，是成吉思汗姻亲家族。迺贤祖上参加灭金灭宋的战争，统一后，举家迁至南阳（今河南南阳），其兄任职浙江，举家又迁居四明鄞(yín)县（今浙江宁波）。迺贤习儒修文，交朋结友，旅游南北。

④哈鲁，蒙古语意"黑色"，哈鲁人所建国家，汉语称"黑汗国"。

迺贤旅游，壮在远游。元惠宗至正三年（1343）北游燕山；至正四年（1344），西游苍山（今云南大理）；至正五年（1345）四月，南游江西⑤。至正五年十月，又开始了历时最久、行程最长的中原、河朔、塞北之游。

⑤至正五年，迺贤《巢湖述怀寄四明张子益》："前年去作燕山游"，"去年我亦登苍山"，"今年四月江西归"。

十月，秋高气爽，迺贤离开四明，行船运河，取道齐鲁，转向河南，探访南阳。南阳是哈罗族迺贤家族的第二故乡，南阳鄞县是迺贤少年成长之地，"北倚崐阳，南临汝水，东接

第十二章　元代旅游

颍许，西附伊洛"①。迺贤移居浙江，阔别十年，心向往之：

> 我家南阳天万里，十年不归似江水。
> 秋来忽作故乡思，裹剑囊衣渡扬子。②

回到家乡，迺贤拜故旧，会亲友：

> 入郭会亲友，园亭喜暂开。
> 断冰帘外落，残雪树边来。
> 秉烛听瑶瑟，停歌引玉杯。
> 平生乡井意，尽醉共徘徊。③

登崆峒山访道④，上紫云山观雪⑤，睹三峰山缅怀蒙元业绩⑥，游遍郏县周围山水。告别南阳，迺贤，访问河朔，经由山西，游居大都，穿行塞外，抵达上都。行走蒙元老区。祖籍金山的迺贤目睹雪山大漠，草原牛羊，似曾相识，心旷神怡。《塞上曲》五首：

> 秋高沙碛地椒稀，貂帽狐裘晚出围。
> 射得白狼悬马上，吹笳夜半月中归。
>
> 杂沓毡车百辆多，五更冲雪渡滦河。
> 当辕老妪行程惯，倚岸敲冰饮橐驼。
>
> 双鬟小女玉娟娟，自卷毡帘出帐前。
> 忽见一枝长十八，折来簪在帽檐边。
>
> 马乳新洞玉满瓶，沙羊黄鼠割来腥。
> 踏歌尽醉营盘晚，鞭鼓声中按海青。
>
> 乌桓城下雨初晴，紫菊金莲漫地生。
> 最爱多情白翎雀，一双飞近马边鸣。

牧民夜猎，踏月吹笳；老妪驾车，冲雪渡河；小女出帐，折花插鬟；烹羊踏歌，尽醉至晚；

---

① 正德《汝州志·形胜》。

② 元·迺贤《巢湖述怀寄四明张子益》。

③ 元·迺贤《汝州园亭宴集奉答太守胡敬先进士摩哩齐德明》。

④ 崆峒山，一在甘肃平凉；《史记·五帝本纪》："黄帝披山通道，西至崆峒。"一在河南禹州；清雍正《河南通志·山川》："在州西北五十里，山前有观，名逍遥。旧志云：黄帝问道于广成子处。"

⑤ 紫云山，在河南郏县东南，《直隶汝州全志》："形如围屏，壁立千仞，松竹蓊郁，有水环抱其前如玉带。"迺贤别号紫云山人。

⑥ 三峰山，在今河南禹州，距郏县二十公里。《元史·睿宗传》元太宗窝阔台壬辰年（1232），蒙金会战此山，太宗弟拖雷（元睿宗）率军"大破之，追奔数十里，流血被道，资仗委积，金之精锐尽于此矣。"迺贤《三峰山歌序》："败其军三十万，而金亡矣。"

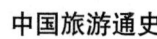

雨后初晴，花漫鸟鸣。在上都，蒙元最早的首都，迺贤交朋结友，四处游观。《次上都崇真宫呈同游诸君子》：

> 琳宫多良彦，休驾得栖泊。
> 清尊置美酒，展席共欢酌。
> 弹琴发幽怀，击筑咏新作。

称赞上都人才济济，人文荟萃。至正十一年（1351），迺贤南归。

这次远游，时跨六年。旅途中，迺贤考订见闻，作《河朔访古记》。元人刘仁本《河朔访古记序》：

> 吊古山川、城郭、丘陵、宫室、王霸人物、衣冠文献、陈迹故事、暨近代金宋战争疆场更变者。或得于图经地志，或闻诸故老旧家，流风遗俗，一皆考订，夜还旅邸，笔之于书。又以其感触兴怀、慷慨激烈成诗歌者继之，总而名曰《河朔访古记》，凡一十六卷。

《河朔访古记》散佚已久，《四库全书总目提要》："残缺之馀，十存一二。而崖略宛在，条理可寻，讲舆地之学者，犹可多所取资焉。"

回到吴越，迺贤人过中年，时常泛舟鉴湖，诗酒自娱，一度主持东湖书院。至正二十二年（1362），元廷诏授迺贤翰林国史院编修。迺贤再次北上大都。两年后，奉命祭祀南岳，北还，处处烽烟，一路狼狈，中风病故。

第二节 契丹游士

成吉思汗的麾下有一位学儒习禅、好佛恶道的大游客，契丹文人耶律楚材。

耶律楚材（1190—1244），字晋卿，号湛然居士，原辽国东丹王突欲八世孙。家族世居燕京，"生三岁而孤，母杨氏教之学。及长，博极群书，旁通天文、地理、律历、术数及释、老、医卜之说"①，专研禅学，排斥道教。金宣宗时，任左右司员外郎。太祖十年（1215），蒙古攻占燕京，耶律楚材正居家赋闲。太祖十三年（1218），成吉思汗征召至漠北行宫（今蒙古肯特省克鲁伦河畔）。第二年，成吉思汗统率二十万蒙古大军，西征中亚大国花剌子模（今乌兹别克斯坦、土库曼斯坦），耶律楚材随军来回，长达6年。作战之余，耶律楚材考察异邦风土，留意域外民俗，总其所见，撰为一集，称《西游录》。

《西游录》五千余字，分上下篇。上篇专记旅途见闻，下篇主要攻击全真道长丘处机。从上篇看，耶律楚材于太祖十四年（1219）夏季跟随成吉思汗离开漠北大本营，取道金山，见"山峰飞雪，积冰千尺许"，而"金山之泉无虑千百，松桧参天，花草弥谷"。过金山，至别石把城（今新疆吉木萨尔县北），看到武则天长安二年（702）建置瀚海军所立石碑。从别石把西行，至不剌城（今新疆博罗县），登览阴山（今新疆天山），"山之顶有园池，周围七八十里许。既过园池，南下皆林檎木，树阴蓊翳，不露日色"。再向西，至阿里马城（今新疆霍城附近），"多蒲桃、梨、果，

① 《元史·耶律楚材传》。

播种五谷，一如中原"。再向西，历经虎司窝鲁朵城（今吉尔吉斯斯坦楚河州托克马克境内布拉纳城），塔剌思城（今哈萨克斯坦南部江布尔），苦盏城（今塔吉克斯坦苦盏），"苦盏多石榴，其大如拱，甘而差酸，凡三五枚，绞汁得盂许，渴中之尤物也"；八普城（今乌兹别克斯坦东部城市，纳曼干州首府），"八普城西瓜大者五十斤，长耳仅负二枚，其味甘凉可爱"；可伞城（今乌兹别克斯坦纳曼干西北），芭榄城（今塔吉克斯坦北部城市，列宁纳巴德州首府），"芭榄城边皆芭榄园，故以名焉。芭榄花如杏而微淡，叶如桃而差小。每冬季而华，夏盛而实，状类匾桃，肉不堪食，唯取其核"；讹打剌城（今土耳其锡尔河、阿里斯河合流处），寻思干城（今乌兹别克斯坦撒马尔罕），"寻思干甚富庶"，"环郭数十里皆园林也。家必有园，园必成趣，率飞渠走泉，方池园沼，柏柳相接，桃李连延，亦一时之胜概也"，"土人以白衣为吉色，以青衣为丧服，故皆衣白"。在寻思干，耶律楚材借用当地天文台观测天象，和当地热衷天文人士交换研究心得。寻思干天文家说1220年5月某日月亏，耶律楚材说不然，结果是夜无月蚀；耶律楚材预言1221年10月某日有月蚀，寻思干天文家不信，结果是夜有月蚀；显示了耶律楚材的天文学才干。出寻思干，耶律楚材至蒲华城（今乌兹别克斯坦布哈拉），"土产更饶，城邑稍多"；五里犍城（今土库曼斯坦达绍古兹州库尼亚乌尔根奇），"富庶又盛于蒲华"；斑城（今阿富汗巴尔赫）"颇富盛"；"又西有抟城（又称团城、团八剌，在阿姆河上游今阿富汗巴尔赫之西）者亦壮丽，城中多漆器，皆长安题识"。由此，耶律楚材直达黑色印度城（今印度北部边境）：

> 其国人亦有文字，与佛国字体声音不同。国中佛像甚多。国人不屠牛羊，但饮其乳。风俗夫先亡者，其室家同荼毗之。询诘佛国，反指东南隅。校之以理，此国非正北印度，乃印度北鄙之边民也。土人不识雪。岁二获麦。盛夏置锡器于沙中，寻即熔铄，马粪坠地为之沸溢，月光射人如中原之夏日，遇夜人辄避暑于月之阴。此国之南有大河，阔如黄河，冷于冰雪，湍流猛峻。从此微西而来，注于正南稍东而去，以意测之，必注入南海也。又土多甘蔗，广如禾黍，土人绞取其液，酿以为酒，熬之成糖。

再向西北行，抵达可弗叉国（今中亚阿姆河西北地区），"数千里皆平原，无复丘垤"，"不立城邑，民多羊马。以蜜为酿，味与中原不殊。此国昼长夜促，羊胛适熟，日已复出矣"。尔后，因西夏背盟，成吉思汗回师反击，耶律楚材瞻其马首，驰骋陇右，至于沙州（今甘肃敦煌）、瓜州（今甘肃安西）、肃州（今甘肃酒泉）、甘州（今甘肃张掖）、灵州（今宁夏灵武）。六年行程计约6万余里。《西游录》自谓："天涯海角，人所不到，亦一段奇事。"

第三节　回回游士

萨都剌，一说是阿拉伯语（Sa'dal-Allāh）的音译，意为"真主之福"，字"天锡"，号直斋，回回人①。生于代州雁门（今山西代县西北）。一说生于镇江（今江苏镇江）。因常居汉地，深受儒化，善楷书，善诗词。元泰定帝时进士，历官镇江路录事司达鲁花赤②、江南行御史台掾史③、燕南（治所真定，今河北正定）肃政廉访司照磨④、闽海福建道肃政廉访司（治福州）知事等。晚年，隐居武林（杭州）。

萨都剌生性好游。足迹东至吴越，西抵荆楚，北达幽燕，南至闽海。在黄河岸边，他哀伤贫苦，《鬻女谣》："道逢鬻女弃如土"，"今日饥饿啼长途"，"悲啼泪尽黄河干，县官县官尔何颜"。在吴越水乡，他快意风情，《过嘉兴》：

> 芦芽短短穿碧沙，船头鲤鱼吹浪花。
> 吴姬荡桨入城去，细雨小寒生绿纱。

在闽南腊月，他喜看花开，《闽城发暮》：

> 岭南春早不见雪，腊月街头听卖花。
> 海国人家除夕近，满城微雨湿山茶。

在江淮古城，他追昔抚今；游金陵，作《百字令·登石头城》：

> 石头城上，望天低吴楚，眼空无物。指点六朝形胜地，唯有青山如壁。蔽日旌旗，连云樯橹，白骨纷如雪。一江南北，消磨多少豪杰。

①回回，回族。

②达鲁花赤，蒙语（daruqai，意为镇守者）的音译，相当于突厥语的巴思哈（basqaq）。是蒙古为地方、军队、衙门设置的监治长官。蒙古征服地方，委付当地人治理，派出达鲁花赤监管，掌握最后裁定权。

③掾（yuàn）史，部门属吏。

④照磨，"照刷磨勘"的简称，元代在中央、各部及地方官府设置的官职，掌管磨勘（考核）和审计工作。明清沿用。

> 寂寞避暑离宫,东风辇路,芳草年年发。落日无人松径里,鬼火高低明灭。歌舞樽前,繁华梦里,暗换青青发。伤心千古,秦淮一片明月。

游徐州,作《木兰花慢·彭城怀古》:

> 古徐州形胜,消磨尽、几英雄。想铁甲重瞳,乌骓汗血,玉帐连空。楚歌八千兵散,料梦魂、应不到江东。空有黄河如带,乱山回合云龙。
>
> 汉家陵阙起秋风,禾黍满关中。更戏马台荒,画眉人远,燕子楼空。人生百年如寄,且开怀、一饮尽千钟。回首荒城斜日,倚栏目送飞鸿。

两城登览,一种感叹,感叹世事反复,功业代谢,人生苦短。是元代著名的回回游客。

第四节 维族游士

亦黑迷失(El yighmish,？—1314),维吾尔族。忽必烈至元二年(1265)入朝任宿卫官,官终荣禄大夫、平章政事为集贤院使。是元初的著名航海家、外交家和海军指挥官。

至元九年(1272),奉命出使南洋,航行两年,到访南洋多国,携带菲律宾群岛八罗勃国使臣来京朝拜。元世祖嘉奖亦黑迷失,赐金虎符。

至元十二年(1275),他再次渡海出使八罗勃国,八罗勃派出国师,跟随亦黑迷失回访中国。其后,亦黑迷失晋升兵部侍郎。不久,改任荆湖占城等处行中书参知政事,主管占城

（今越南南部）事务。

至元二十一年（1284），他奉命出使僧加剌国（今斯里兰卡），观佛钵、舍利。船队途经印度支那半岛、马来半岛进入印度洋，顺利完成外交任务。回国后出任参政知事领镇南王府事。

至元二十四年（1287），亦黑迷失奉命出使马八儿国（印度半岛南部国家），迎取佛钵和佛骨。途中，遭遇大风浪。亦黑迷失依靠卓越的航海才能，指挥船队化险为夷。不仅完成忽必烈授予的宗教使命，并且搜求当地药材运载回国，航程1万4千里。世祖赐玉带，授资德大夫、江淮行尚书省左丞、行泉府太卿。

亦黑迷失四下南洋，和平出使，密切了元朝与南洋诸国的关系，扩大了元朝在海外的影响。

亦黑迷失也是元军在南洋作战的海军指挥。至元二十一年，与忽必烈之子指挥海军，征讨占城。至元二十九年（1292），亦黑迷失又率海军至占城，派郝成、刘渊等招安南巫里（今苏门答腊西）、速木都剌（苏门答腊）诸国。至元三十年（1293）忽必烈派2万海军和一千艘战船远征爪哇国（今印度尼西亚爪哇岛），亦黑迷失为水军统领。远征军自泉州启锚，经占城，入南海，同年10月，在爪哇登陆。亦黑迷失率兵进攻葛郎国（今印度尼西亚爪哇岛东爪哇省），葛郎国王降服；招谕木来由诸国（泛指东南亚马来人国家），各国均遣子弟来朝。但爪哇抵抗势力强大，元军处境日渐困难，被迫撤离。回国后，主帅史弼、步兵将领高兴因为擅自撤军，受杖责、没收家资三分之一。亦黑迷失因为主张先请示再撤军，免

第十二章 元代旅游

责,也没收家资三分之一,几年后发还。亦黑迷失作战南洋与出使南洋,并非矛盾,都是执行元朝政府的南洋战略:先礼后兵,文攻武备。

贯云石(1286—1324),高昌回鹘畏兀尔族①。原名小云石海涯,字浮岑,号成斋、酸斋②。出生元大都西北郊高梁河畔维吾尔族人聚居的畏吾村(今北京魏公村)。祖父阿里海涯为元朝开国大将。父名贯只哥,云石遂以贯为姓。母亲廉氏是维族汉学名儒廉希闵的女儿。母亲的叔父廉希宪官至宰相,另一位叔父廉希贡是著名书法家。贯云石自幼随母居住大都别墅廉园,修文习武,既能"善骑射、工马槊",又能"折节读书,目五行下",及长,荫袭两淮万户府达鲁花赤,后让爵于弟,北上求学,师从姚燧,攻读汉语文学,工书画,通音律,善词曲,精鉴赏,是元代著名散曲家。元仁宗时,官翰林侍读学士、中奉大夫、知制诰同修国史。是元朝第一个维吾尔族翰林,自言"迩来自愧头尤黑,赢得人呼小翰林"③。后因建言无效,仕途险恶,任职一年,称疾辞官。贯云石《清江引》:

> 竞功名有如车下坡,惊险谁参破。昨日玉堂臣,今日遭残祸。争如我避风波走在安乐窝。

隐于杭州,改名易服,卖药为生。

贯云石性格豪放,爱好山水。归隐后,"一笑白云外,知音三五人"④,徜徉山水,旅游各地。到采石矶瞻仰李白,到长沙吊念屈原,登扬州明月楼,宿淮南鲁港驿,摇舟洞庭湖,渡海普陀山。在山东梁山泊,喜爱渔翁芦

---

① 畏兀尔,即今之维吾尔。源自吉尔吉斯楚河流域西突厥部落,较早皈依伊斯兰教并于唐末进入新疆。维吾尔族的族名起于1940年,称谓新疆维吾尔族,含义:维系你我的团结,追思古代畏兀尔。

② 元·邓子晋《太平乐府》序,贯云石和杨朝英同游,贯云石说:"我酸,你就应该澹。"杨朝英果然自号澹斋。徐再思风格清丽,自号甜斋。后人就把他们的作品编成一个集子,称《酸甜乐府》。

③ 元·贯云石《神州寄友》。

④ 元·贯云石《清江引》。

花被,因渔翁要诗不要钱,作《芦花被》:

> 采得芦花不浣尘,翠蓑聊复藉为茵。
> 西风刮梦秋无际,夜月生香雪满身。
> 毛骨已随天地老,声名不让古今贫。
> 青绫莫为鸳鸯妒,欸乃声中别有春。

在杭州,凤凰山、包家山、天目山,贯云石常留足迹;钱塘江、西子湖、雷峰塔、虎跑泉,贯云石时有身影。《幺》:

> 雷峰塔畔登高望,见钱塘一派长江。湖水清,江潮漾。天边斜月,新雁两三行。

明人李开先《词谑》:

> 一日,郡中数衣冠士游虎跑泉,饮间赋诗,以"泉"字为韵。中一人,但哦"泉、泉、泉……",久不能就。忽一叟曳杖而至,问其故,应声曰:"泉、泉、泉,乱迸珍珠个个圆。玉斧斫开顽石髓,金钩搭出老龙涎。"众惊问曰:"公非贯酸斋乎?"曰:"然、然、然。"遂邀同饮,尽醉而去。

盛名之下,贯云石每游一处,"士大夫从之若云,得其片言尺牍,如获拱璧"[①]

①《元史·小云石海涯传》。

第五节　汉族游士

汉族游士首推全真教道士丘处机。

道教是汉族宗教,起于西汉,佛教是外来宗教,也起于西汉。东汉时,道教盛过佛教。

第十二章　元代旅游

魏晋南北朝，玄佛道三家演义，论势头，玄学第一，道教第二，佛教第三。隋唐，佛道并重。唐末五代，佛教遭受两次灭法的重创，道教略占上风。宋代，道教照例盛行，佛教从挤压中复兴。金代，道教在北方金国新开一派，称全真派，或称全真道、全真教。全真教的道士必须出家，但不尚符箓，不事烧炼，主张"识心见性全真觉"①，主张道、释、儒三教合一，"不拘一相，不拘一教"②。教祖是金世宗治下的汉人王重阳。王重阳收七位高徒，马钰、谭处端、刘处玄、丘处机、王处一、郝大通、孙不二，号"北七真"。北七真又分创七大门派：遇仙派，南无派，隋山派，龙门派，嵛山派，华山派，清静派。其中，龙门派创始人就是王重阳的四徒丘处机。

元代，蒙古族主政，按常理，汉族道教，应受压制，但是，恰恰在成吉思汗时，道教因丘处机格外神气。

丘处机（1148—1227），字通密，号长春子，籍贯登州栖霞（今山东栖霞）。19岁入道，投宁海昆仑山（今山东牟平东南），拜王重阳为师。27岁隐居磻溪（今陕西宝鸡），人称蓑衣先生。33岁迁居龙门山（今陕西陇县），创全真教龙门派。39岁迁居终南山。41岁奉诏至燕京（今北京西南），为金世宗主持万春节醮。44岁又从终南山返回登州栖霞，留居县北太虚观。70岁左右，道号益隆，金世宗、宋宁宗先后召请，均遭谢绝。71岁时，游居莱州（今山东蓬莱）昊天观。这时，远在西域的成吉思汗派遣专使约请丘处机。丘欣然应召，率门下十八弟子③，不远万里，同游西域。

元太祖十四年（1219），丘处机一行由山

①金·王重阳《答战公先释后道诗》。

②金·刘祖谦《重阳仙迹纪》。

③十八弟子：赵道坚、尹志平、夏志诚、王志明、张志素、宋道安、孙志坚、宋德方、于志可、鞠志园、李志常、张志远、綦志清、杨志静、郑志修、孟志稳、何志清、潘德冲。

东莱州出发,北上燕京,过居庸关,经保安州(今河北涿鹿),宣德州(今河北宣化),越翠屏山(今河北万全),野狐岭(今河北张家口西北),至陆局河(今内蒙克鲁伦河)。再折向西行,抵镇海城(今蒙古哈腊湖南岸)。再西南过阿尔泰山,穿准噶尔盆地,傍阴山(今新疆天山),宿轮台(今新疆米泉、昌吉之间),经昌八里(今新疆昌吉),至天池(今新疆赛里木湖)东岸。再南下阿里马城(今新疆霍城),渡答剌速没辇(今新疆伊犁河),由邪米思干(今乌兹别克斯坦撒马尔汗)到达大雪山,即今阿富汗兴都库什山,在山麓西北坡的八鲁湾行宫晋见成吉思汗。其时,已是太祖十六年(1221),丘处机73岁。

驻跸八鲁湾,成吉思汗正处事业巅峰,中亚细亚的广大地区插满了蒙古国的国旗。但他年近花甲,自感精力不济,东请丘处机,本为长生有术。见面伊始,当即询问:"真人远来,有何长生之药以资朕乎?"丘处机回答:"有卫生之道,而无长生之药。"成吉思汗嘉其诚,虚心请教,并赐以虎符,副以玺书,不称其名,惟称"神仙"①。这绰号并不荒诞,丘处机七十高龄,竟然万里奔波于峡谷激湍,雪山沙漠,岂非神奇?

丘处机以垂老之躯,赶赴西域,兑现成吉思汗的邀约,原因似有两个:一是宗教领袖大都附庸政治,参与政治。丘处机老谋深算,预感宋、金、蒙三边角逐,蒙古人大占优势,很可能入主中国,因此为全真教的前途和全中国的生灵着想,他不顾"行宫渐西,春秋已高,倦冒风沙"②,西游域外,在成吉思汗身上投下政治期望,"我之帝所临河上,欲罢干戈致

① 元·李志常《长春真人西游记》。

② 李志常《长春真人西游记》。

第十二章 元代旅游

太平"①，期望居高参政，谋划太平。果然，太祖十八年（1223），丘处机回到燕京，受命掌管天下道教，居太极宫，门下"诸方道侣云集"，"京人翕然归慕，户晓家喻，教门四辟，百倍往昔。""学徒所在，随立宫观，往古来今，未有如此之盛也"②。二是道教早有"老子化胡"的神话。丘处机有心实践，仿效老子西行，传播道教声望：

> 蜀郡西游日，函关东别情。
> 群胡皆稽首，大道复开基。③

等到丘处机安然无恙，衣锦东归，全真道众趾高气扬，《老子化胡经》大量刊行，激起佛教徒强烈抗议。

元太祖二十二年（1227），成吉思汗在六盘山（今宁夏南部）去世，丘处机也在燕京去世，享年八十。弟子李志常④纪念乃师，编写《长春真人西游记》，上卷写师徒西去行程，下卷写师徒东归行程，"掇其所历而为之记，凡山川道里之险易，水土风气之差殊，与夫衣服饮食百果草木禽虫之别，粲然靡不毕载，目之曰西游"⑤。书中文字，记游状景，简练干净。记游德兴（今河北涿鹿）禅房山：

> 五月，师至德兴龙阳观度夏……观居禅房山之阳，其山多洞府，常有学道修真之士栖焉。师因契众以游，初入峡门，有诗曰："入峡清游分外嘉，群峰列岫戟查牙。蓬莱未到神仙境，洞府先观道士家。松塔倒悬秋雨露，石楼斜照晚云霞。却思旧日终南地，梦断西山不见涯。"其地爽垲，势倾东南，一望三百余里。观之东数

①元·李志常《长春真人西游记》载丘处机诗。

②元·姬志真《云山集》卷七《终南山楼云观碑》。

③李志常《长春真人西游记》载丘处机诗。

④李志常（1193—1256），字浩然，号真常子，观城（今河南范县）人。1218年为丘处机门徒，1238年掌管全真教，1255年在元宪宗御前与佛教徒辩论，理屈词穷，于次年愤恚而卒。

⑤元·孙锡《长春真人西游记序》。

里,平地有涌泉,清泠可爱。师往来其间,有诗云:"午后迎风背日行,遥山极目乱云横。万家酷暑熏肠热,一派寒泉入骨清。北地往来时有信,东皋游戏俗无争。溪边浴罢林间坐,散发披襟畅道情。"

记游阴山(今新疆天山):

> 翌日,傍阴山而西,约十程,又度沙场。其沙细,遇风则流,状如惊涛,乍聚乍散,寸草不萌,车陷马滞,一昼夜方出。盖白骨甸(今新疆准噶尔盆地东侧的博尔腾赤壁)大沙分流也。南际阴山之麓,逾沙,又五日,宿阴山北。诘朝南行,长坂七八十里,抵暮乃宿。天甚寒,又无水。晨起,西南行约二十里,忽有大池,方圆凡二百里,雪峰环之,倒影池中。师名之曰天池。沿池正南下,左右峰峦峭拔,松桦阴森,高逾百尺。自巅及麓,何啻万株。众流入峡,奔腾汹涌,曲折弯环,可六七里。二太子扈从西征,始凿石理道,刊木为四十八桥,桥可并车。薄暮宿峡中,翌日方出。入东西大川,水草盈秀,天气似春,稍有桑枣。

丘处机师徒和《长春真人西游记》打破了六朝以来佛家独游西域、独言西域的垄断,使道教挤进西域空间,脚踏西域实地。

元代,汉族书生有抱节不仕者,有失望科场者,有辞官为民者。这群书生或寄情山水,或抒怀田园,或游乐都市,或远游异国,传扬

第十二章　元代旅游

了汉族文人的好游传统。

邓牧（1246—1306），字牧心，钱塘（今浙江杭州）人。少壮时遍游江南。南宋恭宗德佑元年（1275），邓牧游宿余杭大涤山洞霄宫，友人沈介石为建白鹿山房石室，邓牧居之，不着布衣，服楮（chǔ）纸，常去洞霄宫静坐。少帝祥兴二年（1279）南宋亡，邓牧三十三岁，终身不仕、不娶，自号（儒、佛、道）三教外人。元成宗元贞二年（1296），友人王修竹延请邓牧至山阴（今浙江绍兴）陶山书院。元成宗大德三年（1299），复回余杭。大德九年（1305），元廷请出，断然拒绝。邓牧善文，游雪窦山雪窦寺（今浙江奉化溪口），作《雪窦游志》，文笔简洁，有柳子厚风骨。所作《洞霄宫志》、《洞霄图志》、《大涤洞天记》，是可贵的余杭名胜记。

马致远（1250—1321），号东篱，大都（今北京）人。少时追求功名，自谓"佐国心，拿云手"①。金亡，灰心仕途，参加元贞书会，致力于杂剧和散曲的创作，与关汉卿、白朴、郑光祖并称元曲四大家。元末钟嗣成《录鬼簿》说元人灭宋，马致远当过江浙行省务官、工部主事。后因不满时政，退隐田园，优游山水，自谓"酒中仙，尘外客，林中友，曲中游"。一次游潇湘，作《寿阳曲·潇湘八景》，分咏《山市晴岚》、《远浦帆归》、《平沙落雁》、《潇湘夜雨》、《烟寺晚钟》、《渔村夕照》、《江天暮雪》、《洞庭秋月》②。

张可久（约1275—1348），字小山，庆元（今浙江宁波）人。元代著名散曲家，做过路吏、典史等县衙低级官吏，七十余岁，仍为昆山县幕僚。一生嗜游江南，晚年久居西湖（浙

---

① 元·马致远《南吕·四块玉》。

② 马致远《山市晴岚》："花村外，草店西，晚霞明雨收天霁。四围山一竿残照里，锦屏风又添铺翠。"《远浦帆归》："夕阳下，酒旆闲，两三航未曾着岸。落花水香茅舍晚，断桥头卖鱼人散。"《平沙落雁》："南传信，北寄书，半栖近岸花汀树。似鸳鸯失群迷伴侣，两三行海门斜去。"《潇湘夜雨》"渔灯暗，客梦回，一声声滴人心碎。孤舟五更家万里，是离人几行情泪。"《烟寺晚钟》："寒烟细，古寺清，近黄昏礼佛人静。顺西风晚钟三四声，怎生教老僧禅定？"《渔村夕照》："鸣榔罢，闪暮光，绿杨堤数声渔唱。挂柴门几家闲晒网，都撮在捕鱼图上。"《江天暮雪》："天将暮，雪乱舞，半梅花半飘柳絮。江上晚来堪画处，钓鱼人一蓑归去。"《洞庭秋月》："芦花谢，客乍别，泛蟾光小舟一叶。豫章城故人来也，结束了洞庭秋月。"

江杭州）。每遇好山好水名胜古迹，必以散曲歌咏。游西湖，有《红绣鞋·西湖雨》：

> 删抹了东坡诗句，糊涂了西子妆梳，山色空蒙水模糊。行云神女梦，泼墨范宽图，挂黑龙天外雨。

游苏州虎丘，有《人月圆·雪中游虎丘》：

> 梅花浑似真真面，留我何阑干。雪晴天气，松腰玉瘦，泉眼冰寒。兴亡遗恨，一丘黄土，千古青山。老僧同醉，残碑休打，宝剑羞看。

游天台山，有《红绣鞋·天台瀑布寺》：

> 绝顶峰攒雪剑，悬崖水挂冰帘，倚树哀猿弄云尖。血华啼杜宇，阴洞吼飞廉，比人心山未险。

游雁荡山，有《殿前欢·爱山亭上》：

> 小阑干，又添新竹两三竿。倒持手版扠颐看，容我偷闲。松风古砚寒，藓土白石烂，蕉雨疏花绽。青山爱我，我爱青山。

明人朱权《太和正音谱》称其词"清而且丽，华而不艳"，数量丰富，传世作品占现存元曲五分之一。

乔吉（约1280—1345），字梦符，号笙鹤翁，又号惺惺道人。祖籍太原（今山西太原），流寓杭州，不考功名，惟冶游青楼，优游山水，自命"不应举江湖状元"。钟嗣成《录鬼簿》说他"美容仪，能辞章"，是与张可久齐名的散曲大家。或登"天下江山第一楼"（今江苏镇江北固山多景楼①），放眼青山，浩歌长啸：

> 拍阑干，雾花吹鬓海风寒。浩歌惊得浮云散，细数青山，指蓬莱一望间。纱巾岸，鹤背骑来惯，举头长啸，直上天坛。②

或于风雨天，趁酒兴，登苏州虎丘：

> 半天风雨如秋。怪石于菟，老树钩娄。苔绣禅阶，尘粘诗壁，云湿经楼。琴调冷声闲虎丘，剑光寒影动龙湫。醉眼悠悠，千古恩雠。浪卷胥魂，山锁吴愁。③

或于冬天，村野溪边，踏霜寻梅：

> 冬前冬后几村庄，溪北溪南两履霜，树头树底孤山上。冷风来何处香？忽相逢缟袂绡裳。酒醒寒惊梦，笛凄春断肠，淡月昏黄。④

或游西湖，睹景思人，怀念青楼相好：

> 多时不到儿家。想绳挂秋千，弦断琵琶。眉淡兰烟，钗横梭玉，粉褪铅华。软龙绡尘蒙宝鸭，烂倩脂雨过金沙。隔个窗纱，梦断东风，门外啼鸦。⑤

游风极为闲适潇洒。

王冕（1287—1359），字符章，诸暨（今浙江诸暨）人，自号煮石山农、饭牛翁等。家贫力学，白天放牛，窃入学舍听诸生读书，暮乃返，忘其牛。夜晚依托僧寺，读书佛灯下。

---

① 多景楼，建于唐代，原名北固楼，亦称春秋楼。与洞庭"岳阳楼"，武汉"黄鹤楼"，并称"万里长江三大名楼"。米芾题匾"天下江山第一楼"，康有为题联"江淘日夜东流水，地耸英雄北固山"。
② 元·乔吉《殿前欢·登江山第一楼》。
③ 乔吉《折桂令·风雨登虎丘》。
④ 乔吉《水仙子·寻梅》。
⑤ 乔吉《折桂令·西湖忆黄氏所居》。

后因屡试不第，焚烧作业，决裂科场，清高行世。在大街小巷，或骑黄牛，诵《汉书》；或戴高帽，披绿蓑衣，穿木齿屐，提木制剑，引吭高歌。青年时南游江淮吴楚，中年时北游齐鲁幽燕。

王冕南游，遍历潇湘、洞庭、太湖、庐山、天都、太行、潜岳、门云等地。"我昔曾穿谢公屐"①，"十年走遍江南山"②。大雪天，赤脚登潜岳峰（天柱山），四望大叫："遍天地间皆白玉合成，使人心胆澄澈，欲做仙人飞去！"③

王冕北游，元顺帝至正六年（1346），从杭州古塘，入运河，过嘉兴、松江、镇江、南京、扬州，经徐州、兖州、济州，到大都（北京），又到居庸关、古北口，游观塞外。在大都，王冕登高望远，追思金宋灭亡的教训，痛恨汉奸，作《南城怀古》：

> 日上高楼望大荒，西山东海气茫茫。
> 契丹踪迹埋荒草，女真烟花隔短墙。
> 礼乐可知新制度，山河谁问旧封疆？
> 书生慷慨何多恨，恨杀当年石敬瑭。

并作《梅花图》，宣示气节，题诗："冰花个个团如玉，羌笛吹它不下来。"④

至正七年（1347），王冕南归，隐居会稽九里山。筑茅庐三间，题为"梅屋"，广栽梅竹，弹琴赋诗，饮酒作画。王冕善画，尤善画梅。因家境潦倒，以卖画为生。朱元璋屯兵九里山，闻其名，聘幕府，未就。元惠宗至正十九年（1359），朱元璋请冕为官。冕以出家相拒，扩室为白云寺，旋卒于兰亭天章寺。王冕是元代杰出的画家、旅游家。

① 元·王冕《庐山行送行》。
② 元·王冕《柯博士画竹》。
③ 明·宋濂《芝园后集》卷十。
④ 清·钱谦益《列朝诗集小传》。

黄镇成（1287—1362），字符镇，邵武（今福建郡武）人，号秋声子。自幼刻苦攻读，因科场落榜，绝意功名，以十年时间，"历游江楚名山，周流燕赵齐鲁之墟"，"浮海而返"，筑室邵武城南，号"南田耕舍"①。在南北旅途，黄镇成即景赋诗，每有佳作。《东阳道上》：

> 出谷苍烟薄，穿林白日斜。
> 崖崩迂客路，木落见人家。
> 野碓喧春水，山桥枕浅沙。
> 前村乌桕熟，疑是早梅花。

苍烟斜日、崩崖落木、野碓山桥、乌桕早梅，句句紧扣景物，勾勒出浙江东阳（今浙江金华）道上的如画风景。黄氏山水诗颇多警句，"红树夕阳蝉噪急，白萍秋水雁来多"②，"一江风起晚潮上，半夜舟行山月高"③。今四川峨眉山报国寺亭柱刻有黄氏《游峨》诗句："茶鼎夜烹千古雪，花影晨动九天风。"在邵武家乡，黄镇成田园写真，《春雨南田书事》：

> 流水三椽舍，桑阴五亩田。
> 饭香分野碓，茶熟候山泉。
> 石榻看云坐，溪窗听雨眠。
> 桃花川上路，应有钓鱼船。

以朴素自然的语言，宁静致远的心境，歌咏田园风光和农桑生活。黄镇成是元朝著名的山水田园诗人、旅游家。

汪大渊（1311—？），字焕章。南昌人。聪明好学，但无心仕途，热衷航海。元文宗至顺元年（1330），汪大渊年仅二十，从泉州搭乘远洋商船，经海南岛、占城、马六甲、爪

①《光泽县志》。

②元·黄镇成《秋风》。

③元·黄镇成《明州西渡》。

哇、苏门答腊、缅甸、印度、波斯、阿拉伯、埃及，再横渡地中海到非洲摩洛哥，再回到埃及，出红海到索马里，向南到莫桑比克，再横渡印度洋，经斯里兰卡、苏门答腊、爪哇，到澳大利亚，从澳大利亚到加里曼丹岛①、菲律宾群岛，于元惠宗元统二年（1334）返回泉州。前后历时5年。元惠宗至元三年（1337），汪大渊第二次从泉州出航，游历南洋群岛、印度洋西面的阿拉伯海、波斯湾、红海、地中海、莫桑比克海峡及澳大利亚各地，两年后，至元五年（1339），返回泉州。

　　回国，汪大渊编写《岛夷志》。汪大渊特意说明，书中所记"皆身所游焉，耳目所亲见，传说之事则不载焉"，"所过之地，窃常赋诗以记其山川、土俗、风景、物产"。泉州地方长官与郡志主编将《岛夷志》收入《泉州路清源志》。其后汪大渊将《岛夷志》节录成《岛夷志略》，在南昌印行。明末，《岛夷志》散亡，《岛夷志略》流传至今。

　　《岛夷志略》记载了亚、非、澳三大洲二百二十多个国家与地区。《麻那里（澳洲达尔文港）》、《罗娑斯（澳洲）》两节专写澳洲，称澳洲为"绝岛"；北部安亨半岛和基培利台地，"奇峰磊磊，如天马奔驰"；澳洲人或"男女异形，不织不衣，以鸟羽掩身，食无烟火，惟有茹毛饮血，巢居穴处"，或"穿五色绡短衫，以朋加刺布为独幅裙系之"；澳洲鹤，灰毛、红嘴、红腿，会跳舞，身高六尺，"闻人拍掌，则耸翼而舞，其仪容可观，亦异物也"。可证中国人发现澳洲要比英国人早二百年。《岛夷志略》说台湾属澎湖，澎湖属泉州晋江县。说东南亚诸国均有华侨，古里地

① 加里曼丹岛（Kalimantan Island），亦称婆罗洲，是世界第三大岛。位于东南亚马来群岛中部，西为苏门答腊岛，东为苏拉威西岛，南为爪哇海、爪哇岛，北为南中国海，面积743 330平方公里。今加里曼丹岛是三国领土，分属马来西亚、文莱及印度尼西亚。所占面积，印度尼西亚最大，有539 500平方公里；马来西亚北次之，有196 500平方公里；文莱最小。

闷（今帝汶岛）有原泉州吴姓商人；勾栏山（今加里曼丹岛西南格兰岛）有元朝出征爪哇的流散官兵；真腊国（今柬埔寨）、加里曼丹岛有唐人；龙牙门（今新加坡）"男女兼中国人居之"；沙里八丹（今印度东岸的讷加帕塔姆）立有中国人在1267年建立的中国式砖塔，上刻汉字"咸淳三年八月华工"①；马鲁涧（今伊朗西北马腊格）酋长是陈姓中国人。明人马欢《瀛涯胜览》序，说自己跟随郑和下西洋，历涉诸邦，"目击而身履之，然后知《岛夷志》所著者不诬"。《岛夷志略》是研究世界历史地理的重要文献。汪大渊是元代游踪最远、贡献最大的国际航海旅游家。

① 咸淳，南宋度宗年号。

第六节 意大利游客

元世祖忽必烈在位期间（1260—1294），由于祖父及父辈的三征欧亚，八面威风，四夷宾服，外国游客或经天山南北两道，或经南海、东海，蜂拥访华，旅居中国。其中，有一位世界景仰的大旅游家，意大利人马可·波罗。

马可·波罗（Marco Polo，1254—1324），出生意大利水城威尼斯。父亲尼可罗·马可与叔父马飞阿，是威尼斯巨商，到过中国，见过忽必烈，回国时，为忽必烈带信教皇。至元八年（1271）11月，尼可罗·马可与马飞阿拿到教皇复信，携带17岁的马可·波罗，又去中国。他们从威尼斯进入地中海，在地中海东岸登陆，横渡黑海，在波斯湾出海口霍尔木兹（今伊朗南部霍尔木兹甘省）等候东去船只，未果，改走陆路，从霍尔木兹向东，有时

骑马，有时骑骆驼，有时徒步，穿过伊朗及中亚沙漠，翻越帕米尔高原，经喀什、于阗、罗布泊、敦煌、玉门、长城、河西走廊，于至元十二年（1275）5月到达元京上都（今内蒙锡林格勒境内），面见忽必烈，呈上教皇信件和礼物。忽必烈邀请马可·波罗一家三人，同至大都（今北京），委以官职。

在大都，马可·波罗学会了蒙古语和汉语，掌握了宫廷的礼仪和政府法规，感知了中国国情和中国文化，成了一名地道的"中国通"。忽必烈常常派他巡视各地或出访外国。一次，他奉命南下，游历了山西、陕西、四川、川藏边境、云南，直至缅甸北部。又曾外放扬州，任扬州总督，管辖扬州属下的二十四县。又曾出使南洋，到过越南、爪哇、苏门答腊，甚或到过斯里兰卡和印度。

至元二十九年（1292），马可·波罗与父亲、叔父，护送蒙古公主阔阔真下嫁波斯（今伊朗）。护送队伍六百余人，分乘十四艘四桅帆船，从福建泉州港启锚出航，经苏门答腊、爪哇、印度，于至元三十一年（1294）停靠波斯。三人思念故乡，借此机会，下船西进，经美索不达米亚、高加索、黑海、君士坦丁堡（今土耳其伊斯坦布尔），在第二年，元成宗元贞元年（1295），回到阔别26年的故乡威尼斯。

后来，马可·波罗把自己的东游事迹，口述给了一位通晓法文的比萨作家鲁思梯谦（Rusticiano）。作家笔录成文，写出了著名的《马可·波罗游记》，又称《东方见闻录》。

《马可·波罗游记》描写了马可·波罗的万里行止，记载了公元13世纪中国、日本、缅甸、越南、老挝、暹罗（今泰国）、爪哇、苏门答腊、印度、蒙古、俄罗斯等国家或地区的诸多情况。全书四卷，中国独占第二卷，并涉及第一卷的部分章节。

《马可·波罗游记》津津有味地叙说了元初的政治、战争、宫廷以及他亲眼所见的许多城市，元上都、元大都（汗八里，今北京）、哥萨（今河北涿县）、大同、太津（今山西吉县）、西安、成都、雅歧（今云南昆明）、济南、扬州、南京、襄阳、九江、镇江、常州、苏州、杭州、湖州、福州、刺桐（今福建泉州）等。马可·波罗推崇大都永定河上的卢沟桥：

> 离开都城，西行十六公里来到一条河流，名叫永定河，蜿蜒流入大海。河上舟楫往来，船帆如织。……河上架有一座美丽的石桥，这也许是世界上无与伦比的大石桥。桥长三百步，宽八步，十人并马而行，不觉狭窄。桥有二十四拱门，由二十五个桥墩立于水中，支撑桥身。拱门用弧形石头堆砌，显示了造桥技术的高超绝伦。……在拱顶桥面，有一根高大的石柱，耸立在大理石雕成的乌龟上……桥上各石柱之间都嵌上大理石板，上面镌刻着精巧的雕刻，使整座桥气贯如虹，蔚为壮观。

马可·波罗喜爱杭州西湖的风景：

> 西湖周围，有许多美丽宽敞的大厦，建筑在湖滨上。这些都是

高官贵人的公寓。还有不少庙宇寺院，许多僧侣尼姑，住在里面朝夕礼佛。靠近湖心，有两个小岛，每一岛上，都有一座壮丽建筑，里面分隔着精室巧舍。岛上，亭台水榭，各自成趣。……湖上还有许多游艇和画舫，……游人坐在桌旁，倚窗眺望，饱览沿途绮丽的湖光山色。……宫殿、庙宇、寺院、花园，以及长在小道的参天大树，尽收眼底，……此情此景，怎不令人心旷神怡，熏熏欲醉。

在华北[①]，马可·波罗注意到人们开掘和使用的一种可以燃烧的黑色石块，即煤炭：

> 整个契丹省到处发现一种黑色石块，它挖自矿山，在地下呈脉状延伸，一经点燃，效力和木炭一样，火焰却比木炭更大更旺。甚至可以从夜晚燃烧到天明仍不熄灭。这种石块，除非先将小块点燃，否则平时并不着火，若一旦着火，就会发出巨大的热量。

这些文字反映了马可·波罗的观察能力和记忆能力，为欧洲揭开了中国面纱，带去了中国知识和作客中国的梦想。欧洲杰出的航海家、探险家哥伦布，正是在《马可·波罗游记》的鼓舞下，于1492年怀揣西班牙国王写给中国皇帝的书信，东航中国，只是阴错阳差，误到美洲，撞见"新大陆"。

[①]《马可·波罗游记》称契丹省。

第七节　摩洛哥游客

马可·波罗离开中国50年后，一位非洲旅行家伊本·贝图达又在元顺帝统治的国土上观光浏览。

伊本·贝图达（1304—1377），出生非洲摩洛哥丹吉尔。21岁（1325），漫游欧、非、亚三大洲。38岁（1342，元顺帝至正二年）到过中国，游于泉州、广州等地，据说也到过北京，见过元顺帝。伊本·贝图达总结观感，称赞中国社会安定，农业水利发达，瓷器首屈一指，糖的产量与质量胜于埃及，人民手艺"高明和富有艺术才华"，绘画才能尤其非凡，"世界上没有一个民族，不管是基督徒或是非基督徒，能与之相比"①。伊本·贝图达对泉州、广州赞不绝口。说广州规模宏大，"市场优美"②。说泉州的海港停泊着几百艘大船和数不清的小船，是他所看到的世界最大海港。

伊本·贝图达在华旅游，比马可·波罗起居方便。伊本·贝图达属伊斯兰教，当时，中国的新疆、甘肃、陕西、山西、河北、云南等地，居有阿拉伯伊斯兰侨民。东南沿海的商业都会，广州、泉州、杭州、宁波、扬州，尤其集中。伊本·贝图达高兴地说："在中国各大城市，辟有伊斯兰教徒住宅区，筑有清真寺，以供礼拜。"③

离开中国，伊本·贝图达游居非洲北部的非斯（摩洛哥古城），口述三十年旅游生涯，被摩洛哥国王的秘书伊本·玉记录成书，题为《在美好国家旅游者的欢乐》，中国即美好国家之一。

① 伊本·贝图达《在美好国家旅游者的欢乐》。
② 伊本·贝图达《在美好国家旅游者的欢乐》。
③ 伊本·贝图达《在美好国家旅游者的欢乐》。

第八节　罗马教士

基督教来华，始于唐代。唐代流行的景教是基督教聂斯脱利斯教派①，但在唐末一蹶不振。元代，基督教（元称也里可温教）聂斯脱利斯教派重新抬头，欧洲基督教罗马教廷开始关注中国，向中国派出教会使者，企图在中国建立教区，扩张正宗的基督教罗马公教即天主教。

意大利人孟高维诺（1247—1328）是罗马教廷派往中国开设教区的第一任主教。元世祖至元二十六年（1289），孟高维诺启程东来，经波斯讨来思（今伊朗大里士），走海路，过印度，北上元大都，向忽必烈呈送了教皇尼古拉四世的信函，并在元大都独自施教布道，宣传耶稣福音。数年后，成宗大德三年（1299），孟高维诺取得成宗信任，在元廷获一职位，可以定时进宫，又可以教皇特使的身份，享有特设专座的礼遇，并经成宗允许，在元大都建造了罗马基督教的第一座教堂，洗礼人数计约三万。大德十一年（1307），孟高维诺致函罗马教皇克莱孟五世，报告他在中国传教颇为顺利。教皇决定成立汗八里（元大都）总主教区，任命孟高维诺为总主教，又加派主教七人②，协助孟高维诺开展传教活动。元泰定帝致和元年（1328），孟高维诺病逝大都，终年81岁。

意大利人鄂多立克（1265—1331）也是游历东方，游于中国的基督教士。元仁宗延祐三年（1316），他从君士坦丁堡行至大不里士（今伊朗东阿塞拜疆省首府），于印度西部下

①聂斯脱利斯教派的代表是叙利亚人聂斯托利（386—451），公元431年以弗所会议（Ecumenical Council of Ephesus）裁定聂斯脱利斯教派为异端。

②这七人中有三人，哲拉德、裴莱格林、安德鲁，于公元1308年到达汗八里，尔后，相继担任泉州主教。哲拉德、裴莱格林均在泉州去世，安德鲁则于公元1336年随同元使由陆路返回意大利。

第十二章 元代旅游

海，经南洋诸国，登陆广州。继而，游泉州，游福州；翻仙霞岭，游金华；循钱塘江，游杭州；沿长江，游南京，游扬州；再沿大运河，北游汗八里。这时，大约是元泰定帝泰定二年（1325），孟高维诺尚且健在。鄂多立克停留大都，帮衬年迈的孟高维诺。三年后，元泰定帝致和元年（1328），鄂多立克从大都动身，西向内蒙河套，南下陕西、甘肃，再南下西藏拉萨，复由阿富汗喀布尔，经大不里士、君士坦丁堡（今土耳其伊斯坦布尔），回到意大利。在家乡，鄂多立克叙说游踪，听者海立·格拉兹据此写出《鄂多立克东游录》。这本《东游录》记载了鄂多立克中国之行的鲜明印象。他说，与欧洲最大的城市相比，中国的大城市远为壮观，尤其是广州，"城之大，无人敢信"。又说泉州、杭州均有基督教堂，在汗八里见过泰定帝，见到宫廷要人改信基督教，总主教孟高维诺在朝野上下声望极高等等。鄂多立克是西方旅游史上，与马可·波罗、伊本·贝图达、尼哥罗·康梯①相提并论的中世纪四大旅行家之一。

意大利人约翰·马黎诺里是亚威农教皇本尼狄克特十二的中国特使②。元顺帝至元四年（1338），马黎诺里和其他三名特使意大利人尼古拉·波纳、尼古拉·莫莱诺及匈牙利人格里哥利，传送教皇国书，经那不勒斯（意大利城市）、君士坦丁堡、黑海、萨雷（今爱莎利亚城市）、乌尔鞬赤（或在今土库曼斯坦乌尔根奇）、阿力麻里（今新疆伊犁河北）、哈密，于元顺帝至正二年（1342）抵达大都。进城时，元朝政府安排了正规的欢迎仪式，前有十字架引导，后有焚香与圣诗班簇拥，马黎诺

---

① 尼哥罗·康梯，15世纪威尼斯旅行家。1419年居住大马士革（叙利亚），1424年开始亚洲游历，以二十年时间，周游印度及阿拉伯地区，于1444年回到意大利。欧根四世教皇吩咐教皇文书，著名的人道主义者波庄·布拉乔林尼用拉丁文笔录了康梯的游历故事。

② 1309年，教皇克莱孟五世将教廷迁至亚威农（在今法国南部，隆河左岸），此后直到公元1377年的教皇，史称亚威农教皇。

里为元顺帝祈祷,向元顺帝呈献国书,煞是隆重。四年后,至正六年(1346),马黎诺里南游杭州、宁波、泉州,并从泉州泛海,途经印度、巴格达、耶路撒冷、塞浦路斯,返回意大利,向亚威农教皇克莱孟六世递上了元顺帝国书。1354年,马黎诺里应日耳曼皇帝查理四世的约请,著作《波希米亚史》,书末附记东方旅游,这一部分文字即《马黎诺里游记》,所写中国之事大体可靠。

第九节 以文载游

一、记游曲

元人以曲记游。曲是元代兴起的歌体。有曲牌,依宫调①,讲音律。与词相比,语言通俗,音律宽松,可用衬字。

关汉卿,金末元初人,号一斋,出生大都(今北京),晚年游览洛阳、开封、杭州等地。《南吕·杭州景》:

[一枝花]普天下锦绣乡,环海内风流地。大元朝新附国,亡宋家旧华夷。水秀山奇,一到处堪游戏,这答儿忒富贵。满城中绣幕风帘,一哄地人烟凑集。

[梁州第七]百十里街衢整齐,万余家楼阁参差,并无半答儿闲田地。松轩竹径,药圃花蹊,茶园稻陌,竹坞梅溪。一陀儿一句诗题,一步儿一扇屏帏。西盐场便似一带琼瑶,吴山色千叠翡翠。兀良,望钱塘江万顷玻璃。更有清溪绿水,画船儿来往闲游

① 凡乐曲,均由若干音组成,归纳音列,对应一定的律高标准,构成一定的调音模式,称为宫调。南北曲常用五宫四调:正宫、中吕宫、南吕宫、仙吕宫、黄钟宫,大面调、双调、商调、越调,通称九宫或南北九宫。不同宫调有不同风格,或伤悲或雄壮,或缠绵或沉重。

第十二章　元代旅游

戏。浙江亭紧相对，相对着险岭高峰长怪石，堪羡堪题。

[尾]家家掩映渠流水，楼阁峥嵘出翠微，遥望西湖暮山势。看了这壁，觑了那壁，纵有丹青下不得笔。

三曲成套①，描绘杭州景物，语言朴素，格调轻快，比喻生动，抒发作者对杭州山水城邑的喜爱，流露作者对改朝换代的感慨。

马致远秋游山野，作《越调·天净沙·秋思》：

枯藤老树昏鸦，小桥流水人家，古道西风瘦马。夕阳西下，断肠人在天涯。

这首小令②五句二十八字，藤、树、鸦、桥、水、家、道、风、马，一物一景，九物九景，组织秋天风情，抒发秋旅思绪，人称"秋思之祖"。

张养浩（1270—1329），字孟希，号云庄，济南（今山东济南）人。官礼部尚书、监察御使，晚年归隐济南，栖居云庄，优游山水。《双调·雁儿落带得胜令·退隐》：

云来山更佳，云去山如画。山因云晦明，云共山高下。倚仗立云沙，回首看山家。野鹿眠山草，山猿戏野花。云霞，我爱山无价。看时行踏，云山也看咱。

张养浩看山喜云。这首带过曲③抒写山云来去的山上美景，饱含看云看山的闲逸心情。云悠、山闲、人怡。

---

① 元曲有套曲，又称散套。由同一宫调的若干首曲牌连缀组成。各曲同押一韵。结尾时通常有《尾声》。上引关汉卿《杭州景》，"南吕"是宫调。"一枝花"、"梁州第七"是"南吕"曲牌。"尾"是"尾声"。

② 小令，调短字少，或曰五十八字之内，是元曲的基本单位。

③ "带过曲"，一首单曲由同一宫调的不同曲牌合成。"雁儿落"是"双调"的曲牌，"得胜令"也是"双调"的曲牌，合成一曲，称"带过曲"。本曲，前四句是"雁儿落"，后八句是"得胜令"。

乔吉(1280—1345),字梦符,号笙鹤翁、惺惺道人。太原人,流寓杭州。一生潦倒,寄情江湖,啸傲山水。《双调·水仙子·重观瀑布》:

> 天机织罢月梭闲,石壁高垂雪练寒。冰丝带雨悬霄汉,几千年晒未干。露华凉,人怯衣单。似白虹饮涧,玉龙下山,晴雪飞滩。

想象奇特,比喻精彩,冰丝带雨,白虹饮涧,尽显瀑布非凡气势。

张可久(1275—1345),字小山,庆元(今浙江宁波)人。以路吏转首领官,不得志,久居西湖,漫游江南。《中吕·红绣鞋·天台瀑布寺》:

> 绝顶峰攒雪剑,悬崖水挂冰帘,倚树哀猿弄云尖。血华吐杜宇,阴洞吼飞廉。比人心山未险。

这首小令描写浙江天台山,高,峰剑;险,崖悬;寒,冰帘;哀,树猿哀鸣;悲,杜宇吐血;凶,飞廉怒吼。末句直刺世态炎凉、人心险恶。游步虽安闲,游心却愤懑。

二、记游诗

元人记游诗,诗人多民族,诗风多刚健。

契丹耶律楚材《庚辰西域清明》:

> 清明时节过边城,远客临风几许情。
> 野鸟间关难解语,山花烂熳不知名。
> 葡萄酒熟愁肠乱,玛瑙杯寒醉眼明。
> 遥想故园今好在,梨花深院鹧鸪声。

第十二章 元代旅游

《阴山》：

> 八月阴山雪满沙，清光凝目眩生花。
> 插天绝壁喷晴月，擎海层峦吸翠霞。
> 松桧丛中疏畎亩，藤萝深处有人家。
> 横空千里雄西域，江左名山不足夸。

《辛巳闰月西域山城值雨》：

> 冷云携雨到山城，未敢冲泥傍险行。
> 夜听窗声初变雪，晓窥檐溜已垂冰。
> 泪凝孤枕三停湿，花结残灯一半明。
> 又向茅亭留一宿，行云行雨本无情。

这三首诗描写西北风光，紧扣特征事物，葡萄、玛瑙、白雪、沙漠、绝壁、层峦、冷云、垂冰；紧扣羁旅边疆的心情，遥想故园，泪凝孤枕，花结残灯；给人新奇的环境印象和艰难的旅途印象。

回回萨都剌《初夏淮安道中》：

> 鱼虾泼泼初出网，梅杏青青已著枝。
> 满树嫩晴春雨歇，行人四月过淮时。

淮河夏日，鱼虾跳网，梅杏满枝，春雨泛绿，游子渡淮，画面清新生动，是古人咏夏名篇。

蒙古马祖常《河湟书事》：

> 波斯老贾度流沙，夜听驼铃识路赊。
> 采玉河边青石子，收来东国易桑麻。[①]

沙漠驼铃，商贾行夜，玉石东来，桑麻西去，语言质朴通达。

汉族赵孟頫[②]《岳鄂王墓》：

> 鄂王墓上草离离，秋日荒凉石兽危。

[①] 波斯老贾，伊朗商人。路赊(shē)，路途遥远。采玉河，指西域玉石产地。杜甫《喜闻盗贼蕃寇总退口号五首》之一："勃律天西采玉河，坚昆碧怨最来多。旧随汉使千堆宝，少答朝廷万匹罗。"勃律，今巴基斯坦。

[②] 赵孟頫（1254—1322），字子昂，号松雪道人，湖州吴兴（今浙江吴兴县）人，元初翰林学士承旨荣禄大夫知制诰兼修国史。诗人、画家、书法家。著有《松雪斋文集》。

南渡君臣轻社稷，中原父老望旌旗。
英雄已死嗟何及，天下中分遂不支。
莫向西湖歌此曲，水光山色不胜悲。

岳鄂王墓即岳飞墓，在杭州西湖栖霞岭下。赵孟頫凭吊，目睹坟墓荒凉，感叹英雄冤死。

汉族陈孚[①]《居庸叠翠》：

断崖万仞如削铁，鸟飞不度苔石裂。
嵯岈古木无碧柯，六月太阴飘急雪。
寒沙茫茫出关道，骆驼夜吼黄云老。
征鸿一声起长空，风吹草低山月小。

居庸关在今北京昌平，形势险要，是兵家必争之地。陈孚到此，以断崖、苔石、古木、黄云，勾画沉雄；以六月飞雪、莽莽寒沙，勾画奇幻；以征鸿一声、骆驼夜吼，勾画苍凉；是元人描写边关的佳作。惟题目有问题，既无碧柯，安能叠翠？

三、记游词

元词学习宋词，持有宋词雅丽；元词借鉴元曲，染有元曲通俗。主流是雅中带俗，词曲合流。

雅丽者如萨都剌《满江红·金陵怀古》：

六代豪华，春去也，更无消息。空怅望，山川形胜，已非畴昔。王谢堂前双燕子，乌衣巷口曾相识。听夜深寂寞打孤城，春潮急。

思往事，愁如织。怀故国，空陈迹。但荒烟衰草，乱鸦斜日。玉树歌残秋落冷，胭脂井坏寒螀泣。到如今只有蒋山青，秦淮碧。

[①] 陈孚（1240—1303），字刚中，号笏斋，天台临海（今浙江临海）人。元世祖至元年间上《大一统赋》，由布衣提拔为官，历任翰林国史编修官，摄礼部郎中。自谓"平生一两展，若有山水淫"。著有《观光集》等。

作者登览金陵，睹江山形胜，叹人事荣枯，集前人诗意①，抒胸中伤感，语言清丽，意境深长，保持了宋词的雅致格调。

通俗者如刘秉中、张翥等。

刘秉中（1216—1274），字仲晦，邢州（今河北邢台）人。元初光禄大夫。《玉楼春》：

> 翠微掩映农家住，水满玉溪花满树。青山随我入门来，黄鸟背人穿竹去。
>
> 烟霞隔断红尘路，试问功名知此趣。一壶春酒醉春风，便是太平无事处。

春游农家，春水满溪，春花满树，春酒满杯，春风满怀，忘却红尘，超然世外，语气声调已有元曲俗趣。

张翥（1287—1368），字仲举，晋宁（今山西临汾）人，官翰林学士承旨。《行香子》：

> 佛寺云边，茅舍山前，树阴中酒旆低悬。峰峦空翠，溪水清涟。只欠梅花，欠沙鸟，欠渔船。
>
> 无限风烟，景趣天然。最宜他隐者盘旋。何人村墅，若个林泉。恰似欹湖，似枋口，似斜川。②

作者闲游山野，喜无限风烟，赏景趣天然，佛寺、茅舍、树、林阴、酒旗、峰峦、溪水，随意拈来，信手织锦，通俗活泼，是宋词外衣，元曲精神。

四、记游赋

元人旅途，亦有赋作。郝经（1223—

---

① 萨都剌《满江红·金陵怀古》几乎句句有来处，"六代豪华"，刘禹锡《台城》"台城六代竞豪华"。"春去也，更无消息"，五代和凝《望梅花》"春草全无消息"。"王谢堂前"、"乌衣巷口"，刘禹锡《朱雀桥》"旧时王谢堂前燕"，"乌衣巷口夕阳斜"。"夜深"、"潮急"，刘禹锡《石头城》"夜深还过女墙来"，"潮打空城寂寞回"。"愁如织"，宋代无名氏《忆秦娥》"暮云碧，佳人不见愁如织"。"荒烟衰草"，王安石《桂枝香》"六朝旧事随流水，但寒烟衰草凝绿"。"乱鸦斜日"，辛弃疾《鹧鸪天》"平冈细草鸣黄犊，斜日寒林点暮鸦"。"玉树"，唐人许浑《金陵怀古》："玉树歌残王气终，景阳兵合戍楼空"。"寒螀泣"，南朝谢惠连《捣衣》"肃肃莎鸡羽，烈烈寒螀啼"。"蒋山青"，南宋汪元量《题王导像》"秦淮浪白蒋山青，西望神州草木腥"。"秦淮碧"，刘禹锡《江令宅》"南朝词臣北朝客，归来唯见秦淮碧"。

② 欹湖，在今陕西蓝田辋川镇。王维《辋川集序》："余别业在辋川山谷，其游止有……欹湖、柳浪……等。"枋口，在今河南济源五龙口镇。孟郊《游枋口》："一步复一步，出行千里幽。为取山水意，故作寂寞游。"斜川，在今河南郏县。苏轼之子苏过居此，营水竹数亩，名"小斜川"，自号斜川居士，著《斜川集》。

1275），字伯常，祖籍泽州陵川（今山西陵川），出生许州临颖（今河南许昌）。元世祖翰林院侍读学士。奉诏使宋①，途中作《冠军楼赋》。赋前小序：

> 中统元年庚申夏六月，奉命使宋，道出宿州，潦路霖雨，蒸厉作恶，遂为稽留。时东平严侯之弟开府于是，一日置燕于冠军楼，在城北隅，西望平远，尽得东南之胜，乃为赋之。

① 郝经中统元年（1260）使宋，被贾似道扣留16年，至元十一年（1274），世祖伐宋，获释，返回大都，次年病死。

但元人记游赋、状景赋，总体不振，或有可观。

耶律铸（1221—1285），字成仲，号双溪，耶律楚材次子。元世祖忽必烈中统任中书省左丞相。世祖至元二十年（1283）因罪免职。村居山后（燕山之北）田园，有《方湖别业赋》：

> 双溪别业，实曰方湖。东控沧溟，西拥皇都。兰州曼衍，云锦模糊。有田一廛，有宅一区。我引我泉，我疏我渠。我灌我园，我溉我蔬。蔬食为肉，安步为舆。行吟坐啸，足以自娱。或临寿域，或即仙居。或隐而橘，或入而壶。左弧与矢，右琴且书。枕籼籍糟，怀瑾握瑜。命速伯伦，为招三闾。将补不足，与损有余。我智如斯，人无我愚。则自谓何如而清狂者乎。

方湖，"东控沧溟，西拥皇都"，大约在燕山、渤海间。这篇小赋描绘作者游居山水、引泉灌园、种蔬养花、诗酒琴书、息心世外的生活,文字平易,文义畅达,易读易诵,可圈可点。

五、记游文

一游一记的记游文,元人常写。

麻革,生于金末,蒙古灭金,迁居居延(今内蒙额济纳旗),应友人之邀,旅游浑源(今山西浑源)龙山,作《游龙山记》,山中胜景,随文涌出,临当搁笔,兴犹未尽:

> 念兹游之富,……不知天壤之间,六合之内,复有几龙山也。……异时当同二、三友,幅巾藤杖,于于而行,遇佳处辄留,更以笔札自随,随得随记,庶几兹山之仿佛云。

希望异日再游,边游边记,龙山面貌,庶几可陈。

王恽(1227—1304)字仲谋,号秋涧,汲县(今属河南)人。中统元年(1260)监察御使,终官翰林学士。今存《秋涧集》有多篇记游文,《游王官谷记》、《西山经行记》、《游东山记》、《游玉泉山记》、《游霖落山记》、《秋涧记》、《洄溪记》等。王恽游记善于绘景,文风清朗。如《秋涧记》:

> 太行诸山,去郡西五十里而近,予尝远游。西自百家岩,东尽灵山北崦。并山之麓,深溪钜涧横斜交络,折地而东骛。秋水时至,万壑潆洄,允犹禽合,咸就约束,滔滔汩汩,迤逦而去,或清或浊,无远无迩,不择细大,顺受而并容者,此涧之量也。

> 至于流涧决壅，激而为非湍，旋而为盘涡，汇而为渊浑，束而为细流，岩屋以伏其怒，巨石以杀其势，就泛长倾，顺流远引，溉平田而有秋，浮大木而出谷，不致四滥横溃，使一漫流害，注大川而后已者，此涧之功也。

描绘太行山涧，涵容秋水，为湍为渊，为川为涓，为清为浊，奔腾迂回，极尽形容。

张养浩《标山记》：

> 绰然亭西三四里，有双山曰标。各广四十亩，童无树林。东西并峙，皆青石叠蠹，势陂陀可步而上。按《舆图经》无其名，盖土人以旁无他山，惟此若标可望，故以名之。其居东者，上有洞如屋，可避风雨。泰定甲子三月，命童携酒肴，偕馆客清江喻仁本登焉。始有小劳，既戾其上，神超气逸，身欲羽飞。环视众山，手若可即。其联岩属巘，盛于东南，而微杀于西北。诸支流之水，萦络交碧，练横绳引，析而复合。盖郊外可登眺者，莫此胜焉。尝欲构亭其上，时杖履往来，以豁心目，因仍未暇。既而坐洞屋中，出觞更酌，咏古人闲适之诗，如陶、谢、韦、柳者数篇，其清欢雅思，悠悠而集，若世若形，两忘其所恃。加以烟岚坌涌，相与冥合，窅乎不知余之为山，而山之为余也！于是，仁本举酒相属曰："乐也哉，公之游乎，殆不可以无记。"遂书而贻之。

标山，在今山东济南。无险、无奇、无林、无涧，唯有一洞。但孤立于野，可以远望东南群山，俯视河流纵横。作者因此钟情标山，登高抒怀，寄托闲适恬淡的心志。全文篇幅短小，章法严谨，文笔利落，颇具唐宋古文风格。

虞集（1272—1348），字伯生，号道园，人称邵庵先生，祖籍仁寿（今四川眉山仁寿）。元文宗时，官奎章阁侍书学士。素有文名，与揭傒斯、柳贯、黄溍并称"元儒四家"；也有诗名，与揭傒斯、范梈、杨载并称"元诗四家"。仁宗延祐五年（1318）七月，舟次彭泽，登小孤山（在今安徽宿松县东南长江中），见旧时牧羊亭荒芜，拂袖而去，至安庆，告知府判李维肃，李维肃说：

> 此吾土也。吾为子新其亭，而更题曰'一柱'，可乎？夫所谓'一柱'者，将以卓然独立，无所偏倚，而震凌冲激，八面交至，终不为之动摇。使排天沃日之势，虽极天下之骄悍，皆将靡然委顺，听令其下而去，非兹峰，其孰足以当之也耶？新亭峥嵘，在吾目中矣。子当为我记之。①

① 元·虞集《小孤山新修柱峰亭记》。

虞集乃作《小孤山新修柱峰亭记》，详记柱峰亭新修始末，表扬李维肃"推而知其当为之大于此者"，是一篇保护旅游资源的记游文。

元人记文，也有不记旅游单记景观的。赵孟頫《寿春堂记》（堂在今浙江湖州吴兴）：

> 延祐乙卯，嘉平之月，东里翁卜居郑乡里之溪西。平畴在其前，望极

不得徼；湖山在其后，若有若无，隐隐可见。二溪双流在其左右，若抱珥然。乃作堂三间以为燕闲之所。梁柱桷棂，小大中度，不藻绘，不雕几，简如也，辉如也，豁如也。浚陂池以亭清沚，缭垣墉以谨限防。松篁桂桧梅橘蒲桃之属，绕屋扶疏。又杂植兰菊众香草，荫可愒，华可玩，实可采。明年三月既望，隆山牟应龙成甫扁曰"寿春"，会亲友以落之。客或指其扁而问焉，……予曰："……今翁之言如是，且先天下而后其私家，非厥心臧者，孰能之？吾以是知翁矣。"

胡祗遹①《董氏遐观亭记》（遐观亭，筑于今河北藁城西北）：

去藁城西北，三分舍之二村曰大张。沃野平豁，稼肥木茂。聚落如画，居民熙熙。仰恒山于云端，来滹水于天际。郎中董公彦才别墅在焉。筑亭水渚，征名友人胡某，扁之曰"遐观"。因求立名之义曰：何谓也？曰：此吾友顾瞻之间，胸中之至乐，因名以形容之，奚问为？……彦才曰："名义昭矣，吾心喻矣，吾亭之记毕矣，问一得三，请识诸石。"

均以景致开篇，记载造景缘由，然后借题发挥，阐发景观之义，读起来，也有滋有味。

六、长途旅行专记

为长途旅行写作的旅行专记，有李志常

---

① 胡祗遹（1227—1295）字绍闻，号紫山。磁州武安（今河北磁县）人。元世祖时，官终浙西提刑按察使。学出宋儒，著有诗文集《紫山大全集》。

《长春真人西游记》，耶律楚材《西游录》，汪大渊《岛夷志略》，周达观《真腊风土记》。

周达观（约1266—1346），字草庭，号草庭逸民，浙江温州永嘉人。真腊，今柬埔寨，南海诸国之一。元成宗元贞元年（1294），遣使招谕，周达观随行。武宗至大元年（1308）归国，首尾14年，所作《真腊风土记》是中国第一部旅行柬埔寨的专记。

第十节　元人旅游观

元人论旅游，有吴澄、王恽、丁文升、王结等。

吴澄（1249—1333），字幼清，号草庐，抚州崇仁（今江西崇仁）人，官翰林学士。《送何太虚北游序》①论说旅游的重要性与旅游动机。

① 何太虚，吴澄表弟。

吴澄认为旅游是励志之途，有志之士不可不游：

> 士可以不游乎？男子生而射六矢，示有志乎上下四方也，而何可以不游也。夫子，上智也，适周而问礼，在齐而闻韶，自卫复归于鲁。而后雅颂各得其所也。夫子而不周不齐不卫也，则犹有未问之礼，未闻之韶，未得所之雅颂也。上智且然，而况其下者乎？士何可以不游也。

凡有志天下者，不能困守一隅，老死一乡，应当纵横天下，周游天下。孔子有上等智慧，孔子游。游于周国学礼仪，游于齐国听韶乐，游

于卫国,尔后正雅颂。孔子尚且如此,何况他人,把旅游视为实现志向的必经之途。

吴澄认为旅游是求知之途,求知之士不可不游。《送何太虚北游序》:

> 然则彼谓不出户而能知者,非欤?曰:彼老氏意也。老氏之学,治身心而外天下国家者也。人之一身一心,天地万物咸备,彼谓吾求之一身一心有余也,而无事乎他求也,是固老氏之学也。而吾圣人之学不如是。圣人生而知也,然其所知者,降衷秉彝之善而已。若夫山川风土,民情世故,名物度数,前言往行,非博其闻见于外,虽上智亦何能悉知也。故寡闻寡见,不免孤陋之讥。

有人说"不出户,知天下",错不错?这话在老子那里不错。老子之学以身心为根本,以天下国家为外物,身心之外,别无他求,天下一指,万物一马,身心正,万物备,不出户,知天下,说的是哲学境界。但老子的出世学说不是孔圣人的入世学说。入世圣人固然有生而知之的天赋,不过是生而向善。至于"山川风土,民情世故,名物度数,前言往行",圣人如果不能"闻见于外",如何知晓?把旅游视为增广见闻的必经之路。

吴澄认为旅游是求友之途,求友之士不可不游。《送何太虚北游序》:

> 取友者,一乡未足,而之一国,一国未足,而之天下,犹以天下为未足,而尚友古之人焉,陶渊明所以欲

第十二章　元代旅游

寻圣贤遗迹于中都也。然则士何可以不游也。

有志者干事创业，须广交朋友，一乡不够交一国，一国不够交天下，天下不够交古人，所以，陶渊明虽隐居田园仍要游于洛阳，寻觅古代圣贤的遗迹。

吴澄认为，励志、求知、交友是传统的旅游正道，如是而游，"交从日以广，历涉日以熟，识日长而志日起。"

吴澄批评不游者，或无志无知，或夜郎自大：

> 世之士，操笔仅记姓名，则曰："吾能书！"属辞稍协声韵，则曰："吾能诗！"言语布置，粗如往时所谓举子业，则曰："吾能文！"阛门称雄，矜已自大，酰瓮之鸡①，坎井之蛙，盖不知瓮外之天、井外之海为何如，挟其所已能，自谓足以终吾身，没吾世而无憾。夫如是又焉用游！

山外有山，人外有人，固守门户，足不出游，无异坐井观天。

吴澄鄙视游者逐利：

> 而方其出而游于上国也，奔趋乎爵禄之府，伺候乎权势之门，摇尾而乞怜，胁肩而取媚，以侥幸于寸进。及其既得之，而游于四方也，岂有意于行吾志哉！岂有意于称吾职哉！苟可以夺攘其人，盈厌吾欲，囊橐既充，则阳阳而去尔。是故昔之游者为

---

① 酰（xiān）瓮之鸡，犹坎井之蛙。元人张宇《闲述》："何如剖破酰鸡瓮，看取人间大有天。"元人张养浩《庆东原》："辞却凤凰池，跳出酰鸡瓮。"

道，后之游者为利，游则同，而所以游者不同。

一些人旅游，先游京都，趋附豪门，伺候权贵，谋取宠信利益，得手后再游于四方，这就不是励志求知交游的为道之游，而是趋炎附势的谋利之游。提倡游于道，反对游于利。吴澄有关游道、游利的论说，新鲜而锐利。

王恽，曾游东山①，作《游东山记》，论及旅游景观的审美重人传统：

> 山以贤称，境缘人胜。赤壁，断岸也，苏子再赋而秀发江山。岘首，瘵岭也，羊公一登而名垂宇宙。

① 东山，指今河南鹤壁浚县城东大伓山。其山有北方最大石佛，建于北魏，依山开凿，总高八丈，藏于七丈高楼，世谓"八丈佛爷七丈楼"。

审美重人，前人已有论者。王恽总结，"山以贤称，境缘人胜"，山水因贤人著称，环境因贤人优胜，特为简明扼要。这也是有元一代的共识。元人编《无锡县志》："天下之胜本乎山川人物，如箕山因许由而获称，岘山因羊祜而见拔。无锡虽古名邑，亦由山水之佳胜，才贤之钟聚，较之他邑莫能尚焉。"

丁文升，字子常，号雪舫，进士，元惠宗至正时官兵部尚书行军司马。其论景观既重人之品格，又重人之文章。《圭塘欸乃集题跋》②：

② 《圭塘欸乃集》，元人许有壬撰。

> 山川景物因人而胜，因文章而传。人品既高，文足范后，山川景物之得所托而传于久远也可必矣。

指出山川景物不仅依靠贤人取胜，并且依靠贤人的文章流传，文章流传久远，山川景物也就流传久远。丁文升的重文观点，符合中国旅游资源和游观审美的实际。有些景点，原来普通，因文豪诗文，一朝交泰。湖南长沙汨罗江，一条寻常的河流，屈原行吟泽畔赋《怀沙》，乃名恸千秋。湖北黄冈赤壁，本无故事，也无名头，苏轼误以为是三国周郎赤壁，临崖兴叹，作《念奴娇·赤壁怀古》，竟挺秀山河；安徽铜陵铜官山、五松山，在皖南貌不出众，李白游历，作《铜官山醉后绝句》①，又作《宿五松山下荀媪家》②，始有名气。有些景点，深藏未露，经名流描写，名扬四海。宋之问、王维的辋川诗歌，彰显陕西蓝田山水；王昌龄、韩愈的诗歌，彰显广西桂林山水；柳宗元的《永州八记》彰显湖南永州山水；范仲淹的《岳阳楼记》，彰显洞庭大观。

因人而胜、因文而传的重人重文传统，是中国旅游文化的优良传统。③

又，王结对城区观景台的议论，也甚有见地。王结（1275—1336），字仪伯，易州定兴（今河北定兴）人。从元仁宗到元惠宗，历任集贤直学士，顺德、扬州、东昌诸路总管、中书左丞。他登河间（今河北沧州河间）高阳台，作《高阳台记》，盛赞高台视野，"雨霁风止，烟霭澄净"，"城郭万家，沃野千里"，"游人行客，樵歌牧唱"，并说：

> 然世之名观游者，多在于高山之巅，穷涧之滨，跋履崎岖，登涉险阻，非无事者莫能至；而此台连城邑，挟市井，朝登暮眺，往返不劳，而高明爽垲，绝埃壤，脱尘嚣，豁如旷如，恍然若高山绝顶之表，醒心快目，赋诗把酒，无适而不宜者。

山川名胜，道里悠远，一般人难有足够的闲暇

---

① 唐·李白《铜官山醉后绝句》："我爱铜官乐，千年未拟还。要须回舞袖，拂尽五松山。"

② 唐·李白《宿五松山下荀媪家》"我宿五松下，寂寥无所欢。田家秋作苦，邻女夜春寒。跪进雕胡饭，月光明素盘。令人惭漂母，三谢不能餐。"

③ 参看喻学才《中国旅游文化传统》。

外出远游。城区观景台的设置，城中居民可以随时登览，眺望千门万户，山野平原，可以取得高山远眺的审美效果。这一看法，有助于推动城市观景设施的建设，有助于丰富市民的游乐生活。

第十一节　基本建设

一、元代交通

陆路驿站

成吉思汗、窝阔台西征中亚、东欧，打开了贯通欧亚的陆路交通。中国至波斯一段，史称波斯道。成吉思汗仿效中原驿传，设置西域驿站。窝阔台扩大驿站范围，增设了从蒙古本土通往察合台、拔都封地①、中原汉地的驿站，建立了大蒙古帝国的站赤（驿站）系统。忽必烈时，全国驿站，网络稠密，由通政院掌管，功能是"通达边情，布宣号令"②。《经世大典》③说元代腹里、河南、辽阳、江浙、江西、湖广、陕西、四川、云南、甘肃等地共设驿站超过一千五百处。驿站以陆站为主，以水站、海站补充。陆站按交通工具分马站、牛站、车站、驿站、狗站等。两站之间的距离，从五六十里至百余里不等。在驿站承当差役的人，称为站户。站户按民户财产签定。在蒙古各部，选畜产多者；在中原、江南地区，选中等民户。一旦签定，按站户登记入籍，即世代相承，不得改易。站户按规定提供交通工具和驾驭人手。部分站户还要提供饮食。这种饮食供应，蒙古语称为"首思"，原意为汤、汁。各站所领站户多者二三千户，少者几十户。过

① 察合台封地，即察合台汗国。拔都，成吉思汗长子术赤第二子，拔都封地，即钦察汗国。

② 《元史·兵志》。为确保紧要公文与指令的传递，驿站外，元廷又增设急递铺。《永乐大典》："十里或十五里、二十五里，设一急递铺，十铺设一邮长，铺设卒五人。""定制，一昼夜走四百里，邮长治其稽滞者。"凡中书省、枢密院、御史台公文及各地紧急重要文书，用木匣封锁，标明号码、日期，交急递铺传送。后来，因"衙门众多，文字繁冗，急递之法大不如初"，又规定中书省、枢密院、御史台、宣政院等七十九种官衙的文书可以通过急递铺、总管府等二十种官衙的文书不许经由急递铺。

③ 《经世大典》，又称《皇朝经世大典》。官修政书。元文宗至顺元年（1330）由奎章阁学士院编纂，赵世延为总裁，虞集为副总裁，次年五月修成。

第十二章 元代旅游

往人等，乘骑驿马或使用驿站车辆，要有官府证明或宗王令旨。"除朝廷军情急速公事之外，毋得擅差铺马"①。但事实上，一般贵族、高僧、官吏总要谋取"批条"享受驿站的免费供应，使驿站负担沉重。这也是历代驿站的通病。

内河水路

重点是修建、拓展大运河。唐宋时，黄河屡次决口，下游变迁剧烈，加之宋金对峙，运河航道多处阻塞，南北航行迂回曲折。至元十二年，郭守敬②考察江淮至大都河道状况，建议"宋、金以来汶、泗相通河道，可以通漕"③。至元十八年（1281）在山东西部启动划直南北大运河的工程，开济州河，从任城（今山东济宁）至须城安山（今山东东平），长150里。至元二十六年（1289）开会通河，从安山西南开渠，由寿张西北至临清（今山东临清），长250里。至元二十九年（1292）在大都地区开通惠河，引京西昌平诸水入大都城，东出至通州入白河，长50里。贯通后，漕船可由杭州直达大都。为辅助大运河，至元三十年（1293），在榆河上源另开小渠，增大通州运粮河流量。至正年间在通州南高丽庄至西山石峡铁板之间开挖新河，全长一百二十余里。使西山古金口水东流至高丽庄接通御河。随之，又疏浚扬州运河二千三百余里。开挖镇江运河（在今江苏镇江至丹阳河段）131里。又在大运河合理选择分水点，确保水源供给，并设置河闸一百五十座以上，以调节水量，保障船运。

大运河之外，至元十七年至二十一年在山

---

① 《经世大典·站赤》。

② 郭守敬(1231-1316)，字若思，汉族，顺德邢台（邢台市邢台县）人。元朝天文学家、数学家、水利专家。1981年，国际天文学会以郭守敬命名月球一座环形山。

③ 《元史·河渠志》。

东东部开通胶莱河。工程南端首起胶西县，北端入海口在莱州西北，总长三百余里。胶莱河凿成后，形成一道漕运路线：南起今江苏苏北涟海平原的满浦仓（仓址在今淮安市北面、淮河南岸），东循黄河夺淮入海的河道，进入涟海海口，傍海北上，通过胶莱河，傍渤海海岸，进入天津直沽。

海上航运

元代重视国内沿海海运。重用南宋海运人才。崇明人朱清、嘉定人张瑄①，降元后，主持大元海运。不久，东部海域全线通航，漕运遂以海运为主，河运为辅。

元代，远洋水平提高，指南针普遍应用，航线标识清楚②，海路西行，可达非洲东岸。重要海港泉州、广州、庆元（今浙江宁波）、上海、澉浦（今浙江海盐）、温州、杭州，分设市舶司。起用南宋降臣提举泉州市舶蒲寿庚③，诏谕海外，恢复贸易。委派亦黑迷失、杨庭璧为朝廷使节，航海通好，发展贸易④。海船往来的国家总数由宋代五十多国增加到一百四十多国。

二、元代货币

唐代有纸质飞钱，相当于存款兑款单；宋代有纸质交子，是地方货币⑤。纸币的真正发行与全国流通，在元代。

① 朱清，字澄叔，崇明姚沙人。原系杨氏家奴，不堪虐待，杀主而避迹海上。与张瑄结伙贩私盐，为海盗。因熟悉南北海道，受南宋招安。宋亡降元。至元十二年（1275），任运管军千户。至元十三年，受命，海运南宋库藏图籍至大都。至元十六年，升武略将军。至元十九年，朝廷寻求南粮北调，朱清、张瑄建议海运，被采纳。两人移居太仓，与上海总管罗璧造平底海船60艘，自刘家港运粮4万石至京师，开创了元代海运。张瑄少年无赖，后随朱清贩私盐，充海盗。降元之后，从元攻宋。至元十三年（1276），与朱清海运图籍至大都。至元十九年（1282）与朱清开辟海道运粮，任海道运粮千户，官至江南行省左丞。因搜刮不义之财，被告有逆谋，元成宗大德六年（1302）被杀。武宗至大三年（1310）平反。

② 元·赵世延，揭傒斯《大元海运记》，元·无名氏《海道经》，均有罗盘针路记载。

③ 蒲寿庚（1205—1290），又称蒲受畊，号海云，宋末元初人，阿拉伯（色目）商人后裔。元脱脱《宋史》："寿庚，西域人也。"明何乔远《闽书》也说蒲寿庚先祖是西域人。南宋时任泉州市舶司三十年，后降元，升任闽广大都督兵马招讨使、江西省参知政事、中书左丞等职。

④ 至元十六年（1279）十二月，元朝遣广东招讨司达鲁花赤杨庭璧出使俱兰国，国在印度半岛南部西海岸。次年十月，杨庭璧陪同元廷俱兰国宣慰使哈撒儿海牙，二次出使俱兰。自泉州入海，先至马八儿，在印度半岛东海岸，准备走陆路至俱兰，未成。至元十九年二月，杨庭璧三抵俱兰，三月，俱兰入贡。至元二十年，杨庭璧四至俱兰，赐俱兰国王瓦你金符。杨庭璧出使，增进了元朝与印度国家的交流。至元二十三年（1286），杨庭璧所到之国，与中国航海通商的，已有马八儿、须门那、僧急里、南无力、马兰丹、那旺、丁呵儿、来来、急兰亦带、苏木都刺等。

⑤ 北宋仁宗天圣元年（1023年），政府在成都设益州交子务，由京朝官一二人担任监官主持交子发行，并"置抄纸院，以革伪造之弊"。是为中国最早的纸币——"官交子"。流通范围限于四川。

第十二章　元代旅游

元代政府大力推行纸币，称行钞。

元代行钞的形状为长方形，一般长25-26厘米，宽16-18厘米，版面的四周是花边。上方从右到左印有币种"××宝钞"，正中为数额，有一贯、二贯、十文、二十文、五十文、一百文不等。下方印有印钞单位，职官名称，发行年、月、日，及伪造处死等警告。各钞所用币材，初期为棉质纸，后改桑皮纸。

元代行钞主要有中统钞、至元钞、至正钞。世祖忽必烈中统元年（1260）印行"中统元宝交钞"。世祖至元二十四年（1287）又发行"至元通行宝钞"，与中统钞并行流通。顺帝至正十年（1350）发行"至正交钞"，又称"新钞"，钞面文字为"中统元宝交钞"，加盖至正交钞字样，与至正通宝铜钱相辅发行。至正交钞一贯合至元钞二贯，合铜钱一千文。三种钞，币值最稳定的是中统钞，流通时间最长的是至元钞，而发行量最多、贬值最严重的是至正钞。

元代钞法比较完备。政府制定《至元宝钞通行条例》，规定纸币由中央统一发行和管理；不限地域，全国流通；不定期限，永久通用；无限法偿①，设立平准库，买卖金银以维持钞价，注重调节钞券的流通数量，有钞本，集中现银于国库等。并详细规定了纸币的制作、发行、流通方法以及伪造的处理方法。元后期的通货膨胀，正在于政府自坏钞法，滥发纸币。

元代推行纸币，有其原因。元政权起于蒙古草原，缺乏铸钱材料金银铜，印制行钞比铸钱容易；元代版图辽阔，纸币又轻又薄，携带与交易便利；纸币是金银的代表，有利于

---

① 货币的无限法偿就是无限的法定支付能力。不论支付的数额大小，不论属于何种性质的支付，即不论是购买商品、支付服务、结清债务、缴纳税款等，收款人都不得拒绝接收。

国家迅速控制全国财政与财富。《马可·波罗游记》："纸币流通于大汗所属领域的各个地方，没有人敢冒着生命危险拒绝支付使用，……用这些纸币，可以买卖任何东西。同样可以持纸币换取金条。""可以确凿断言，大汗对财富的支配权，比任何君主都来得广泛。"

元代纸币，为旅行旅游提供了极大的方便。

三、元代新都

元上都

位于闪电河（滦河上游）北岸水草丰美的金莲川草原，今内蒙古自治区锡林格勒正蓝旗上都镇东：

> 龙岗蟠其阴，滦水径其阳。四山拱卫，佳气葱郁，山有木，水有鱼盐，百货狼籍，畜牧蕃息。①

1256年，蒙古大汗国总领漠南汗地军国庶事的忽必烈，奉蒙哥汗旨意，于岭北滦水之阳，筑城堡，营宫室，称开平府。忽必烈即大汗位，中统四年（1263），升开平府为上都。上都，亦称上京、滦京。距原蒙古汗国的首都和林较近，是"控引西北，东际辽海，南面而临制天下"②的重要枢纽。忽必烈迁都大都后，每年夏季，仍要率领文武大臣、后宫嫔妃从大都到上都避暑游猎和处理政务。陈孚《开平即事》称扬上都："天开地劈帝王州，河朔风云拱上游。雕影远盘青海月，雁声斜送黑山秋。"

元上都有宫城、皇城和外城。三城均有护城河。宫城为园林式建筑，城墙砖砌，四角有楼，

① 元·王恽《秋涧集·中堂事记》。

② 元·虞集《贺丞相墓志铭》。

内有大明、仪天、宝云、宸丽、慈福、鸿禧、睿思诸殿，大安、延春、连香、紫檀、凝晖诸阁；绿珠、瀛州诸堂。宫城引水入苑，池沼分布，或亭或榭。《马可·波罗游记》说上都：

> 内有大理石宫殿，甚美，其房舍内皆涂金，绘重重鸟兽花木，工巧之极，技术之佳，见之足以娱乐人心目。

皇城环卫宫城，城墙石块包镶，道路井然，北部为皇帝御苑，南半部为官署、府邸区。外城土筑，周长约9公里，东西2050米，南北2115米。城外东、南、西关厢地带，为市肆、民居、仓廪。

元上都，国际贸易繁荣。中原商人、中亚商人、欧洲商人，运来各种金属器皿、日用品和奢侈品，运走上都地区的畜产品。常有波斯、突厥等商人往来，被称作"色目商贾"或"回回商人"。春夏秋三季，流动人口，高达百万。元人宋本《上京杂诗》说上都盛况："西关轮舆多似雨，东关毡房乱如云"，"柴车击毂断东街"，"太平楼上客纷纷"，"尽日笙歌毡巷北，初更灯火铁楼东"。

元上都，宗教兴盛。皇城东北和西北是寺庙区。建有众多佛寺、道观、清真寺。上都居民也有伊斯兰教、景教教徒。元人袁桷《上京杂咏次韵》说上都寺庙："宝阁凌空涌，金壶映日黄。梵音通朔漠，法曲广伊凉。"

元上都兴修水利。成宗大德二年（1298），按郭守敬的建议与设计，在上都组织施工铁幡竿渠，将山洪导入滦河。在上都城西北山口筑拦洪坝；坝北迎水，南侧附土堤加固；坝西留

溢洪口，下接溢洪渠，南接闪电河。是中国北方塞外草原较为成功的大型泄洪水利工程，至今保存完整。

元上都建天文台，有蒙哥汗时期的天文观测所承应阙，有忽必烈时期的回回天文台，也称北司天文台，首任台长扎马鲁丁。

元上都是中国北方草原建设的第一座都城，体现了蒙古游牧文化与中原城市传统的美好结合。

元大都

今北京。元太祖十年（1215）蒙古攻占金都中都（今北京广安门一带），改名燕京。至元元年（1264），忽必烈改称中都。至元四年（1267），朝廷由上都迁至燕京，在燕京旧城东北兴建新城，地在今北京市区，北至今蓟门桥西南"元大都城墙遗址"，南至今长安街，东西至今二环路。至元九年（1272），改称大都，突厥语称"汗八里"（Khanbaliq），意为"大汗之居"。至元二十二年（1285），新城竣工，忽必烈诏令旧城居民迁入新城。

大都新城奠定了今日北京的基本格局。平面长方形，东西短、南北长。周长28.6公里，面积约50平方公里。城建布局有一中心，一皇城，五十坊，十一门。

一中心，中心台。营建大都时，先在全城的几何中心（今北京旧鼓楼大街区内）建立中心台。据元末熊梦祥《析津志》，中心台占地一亩，四周有围墙，正南有石碑，上刻"中心之台"，是"大都城东南西北四方之中也"。中心台西侧十五步有中心阁，大约是为中心台配套的楼阁。中心台附近有钟楼、鼓楼，鼓楼置壶漏、鼓角；钟楼飞檐三重，置大钟，报时洪亮,传扬全城。《马可·波罗游记》:"新都的中央,耸立着一座高楼,上面悬着一口大钟,每夜鸣钟报时。第三次钟响后,任何人都不得在街上行走。除非遇有紧急事务,如孕妇分娩或有人生病,非出外请医生不可者可以例外。但是,如果遇到这种情况,外出的人必须提灯。"

一皇城。中心阁以南为皇城。皇城内,围绕太液池建三座宫殿,大内、隆福宫和兴圣宫。大内正门为崇天门,北面为厚载门,东为东华门,西为西华门。崇天门前有金水河,河上有周桥(或即今北京故宫断虹桥)。大内正殿为大明殿,是皇帝理政和居住场所。大明殿之后为延春阁,为皇后居所。皇城四周建红墙,亦称萧墙。正门称棂星门,左右有千步廊。萧墙的东墙外为漕运河道。南面和东南为官署区,东面有太庙,西面有社稷。

五十坊。元大都街道整齐。中轴大街宽28米,其他主要街道宽25米,小街宽度为大街一半,胡同宽度为小街一半。元人黄仲文《大都赋》:

> 论其市尘,则通衢交错,列巷纷纭,大可以并百蹄,小可以方八轮。街东之望街西,仿而见佛而闻;城南之走城北,出而晨归而昏。

著名街道有千步廊街、丁字街、十字街、钟楼街、半边街、棋盘街。全城街区按街道分 50 坊[①],有坊门,无坊墙。

十一门。大都城墙,土筑,高约10米至12米,基宽20米至24米,顶宽10米至15米。因夏季多雨,土墙易塌,每年入夏编织苇席覆盖墙

[①] 《析津志》称元大都有50坊,《日下旧闻考》引《元一统志》列49坊。

体，称"苇城"，民间称"蓑衣披城"。城墙东、南、西各开三门，北开二门，共十一座城门，南门丽正门、文明门、顺承门，东门崇仁门、齐化门、光熙门，西门和义门、平则门、肃清门。北门安贞门、健德门。

大都商业繁荣，城区东南西北皆有商市。东城区文雅，有角市、文籍市、纸札市、靴市。北城区繁华，有海子（积水潭）运河码头，多歌台酒馆、米市、面市、帽市、绸缎市、皮帽市、鹅鸭市、金银珠宝市；西城区喧嚣，多羊市、马市、牛市、骆驼市、驴骡市。南城区和南三门外新旧二城交接区，属下层居民生活区，市场热闹通俗，多果市、菜市、草市、蒸饼市、穷汉市。《析津志》说大都商市计30余种。市场商品，来自全国各地和世界各地。《马可·波罗游记》："凡世界上最为稀奇珍贵的东西，都能在这座城市找到，特别是印度的商品，如宝石、珍珠、药材和香料。"

大都旅客云集。既有各地商人，"川陕豪商，吴楚大贾，飞帆一苇，径抵辇下"，又有各地的北漂文人，是元朝旅游的中心城市。

泉州

今福建泉州，开拓甚早。秦代，泉地属闽中郡。西晋年间，五胡乱华，河洛人衣冠南渡，定居于晋江、洛阳江两岸，泉地自此兴盛。隋代，泉地属泉州（今福州）南安县，闽州南安县。唐代，先属武荣州；不久，武荣州废，仍属泉州；尔后，又于今泉州鲤城置武荣州，开始治地建城；再后，武荣州改称泉州，隶属闽州都督府。南宋时，泉州官府在澎湖建造房屋200间，派水军长期驻守，并编管台湾户籍。淳佑（1241—1252）年间，泉州户

第十二章 元代旅游

口增至25万5千户、130万人。元朝，在泉州设立行宣慰司，兼领行征南元帅府事。至元十五年（1278），升泉州为泉州路总管府，领南安、晋江、同安、永春、安溪、德化、惠安七县。至元二十一年（1284），设泉州行省。至元二十七年前后，在泉州路同安县澎湖设立巡检司，管辖澎湖、台湾等岛屿。当时澎湖列岛有居民1600余人，贸易至者岁常数十艘，人称"泉州外府"。

泉州是港口城市。南宋时，福建提举茶盐官兼领福建市舶司移驻泉州。元朝，泉州设置市舶提举司、都转运盐分司。

泉州也是宗教城市。佛教、道教、天主教、景教、伊斯兰教、摩尼教、日本教、拜物教、犹太教等，均有信众。

泉州是歌舞戏曲城市。南宋时，听歌看戏已经是泉州风俗。真德秀任泉州太守，作《再守泉州劝农文》，晓谕市民"莫贪浪游，莫看百戏"。元代，泉州歌舞戏曲更加热闹。城郊东湖有歌舞游宴，云台山下有歌舞院馆。南音、北管、高甲戏、歌仔戏、梨园戏、打城戏、嘉礼戏是喜闻乐见的戏曲节目。

泉州是景观城市。著名宗教建筑有中国现存最早的伊斯兰教清真寺[①]、世界唯一的摩尼光佛像石刻[②]、千年古刹开元寺[③]、妈祖神庙天后宫[④]等。城区（今鲤城区中山路）涂门街孔子文庙，建于北宋太平兴国初年（976），是现存规模可观的孔庙。晋江安平桥，俗称"五里桥"，建于南宋绍兴八年（1138），横跨晋江安海镇与南安水头镇海湾；花岗石石墩石梁，长2255米，宽3米至3.8米，有各式桥墩361个；桥两侧有石护栏，桥上有亭，桥东

---

① 泉州艾苏哈卜清真寺（意为圣友寺），简称清真寺，又名清净寺、麒麟寺。位于福建泉州涂门街，始创建于北宋大中祥符二年（1009）。元至大三年（1310），波斯人艾哈默德·本·穆罕默德·贾德斯扩建重修。是中国现存最早，独具古阿拉伯伊斯兰建筑风格的清真古寺。与广州狮子寺、杭州凤凰寺、扬州仙鹤寺并称四大清真寺。

② 泉州摩尼光佛像石刻，位于今福建晋江万山峰（又名华表山），距泉州13公里。庵内石壁，浮雕光佛，跏趺而坐，通肩长衫，双手置膝，长发披肩，颔下有二缕长髯。身后有圆形背光。旁有元代信士陈真泽等至元五年（1268）所刻铭记，指佛庵佛像是元人工艺。泉州是世界摩尼教最后消亡地之一，摩尼光佛像是已知中国仅存的摩尼教石壁造像。

③ 开元寺，地处今泉州市西街，建于唐武则天垂拱二年（686年），原名"莲花寺"，唐开元二十六年（738年）称开元寺；占地面积7.8万平方米，规模宏大，构筑壮观，景色优美，与洛阳白马寺、杭州灵隐寺、北京广济寺齐名。

④ 天后宫，建于宋庆元二年（1196），位于城南晋江之滨，今泉州市区南门天后路，是规模较大、年代较早的妈祖庙。

超然亭，桥西海潮庵，桥中泗水亭；泗水亭亭前石柱刻有"世间有佛宗斯佛，天下无桥长此桥"。城区东湖，湖面40余顷，盛植荷花，唐有东湖亭、二公亭，宋有波恩亭。城区洛阳江洛阳桥，在今洛阳江入海口，又名"万安桥"，北宋皇佑五年（1053）郡守蔡襄主持建造，是著名梁式石桥，与卢沟桥、赵州桥、广济桥并称"中国四大古桥"。城西南仙公山，原名"双髻山"，位于今洛江区马甲镇，主峰758米，气势雄伟，岩崖陡立，云雾缭绕，径曲林幽，含烟凝翠，风光旖旎。城北清源山，海拔498米，多奇石清泉，元人赞为"闽海蓬莱第一山"；山上灵山圣墓[①]，葬有穆罕默德门徒三贤沙谒储、四贤我高仕；山下又有宋人石雕老君，坐态端庄慈祥，是中国最大的老君石刻造像。

四、元代景点

大都国子监

今北京国子监。国子监，是中国古代朝廷的教育管理机关和最高学府。汉以前称太学，西晋称国子学。北齐称"国子寺"。隋、唐以后称"国子监"。元大都国子监建于元大德十年（1306），在今北京东城区安定门内国子监街，是我国现存唯一的一座朝廷教育建筑。

上海县文庙

建于至元二十八年（1291），在今上海老城厢文庙路，祭祀孔子，兼办国子学。是一座庙学合一的建筑。

洛阳老城祖师庙

在今洛阳老城区北大街北端，建于元末，纪念道教祖师老子。现存大殿顶部梁架呈现弯

[①] 明·何乔远《闽书》："回回家言：'（穆罕默德）门徒有大贤四人，唐武德中（618—626）来朝，遂传教中国。一贤传教广州，二贤传教扬州。三贤、四贤传教泉州，卒葬此山，夜光显发。人异而灵之，名曰圣墓，曰西方圣人之墓也。'"

曲结构，是典型的元代风格。

平遥寺庙

平遥（今山西平遥）城南永城村清凉寺建于元至正二年（1342）。城东金庄村金庄文庙，建于元至顺四年（1333）。《平遥县志》："元时有秀才十余辈结庐于此，后俱举进士，因创修焉。正殿祀至圣先师并四配十哲像。"大成殿孔子彩塑神像为元代建庙时同期作品，是全国现存最早的孔子塑像。

第十二节　修志绘图

朝廷编全国总志。至元二十三年，世祖忽必烈命扎马拉鼎、虞应龙等编撰，五年完成，命名《大一统志》。成宗大德初年重修，定名《大元一统志》。顺帝时刻印传世。学术价值高。继承了唐代开创的编纂全国地理志的传统，且"体例更完备，记载更详细，内容更丰富"①。

各行省修省志。元廷规定，为修《大元一统志》，各行省须先修省志，省志采用统一体例，报备朝廷。

地方修地方志。地方官员多有修志自觉性。蒙古进士燮理溥化《序乐安县志》："古之郡国皆有志，所以定区域辨土壤而察风俗也。""观其所录所载内容，封略之广狭、山川之远近、名宦之游历、古人之咏赞，与夫一民一物一言一行之有关世教者，靡不具载。""郡县不可无志。"今传元代地方志有于钦②《齐乘》，专记山东，分类纪事，辞约而事核。《四库全书总目提要》称"是书专记三齐③舆地，凡分八类：曰沿革，

---

① 唐代编有《元和郡县图志》、《太平寰宇记》、《元丰九域志》及《舆地纪胜》等。参看赵心愚《试论元代方志在中国方志史上的地位》。

② 于钦（1283—1333），字思容，祖籍文登，后定居山东益都（今青州市郑母镇）。官至中书省兵部侍郎，奉命山东，为益都田赋总管。

③ 三齐，今山东地区。前206年，项羽分封诸王，以齐国故地立故齐王族人田都为齐王，都临淄（今山东淄博），田市为胶东王，都即墨（今山东平度），田安为济北王，都博阳（今山东泰安），世称"三齐"。

曰分野，曰山川，曰都邑，曰古迹，曰亭馆，曰风土，曰人物"，"援据经史，考证见闻，较他地志之但采舆图凭空以论断者，所得究多。故向来推为善本。"又有冯福京修、郭荐①撰《大德昌国州图志》，专记昌国州，今浙江舟山。成书大德二年（1298），原本卷首有图，今图缺志存。《四库全书总目提要》称："其书简而有要。"又有张铉②《至正金陵新志》，专记金陵，成书至正三年（1343），广辑文献，史料丰富，本末明晰，考订较精。《四库全书总目提要》称："其学问博雅，故荟萃损益，本末灿然，无后来地志家附会丛杂之病。"

都实与《河源志》。都实，女真族蒲察氏后裔。仕元，任至招讨都元帅。至元十七年（1280），奉命以招讨使佩金虎符，率部勘察黄河源。自河州（今甘肃临夏）宁河驿，穿过甘南大山，经积石山东，溯河而上，到达河源地区，考察河源水文，指出河源在土蕃朵甘思西鄙星宿海③，"有泉百余泓，或泉或潦，水沮如散涣，方可七八十里，且泥淖溺，不胜人迹，弗可逼视，履高山下瞰，灿若列星"④。并绘制源图上报朝廷。是为中国历史上第一次大规模的河源考察。据此，元人潘昂霄⑤写作《河源志》，详细记载了都实的考察情况，附录《元史·地理志》。

朱思本绘制《舆地图》。朱思本（1273—？），字本初，号贞一，临川（今江西抚州）人。十四岁，学道龙虎山。成宗大德三年（1299），到大都协助正一道宗师张留孙管理道教事务。一路上，"登会稽，泛洞庭，

①冯福京，潼川（今四川三台）人，任昌国州（今浙江定海）判官。郭荐，乡贡进士，鄞县教谕。

②张铉，字用鼎，陕西人。长期任教集庆路学。集庆路，元称今南京为集庆路。路学，官办学堂。

③清代拉锡、阿弥达才西逾星宿海，实地勘察，认为黄河上源是阿勒坦郭勒河（今青海玉树藏族自治州曲麻莱县的卡日曲河）。

④元·潘昂霄《河源志》。

⑤潘昂霄，字景梁，号苍崖，济南人。官至翰林侍读学士。《河源志》所记是都实之弟阔阔出转述。

第十二章 元代旅游

纵游荆、襄，流览淮、泗，历韩、魏、齐、鲁之郊，结辄燕、赵，而京都实在焉"①。武宗至大四年（1311）到延祐七年（1320），代表元帝祭祀名山大川。"祠嵩高，南至于桐柏，又南至于祝融，至于海"。足迹遍及今华北、华东、中南地区。期间所绘《舆地图》是元代地图的标志性成果。

朱思本绘图，坚持实地考察。《舆地图自序》："讯遗黎，寻故道，考郡邑之因革，核山河之名实，验诸滏阳、安陆石刻《禹迹图》、樵川《混一六合郡邑图》。"广泛研究前人著作，《水经注》、《通典》、《元和郡县志》、《元丰九域志》等，特别是注意搜集研读少数民族地理著作，"从八里吉思家得帝师所藏梵字图书，而以华文译之"②。继承提高"计里画方"制图法，"计里画方"是中国制图传统，每一方块按比例折合里数，朱思本用之，地形区域的制作与标记比前人精细详尽，提高了传统"计里画方"的精确度。明代地理学家罗洪先《广舆图序》：

> 尝遍观天下图籍，虽极详尽，其疏密失准，远近错误，百篇而一，莫之能切也。访求三年，偶得元人朱思本图，其图有计里画方之法，而形实自是可据，从而分合，东西相俾，不至背舛。

《舆地图》绘有中国，也绘有大蒙古帝国及周边小国。朱思本自言"其间河山绣错，城连径属，旁通正出，布置曲折，靡不精到"，但"涨海之东南，沙漠之西北，诸番异域，虽朝贡时至，而辽绝罕稽，言之者既不能详，详者

① 元·朱思本《贞一斋诗文稿·舆地图自序》。

② 《元史·地理志》。

又未必可信,故于斯类,姑用阙如"。

　　元代,欧亚交游,各民族交游,空前兴盛。元曲记游,一花独放。北方新城崛起,崭露峥嵘;塞外草原风情,广为传扬。

第十三章

明代旅游

公元1368年（明太祖洪武元年），明王朝推翻元王朝，定都南京应天府。公元1421年（永乐十九年），明成祖迁都北京顺天府。公元1644年（崇祯十七年），李自成攻入北京，明思宗自缢，清兵入关，明朝亡[①]。

明朝强化专制，改革经济。废丞相，设内阁，保证皇帝大权独揽；设"三司"，以布政使司、按察使司、都指挥使司，分管地方的民政、刑政、军政；设监察御史，考察政绩，弹劾官吏；设锦衣卫、东厂，侦缉叛逆，剪除奸党；迁都北京，坐镇北方，镇压边患；以八股取士，扩充科举，罗致文化精英；确立"农为国本，百需皆其所出"[②]，召集流亡，屯田垦荒；轻徭薄赋，休养生息；兴修水利，鼓励桑麻；颁布法令，放松佃农人身关系，改善手工业工人处境；农业、手工业与商业迅速复荣，社会资财迅速积累，"百姓充实，府藏

[①] 1644年，清兵入关后，明朝宗室在江南建立南明政权，1662年永历帝朱由榔被杀，南明亡。

[②] 《明太祖洪武实录》。

衍溢","土无莱芜，人敦本业"，"上下交足，军民胥裕"①。开创了洪武之治、永乐盛世、仁宣之治和弘治中兴，综合国力强盛②。

明朝疆域，神宗之前，东北至朝鲜、黑龙江，北至大碛，西北至新疆哈密，西南至缅甸中北部、老挝北部、泰国北部并据有安南，并在今西藏等地设有羁縻机构。南海的"千里长沙，万里石溏"也尽入版图③。

明朝旅游活动和旅游文化亦再上层楼。

第一节 林下风流

一、得意者作太平游

明灭元，汉族政权失而复得，仕途得意的文人士大夫精神振奋，在自然山水、佛寺道观和园林古迹，流连忘返。

宋濂（1310—1381），字景濂，号潜溪，别号玄真子，浦江（今浙江义乌）人。主修《元史》，太祖时官至翰林院学士承旨、知制诰。身当重任，时或游一游孔子庙、水西寺④，登一登冈山斋、松风阁⑤，写一写《游钟山记》、《琅琊山游记》，保持忙里偷闲的大臣风度。

张行中，字舆仁，槎溪（今湖南新化）人。太祖洪武时授刑部主事。春天晴朗，游杭州西湖：

晴麓云横万里长，出门步步是春光。
近湖酒阁多红杏，隔岸渔家尽绿杨。
萧鼓声寒心自醉，绮罗魂吹骨犹香。
漫游不足矜年少，赢得闲情似洛阳。⑥

这"赢得闲情"就是春风得意。

王士性（1547—1598），字恒叔，号太

① 《明史·食货志》。

② 明后期，神宗朱翊钧（出生1563，在位1573—1620）时张居正执政之后，政治衰败，天灾频仍，农民起义，外族入侵，导致闯王破京，清兵入关。

③ 神宗之后，疆域有所收缩，东北缩至鸭绿江、辽河流域；北方缩至长城；西北缩至嘉峪关；西南放弃安南。

④ 明·宋濂《歙县孔子庙学记》、《游泾川水西寺》诗。歙（shè）县，今安徽歙县。泾川，今甘肃泾川。

⑤ 宋濂《题王允冈山斋》、《松风阁记》。冈山斋，在江苏宜兴城南。松风阁，在南京灵谷寺。

⑥ 明·张行中《湖上分韵得香字》。

初,浙江临海人。神宗万历进士,授确山知县,官至南京鸿胪寺正卿。好游善游,能游能言能文。"宦游于四方,几三十年,出必假道,过必浪游,晴雨雪月,无不宜者。"所到之处,"人知其乐,而不知其所以乐也,余则能言",作《五岳游草》、《广游志》。清人纪昀总纂《四库提要》:

> 士性初令确山,游嵩岳。擢礼科给事中,游岱岳、华岳、恒岳。及参粤藩,游衡岳。此外游名山以十数,经历者十州。游必有图有诗,为图若记七卷,诗三卷,不尽于记与诗者为杂志二卷。亦名《广游记》,统题曰《五岳游草》,盖举其大以该其馀也。

又作《广志绎》,记录山川险易、民风物产,巨细兼载,眼光独到,是一部富有价值的人文地理学著作。

二、失意者作潇洒游

明廷统治严厉,侦控官吏,罗列文网,一些为官者痛感从政危殆,宁肯归隐山水,做个优哉游哉的富贵闲人。又有一些读书人,眼看仕途险恶,干脆不下科场,不求进取,甘心在湖光山色中做个风流才子。

高启(1336—1374),字季迪,长洲(今江苏苏州)人。元末隐居吴淞青丘,自号青丘子。明初诏修《元史》,授翰林院编修。洪武三年(1370),委任户部右侍郎,固辞回乡。因踏雪观梅,自喻:

> 琼姿只合在瑶台,谁向江南处处栽。
> 雪满山中高士卧,月明林下美人来。①

---

① 明·高启《梅花》。

孤高之态，激怒太祖，借案腰斩。

瞿佑（1347—1433），字宗吉，号存斋，钱塘（今浙江杭州）人，或山阳（今江苏淮安）人。"学博才瞻，风致俊朗"，太祖洪武初，官周王府长史。成祖永乐间，因诗获罪，谪戍保安（今河北涿鹿）。《和狱中诗》"何日湖船载春酒，一蒿撑过断桥西"①。急切盼望脱离牢笼，恢复自由自在的旅游生活。

① 明·瞿佑《归田诗话》。

刘士亨，号菊庄。生当代宗、英宗两朝。文才出众，不肯当官，唯嗜游山玩水，踏花寻春。《湖上暮归》：

> 小朦驮醉踏残花，柔绿阴中一径斜。
> 日暮归来问童子，春衣当酒在谁家？

时人戏言"花时不共刘郎醉，辜负东家芍药栏"②。

② 明·聂大年《寄刘士亨》。

张天锡，号海观，英宗时授山西山阴县教谕。不久，解官南归，"湖山诸奇，名胜之燕集，迨无虚日"③。某次，与客游西湖，指鱼丛为题："误入在泥沙，青山是故家。无心栖燕雀，有意恋鱼虾。"④这和陶渊明的"误落尘网中，一去三十年。羁鸟恋旧林，池鱼思故渊"⑤是一个意思。

③ 明·田汝成《西湖游览志余》。

④ 明·田汝成《西湖游览志余》。

⑤ 陶渊明《归园田居》。

刘邦彦，号宾山，工诗翰。宪宗成化年间隐居不仕，自言"唯有东风一樽酒"，"到处湖山结俊游"⑥。记游诗《暮春陪陈太常西湖宴集》：

⑥ 明·刘邦彦《春兴》："唯有东风一樽酒，朝朝相对药栏倾。"《答姚今绶》："平生图史淹清宦，到处湖山结俊游。"

> 六桥柳色翠迷津，画舫移迟送酒频。
> 醉眼不知三月暮，赏心又度一年春。
> 莺谐急管催歌板，燕蹴轻花堕舞裀。
> 年少莫将行乐误，座中半是白头人。

表明他菲薄功名、行乐山水的人生态度。

孙一元，字太初。苕溪五隐之一①。《明史·隐逸传》："（一元）不知何许人，问其邑里，曰：'我秦人也'。尝栖太白之巅，故号太白山人。""善为诗，风仪秀朗，踪迹奇谲，乌巾白袷，携铁笛鹤瓢，遍游中原，东踰齐鲁，南涉江淮，历荆抵吴越。"

唐寅（1470—1523），字伯虎、子畏，号六如居士，吴县（今江苏苏州）人。诗人，画家。孝宗弘治中乡试第一，后上北京会试，因科场案，连累入狱。放归，看轻仕途，远游祝融（南岳衡山主峰）、匡庐、天台、武夷诸山及洞庭、彭蠡诸湖。所画山川名胜，似可游可居者。

徐渭（1521—1593），字文长，号天池山人，青藤道士，山阴（今浙江绍兴）人。精通书法、文章、绘画。性格豪荡不羁，"眼空千古，独立一时。当时所谓达官贵人，骚士墨客，文长皆叱而奴之，耻不与交"②。浙闽总督胡宗宪聘为幕僚，深受信赖。及胡宗宪下狱问罪，徐渭因受牵连，愤而自杀，未遂，"恣情山水，走齐鲁燕赵之地，穷览朔漠"③。46岁时，又因杀妻嫌疑，入狱7年。继而"往游天目"，"遂走南京，纵观诸名胜"④。"所见山奔海立，沙起云行，风鸣树偃，幽谷大都，人物鱼鸟，一切可惊可愕之状，一一皆达之于诗。其胸中又有一段不可磨灭之气，英雄失路，托足无门之悲，故其为诗，如嗔如笑，如水鸣峡，如种出土，如寡妇之夜哭，羁人之寒起。当其放意，平畴千里，偶尔幽峭，鬼语秋坟"⑤。

袁宏道（1568—1610），字中郎，公安

① 《明史·隐逸传》："时刘麟以知府罢归，龙霓以金事谢政，并客湖州，与郡人故御史陆昆善，而长兴吴珫（chōng）隐居好客，三人者并主于其家。珫因招一元入社，称苕溪五隐。"

② 明·袁宏道《徐文长传》。

③ 袁宏道《徐文长传》。

④ 明·徐渭《畸谱》。

⑤ 袁宏道《徐文长传》。

（今湖北公安）人。万历进士，选为吴县（今江苏苏州）知县，官至稽勋郎中。与兄袁宗道、弟袁中道旗帜鲜明地反对文坛复古，时称"公安三袁"。袁宏道厌恶官场倾轧，思慕逍遥旅游，"时不可为，豪杰无从着手，真不若在山之乐也。"① "登山临水，终是我辈行径，红尘终不堪也。"② 后辞去官职，邀好友数人，横渡太湖，畅游西湖，泛舟鉴湖（今浙江绍兴鉴湖），观五泄（今浙江诸暨五泄山瀑布），上天目（今浙江天目山），兴致愈游愈浓：

> 看花西湖，访道天目，往返吴，越间四阅月，足之所踏，几千余里；目之所见，几百余山；其他登览赠寄之作，亦几成轶。丘壑日近，吏道日远，弟之心近狂矣，痴矣③。

① 袁宏道《冯琢庵师》。
② 袁宏道《答小修》。
③ 袁宏道《解脱集·赵无锡》。阅月，看月相由明到暗的变化，谓经历一月。

记游诗文遍布华山、嵩山、骊山、苏门山（河南新乡）、岘山、隆中、庐山、洞庭、香山（北京）等名山大川。

王思任（1574—1646），字季重，山阴（今浙江绍兴）人。"偃蹇宦途，三仕三黜"④。乃遁迹山林，专务游观，闻景必游：

> 尝欲佞吾目，每岁见一绝代佳人，每月见一种异书，每日见几处山水，逢阿堵举却，遇纱帽则逃入深竹，如此则目着吾面，不辱也。⑤

④ 明·张岱《王谑庵先生传》。
⑤ 明·王思任《徐伯鹰天目游诗记序》。

汤显祖《王季重小题文字序》：

> （季重）往来燕越间，起禹穴、吴山、江、海、淮、沂，东上岱宗，

西迤太行，归乎神都，所游目，天下之股脊喉腮处也。英雄之所钟，美好之所铺，咸在矣。

且王思任钻研旅游之道，见解往往新颖，是明代著名的旅游理论家。

三、修心者作性灵游

明中叶，王阳明①"唱其新说，鼓动海内"②。以"心外无物，心外无事，心外无理，心外无善"，"我心之良知，无有不自知"③的王氏心学，联手"直指本心"的禅宗哲学，打破标榜天理、毁灭人欲、扼杀个性的程朱理学，引导文人与士大夫归趣天真，委心自然，在山水园林、寺院禅房中，清净本心，启迪良知，"独抒性灵"④，"以性灵游"⑤。

王守仁，即王阳明（1472—1528），游九华山（今安徽青阳九华山）一边欣赏九华风景：

灵峭九万丈，参差生晓寒。
仙人招我去，挥手碧云端。

一边与禅僧讨论哲理：

不向少林面壁，却来九华看山。
锡杖打翻龙虎，只履踏到巉岩。
这个泼皮和尚，如何留得世间？呵呵！
会得时，与你一棒。
会不得时，且放在黑漆桶里偷闲。⑥

这等禅性据说就是阳明心学的根基，故称王氏心学为"阳明禅"⑦。

袁宏道也是性灵中人。性灵淡泊，禅意清虚，游趣在乎天然。"世人所难得者唯趣"，"夫趣之得之自然者深，得之学问者浅"⑧。所

---

① 王守仁（1472—1529），字伯安，绍兴余姚（今宁波余姚）人，因筑室会稽山阳明洞，自号阳明子，学者称之为阳明先生，亦称王阳明。官至南京兵部尚书、都察院左都御史。明代著名思想家，精通儒家、道家、佛家。立功、立德、立言。是心学集大成者，和孔子（儒学创始人）、孟子（儒学集大成者）、朱熹（理学集大成者）并称孔、孟、朱、王。学术成就冠绝有明，学术思想影响深远。

② 清·顾炎武《日知录·心学》。

③ 王阳明《王成文公全书·文录》。

④ 袁宏道《小修诗叙》。

⑤ 潘耒《徐霞客游记序》。

⑥ 《池州府志》。

⑦ 明·刘宗周《列子全书》卷十九《答胡嵩高，朱绵之，张奠夫诸生》。

⑧ 袁宏道《小修诗叙》。

以在官也罢，去官也罢，他都极爱游览，"潇然于山石草木之间"①，"花态柳情，山容水意，别是一种趣味。此乐留与山僧游客受用，安可与俗士道哉"②。

袁中道（1570—1623），字小修，更是性灵中人。《明史·文苑传》："（中道）十余岁，作《黄山》、《雪》二赋，五千余言，长益豪迈，从两兄宦游京师，足迹半天下。"且特爱水上旅游，自称"予性嗜水，不能两日不游江"③。游风"独抒性灵，不拘格套"④。一切山水景观，在他看来，如宾如侣，"至奇至幻，至灵至活，态穷百物，体具七情"⑤。是一位心灵、性灵、目灵、笔灵的旅游秀才。

四、纵欲者作狂放游

从明中叶开始，在市场经济的左右下，伦理观念，道德观念，生活观念，普遍转向重金重利，朱载堉⑥《山坡羊·钱是好汉》："人为铜钱，游遍世间。"《康熙华州志》："显贵不必诗书，而蓄资可致。"转向纵私纵欲，"咱只消这家私，广为善事，就使强奸了嫦娥，和奸了织女，拐了许飞琼，盗了西王母的女儿，也不减我泼天富贵"⑦。部分文人士大夫也顺应潮流，看齐世俗。以王艮、李贽等为首的"左派王学"，力主按照人的本性、个性，自然而然地为人处世，无须扭曲童心⑧，压制私欲，所谓"私者，人之心也，人心有私而后其心乃见"，"此自然之理，必至之符"⑨，提出人生在世的五大快乐是吃、喝、玩、乐，挟妓冶游⑩。凡童心未泯的人应无视礼法，无拘无束，追逐声色，快意奢侈，纵情享乐，浪游狂游。

康海（1475—1540），字德涵，号对山，

① 袁宏道《满井游记》。

② 袁宏道《晚游六桥待月记》。

③ 袁中道《远帆楼记》。

④ 袁宏道《小修诗叙》。

⑤ 袁中道《游黄山记》。

⑥ 朱载堉（1536—1611），字伯勤，号句曲山人，出生于怀庆（今河南沁阳），明太祖朱元璋八世孙。其父郑王朱厚烷去世，长子朱载堉本可继位，却七疏让国，归里著书。著有《乐律全书》、《律吕正论》、《律历融通》、《算学新说》、《瑟谱》等。明代著名的音乐家、历学家、数学家、散曲作家。

⑦ 明人章回小说《金瓶梅》第五十七回西门庆语。

⑧ 明·李贽《焚书》卷三《童心说》。"童心"，"绝假纯真"，"最初一念之本心也"，"若失却童心，便失却真心，失却真心，便失却真人"。

⑨ 李贽《藏书》卷二。

⑩ 袁宏道《叙陈正甫会集》。

武功（今陕西武功）人。孝宗弘治状元，任翰林院修撰。好编杂剧，又好以游狎妓。常和妓女跨马骑驴，招摇过市，"游行道中，傲然不屑"①。

张献翼，人称张太学，专门翻书找出古人"越礼任诞之事，排日分类，仿而行之，或紫衣挟妓，或徒跣行乞，遨游于通邑大都"②。

屠隆（1542—1605），字长卿，号赤水，鸿苞居士，鄞县（今浙江宁波）人。万历进士，官河南颖上知县，迁礼部主事。沉于酒，迷于诗，耽于游，"情之所向，俚下亦可。才之所向，博综猥琐亦可"③。其在颖上，"时招名士饮酒赋诗，游九峰三泖，以仙令自许"④。及至礼部，仍醉心游乐，被同事劾为"淫纵"，罢去官职。从此，卖文为生，北游关塞，南游吴越，狂游不止。

第二节　南洋船队

从明成祖朱棣永乐三年（1405）到明宣宗朱瞻基宣德八年（1433），一支庞大的远洋船队，在"洪涛接天，巨浪如山"⑤的南洋海面，云帆高张，"昼夜星驰，涉彼狂澜，若履通衢"⑥，来往于中国的东海岸和非洲的东海岸。

这支船队就是郑和率领的大明船队。

郑和船队首开15世纪人类三大航海活动（郑和船队、哥伦布船队、达·伽马船队）。在时间上，郑和船队穿越印度洋，比1492年意大利人哥伦布率领西班牙船队横渡大西洋，发现美洲新大陆，领先87年；比1497年葡萄牙人瓦斯科·达·伽马率领的葡萄牙船队南下

---

① 明·何良俊《四友斋丛说摘抄》卷五《杂记》。

② 《列朝诗集小传》丁集《张太学献翼》。

③ 屠隆《由秦集》卷二十三《与友人论诗文》。

④ 《明史·屠隆传》。九峰三泖在今上海松江区。九峰指佘山、天马山、横山、小昆山、凤凰山、厍公山、辰山、薛山和机山。三泖指松江、青浦、金山湖荡。

⑤ 郑和《天妃灵应之记碑》。

⑥ 明·巩珍《西洋番国志》。

大西洋，绕过非洲好望角，开向东印度，领先92年。在首航规模上，郑和船队总计62艘，每艘长44丈、宽18丈，"体势巍然，巨无与敌，蓬、帆、锚、舵，非二三百人莫能举动"①，载员超过2万7千人；哥伦布船队总计3艘、最长34米、载员88人；达·伽马船队总计4艘、载员170人；两相比较，西方船队黯然失色。在出航的性质上，西班牙和葡萄牙船队满载火药，是一支垂涎财富、志在掠夺的殖民船队；郑和船队满载礼物，沿岸互利互惠，是一支宣扬大国皇恩的友好船队，在风云诡谲的印度洋划出一条和平外交之路。

组建这支船队与开通这条航线的强大力量是大明王朝的雄厚国力、外交雄心和航海技术。

明初，朝廷刻意追求"帝王居中，抚驭万国"，"四夷慕圣德而率来"②的国际地位和国际声誉，制定了"厚往薄来"③、"示中国富强"④的外交原则，开展了遣使招徕"凡舟车可至者，无所不届"⑤的外交活动，一时威德远扬，"盖兼汉唐之盛而有之"⑥。

明初，中国的造船技术已有深厚的历史积累。近年发现的秦汉时广州造船工场，可以打造长30米，宽6米至8米，载重五六十吨的船只⑦。唐人贾敦诗还详细记载了从广州直抵波斯湾尽头的航海路线⑧。元时，摩洛哥人伊本·贝图达看到中国海船高筑四层甲板⑨。

航海需要航海家。郑和天生我才。

郑和（1371—1434），本姓马，小字三保，回族，云南昆阳（今云南晋宁）人。他的祖上大约在元代初年由西域迁居中国。祖父和父亲到过伊斯兰教的圣地麦加（今属沙特阿拉

①明·巩珍《西洋番国志》。

②《明成祖实录》。

③《明史·西域传》。

④《明史·郑和传》。

⑤《明史·西域传》。

⑥《明史·西域传》。

⑦《人民日报》1977年2月27日。

⑧《新唐书·地理志》。

⑨Ibn Battuta,《Travels in Asia and Africa》, London, 1929。

伯），从小熟悉外洋情况。稍长，入宫为宦，跟随朱元璋第四子燕王朱棣夺取明惠帝朱允炆的政权，被朱棣赐姓郑，充任内官监太监。永乐初，明成祖扩大邦交，通使海外。郑和因"才负经纬，文通孔孟"①、"行如虎步，声如宏钟，博辩机敏，长于智略，知兵习战"②而荣膺重任。

永乐三年六月十五日（1405年7月11日）郑和船队第一次下西洋。

始发港口，苏州刘家港（今浏河入江处）。出长江，入东海，候风福建长乐港。未几，出五虎门（今闽江口），穿台湾海峡，经南海，到占城国（今越南南部）。稍歇，航行爪哇、苏门答腊，停船满剌加（今马六甲）。

满剌加国在马来半岛，控制马六甲海峡，是太平洋和印度洋之间的交通咽喉。郑和上岸，受到国王盛大欢迎。郑和宣读国书，赠送物品，树立纪念碑，又征得国王同意，在满剌加建造仓库，作为西去印度洋的转运站。

离开满剌加，郑和船队到达印度半岛西南端的古里国（今印度喀拉拉邦科泽科德）。郑和赠礼刻碑③，以物易物。临走时，国王回赠中国皇帝赤金抽丝珍宝带。

从古里返航，郑和船队访问巨港（今属印度尼西亚）。巨港又称旧港，或称三佛齐国。国民多华侨，首领是两位华人，广东南海（今广州）人梁道明和广东潮州（今潮安）人陈祖义。陈祖义是横行南海的海盗，表面上接受郑和招谕，却密谋抢掠郑和宝船。郑和将计就计，待其偷袭，"大败其众，擒祖义"，民众拍手称快。

永乐五年（1407）九月初二，郑和回到京

①《郑氏家谱》。

②《古今识鉴》。

③明·马欢《瀛涯胜览》记录碑文："其国去中国十万余里，民物咸若，熙皞同风，刻石于兹，永垂万世。"

城南京。

永乐五年九月十三①，郑和船队第二次下西洋。

船队仍由苏州刘家港出发，经福建长乐，至于占城。再由占城，经爪哇（今印度尼西亚爪哇），到达暹罗国（今泰国）。在暹罗，国王迎接郑和，设宴款待。郑和派船真腊（今柬埔寨），公平交易。

由暹罗，经满剌加，直航柯枝国（今印度半岛柯钦）。柯枝是印度的重要海港，东面依山，三面环海。气候适中，雨量充沛，宜种胡椒，人称胡椒国。郑和船队驶进港口，国王和居民列岸恭候。双方互通有无，相处融洽。临走时，郑和又派船访问印度半岛西海岸的甘巴里（或称坎巴叶，今坎贝湾的坎贝），阿拔把丹（今阿默达巴德）。自己率领大船队南下古里，经孟加拉国海峡，抵达锡兰山。

锡兰山地处印度半岛南面海域，是古代东西航道必经之地。东晋安帝义熙五年（409），名僧法显孤游到此，称锡兰为狮子国。事隔千秋，郑和来访，在佛寺立下一块从中国带来的石碑②，立碑时间，永乐七年（1409）二月初一。

离开锡兰，郑和停船印度半岛西南的南巫里（今马拉巴尔），邀得南巫里国王同往中国。归途，经过满剌加，在满剌加北面的九州岛（今马来半岛西岸森美兰），采伐了六棵黑花细纹、香味清远的高大香树以志纪念。

回到南京，时维永乐七年（1409）夏。

同年九月，郑和船队第三次下西洋。

起锚苏州刘家港，郑和一帆风顺，泊于占城国新州港（今越南归仁）。占城国王头戴

①郑和二下西洋的出发时间，《明史·郑和传》说是永乐六年九月，《明史·成祖本纪》说是永乐五年九月十三，又《南山寺碑》所记与《本纪》同。

②五百年后，1911年，石碑发现于锡兰加里城内克瑞普斯路拐角，碑呈绿色，高4尺5寸，宽2尺5寸，碑首雕刻龙头，碑文分别用汉文、泰米尔文和波斯文书写，内容颂扬佛法，兼记布施：金一千钱，银五千钱，各色纻丝五十匹，各色绢五十匹，古铜香炉五个，金莲花六对，香油二千五百斤，戗金座全古铜花瓶五对，戗金座全黄铜烛台五对……今存斯里兰卡科伦坡博物院。

三山金花冠，身穿五色礼服，骑着大象，亲率文武百官和五百人仪仗队，载歌载舞，敬请大明使团，按当地风俗，宾主痛饮，极欢而罢。郑和换给占城人民青丝盘碗、纻丝、绫绢、烧珠等，占城人民换给郑和犀角、象牙、伽蓝香等。

由占城，经爪哇、满剌加、苏门答腊，郑和船队于永乐八年（1410）重访锡兰。时任锡兰国王亚烈苦奈儿，不敬佛，不爱民，暴虐凶悖，阴险狡诈。一面密令其子纳颜图引诱郑和离船，企图扣为人质，勒取赎金，一面发兵五万突击围攻。但郑和识破阴谋，避实击虚，包围锡兰王宫，俘虏亚烈苦奈儿。

事毕，郑和船队从锡兰行至印度西南端的小葛兰（今奎隆），再经满剌加，于永乐九年（1411年）六月返回南京。与他一同到达的有十九个国家的使节，这些使节在南京观光游览，为南京增加了欢乐的气氛。亚烈苦奈儿也受到明王朝的宽待，不久，护送回国。

永乐十一年（1413）冬季，郑和船队第四次下西洋。

经占城、爪哇、巨港、满剌加，继而，过彭亨（今属马来西亚）、经兰丹（今属马来西亚），重上苏门答腊。在这里，郑和协助国王平定内乱，稳固局势，派船访问苏门答腊岛上的南巫里国及阿鲁国。随后，经锡兰、加异勒（在印度半岛南端），到达古里。

古里，是第一次下西洋的终点站，也是前三次下西洋的最远站。这次，郑和决定超越古里，挺进波斯湾。

波斯湾口，忽鲁谟斯（今属伊朗）王国隆重欢迎中国贵宾，安排郑和使团参观宏大的

清真寺、繁华的商业区。当地民众拿出琥珀、珊瑚、猫睛石、龙眼、珍珠及药材，和船队交换丝绸、瓷器等。国王特派大臣已即丁携带国书、麒麟（长颈鹿）、狮子、驼鸟、羚羊、斑马、珍珠、宝石，驾驶一条本国海船，加入郑和船队回访中国。

东航半途，船靠溜山（今马尔代夫群岛）。溜山岛国，一向由女王执政，伊本·贝图达称为"女人国"。国中盛产龙涎香、乳香、椰子。郑和实价收购，童叟无欺，并虚心学习航海经验，给溜山岛国留下了极好的印象。

永乐十三年（1415）七月初八，郑和回到南京。

隔了两年，永乐十五年（1417）秋季，郑和船队第五次下西洋。

郑和先到福建泉州仁风门外的灵山祈拜回教先贤墓地，立碑祷告："钦差总兵太监郑和，前往西洋忽鲁谟斯等国公干，永乐十五年五月十六日于此行香，望圣灵庇佑。"然后南下占城，历经爪哇、满剌加、苏门答腊、锡兰、柯枝、古里、沙里湾泥（在北印度），抵涉阿拉伯半岛的阿丹国。

阿丹国（今亚丁）在红海入海口。郑和宾至如归，备受敬重。郑和向国王赠送彩币，国王向永乐皇帝回赠金冠。阿丹民众向郑和船队购买中国各式各样的商品，郑和船队向阿丹人民购买大块的宝石猫睛石，大颗粒的珍珠，二尺多高的珊瑚树，香料蔷薇露以及长颈鹿、狮子、驼鸟、白鸠等稀有禽兽。

阿丹的南面是布满原始森林的非洲。15世纪，非洲对于欧亚各国非常神秘，尤其是非洲的赤道以南，还没有到过一只欧亚商船。郑和

第十三章 明代旅游

勇往直前,首航东非。

东非第一站是红海沿岸的剌撒。剌撒气候炎热,土地贫瘠,到处凿井,用绞车提水,羊皮袋盛水。由剌撒绕过非洲东北角,郑和船队冒着酷热的气温,到访木骨都束(今索马里首都摩加迪沙)。木骨都束遍地黄土,遍地红石,农业收成很低,衣食住行艰苦。国王答谢郑和的礼物是一只称为"祖剌法"或"撒哈剌"的长颈鹿。再往南方航行,郑和登上非洲东岸的麻林(今肯尼亚)。麻林之南,森林阴沉,蛮荒可恐,郑和听从了土著劝告,掉转船头,横渡印度洋,东归中国。

永乐十七年(1419)七月,郑和回到南京,与他同船而来计有16个西洋国家的外交使臣。

永乐十九年(1421)冬季,郑和船队第六次下西洋。

道经占城、锡兰、古里、甘巴里、琐里①,又到阿拉伯半岛,访问祖法儿,再到非洲的东海岸,访问木骨都束、竹步、卜剌哇和麻林。卜剌哇与木骨都束相邻,竹步与麻林靠近,自然环境与生活状况大同小异。完成使命,郑和从东非直航中国,永乐二十年(1422)返抵陪都南京②。

明宣宗宣德五年(1430),郑和奉命第七次下西洋③。

闰十二月初六(1431年1月19日),郑和船队27 550人,由南京龙湾(今下关),经苏州刘家港,开出长江口,转舵南下,游观南洋群岛、印度半岛、阿拉伯半岛及非洲东岸。在南洋群岛苏门答腊,郑和派太监洪保带小船队出使榜葛剌(今孟加拉国)。在印度半岛的古

---

① 或称西洋琐里,地在印度半岛哥罗曼德尔一带。

② 永乐十九年,明王朝以北京为首都,以南京为陪都。

③ 第七次之前,郑和出差旧港。《明史·郑和传》:"永乐二十二年(1424)正月,旧港酋长施济孙请袭宣抚使职,和赍印往赐之,比还,而成祖已晏驾。"成祖晏驾是当年七月,郑和回国是当年八月。因时间短,地点单一,不计郑和下西洋的次数。

里，郑和派随员马众等七人出使阿拉伯半岛的伊斯兰教圣地天方（今沙特阿拉伯的麦加）。

宣德八年（1433）三四月份，船队北返中国。在台湾海峡，郑和副手王景弘指挥的小船队途经赤坎（今台湾安平），暂留当地，救死扶伤，在台湾引起了感人传说。

七月，郑和返向南京。向北京朝廷具文报告这次周游西洋二十余国的外交成果。

宣德九年（1434），郑和在南京病逝，终年64岁，墓葬南京牛首山。

赞美郑和，须用重彩浓墨。

郑和是15世纪世界航海活动的先锋，是打通中国到波斯湾、阿拉伯、红海及非洲航道的第一人。按照他的海上记录所绘制的《郑和航海图》是我国最早的远洋航海地图，对后世航行印度洋、太平洋，借鉴良多。

郑和是杰出的外交家。在亚非诸国，他代表明政府敕封赏予①，迎宾送客②，调解纠纷③；代表中国人民与各国人民交流经济，交流文化；他有一支强大的武装，却绝少施用，偶一为之，实属迫不得已的正当防卫④；为中国树立了崇高的海外威信，建立了良好的海外关系。各国人民称道他的恩惠，传诵他的故事，修盖他的寺庙。所谓"南洋言神，辄称三宝大神，或云三宝即太监郑和也"⑤。

郑和又是杰出的旅游家。他先后周游了三十多个南洋国家，浏览了这些国家的市容和名胜，观风知俗，调查物产，探究地理，领略气候，特别是非洲的热带气候，见闻极为广博，收获极其丰富。他的随行文人因此撰写了三部重要的旅游著作，马欢的《瀛涯胜览》，巩珍的《西洋番国志》，费信的《星槎胜

---

① 马欢《瀛涯胜览》说："永乐五年，朝廷命正使太监郑和赍诏敕赐其国王（古里国王）诰命银印。"

② 《明史·郑和传》说永乐十四年，"满剌加、古里等十九国咸遣使朝贡，辞还，复命和等偕往。"

③ 满剌加与暹罗两国交恶，《明史·郑和传》宣德八年"令和赍敕谕暹罗国王"毋欺满剌加国。

④ 参看《明史·郑和传》，《罪惟录·锡兰国》。

⑤ 马来西亚槟城海珠屿大伯公庙碑。

第十三章 明代旅游

览》。

郑和下西洋，正如张骞通西域，是历史上一件震动中外的大事。它成功贯彻了明成祖泽被四海、招徕万邦的外交政策，提高了中国的国际地位，增进了中国与亚非各国人民的友谊，集中体现了中华民族放眼世界的气魄和胆略，体现了中华民族征服海洋的雄心和力量。郑和其人与郑和船队，事迹永垂，精神永垂。

第三节 西域马队

永乐时，与郑和船队南下西洋遥相呼应，外交马队也西出阳关，沿丝绸之路，游说西域。

西域自秦汉以来国家林立，民族关系错综复杂。成吉思汗奠定蒙古大帝国，西域似乎有了一面统一的旗帜。元代，蒙古大帝国分裂出钦察、窝阔台①、察合台、伊儿汗国②。明初，察合台蒙古贵族帖木儿，统一察合台，击溃钦察汗国与伊儿汗国，创立帖木儿帝国，建都撒马尔罕（乌兹别克斯坦撒马尔罕州首府），《明史》称撒马尔罕国。它横亘中亚，控制着中国通向西亚和欧洲的陆上交通。明政府希望撒马尔罕国臣服朝贡，太祖洪武二十八年（1395）特派傅安、郭骥，洪武三十年（1397）特派陈德文，两度出使撒马尔罕，均被帖木儿无端扣押。成祖永乐三年（1405），帖木儿亲率三十万大军，越过帕米尔高原，企图侵略中国，途中病死。未几，撒马尔罕内讧，内讧各方愿意和中国修好。明成祖抓紧时机，向撒马尔罕派出了一支又一支的外交马队。

①窝阔台汗国是成吉思汗第三子窝阔台的封地，占有额尔齐斯河上游及巴尔喀什湖以东的地区，建都也迷里（今新疆额敏县额敏镇）。元武宗至大三年（1310）并入察合台汗国。

②伊儿汗国是成吉思汗的孙子、窝阔台的儿子、忽必烈的弟弟旭烈兀的封地，疆域北起高加索，南抵印度洋，东连阿姆河，西临地中海，囊括波斯和中亚细亚，建都大不里士（今伊朗大不里士），与元朝关系始终友善。

永乐五年（1407），明成祖派遣礼科给事中傅安出使撒马尔罕祭奠帖木儿。永乐六年（1408），明成祖派遣都指挥白阿儿忻台出使哈烈（今阿富汗赫拉特）和撒马尔罕，劝和帖木儿第四子沙哈鲁与帖木儿王位继承人哈里。白阿儿忻台借此游历了中亚各地。这以后，又有两位中国大使陈诚、李暹(xiān)五通西域，奔驰于葱岭东西、阿姆河上下。

陈诚，字子鲁，江西吉水人。洪武进士，永乐初升吏部员外郎。成祖选拔安抚西域的人才，大臣共推之，陈诚欣然从命，"视万里若出户阈。"后得朝廷重赏，官至广东参政。

李暹，"长安人，少而好学，洪武中举于乡。永乐初授户部主事，与员外郎陈诚皆使西域，逾万里，至撒马尔罕。凡五往返，不辱君命。遍历诸国，皆得其欢心。朝廷嘉之，历任户部右侍郎"①。

永乐十一年（1413）夏，"俺的干、失剌思等九国来贡。秋，命陈诚、李暹等以玺书、文绮、纱罗、布往劳"②。足迹遍布中亚细亚，每到一国，必馈赠礼物，注重礼节，联络感情。永乐十三年（1415）东归，各国专使随同来华。

永乐十四年（1416），陈诚、李暹，护送撒马尔罕等国朝贡使臣。同去者中官鲁安。礼品有白金、彩缎、纱罗、布帛、马、鹰、文锦、瓷器等。撒马尔罕、哈烈两国隆重款待，派出专使随同使团致谢明廷。

永乐十六年。陈诚、李暹护送撒马尔罕、兀鲁伯朝贡使臣返回西域。

永乐十八年（1420），陈诚、李暹与中官郭敬访问西域。因明军需要马匹，使团用大量

① 清·贾汉重修《陕西通志》卷二十八。

② 《明史·西域传》。俺的干，地点不详。失剌思，毗邻撒马尔罕。

第十三章 明代旅游

的彩币、瓷器换取诸国良马。

永乐二十二年（1424），陈诚、李暹出使撒马尔罕。

陈诚、李暹五通西域，恢复了元末以来一度断绝的中国与中亚各国的友好往来，畅通了贯穿欧亚大陆的丝绸之路，与郑和七下西洋，一海一陆，一南一北，双管齐下，相辅相成，充分展示出明朝政府弘扬中华、锐意进取的全方位外交攻势与外交战略。

陈诚、李暹，既是外交家也是旅游家。揖让之余，两人一路游观，"图其山川城郭，志其风俗物产"①，首访归来，写作了两本珍贵的记游书，《西域行程记》和《西域番国志》。

前一本是日记体，专记第一次访问西域的旅程。起讫时间是永乐十二年（1414）正月十三至闰九月十四。起止地点，东起肃州卫城（今甘肃酒泉），西止哈烈城（今阿富汗赫拉特）。

> （二月）十六日，晴。明起向西行。有古城，名腊竺。多人烟，树木、败寺、颓垣。此处气候与中原相似。过城通行九十余里，好水草，安营。

文字简明扼要。

后一本专记国家、城邦。依次为哈烈（今乌兹别克斯坦撒马尔罕西南）、撒马尔罕、俺都准（未详，疑即《明史》俺的干）、八剌黑（在今伊朗）、迭里迷（撒马尔罕西南）、沙鹿海牙（在撒马尔罕东）、赛兰（今哈萨克斯坦共和国赛兰市）、谒石（撒马尔罕西南）、养夷（在赛兰东）、别失八里（在今新疆吉

---

① 《明史稿·傅安传》附《陈诚传》。

木萨尔）、于阗（今新疆于阗）、土尔番（今新疆吐鲁番）、崖儿城（在吐鲁番西郊）、盐泽（今新疆罗布泊）、火州（在今新疆柳城西面）、鲁陈（在今新疆鄯善西南）、哈密（今新疆哈密）、达失干（今乌兹别克斯坦塔什干市）、卜花儿（撒马尔罕西北）等地。地涉整个中亚细亚及新疆地区。所记内容一般包括地理、民俗、农业、商业、饮食等，如《哈烈》。有的专记地理，如《谒石》：

> 谒石城在撒马尔罕之西南约二百六十里。城居大村中，周围十余里。四面多水田，东南山近。城中有园林一所，云故酋长帖木儿驸马所建。中有台殿数十间，规模弘傅，门庑轩懿，张堂上四隅有白石柱，高不数尺，犹壁玉然。墙壁饰以金碧，窗牖缀以琉璃，惜皆颓塌。西行十数里，俱小山，多莓思檀果树。又西去三百余里，有大山屹立，界分南北。中有石峡，略通东西。石壁悬崖，高数十丈，若如斧齐。路深二三里，出峡口，有门名铁门关。

文笔干净利索。

《西域行程记》和《西域番国志》，《明史稿》合称《西域记》。是研究明代西域的基本资料。后来明人李贤撰修《大明一统志》，何铠辑录《名山藏》，清人张廷玉编写《明史》，凡西域段落，大抵借此张本。

陈、李之后，又有中官即太监李贵于宣宗宣德五年（1430）和宣德八年（1433）两度西行，马蹄远踏哈烈与大不里土（在今伊朗东阿塞拜疆省）。这时，另一位太监郑和正在第七次横渡印度洋，宣德年间的外交风流和旅行风流，南属太监，北属太监。

第四节　基督说客利玛窦

明初，蒙古贵族尊崇的基督教在中国偃旗息鼓。明中叶，达·伽马发现的欧洲新航路使葡萄牙、西班牙及荷兰凭借武力殖民南洋，骚扰东亚。罗马教廷趁机推广基督教。明世宗嘉靖三十一年（1552），教皇保罗三世的使者、西班牙传教士方济各·沙句略搭乘葡萄牙商船行抵广东上川岛，试图登陆，终因明朝海禁严厉，只得留居上川，病死茅棚。算是天主碰壁。嘉靖三十六年（1577），葡萄牙侵占澳门，为基督教"三传中国"[①]建立了一块根据地。从此，在葡萄牙政府的支持下，欧洲传教士由澳门挤进广东，旅行各省，开堂布道，一心要将耶稣十字架插入中国文化的内核。率先站稳脚根、打开局面者是意大利人利玛窦。

利玛窦（1552—1610），是教皇保罗三世批准的传教团体耶稣会教士。他受耶稣会的指派，于明神宗万历十年（1582），航抵澳门，研习中文。第二年，与传教士、意大利人罗明坚，同至广州，要求定居传教，未获准许。后得广东制台郭应聘的肯首，利、罗转赴肇庆，建筑肇庆教堂。在肇庆，利玛窦知道国人喜佛，自称为僧，教堂悬挂肇庆知府王津题写的匾额"僊化寺"和"西来净土"，藉以缩短华洋距离。他又主动拜访官员、文人，介绍欧洲的文物、典章制度以及天文、算术、物理、化学，并把自鸣钟、地图、天文仪器、

[①] 基督教在中国有三次较大规模的传播，通常以唐代为一传，元代为二传，明代为三传。

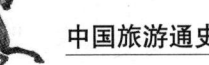

三棱镜等，陈列室内，供人参观，展览结束，一概上交肇庆衙门，博得地方士绅的好感。万历十七年（1589），新任制台刘继文下令利玛窦迁居韶州（今广东曲江）。在韶州，利玛窦攻读儒家经典，改僧装为儒服，"见人膜拜如礼，人亦爱之，信其为善人"①。万历二十三年（1595），利玛窦旅游南京、南昌，与建安王谈论西方交友之道，撰《交友论》，名声大振。万历二十六年（1598），利玛窦又至南京，相随南京礼部尚书王忠铭北走齐鲁，到达北京，期盼晋见明神宗。未果，离开北京，南游苏州、南京。万历二十五年（1600），利玛窦再上北京，表奉西琴、天主图像、天主母像、天主经、珍珠镶十字架、报时自鸣钟、万国图志等。神宗收下礼物，召见利玛窦，准其宣武门内择第定居，利玛窦传教由此合法。在北京，他一边以耶稣会在华会长的身份，主持全国教务；一边以渊博的学问，感化上层人士；一边以救助穷困的善行，感化下层百姓。万历三十七年（1609），利玛窦在北京创立天主会，规定入会教士，按月聚会，济贫为务。又亲自督建北京大教堂。万历三十八年（1610），利玛窦去世，终年58岁。

利玛窦是中国宗教史、科学史和旅游史难以省略的人物。利玛窦旅居中国28年，南来北往，多次来回，熟稔中国民风民情和中国传统文化，大学士叶向高称赞利玛窦"言慕中华风，深契吾儒理"②。利玛窦启蒙中国近代科学家徐光启，《明史·徐光启传》："徐光启从利玛窦学天文、历算、火器，尽其术。"利玛窦写作、编译神学与科学著作，他的《天主实义》是天主教神学专著，《几何原本》、《同

①清·李日华《紫桃轩杂缀》。

②清·叶向高《闽中诸公赠泰西诸先生诗初集》。

文指算》讲解西方自然科学知识。利玛窦培育明末天主教的大领班，徐光启①、李之藻②、杨廷筠③；扩展基督教中国队伍，临终之前，入教教徒已有2500余人；影响之下，北京、南京、上海、杭州、南昌、韶州、肇庆均有基督教建筑。利玛窦去世，朝廷特别恩准以北京阜城门外滕公栅官地20亩，房屋38间，作为墓葬场所。这就是后来的北京教士公墓。

明代，来华传教留有著作者，还有克鲁斯、拉达、艾儒略、曾德昭等。

加斯帕尔·达·克鲁斯(Gaspar da Cruz)，传教士，葡萄牙人。嘉靖三十五年(1556)造访中国。著《中国志》。

马丁·德·拉达(Martín de Rada, 1533—1578)，传教士，西班牙人。万历三年(1575)，跟随征剿海盗的明军将领王望高，从马尼拉到福建泉州，至福州谒见福建总督，同年取道厦门，返回菲律宾。著《中国札记》。

艾儒略（1582—1649），传教士，意大利人。他的《职方外纪》是中国最早的中文版世界地理专著，天启3年（1623）完稿，分天下为东西半球五大洲。前冠《万国全图》，后附《四海总说》。《明史·艺文志》著录。

曾德昭，传教士，葡萄牙人。万历四十一年（1613）到达南京，崇祯九年（1636）返回欧洲，著《大中国志》。

又有两位不是教士的葡萄牙人，旅行中国，留有著作。一位是克鲁兹，嘉靖年间，旅居广州，作《中国情况记》。另一位是加列奥特，为对抗明朝海禁，结伙海盗汪直，盘踞双屿港，今浙江舟山市普陀区六横岛。嘉靖二十七年（1548），明军进攻双屿港，抓获

---

① 徐光启（1562—1633），字子先，号玄扈，天主教圣名保禄，汉族，松江府上海县人。进士，官至崇祯朝礼部尚书兼文渊阁大学士、内阁次辅。徐光启与利玛窦关系密切，是明代科学家，也是天主教徒，被称为"圣教三柱石"（李之藻、杨廷筠）之首。

② 李之藻（1565—1630），字振之，一字我存，号凉庵居士，又号凉庵逸民，浙江仁和（今杭州）人。进士，官至南京太仆寺少卿等。明代科学家，与徐光启交往甚深。万历中，从传教士利玛窦习天文、数学、地理等。是明代科学家，也是著名基督教徒。

③ 杨廷筠（1562—1627），字仲坚，号淇园，洗名弥格（Michael），汉族，浙江仁和人。进士，曾任监察御史，出儒入佛，后笃信基督教，与利玛窦有来往，与徐光启、李之藻并为明代中国基督教（天主教）三大柱石。

之。先是坐牢，再流放广西，后逃出中国，著《中国见闻录》。描述中国的监狱制度、法制制度、风土人情、经济物产。

第五节　踏遍青山徐霞客

晚明①，士林旅游，突放卫星，出现了一位壮游自然、考察地理的大旅游家徐霞客。

徐霞客和司马迁不同，司马迁是历史旅游家；和张骞、郑和不同，张骞、郑和是外交旅游家；和法显、玄奘也不同，法显、玄奘是宗教旅游家；和谢灵运、袁宏道更不同，谢灵运、袁宏道是陶冶自我的旅游家。而徐霞客，游心卓异，在万水千山，考察地形地貌，探究地质地理，是地理学科的科学旅游家。

徐霞客科学旅游的支柱是晚明实事求是的科学精神。

当时，日益发达的农业、商业、手工业，初露端倪的资本主义生产方式，新近传入的西方科学技术产品与科学技术知识，逐渐时兴的重现实，明是非，经世致用的社会思潮，集成了强烈的要求提高生产技术与科学技术的氛围。一些先进文人摒弃空谈，埋头实践，努力发掘自然界的物质奥秘，并在某些学科有所创造，有所开拓。如嘉靖、万历中，李时珍（1518—1593）钻研医药学，著《本草纲目》。万历、崇祯中，徐光启钻研天文、历算、水利、测量、农桑、器械，为农学著《农政全书》。又有宋应星（1587—约1666）钻研农艺与各种手工工艺，著《天工开物》。一时间，人才济济，成果琳琅。徐霞客生于此际，长于此际，有幸呼吸这股新鲜的科学空气。

① 明前期，明太祖至明宣宗，大约1368年至1459年；明中叶，明英宗至明世宗，大约1460年至1566年；晚明，明穆宗（在位1567—1572）至明思宗，大约1567年至1644年。

第十三章 明代旅游

徐霞客（1586—1641），名弘祖[①]，字振之，号霞客，南直隶江阴（今江苏江阴）人。祖上徐锢做过北宋开封府尹，宋亡，家族子弟"誓不仕元"。入明，父亲徐有勉隐居田园，"不喜冠带交"。母亲王孺人亦贤惠通达，教育有方。徐霞客受家风熏陶，自幼"朝夕温温，小物克谨"，"维桑与梓，必恭敬止，裘马少年之习，秉心耻之"，"又特好奇书，侈博览古今史籍及舆地志，山海图经以及一切冲举高蹈之迹，每私覆经书下潜玩，神栩栩动"，"及观严夫子'州有九，涉其八；岳有五，登其四'，又抚掌曰：'丈夫当朝碧海而暮苍梧，乃以一隅自限耶'？人或怪其诞，夷然不屑，益搜古人逸事与丹台石室之藏，靡不旁览"[②]。却对功名利禄，了无兴趣。20岁左右，父亲遇盗，伤重而死，恶人浪子，乘危欺凌，徐霞客愈发讨厌世俗，有意访问名山大川，为读书疑难，寻找答案。王孺人非常理解，她勉励霞客："志在四方，男子事也。即《语》称'游必有方'，不过稽远近，计岁月，往返如期，岂令儿以藩中雉、辕下驹坐困为？"[③]并亲手缝制远游冠，以壮行色。万历三十五年（1607），22岁的徐霞客问奇天下，几乎三十三年足不稍息，直到崇祯十三年（1640），身患重病，才从遥远的云南被人护送回家，次年去世。可谓毕生旅游，至死方休。

徐霞客长达一生的游路，是一条纵横飘忽、旷览幽邃的路。东接普陀（浙江海岛），北环燕冀，南通闽粤，西北上华岳峰巅，西南下昆滇边陲，贯穿今江苏、山东、山西、河北、河南、陕西、安徽、浙江、福建、江西、

[①] 清人避乾隆帝弘历讳，称弘祖为宏祖。

[②] 明·陈函辉《徐霞客墓志铭》。

[③] 明·陈函辉《徐霞客墓志铭》。

湖北、湖南、广东、广西、贵州、云南等16个省区。所登名山，有浙江普陀山、洛迦山、天台山、雁荡山、仙霞岭，安徽九华山、黄山，江西庐山、龙虎山、武功山，福建武夷山，广东罗浮山，湖南衡山、九嶷山，云南鸡足山，山东泰山，河北盘山，山西恒山、五台山，河南嵩山，陕西华山，湖北太和山等。所涉名川，有长江，淮河，黄河，河北海河，浙江钱塘江，福建闽江，广东东江，江西赣江，湖南湘江，广西桂江、右江，云南澜沧江、怒江，湖北汉水等。所泛名湖，有浙江西湖，江苏太湖，江西鄱阳湖，福建九鲤湖，云南洱海等。

徐霞客长达一生的游路，是一条搜险猎奇、临危自乐的路。霞客出游，绝少骑马，间或乘船，嗜好徒步，嗜好铤而走险。万历四十一年（1613）四月，游雁荡山，寻龙湫之荡：

> 已而山愈高，脊愈狭，两边夹立，如行刀背。又石片棱棱怒起，每过一脊，即一峭峰，皆从刀剑隙中攀援而上。如是者三，但见境不容足，安能容湖？既而高峰尽处，一石如劈，向惧石锋撩人，至是且无锋置足矣。踌躇崖上，不敢复向故道，俯瞰南面石壁下有一级，遂脱奴足布四条，悬崖垂空，先下一奴，余次从之，意可得攀援之路。及下，仅容足，无余地。望崖下斗深百余丈，欲谋复上，而上崖亦嵌空三丈余，不能飞陟。持布上试，布为突石所勒，忽中断，复续悬之，竭力腾挽，得复登

上岩。①

天启三年（1622）二月，游嵩山太室绝顶：

> 问下山道，导者曰："正道从万岁峰抵麓二十里，若从西沟悬溜而下，可省其半，然路极险峻。"余色喜，谓嵩无奇，以无险耳。亟从之，遂策杖前。始犹依岩凌石，披丛条以降，既而从两石峡溜中直下，仰望夹崖逼天。先是峰顶雾滴如雨，至此渐开，景亦渐奇，然皆垂沟脱磴，无论不能行，且不能止。愈下，崖势愈壮，一峡穷，复转一峡，吾目不使旁瞬，吾足不容求息也。如是十里，始出峡抵平地，得正道。②

崇祯十二年（1639）四月，游云南腾越，途经崱屶峰：

> 先是余望此崱屶之峰，已觉其奇，及环其麓，仰见其盘亘之崖，层耸叠上，既东转北向，忽见层崖之上，有洞东向，欲一登而不见其径，欲舍之，又不能竟去，遂令顾仆停行李，守木担于路侧，余竟仰攀而上。其上甚削，半里之后，土削不能受足，以指攀草根而登。已而草根亦不能受指，幸而及石，然石亦不坚，践之辄陨，攀之亦陨，间得一少粘者，绷足挂指，如平贴于壁，不容移一步。欲上既无援，欲下亦无地，生平所历危境，无逾于此……久之，先试得其两手两足四处不摧之石，然

① 《徐霞客游记·游雁宕山日记》。

② 《徐霞客游记·游嵩山日记》。

后悬空移一手，随悬空移一足，一手足牢，然后悬空又移一手足，幸石不坠，又手足无力欲自坠，久之，幸攀而上……其下亦俱悬崖无路，然皆草根悬缀，遂坐而下坠，以双足向前，两手反而后揣草根，略逗其投空之势，顺之一里下，乃及其麓，与顾仆见，若更生也。①

如此舍生忘死的游法在明代士林和古代士林是绝无仅有的。清人潘耒盛赞徐霞客："登不必有径，荒榛密箐，无不穿也。涉不必有津，冲湍恶泷，无不绝也。峰极危者，必跃而居其巅。洞极邃者，必猿挂蛇行，穷其旁出之窦。途穷不忧，行误不悔。瞑则寝树石之间，饥则啖草木之实，不避风雨，不惮虎狼，不计程期，不求伴侣。以性灵游，以躯命游。亘古以来，一人而已。"②

徐霞客长达一生的游路，又是一条穷究造化、精研科学的路。他漫游之初就抱定"问奇于名山大川"③的弘愿，立志纠正"昔人志星官舆地，多承袭附会，江、河二经，山脉三条，自记载来，多囿于中国一隅"④的差错，"驰骛数万里，踯躅三十年，遇名胜，必披奇抉奥；一山川，必寻源探脉。"⑤

在湖南九嶷，他查访"三分石"，搞清了"三分石"下的水流，破除了"三分石"水道的成说：

> 三分石俱称其下水，一出广东，一出广西，一下九嶷为潇水，出湖广。至其下，乃知为石分三歧耳。其下水东北者为潇源，合北、西诸水，

① 《徐霞客游记·滇游日记九》。

② 清·潘耒《徐霞客游记序》。

③ 清·钱谦益《徐霞客传》。

④ 《徐霞客游记·江右游日记》。

⑤ 清·奚又溥《徐霞客游记序》。

第十三章 明代旅游

出大洋，为潇水之源。直东者，自高梁原为白田江，东十五里，经临江所，又东二十里，至蓝山县治，为岿水之源。东南者，自高梁原东南十五里之大桥下锦田，西至江华县，为泡水之源，其不出两广者，以南有锦田水横流为楚、粤界也。锦田东有石鱼岭，为广东连州界，其水始东南流，入东粤耳。①

在粤西新宁，他琢磨水力雕刻岩石的作用，指出了河流曲折侵蚀尤重的道理：

江流击山，山削成壁，流迴沙转，云根迸出，或错立波心，或飞嵌水面，皆洞壑层开，肤痕縠绉，江既善折，岸石与山辅之恐后，益使江山两叠其奇。②

在湖南茶陵，他注意观察山岩的特征，确切地说中了我们现在知道的分布于江西、湖南、湖北的第三纪红石岩系：

自会仙岩而东，其山皆不甚高，俱石崖盘亘，堆环成壑，或三面迥环如块者，或两对叠如门者，或高峙成岩，或中空如洞者，每每而是。但石质粗而色赤，无透漏润泽之观，而石梁横跨，而下穿然。③

在云南腾越的打鹰山，他又发现了一种褐而红、大而轻、松而坚的蜂状岩石，今人所谓火山灰：

山顶之石，色赫赤而质轻浮，

① 《徐霞客游记·楚游日记》。

② 《徐霞客游记·粤西游日记三》。

③ 《徐霞客游记·楚游日记》。

状如蜂房，为浮沫结成者，虽大至合抱，而两指可携，然其质仍贤，真劫灰之余也。①

①《徐霞客游记·滇游日记》。

特别是在广西地带，徐霞客广泛深入地研究了石灰岩岩溶地貌，对"铮铮骨立"的石山，"攒出碧莲玉笋世界"的峰林，"坠壑成井，小者为眢井，大者为盘洼"的圆洼地，"漩涡成潭，如釜之仰"的落水洞，以及"伏流潜通"、"水皆从地中透去"的伏流现象，多有精到合理的分析。他正确地指出石钟乳生于"崖间有悬干虬枝为水所淋漓者，其外皆结肤为石，盖石膏日久凝胎而成"。他又扼要地概括了广西、贵州、云南三省岩溶地貌的差别：

粤西之山，有纯石者，有间石者，各自分行独挺，不相混杂。滇南之山，皆土峰缭绕，间有缀石，亦十不一二，故环洼为多。黔南之山，则界于二者之间，独以逼耸见奇。滇山惟多土，故多壅流成海，而流多浑浊。粤山惟石，故多穿穴之流，而水悉澄清。而黔流亦界于二者之间。②

②《徐霞客游记·粤西游日记四》。

这与现代地质学家的看法不谋而合。在中国，在全世界，徐霞客探讨岩溶地貌的时间性和系统性，高居榜首，比19世纪中叶德国地理学家诺曼探讨喀斯特地貌即岩溶地貌要领先三个世纪。

徐霞客长达一生的游路，又是一条结撰至思、文以载游的路。他用日记体裁，叙述游踪，记录见闻，描摹山水，讴歌自然，阐发科学心得，论说科学真知，创作了一部人称"世间真文字，大文字，奇文字"③的游记文集《徐霞客游记》。

③清·钱谦益《嘱徐仲昭刻〈游记〉书》。

第十三章 明代旅游

《徐霞客游记》有两大价值。一是地理学和地质学的科学价值，一是游记散文的文学价值。

徐氏以前的地理类著作，库存虽然富足，但侧重疆域、山川、名胜、物产及历史沿革，很少涉及地质、生态等。《徐霞客游记》涵盖包罗，既有传统节目，又从山形水势、土质石性、洞壑构造、气候变化、动植物品种等等方面，记写、解剖了野外的自然环境，是地理学史的旷世奇典。

徐氏以前的日记体游记，古人也有佳制，宋代范成大的日记体《石湖居士骖鸾集》和陆游的日记体《入蜀记》就是两本色彩明丽的风光集锦，但论旅游之专，行程之长，篇幅之巨，内容之广，都不能和《徐霞客游记》相提并论。《徐霞客游记》长达六十万字，文笔精练质朴，文采深厚浓郁，大自然的雾、雨、晴、晦、山、水、林、壑……流诸笔端，争奇斗妍，满纸生辉。游记所写北岳恒山石树交映的箭筈岭：

> 东西峰连壁隤，翠蜚丹流。其盘空环映者，皆石也，而石又皆树。石之色一也，而神理又各分妍；树之色不一也，而错综又成合锦。石得树而嵯峨倾嵌者，幕以藻绘而愈奇；树得石而平铺倒蟠者，缘以突兀而尤古。①

浑然似丛石盆景。游记所写云南浪穹普陀崆山峡的急流乱岩：

> 江流捣崆中愈骤，崆中石耸突而激湍，或为横槛以扼之，或为夹门

① 《徐霞客游记·游恒山日记》。

以束之，或为龃龉，或为剑戟，或为犀象，或为鹜鸟，百态以极其搏截之势，而水终不为所阻，或跨而出之，或穿而过之，或挟而潆之，百状以尽超越之观。①

类比铺陈，穷形雕塑，又似一篇汉人小赋。游记所写大雾弥漫的江西武功山：

聩北而下，如门如阙，如幛如楼，直坠壑底……然雾犹时时笼罩，及身至其侧，雾复倏开，若先之笼，故为掩袖之避，而后之开，又巧为献笑之迎者。②

拟物拟人，朦胧娇美，倾注了作者的一腔钟爱，满心欢喜。

清人奚又溥《徐霞客游记序》：

霞客徐先生《记游》十卷，盖古今一大奇著作也。其笔意似子厚，其叙事类龙门。故其状山也，峰峦起伏，隐跃毫端；其状水也，源流曲折，轩腾纸上；其记遐陬僻壤，则计里分疆，了如指掌；其记空谷穷岩，则奇踪胜迹，灿若列星；凡在编者，无不搜奇抉怪，吐韵标新，自成一家言。人之读之，虽越数千里之远，而知夫山之所以高，川之所以大，与夫怪木奇材，瘴风旸暑之所侵蚀，淫霖狂飓之所摧濡，蛇虎盗贼之所胁伺，野泊邮羁伧父山鬼之所揶揄而激触，凡自吴而楚、而两越、而黔、而滇，一切水陆中可惊可讶者，先生以身历

① 《徐霞客游记·滇游日记》。

② 《徐霞客游记·江右游日记》。

之，后人以心会之，无不豁然于耳目间也。不诚自古及今未有之奇书也哉！是非先生之人之奇，不能有此游之奇，而非先生之游之奇，亦不能成此书之奇也。

奇人、奇游、奇书，十六、十七世纪中国旅游史的耀眼光彩，属于徐霞客。

第六节 民间游

一、商贾游

明代，市场热闹，游贾盛行。王慎中①《黄梅原传》说徽州商贾行商于外："水航陆辇，山负海涵，转贸而行四方，各都会衢，浩穰巨丽，下至绝陬遐聚，险味幽阻，足殆遍焉。"许宗鲁《处士白翁墓表》说徽商白翁："未冠即服贾，服贾六十年，见星而兴，中漏而寝，寒冒霜雪，暑触瘴疠；水犯波涛，山凌险阻；渠渠仆仆，岁无宁处。"为方便行商，徽商程春宇编撰《士商类要》，内容既关经商，撰有《客商规略》、《船脚总论》、《为客十要》、《买卖机关》等，又关地理、交通，撰有《天下路程图引》等。徽商黄汴编撰《一统路程图记》，记录道路、驿站、食宿、物产；指示山水游途，如"瓜州至武当山陆"、"湖口县至武当山水、陆路"；并介绍景观：

> 船止于集津，三门在集津之西，神门、鬼门、人门，以缓急而名也。三门广仅二十丈，水声如雷，门之东百五十步，河中孤石如柱，即砥柱。②

①王慎中（1509—1559），字道思，早年读书清源山遵岩峰，号遵岩居士，晋江（今属福建）人。嘉靖五年（1526）进士，官至河南参政。嘉靖二十年罢黜，报罢时33岁。遨游淇水、太行、王屋、苏门、百泉、武当、衡山等名山大川。晚年居家著作。

②集津仓，唐置，故址在今山西平陆县三门镇龙岩村。

游途景观，是商旅劳顿自我慰劳的需要，且行且商且游乐。

二、市民游

市民好游都市名胜。北京，皇家宫苑，官不禁者，如什刹海一带，游人如织。苏州，姑苏台、虎丘，"四时游客无寥寂之日"①；楞伽山，"二三月间，游人甚胜，朱楼复阁之女，骚人逸士之流，邪狭平康之妓，社南社北之儿，花攒绮簇，杂踏山间，不减上方、虎丘"②。

市民好游时令节日。正月十五元宵节，绍兴张灯结彩，市民夜游灯市：

> 自庄逵以至穷檐曲巷，无不灯、无不棚者。……庙门前高台，鼓吹五夜。市廛如横街轩亭、会稽县西桥，闾里相约，故盛其灯，更于其地斗狮子灯，鼓吹弹唱，施放烟火，挤挤杂杂。小街曲巷有空地，则跳大头和尚，锣鼓声错，处处有人团簇看之。城中妇女多相率步行，往闹处看灯；否则，大家小户杂坐门前，吃瓜子、糖豆，看往来士女，午夜方散。乡村夫妇多在白日进城，乔乔画画，东穿西走，曰"钻灯棚"，曰"走灯桥"，天晴无日无之。③

春分后十五日，清明节，扬州：

> 城中男女毕出，家家展墓。虽家有数墓，日必展之。故轻车骏马，箫鼓画船，转折再三，不辞往复。……是日，四方流离及徽商西贾、曲中名妓，一切好事之徒，无不咸集。长塘

---

① 黄省曾《吴风录》。黄省曾（1490—1540），字勉之，号五岳山人，吴县（今江苏苏州）人。累举不第，转攻诗词绘画，交游极广。多藏书，详闻奥学，好谈经济，著述颇丰，涉及西洋的地理交通著作有《西洋朝贡典录》、《吴风录》，农学著作有《稻品》、《蚕经》、《种鱼经》、《鱼经》、《艺菊书》。文学著作有《拟诗外传》、《骚苑》等。合为《五岳山人集》。

② 袁宏道《楞伽》。

③ 明·张岱《陶庵梦忆》。

第十三章 明代旅游

> 丰草，走马放鹰；高阜平冈，斗鸡蹴鞠；茂林清樾，劈阮弹筝。浪子相扑，童稚纸鸢，老僧因果，瞽者说书，立者林林，蹲者蛰蛰。日暮霞生，车马纷沓。宦门淑秀，车幕尽开，婢媵倦归，山花斜插，臻臻簇簇，夺门而入。余所见者，惟西湖春、秦淮夏、虎丘秋，差足比拟。①

三月二十八日，东岳天齐仁圣帝诞辰，北京东岳庙举办东岳大帝巡游，观者空巷：

> 都人陈鼓乐、旌帜、楼阁、亭彩，导仁圣帝游。帝之游所经，妇女满楼，士商满坊肆，行者满路，骈观之。帝游聿归，导者取醉松林，晚乃归。②

四月八日浴佛节，明末王永积《锡山景物略》说无锡青山华藏寺：

> 村姬野媪以与会为幸，近数里，远数十里，八面奔赴，岩谷为满。

五月初五端午节，金山（今江苏镇江金山）竞渡：

> 自五月初一至十五，日日画地而出。五日出金山，镇江亦出。惊湍跳沫，群龙格斗，偶堕洄涡，则蚪捷摔，蟠委出之。金山上人团簇，隔江望之，蚁附蜂屯，蠢蠢欲动。晚则万艓齐开，两岸沓沓然而沸。③

六月二十四荷花节，苏州民众畅游荷花荡：

---

① 张岱《陶庵梦忆》。

② 明·刘侗、于奕正《帝京景物略》。刘侗，字同人，号格庵，麻城人，崇祯进士，官吴县知县。于奕正，字司直，宛平人，崇祯诸生。

③ 张岱《陶庵梦忆》。

> 荷花荡在葑门外，每年六月二十四日，游人最盛。画舫云集，渔舠小艇，雇觅一空。远方游客，至有持数万钱，无所得舟，蚁旋岸上者。舟中丽人，皆时妆淡服，摩肩簇舄，汗透重纱如雨。其男女之杂，灿烂之景，不可名状。大约露帏则千花竞笑，举袂则乱云出峡，挥扇则星流月映，闻歌则雷辊涛趋。苏人冶游之盛，至是日极矣。①

八月十五中秋节，苏州全城观月虎丘：

> 虎丘八月半，土著流寓、士夫眷属、女乐声伎、曲中名妓戏婆、民间少妇好女、崽子娈童及游冶恶少、清客帮闲、傒僮走空之辈，无不鳞集。自生公台、千人石、鹅涧、剑池、申文定祠下，至试剑石、一二山门，皆铺毡席地坐，登高望之，如雁落平沙，霞铺江上。天暝月上，鼓吹百十处，大吹大擂。……更定，鼓铙渐歇，丝管繁兴，杂以歌唱。……更深，人渐散去。……二鼓人静，悉屏管弦，洞箫一缕，哀涩清绵。……三鼓，月孤气肃。……然此时雁比而坐者，犹存百十人焉。②

九月九日重阳节，苏州万民登高，倾国倾城。申时行《吴山行》：

> 九月九日风色嘉，吴山胜事俗相夸。
> 阊阖城中十万户，争门出郭纷如麻。
> 拍手齐歌太平曲，满头争插茱萸花。③

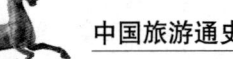

① 明·袁宏道《荷花荡》。

② 张岱《陶庵梦忆》。

③ 吴山，吴地，（今江苏南部）诸山。阊阖城，姑苏城，今苏州。

四时节日,民间旅游,明代比前代热闹,一代比一代热闹。

三、香客游

明代,朝山进香,或崇道,或崇佛。

香火极盛的道教名山有东岳泰山、湖北武当山。

泰山香客,皇帝挑头。洪武三年(1370),下诏免除历代帝王加封泰山神的各种封号,谨称东岳泰山之神,每年遣使致祭。永乐七年(1409)三月,成祖东巡,驻东平,望祭泰山。嘉靖十一年(1532),世宗为求子东巡,祭泰山。求子祭泰,是因民间崇拜泰山天仙玉女碧霞元君[①]。万历首辅王锡爵[②]《东岳碧霞宫碑》:

> 元君为众生造福如其愿,贫者愿富,疾者愿安,耕者愿岁,贾者愿息,祈生者愿年,末子者愿嗣,子为亲愿,弟为兄愿,亲戚交厚,靡不相交愿,而神亦靡诚弗应。

嘉靖时,仅河南开封六县,进香元君,签名者已过万人[③]。

武当山,在今湖北十堰市丹江口,又名太和山,又称"太岳"、"玄岳"、"大岳"。元末明初,张三丰主持武当道教,深受明帝看重。永乐"北建故宫,南修武当",直接控制武当道场,称武当为"皇室家庙"。嘉靖时,工部侍郎陆杰亲见武当山朝香盛况:

> 太和振古名山,海内无远无近,罔不斋诚朝礼。揭揭乎若日月之行天,虽昧者知其不可诬也。杰见道路

[①] 宋真宗封泰山时,于岱顶玉女池旁得一玉女石像,造龛供奉,封"天仙玉女碧霞元君",是泰山元君之始。后建祠,称昭真祠,金代称昭真观,明代称灵佑宫、碧霞宫。

[②] 王锡爵(1534—1614),字元驭,号荆石,南直隶太仓(今属江苏)人。万历时文渊阁、武英殿、建极殿大学士。

[③] 《岱庙嘉靖铁塔塔铭》。

十步五步拜而呼号，声振山谷，亦既登绝顶，瞻玄像，则又涕泣不已，谓夙夕倾戴。今始一睹。性真感发，至有欲言而不能至达者。①

王士性《五岳游草》太和山：

四方圣女，持瓣香戴圣号，不远千里号拜而至者，盖肩踵相属也。

谢肇淛(zhè)②《五杂俎》说武当进香的规模与热度"不减泰山"，"与元君雄视，无异南北朝矣"。

道门进香，为表虔诚，讲究装扮。③ 在武当，香客多着道服。袁中道《由樊城早发》："荷衣鸠杖道民装，闲客游山也似忙。"《将往太和由草市发舟》："枇杷开外足风尘，且办游装学道民。"

佛门进香，亦是热火朝天。明人李乐④《见闻杂记》："天下大势，崇佛之地多，而妇人女子尤多。"甚至进香道山，不忘念佛。王世贞《武当道上所见戏成短歌》："南阳少妇道人装，皂纱蒙紒白帕方。口诵弥陀数声佛，手斋玄帝一瓣香。"

第七节　以文载游——记游小品

传统的旅游文体，诗、赋、词、曲、文，到了明代，已经过了极盛花期。

记游诗，从两周写到金元，以唐人写得最好。唐人记游诗，五、七言并用，古、近体并用，"山之精神写不出，以烟霞写之；春之精神写不出，以草树写之"⑤，"采采流水，蓬蓬

---

① 明·凌云翼、卢重华《大岳太和山志》载陆杰《敕修玄岳太和山宫观颠末》。

② 谢肇淛（1567—1624），字在杭，福建长乐人，号武林、小草斋主人。万历进士，累官至广西右布政使。历游川、陕、两湖、两广、江、浙各地所有名山大川，所至皆有吟咏，雄迈苍凉，写实抒情，为当时闽派诗人的代表。所著《五杂俎》为明代一部有影响的博物学著作。

③ 梅莉《明清时期武当山朝香习俗研究》。

④ 李乐（1532—？），字彦和，号临川，桐乡青镇（今浙江嘉兴桐乡乌镇）人，寄籍乌程（今湖州）。隆庆进士，任江西新淦（今新干）知县，擢礼科给事中，出为福建金事，历江西、广西参议。

⑤ 清·刘熙载《艺概·诗概》。

远春，不着一字，尽得风流"①。

记游赋，兴于楚，盛于汉，沿流于金元，以汉人写得最好。汉人记游赋，大者夸游猎，川谷震荡；小者美田园，花木扶疏；"斯于千态万状，层见迭出者，吐无不畅，畅无或竭"②。

记游词，唐人写，五代人写，宋人，元人都写，而以宋人写得最好。宋人记游词，既工短调，又工长调，"风流儒雅"，"贵得本地风光"，"或前景后情，或前情后景，或情景齐到，相间相融，各有其妙。"③

记游曲，是元人独唱节目，"北曲名家，不可胜举，如白仁甫、贯酸斋、马东篱、王和卿、关汉卿、张小山、乔梦符、郑德辉、宫大用，其尤著也"④，所写记游曲，清深、豪旷、婉丽，多属元曲"三品"的珍品⑤。

记游文。六朝山水尺牍，唐宋金元游记，而以唐宋写得最好。唐宋记游文，叙事尽其曲折，状景极其生动，说理穷其微妙，若"风行水上"，舒卷自由，"浩乎沛然，旷如奥如"⑥。

所以，明代旅游文学要在传统体裁上赶超前人确乎困难。事实上，明人也写作了大量传统诗文，中看者虽多，超越者盖寡。高启记游诗《梅花》，史鉴⑦记游文《晴雨霁三游西湖》，数人而已。明后期，明人在传统的散文园地别出新裁，创制新鲜活泼的记游小品。

小品一词源出佛经翻译。北朝时鸠摩罗什翻译《般若经》，称详译本为《大品般若》，称简译本为《小品般若》。后世文坛借而用之，将一种篇幅简短、形式灵巧、夹叙夹议、深入浅出的散文称为小品文。

明代的记游小品擅长以画家的手笔描摹景观，以诗家的情感歌咏景观，以鉴赏家的才学

---

① 唐·司空图《诗品》。

② 清·刘熙载《艺概·赋概》。

③ 清·刘熙载《艺概·词曲概》。

④ 清·刘熙载《艺概·词曲概》。

⑤ 清·刘熙载《艺概·词曲概》："《太和正音谱》诸评，约之，只清深、豪旷、婉丽三品。"

⑥ 清·刘熙载《艺概·文概》。

⑦ 史鉴（1434—1496），字明古，号西村，苏州吴县人。淡于名利，隐居不仕，家居水竹幽茂，亭馆相通。好着古衣冠，曳履挥尘，望之如仙。

评点景观,够韵味,够滋味,够品味,是古代散文的精粹,也是明代旅游文学的精粹。主要作家有袁宏道、袁中道、王思任、祁彪佳、张岱等。

《上方》是袁宏道的小品。万历二十三年(1595)秋天,袁宏道游于苏州上方山:

> 去胥门十里,而得石湖。上方踞湖上,其观大于虎丘,岂非以太湖故耶?至于峰峦攒簇,层波叠翠,则虎丘亦自佳。徒倚孤亭,令人转忆千顷云耳。大约上方比诸山为高,而虎丘独卑。高者四顾皆伏,无复波澜;卑者运翠稠叠,为屏为障,千山万壑,与平原旷野相发挥,所以入目尤易。夫两山去城皆近,而游人趋舍若此,岂非标孤者难信,入俗者易谐哉?余尝谓上方山胜,虎丘如冶女艳妆,掩映帘箔;上方如被褐道士,丰神特秀。两者孰优劣哉?亦各从所好也矣。乙未秋杪,曾与小修、江进之登峰看月,藏钩肆谑,令小青奴罚盏,至夜半霜露沾衣,酒力不能胜,始归。归而东方白矣。

这篇短文开头写景,三言两语,兀现了上方视野的高远、壮阔;结尾记事,两语三言,刻画了亲朋夜游的融洽、痛快;中间则议论风发,由上方的高远论及虎丘的低旷,由游客的多寡论及游心的取舍,由各人的爱好论及审美的倾向,转合轻松自如,浑然不觉中,已出于景观,深入游道。所用冶女、道士的比喻,一媚一朴,写活了山水个性。

《湖心亭看雪》是晚明张岱的小品。张岱（1597—1679），又名维城，字宗子，号陶庵，山阴（今浙江绍兴）人。少为富贵公子，"极爱繁华"，好山水，晓音乐、戏曲，精于茶艺，明亡，"无所归止，披发入山，駴駴为野人"①。张岱最擅长散文，专以小品缅怀往日，缅怀游踪，作有《陶庵梦忆》、《西湖梦寻》、《夜航船》等。

> 崇祯五年十二月，余住西湖。大雪三日，湖中人鸟声俱绝。是日，更定矣，余拏一小舟，拥毳衣炉火，独往湖心亭看雪。雾淞沆砀，天与云，与山，与水，上下一白。湖上影子，惟长堤一痕，湖心亭一点，与余舟一芥，舟中人两三粒而已。到亭上，有两人铺毡对坐，一童子烧酒，炉正沸，见余大喜，曰："湖中焉得更有此人？"拉余同饮，余强饮三大白而别。问其姓氏，是金陵人，客此。及下船，舟子喃喃曰："莫说相公痴，更有痴似相公者。"

① 明·张岱《陶庵梦忆自序》。駴（xiè），骇。駴駴，可怖貌。

全文仅159字，竟把西湖雪景的寥廓寂静，作者本人的幽行孤绪，和盘托出，且一字不须改，一句不能改，为情造文，韵律如诗，疏笔淡墨，色调如画，凸显明代旅游小品的玲珑剔透。

第八节 明人论游道

既普遍参加旅游实践，又普遍重视旅游经验和旅游理论，是有明一代的士林风尚。明人总

结、议论旅游的文字,散见于游记、书信、诗文集序。谭元春的《游玄岳记》,周忱的《游小西天记》,沈守正的《游香山碧云二寺记》,袁宏道的《与吴敦之书》,屠隆的《答李惟寅》,黄汝亨的《姚元素黄山记引》,张鼐的《程原迩稿序》,钟惺的《蜀中名胜记序》,袁中道的《三游洞序》,王思任的《游唤》、《李大生诗集序》、《游五台山记》、《游丰乐醉翁亭记》,都论及游道。通览这些文章,可以发觉明代旅游观念的新颖、深刻。

一、旅游出于人性

旅游是一种以身为基础、以心为主导的实践活动,它的最初的也是最基本的目的是满足人的官能快感,它的本质当是人的生命机能的客观表现。王思任《游唤序》:

> 天地定位,山川通气,事毕矣,而又必生人,以充塞往来其间。则人也者,大天大地大山大水所托以恒不朽者也。人有两目,不第谓其昼视日,夜视月也。又赋之两足,亦不第欲其走街衢田陌,上长安道已也。

强调人有双足,东走西走,是人的本能;人有双目,东看西看,也是人的本能;旅游乃天赋人性,人尽其能。

二、旅游受制生活

旅游虽是人的本性,却受制于人的社会生活,难以任性尽意。王思任《游唤》指出人的身份、年龄、穷富、处境等二十三种情况,都会制约旅游的效果。

"官游不韵",指官僚之游。官僚讲究地位,顾忌官身,游风往往持重有余而风流不

第十三章 明代旅游

足。谢肇淛有同感，《五杂俎》："仕宦游山，又极不便。侍从既多，不得自如，一也；供亿既繁，彼此不安，二也；呵殿之声既杀风景，冠裳之体复难袒跣，三也。舆人从者，惮于远涉；羽士僧众，但欲速了。崄巇之道，恐舁夫之谇语；奇绝之景，惧后来之开端。相率导引于常所经行而止，至于妙踪胜赏，十不能得其一二也。"

"士游不服"①，指文士之游。文士大多热衷仕途，游宦京师，而京师以外的地方，科举未果，则无心游览。

"富游不都"②，指富人之游。富人喜欢阔绰，满身的珠光宝气、绮罗香泽与朴素天真的自然山水极不协调。王思任《游杭州诸胜记》："西湖之妙……胜在岳坟，最胜在孤山与断桥。吾极不乐豪家徽贾，重楼架舫，优喧粉笑，势力传杯，留门趋入。所喜者野航两棹，坐恰两三，随处夷犹，侣同鸥鹭。或柳堤鱼酒，或僧屋饭蔬，可信可宿，不过一二金而轻移曲探，可尽两湖之致。"

"穷游不泽"③，指穷人之游。穷人手头拮据，游庙不能布施，游山不能刻石。

"老游不前"，指老人之游。老人身体孱弱，游至半途，往往体力不支，望景却步。

"稚游不解"，指童稚之游。少年心灵幼稚，不懂事理，不能领会景观的妙处；瞅瞅，好奇而已；摸摸，玩之而已。

"哄游不思"，指群聚起哄、逢场作戏之游。虽嘻嘻哈哈，快快乐乐，却难以静心思索，难以神境相通。

"孤游不语"，指缺少游伴的孤独之游。有观感无人交谈，有歧路无人商量，踽踽独

---

① 服，古人简称王畿之外。《尚书·禹贡》分王畿外围为甸服，候服，绥服，要服，荒服，合称"五服"。

② 都，大方漂亮。《诗经·郑风·有女同车》："洵美且都。"

③ 泽，恩惠。

653

行,默默无言。但志同道合、趣味相投的游伴并不好找。袁中道《偶游图小序》:"忙不与吾之闲相契,则不可侣。闲不与吾之闲相值,则亦不能侣。"谢肇淛《五杂俎》游伴:"勿偕酒人,勿携屠伴。"吴从先《小窗自纪》更有性格标准:"赏花须结豪友,观妓须结淡友,登山须结逸友,泛水须结旷友,对月须结冷友,待雪须结艳友,饮酒须结韵友。"

"托游不荣",指托庇豪门、寄人篱下之游。杜甫"朝扣富儿门,暮随肥马尘"是也,主忧亦忧,主喜亦喜,岂能快意,安有荣光。

"便游不敬",指随随便便、马马虎虎之游。随随便便,心不诚;马马虎虎,意不专;岂非亵渎自然?

"忙游不慊"[1],指匆匆忙忙、仓仓促促之游。景观未能细细鉴赏,妙趣未能细细品味,心犹未足,意犹未尽。

[1]慊(qiè),满足,惬意。

"套游不情",指流于客套、应酬敷衍之游。来不乘兴,情不由衷,麻麻木木。

"挂游不乐",指心有牵挂、情有羁绊之游。不能澄怀味象,陶然其中。

"势游不甘"[2],指跟随权贵之游。权贵游观,出则前呼后拥,到则吆三喝四,颐指气使,弄权弄势,人见人憎,人见人厌,跟随其后,了无乐趣。

[2]甘,快乐。

"买游不远",指花钱铺路、吃喝享乐之游。图舒适,图安逸,怕吃苦,怕危险,短途犹可,长途难耐,都市犹可,山野难耐。

"赊游不偿",指无钱旅游、赊账享乐之游。打肿脸充胖子,毫无意思,毫不值得。

"燥游不别"[3],指性格急躁、心情急躁之游。旅游宜安,宜静,若火急火燎,定然观

[3]别,识别。

察粗疏，无甚印象。

"趁游不我"，指无主无见、人游我游之游。游于何时，游于何处，景观如何，感受如何，自己概不作主，脑袋长在别人头上，别人游春，我亦游春，别人游泰山，我亦游泰山，亦步亦趋，一味模仿，赶个风头，追个时髦，确乎忘我无我。

"帮游不目"，指帮闲之游。两只脚为主人探游路，两只眼为主人搜景物，自己一无所见，一无所赏。

"苦游不继"，指千辛万苦、千难万险之游。这样的旅游次数多了，身体吃不消。

"肤游不赏"，指浮光掠影、浅尝辄止的肤浅之游。不动脑筋，不作鉴别，或动不来脑筋，作不了鉴别，必不能赏会风景。

"限游不逍"，指定时定点之游。既受时间、地点的限制，就不能随心所欲。

"浪游不律"，指放浪形骸、狂狷不羁之游。不合传统礼仪，有悖德操品行。

王氏的二十三种，固然因标准的不一而失于繁琐。但他着眼游客的主客观因素来评论各种旅游的缺憾，显示明人已关注旅游主体的分析与研究。

三、旅游新人耳目，发人才情

冯梦桢[①]为王士性《广志绎》序：

> 司马子长旷世逸才，然必周行万里，网罗见闻，然后著为《史记》；杜子美诗人冠冕，遭乱流离，三巴吴楚，游踪颇阔，故曰"不开万卷，不行万里，不能读杜诗"，良然。岂非名山大川足以涤人胸怀，发人才性，

[①] 冯梦桢（1548—1595），字开之，秀水（今浙江嘉兴）人。万历五年（1577年）进士，官编修、迁国子祭酒，后辞官。学者、收藏家。著有《快雪堂集》、《快雪堂漫录》及《历代贡举志》等。

而五方谣俗，方言物产。仙踪灵迹，怪怪奇奇，其于新耳目，廓拘蔽，良有助焉。

司马迁不游，无《史记》；杜甫不游，无杜诗；读杜者不游，不能读杜诗。

四、旅游追求境界

明人邹光迪①说旅游有三种境界，"俗游"、"人游"、"天游"。《游吴门诸山记》：

> 夫游有三，一天游，一人游，一俗游。靡曼当前，钟鼓列后，丝幢延袤，楼船披靡，山珍水错，充溢圆方，男女相错，嚻而杂坐，涟漪不入其怀，清音不以悦耳，是谓俗游。天宇晴空，惠风时至，朗月继照，诸品一涤，枕石漱流，听禽坐卉，横槊抽毫，登高能赋，野老与之争席，鹿麋因而相狎，是谓人游。无町无畦，无畛无域，审乎无假，挥斥八极，出入六合，挠挑无垠，乘夫莽眇之鸟，而息夫亡何有之乡，是谓天游。余不能天游，而大厌俗游，庶几人游已乎。

"俗游"，俗人之游，吃喝玩耍，意在娱乐。"人游"，高人之游，会意山水，融情自然。"天游"，超人之游，无思无虑，任意逍遥，一同庄子逍遥游，是一种哲学理念，不是旅游实践。邹光迪倡导"人游"，倡导优游山水，追求人与自然的心灵会通和情感交融，实现人与自然的和谐。

王士性说旅游有四种境界，"天游"、

---

①邹光迪，无锡人，画家，生活于明代万历年间。自言："余故孱弱，少所济胜，不能游，而独好游。……而所过佳山水，未尝不游。"（《郁仪楼集》卷三十六）吴门，苏州别称。北宋张先《渔家傲·和程公辟赠别》："天外吴门清霅路，君家正在吴门住。"

"神游"、"人游"、"畸人之游"。《五岳游草自序》：

> 余行游海内，五岳举矣。作菟裘于白龙溪之浒，计了滇云，遂息足焉。客有濯缨，诣余溪头，爰问余曰："子好游乎，夫游亦有道耶？"余曰："夫太上天游，其次神游，又次人游，无之而非也。上焉者形神俱化，次焉者神举形留，下焉者神为形役。然卑之或玩物，高之亦采真。"客曰："其人何如？"曰："若士汗漫于九垓，是天游也。轩辕隐己于华胥，是神游也。尚子长敕断婚嫁，谢幼舆置身丘壑，是人游也。"①

"天游"是至高之游，若士漫游宇宙，形神与造化合一，与邹光迪的"天游"取向一致，是哲学理念，不是旅游实践。次之是"神游"，黄帝梦游华胥、李白梦游天姥，形不到神到，人不到心到，是旅游意念，也不是旅游实践。再次之是"人游"，如东汉尚长②，子女完婚，离家游历；南朝谢鲲③，职在官场，娱乐山水；与邹光迪的人游大体不差。"畸人之游"是王士性自我推许的超越常人之游的狂热之游。《五岳游草自序》：

---

① 太上，至高。若士，仙人。《淮南子·道应训》："卢敖游乎北海，经乎太阴，入乎玄阙，至于蒙谷之上，见一士焉。……卢敖与之语曰：'……子殆可与敖为友乎？'若士者蓬然而笑曰：'……然子处矣，吾与汗漫期于九垓之外，吾不可以久驻。'若士举臂而竦身，遂入云中。"汗漫，无边无际。九垓，亦作"九畡"、"九陔"，指中央八极之地。《国语·郑语》韦昭注："九畡，九州岛之极数。"葛洪《抱朴子·审举》："今普天一统，九垓同风。"轩辕，黄帝。华胥，古国。《列子·黄帝》："昼寝而梦，游于华胥之国。华胥之国在弇州之西，台州之北，不知斯齐国几千万里，盖非舟车足力之所及，神游而已。"采真，道教语，指顺乎天性，放任自然。《庄子·天运》："古之至人，假道于仁，托宿于义，以游逍遥之虚，食于苟简之田，立于不贷之圃。逍遥，无为也；苟简，易养也；不贷，无出也。古者谓是采真之游。"郭象注："游而任之，斯真采也。真采则色不伪矣。"成玄英疏："谓是神采真实而无假伪，逍遥任适而随化遨游也。"后多指求仙修道。

② 《后汉书·逸民传》：向（《后汉书·高士传》"向"字作"尚"）长，字子平，河内朝歌人也。隐居不仕，性尚中和，好通《老》、《易》。贫无资食，好事者更馈焉，受之取足而反其余。王莽大司空王邑辟之，连年乃至，欲荐之于莽，固辞乃止。潜隐于家。读《易》至《损》、《益》卦，喟然叹曰："吾已知富不如贫，贵不如贱，但未知死何如生耳。"建武中，男女娶嫁既毕，来断家事勿相关，当如我死也。于是遂肆意，与同好北海禽庆，俱游五岳名山，竟不知所终。

③ 谢鲲，字幼舆，陈郡阳夏（今河南太康）人，官豫章（今江西南昌）太守。《世说新语·品藻》："晋明帝为太子时，问谢鲲：'论者以君方庾亮，自谓何如？'答道：'端委庙堂，使百僚准则，鲲不如亮；一丘一壑，自谓过之。'"

> "然则子游其天乎？"曰："唯唯。否否，余未能莽荡其马，支离其御。余游四荒之内，未能觌六合之外。余人之畸也。"

畸人①，是不同世俗的异人、奇人。"畸人之游"不同于常人之游。常人之游有所待，或者有待子女成家：

> 一丘一壑，良吾愿也；清溪，鉴我心矣。抑尚生云婚嫁既毕，五岳必游。余髫龀之子，视吾年不十四焉，猥云婚嫁，姜也就木矣。若余则乌能待哉。②

或者有待履危工具：

> 思夫驭回九折，踵垂百仞，鸟道羊肠，蛇退猿饮，幽壑无底，颠崖半欹，履险心悸，手足为痹。彼无其具，犹弗游也。③

或者有待时机：

> 抑有益州怅老，牛山叹逝，靓遘不常，河清难俟，泽啄王雉，枥伏灰骥，白首青山，意兴尽矣。彼非其时，犹弗游也。④

或者有待境况：

> 若夫石室再闭，酒垆寂若，七圣路迷，三山风却，阴晴未定，仆马告痡，涕笑邂逅，萍梗参差，彼厄之缘，犹弗游也。⑤

---

① 《庄子·内篇·大宗师》："畸人者，畸于人而侔于天。" 成玄英疏："畸者，不耦之名也。修行无有，而疏外形体，乖异人伦，不耦于俗。"陆游《幽事》："野馆多幽事，畸人无俗情。"

② 王士性《五岳游草自序》。髫龀(tiáochèn)，幼童。

③ 王士性《五岳游草自序》。

④ 王士性《五岳游草自序》。

⑤ 王士性《五岳游草自序》。

而"畸人"无论儿女婚嫁，无论"具宾主，戒车徒，提筐斝①"，无论"良辰美景，赏心乐事"；无论"霜雪惨烈，手足皲瘃②"；无论"王程有严，星分凤驾"，无论"百忧憋心，万事劳形"；必定"遇佳山川则游"：

> 一泉之旁，一山之阻，神林鬼冢，魑魅之穴，猿狖所家，鱼龙所宫，无不托足焉。③

必定在游观山水中，寄托喜怒哀乐，"一切造化之变，人情理物，悲喜顺逆之遭。无不于吾游寄焉"，达到"形骸可忘，吾我尽丧"的无物忘我之境。

五、善游者能至、能言、能文

明人主张，善游者需要三样功夫，能至、能言、能文。能至，能够亲临其境。虽知名胜，游步不到，焉能赏会？能言，能够说出亲历游境的审美感受，不能言埋没了名胜好处。能文，能够写出亲历游境的审美感受，不能文，感受再深，言论再精，亦传之不远。这三者，能至是旅游鉴赏的前提，能言是表达鉴赏的普通形式，能文是表达鉴赏的高级形式。能不能至，关乎决心、兴趣、时间、资金。能不能言，能不能文，则关乎文化修养和艺术修养。因此，三项全能，十分难得。周忱④《小西天游记》⑤：

> 天下山川，好之者未必能至，能至者未必能言，能言者未必能文。

有时，虽有口才、文才，旅游时忘带纸笔，当时记住，过后忘记，仍然难言，难文。因此，谢肇淛《五杂俎》特别提醒游客："每到境

---

① 斝（jiǎ），斝，酒器。

② 皲瘃（jūnzhú），手足冻裂冻疮。

③ 王士性《五岳游草自序》。

④ 周忱（1381—1453），字恂如，号双崖。江西吉水人。永乐二年（1404年）进士。自请进文渊阁，与修《永乐大典》等。授刑部主事，进员外郎。永乐二十二年（1424）荐迁越府长史。宣德五年（1430），荐为工部左侍郎，巡抚江南诸府，总督税粮。

⑤ 小西天，河北房山石经山，房山石刻藏经地。本名白带山。

界，切须领会。时置笔砚，以备遗忘，此游山之大都也。"

六、名胜贵在人文

明人继承前代旅游重人重文的传统，强调名人效应，爱屋及乌。屠隆《登鲁台记》："古名贤遗迹，凡一流寓，一啸咏，以及一草一木，后人莫不爱之传之，惟恐不至。"王思任《游丰乐醉翁亭记》：

> 山川之须眉，人朗之也；其姓氏，人贵之；运命，人道之也。滁阳诸山，视吾家岩壑不啻数坡坨耳。有欧、苏二老人足目其间，遂与海内争千古，岂非人哉。

山川的须眉，人理之而明朗；山川的名号，人颂之而称贵；山川的命运，人传之而久远；滁州诸山在安徽只是几个小山坡，因欧阳修、苏东坡游观欣赏，一作《醉翁亭记》，一作《醉翁操》，遂千古竞秀。这与元人吴澄的"山以人称，境缘人胜"完全一致。

七、旅游须懂鉴赏

山水如人

山水如人山有相，指山之形貌。王思任《淇园序》：

> 天下山水有如人相，眉峻目凸，蜀得其险；骨大肉张，秦得其壮；首昂须戟，楚得其雄；意清态远，吴得其媚；貌古格幻，闽得其奇；骨采衣妍，滇粤得其丽。然而韶秀冲停，和静娟好，则越得其佳。

袁宏道《吴敦之》："东南山川秀美不可言，

如少女时花，婉弱可爱。楚中非无名山大川，然终是大汉、将军、盐商妇耳。"

山水如人山有骨，山之石质。袁宏道《由舍身岩至文殊狮子岩记》："野性僻石。每登山，则首问巉岩几处，骨几倍，肤色何状。"《华山记》："凡山之名者，必以骨。""表里纯骨者，唯华而已。骨有态有色。""华之骨，如割云，如堵碎玉，天水烟雪，杂然缀壁也。"

山水如人山有衣，指山之树木。姚希孟[①]《山中嘉树记》："山以树为衣。山无树，犹丽姝不得罗襦绣带。"《游京口诸山记》："好山无美树，如天女无五铢衣，而太真无霓裳。"

山水如人山有情，指山之水流。归有光[②]《游宝界山居记》："天下之山，得水而悦。"悦，喜悦之情。钟惺《游武夷山记》："山之情候在溪，溪九曲，山或应或违，而无所不相关。"情候，情态变化。

山水如人山有妆，也指山之水流。程正揆[③]《洪山寺记》："山之有水，犹美人之有妆也，山不水不色，水不大不姿。"

山水如人山有眼，指山水人文。钟惺[④]序《蜀中名胜记》：

> 一切高深，可以为山水，而山水反不能自为胜；一切山水，可以高深，而山水之胜反不能自为名。山水者，有待而名胜者也。曰事，曰诗，曰文，之三者，山水之眼也。

凡高者可为山，凡深者可为水，山水何以称胜？山皆高，水皆深，山水何以著名？山水须

[①] 姚希孟（1579—1636），字孟长，吴县人。万历进士，改庶吉士。崇祯时，起左赞善。历右庶子，为日讲官。贬少詹事，掌南京翰林院。东林党人。

[②] 归有光（1506—1571），字熙甫，又字开甫，别号震川，又号项脊生，世称震川先生。江苏昆山人。嘉靖举人。会试八次落第，徙居嘉定安亭江上，读书谈道，学徒众多，60岁方成进士，历长兴知县、顺德通判、南京太仆寺丞，留掌内阁制敕房，与修《世宗实录》。与唐顺之、王慎中，并称为嘉靖古文三大家。

[③] 程正揆（1604—1676），字端伯，号鞠陵，别号清溪道人。今湖北孝昌人。画家，书法家。明时任翰林院编修、尚宝司卿，入清任工部右侍郎。

[④] 钟惺（1574—1624），字伯敬，一作景伯，号退谷、止公居士，湖广竟陵（今湖北天门）人。万历进士，历官工部主事、南京礼部祭祠司主事、福建提学佥事等。为人严冷，不喜俗客，喜游名山大川，善诗，与谭元春并称"竟陵派"诗人。

待人文，人之事、人之诗、人之文，方可著名称胜。事、诗、文是"山水之眼"。人眼，流转人的精神；"山水之眼"流转山水的精神。

山水七胜

袁宏道游西洞庭山，罗列七胜："山之胜"，"石之胜"，"居之胜"，"花果之胜"，"幽隐之胜"，"仙迹之胜"与"山水相得之胜"。其中，山水相得，最为明人推崇。蔡羽①《消夏湾记》："山以水袭为奇，水以山袭尤奇也。"归有光《游宝界山居记》："天下之山，得水而悦。""天下之水，得山而止。"

四季赏会

一季有一季风景，善游者四时可游。高濂②《高子游说》：

> 时值春阳，柔风和景，芳树鸣禽，邀朋郊外，踏青载酒，湖头泛棹，问柳寻花，听鸟于茂林；看山弄水，修禊事于曲水。香堤艳赏，紫陌醉眠，杖钱沽酒，陶然洛沂，舞风茵草，坐花酣矣。行歌踏月，喜鸿鹄之睡沙，羡鸥鸟之浴浪。夕阳在山，饮兴未足，春风满座，不醉无归。此皆春朝乐事，将谓闲学少年时乎？夏月则披襟散发，白眼长歌，坐快松楸绿荫，舟泛芰荷清馥，两俩相望，形骸无我。碧筒致爽，雪藕生凉，喧毕避俗，水亭一枕来醺；疏懒宜人，山阁千峰送雨。白眼倘佯，幽欢绝俗，萧摇流畅，此乐何多？秋则凭高舒啸，临水赋诗，酒泛黄花，馔供紫蟹。停

---

① 蔡羽（？—1541），字九逵，居江苏吴县洞庭西山，自号林屋山人，又称左虚子。乡试十四次落第，由国子生授南京翰林孔目，好古文，善书法。

② 高濂，字深甫，号瑞南。浙江钱塘（今浙江杭州）人。字深甫，号瑞南，浙江钱塘（今浙江杭州）人。生活于万历前后。能诗文，通医理，擅养生，藏书赏画，兴趣广泛。

车枫树林中，醉卧白云堆里。登楼咏月，飘然远亮高泛；落帽吟风，不减孟嘉旷达。观涛江渚，兴奔雪浪云涛；听雁汀沙，思入芦花夜月。萧骚野趣，爽朗襟期，较之他时，似更闲雅。冬月则杖藜曝背，观禾收于东畴；策蹇冲寒，探梅开于南陌。雪则眼惊飞玉，取醉时蓑；霁则足蹑层冰，腾吟僧阁。泛舟载月，兴到郊溪；醉榻眠云，梦寒水国。何如湖水一袠，可了人间万事。

春游，踏青泛舟，看山弄水，可致乐；夏游，披松荫，闻荷香，可致爽；秋游，停车枫林，登楼咏月，可致雅；冬游，踏雪寻梅，寒江独钓，可致足。

游观方寸

明人根据经验，总结游观鉴赏的艺术尺度、距离的长短、角度的高低、景物的取舍等。宋彦①《山行杂记》：

> 看水宜近，看山宜远，听水宜高。水近则旷，山远则深，听水愈高则声愈响。

袁中道《三游洞序》：

> 江声滂湃，听宜远；溪声涵淡，听宜近。

江声澎湃，听之，距离宜远；溪声涵淡，听之，距离宜近。这是讲听觉远近的审美差异。

王思任《李大生诗集序》：

> 五色之中，唯蔚蓝最秀。从色

① 宋彦，万历时华亭人。尝至京师，游玉泉、香山，纪园亭刹寺岩壑之胜。

> 从骨出者，秀而不远；从神出者，逾逊逾深。极一粝笨之山，迫视之，碌砢黄杂也；若置之地表，数百里气雰、笔插、旗张，则潼关半暗，齐鲁青未了矣。

大山蕴含的颜色多种多样，而以蔚蓝最佳。如果要看生于山表的蔚蓝，离山稍远就可以看到。如果要看出于山质的蔚蓝，则距离越远色感越浓。例如一座粗糙呆笨的山，近看是杂乱的黄色，但把它置于平原，从数百里外，遥遥望之，亦是一片墨绿。这是讲视觉远近的审美效果。吴从先①《小窗自纪》：

> 晓看山，则青葱而玲珑，山如树也。晚看树，则盘郁而溟濛，树如山也。

这是说早晚有别，睹景有异。程正揆《白云看月记》：

> 曲山看水，幽山看云，密山看雨，旷山看雪，髡山看石，淡山看烟，兀山看月。

这是说不同山境有不同特点，有不同可观处。谭元春②《游玄岳记》：

> 心在水声者常失足，视在水声者常失听心，视听俱在水声者常失山。

沉湎一景，不及其他，久而久之，可能感觉麻木，只知有一，不知有二。又说：

> 善游岳者先望，善望岳者逐步所移而望之，……善辞岳者亦逐步回首

① 吴从先，字宁野，号小窗，明南直隶常州府人氏，约生于明嘉靖年间，卒于明崇祯末。曾与明末文人陈继儒等交游，毕生博览群书，醉心著述。平日好为俳谐杂说及诗赋文章。著有《小窗自纪》、《小窗艳纪》、《小窗清纪》、《小窗别纪》。

② 谭元春（1586—1637），湖广竟陵（今湖北天门）人，字友夏，号鹄湾，别号蓑翁。天启间乡试第一，与钟惺同创文坛"竟陵派"，论文重视性灵，反对摹古，诗风幽深孤峭。

而望之。

善于游观高山者先在远处眺望；善于眺望高山者移步换形；善于辞别高山者逐步回首。这是说观览角度应不断变化。谭元春还说，观景要抓住富有特征的景象，不能"纵观"、"分观"、"参差观"。"纵观"，漫无目标笼统看；"分观"，不分主次样样看；"参差观"，爬高下低处处看。"纵观费目，分观费心，参差观则心神俱费。费，必将有所遗。"① 费，疲劳。弄不好，反而遗漏优美景致。这是说游观景物应有所取舍。

构园要领

明人研究园林艺术。最高原则是和谐自然。谢肇淛《五杂俎》："人工之中，不失天然。偏侧之地，又含野意。"计成《园冶》："虽由人作，宛自天开。"基本思路是"巧于因、借，精在体、宜"：

> 因者：随基势之高下，体形之端正，碍木删桠，泉流石注，互相借资；宜亭斯亭，宜榭斯榭，不妨偏径，顿置婉转，斯谓精而合宜者也。借者：园虽别内外，得景则无拘远近，晴峦耸秀，绀宇凌空，极目所至，俗则屏之，嘉则收之，不分町疃，尽为烟景，斯所谓巧而得体者也。

主要景物是山水、亭台、花木。杨循吉②《周氏池亭记》："所谓园者，林木一胜也，水二胜也，有是二胜，又必亭馆点饰，而后可游。"

八、游境应予保护

保护旅游环境、旅游资源的实际工作，秦

---

① 谭元春《游玄岳记》。

② 杨循吉（1456—1544），字君卿，号南峰，苏州府吴县（今江苏吴县）人。成化进士，授礼部主事，因病致仕。结庐姑苏砚山（在吴县西南，即楞伽山）。

汉时已经着手，唐宋时，也采取了一些措施，但秦汉至宋元，道理讲得少，制度极薄弱。到明代，乱砍乱伐，乱写乱涂，几成景区公害，一些旅游家乃伏案疾书，宣传保护旅游资源的重要性和必要性。袁中道目睹砍伐山林，呼吁保护，《书玄澈卷》：

> 夫山之树木，犹人之须眉衣佩，伐去之，已不成妍。

袁宏道目睹景区乱树碑刻，痛加斥责，《齐云》：

> 齐云天门奇胜，岩下碑碣填塞，可厌耳。徽人好题，亦是一癖。仕其土者，熏习成风，朱题白榜，卷石皆遍，令人气短。余谓律中盗山伐矿，皆有常刑，俗士毁污山灵，而律不禁，何也？佛说种种恶业，俱得恶报。此业当与杀盗同科，而佛不及，亦是缺典。青山白石，有何罪过？无故黥其面，裂其肤。①

王思任目睹涂鸦，辛辣嘲讽，《游灵岩记》：

> 愿乞陛下一专檄，使臣乘传走天下，得便宜行事，仍赐臣墨煤万斛，加以如月之斧，凡遇名胜之地，有所题说者，间存其可，余悉听臣劈抹，用冷泉浇之三日，一洗山川冤辱。

目睹游人摧折西湖花木，心情也异常愤怒，《游杭州诸胜记》：

> 两堤梅桃杨柳，花事烂嫡殊有致。而恶俗辈如伐薪然，似与之为仇

① 齐云山，在今安徽休宁。古称白岳。有三十六奇峰，七十二怪崖，间以幽洞、曲涧、碧池、青泉。与江西龙虎山、湖北武当山、四川鹤鸣山并称中国四大道教名山。

> 为妒，必欲剥其肢体者，不可解。又有折断此枝花，即投树下而去者，更不可解。

黄汝亨[①]目睹景区开矿，给出强烈批评，《天目游记》说天目山因开矿而赤地焦土，黑烟毒雾，"千年之树摧枝折干，僧众闻而毒死者甚众"，严重破坏了自然风景和生态环境。黄汝亨并为自家园林，南昌城南玉版居小淇园，写定《玉版居约》：

> 戒杀，戒演戏，戒多滋味，戒毁墙壁篱落、斫伐摧败诸竹木，愿后来者共呵护之。有越三章者，不难现宰官身而说法。

约文刻石，警示过往行人。张岱目睹时人附会古迹，妄自增修，也十分恼火。《西施山书舍记》抨击时人在绍兴西施山置园造林，附会西施，有辱"我西子绝代佳人"。

明人论游道，体现了明代旅游的高度自觉与深层思考，有创见、有水平。

第九节　旅游环境建设

一、景区建设

景区客舍

明代旅游景区的旅馆设施大有改观。张岱《泰安州客店》：

> 客店至泰安州，不复敢以客店目之。余进香泰山，未至店里许，见驴马槽房二三十间；再近，有戏子寓二十余处；再近，则密户曲房，

[①] 黄汝亨（1558—1626），字贞父，钱塘人，万历进士，官至江西布政司参议。能文善书。

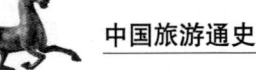

皆妓女妖冶其中。余谓是一州之事，不知其为一店之事也。投店者，先至一厅事，上簿挂号，人纳店例银三钱八分，又人纳税山银一钱八分。店房三等，下客夜素早亦素，午在山上用素酒果核劳之，谓之"接顶"。夜至店设席贺，谓烧香后求官得官，求子得子，求利得利，故曰贺也。贺亦三筹，上者专席，糖饼，五果，十肴，果核，演戏；次者二人一席，亦糖饼，亦肴核，亦演戏；下者三四人一席，亦糖饼肴核，不演戏，亦弹唱。计其店中，演戏者二十余处，弹唱者不胜计，庖厨炊爨亦二十余所，奔走服役者一二百人。下山后荤酒狎妓惟所欲，此皆一日事也。若上山落山，客日日至，而新旧客房不相袭，荤素庖厨不相混，迎送厮役不相兼，是则不可测识之矣。泰安一州与此店比者五六所，又更奇。

泰安州（今山东泰安）不是大州县，也不是大都会，但地处东岳泰山的脚下，客舍的规格、设施、接待，有异于一般旅馆。其一，它是专为上山进香的香客和上山观览的游客开设的旅游旅馆，因此，住店者必须交纳"税山银"即登山税。其二，它设有多种旅游服务项目，如接顶、席贺、演戏、弹唱、狎妓等。其三，门面大，分工细，管理严格，调度周密。其四，比它更好的同类客舍，泰安一城，尚有多处。可见泰山景区的旅馆建设，已有一定规模。

景区寺庙可供住宿。袁宗道游北京西山，

第十三章　明代旅游

留宿碧云法堂。① 袁宏道游猴（gōu）山（在今河南偃师），"晚宿方丈"②。于慎行游摩珂庵（在北京西郊）"仆催归路晚，晚更一霄留"。③

景区管理

明政府注意管理景区的秩序、安全与文明。穆宗隆庆二年（1568），苏州官府在虎丘山门设立《直隶苏州府为禁约事碑》：

> 照得虎丘山寺往昔游人喧杂，流荡淫佚，今虽禁止，恐后复开，合立石以垂永久。今后除士大夫览胜寻幽，超然情境之外者，住持僧即行延入外，其有荡子挟妓携童、妇女冶容艳妆来游此山者，许诸人挈送到官，审实妇人财物即行给赏。若住持及总保甲人等纵容不举，及日后将此石毁坏者，本府一体追究。故示。

是官府为景区制定的管理办法与游客须知。

景区须纳税。游客交登山税，寺庙交香税。《钦定续文献通考》："内官陈增奏收南直云台山三官庙每岁香税一千余两。"泰山景区缴税尤多。明人陶允宜《碧霞元君》："自是神人同爱国，岁输百万佐升平。"

景区开发

世宗嘉靖时，胡缵宗④为安庆知府，修城垣，兴水利，治道路，通商旅，三年后安庆一派繁华。后为苏州知府，为虎丘修造"台阁数重，增益胜眺"⑤。

神宗万历时，扬州知府吴秀⑥重修南朝大明寺，在琼花观⑦修建玉皇阁，阁高三层，高大壮丽，俯视全城。又利用开浚城濠，积土为

---

① 袁宗道《游西山》。

② 袁宏道《场屋后记》。

③ 于慎行《暮春游摩珂庵》。

④ 胡缵宗（1480—1560），字孝思，又字世甫。号可泉，又别号鸟鼠山人。秦州秦安（今甘肃天水秦安）人。武宗正德进士，任翰林院检讨。历经嘉定州判官，安庆、苏州知府，山东、河南巡抚，足迹遍及江南、中原。后罢官归里，开阁著书，有《鸟鼠山人集》、《安庆府志》、《苏州府志》、《秦州志》等14部著作传世。善书法，今镇江、曲阜孔庙、天水伏羲庙均有题匾。

⑤ 黄省曾《吴风录》。

⑥ 吴秀，字越贤，浙江乌程籍南直隶吴江人。明穆宗隆庆进士，官刑部主事，历员外郎中。万历间（1573—1619）出任九江知府、扬州知府。治郡多有建树，政绩显著，是明廷郡守八名臣之一。

⑦ 扬州琼花观始建于西汉，原为供奉主管万物生长的后土女神的后土祠。唐时增修，名唐昌观。宋徽宗赐名"蕃釐观"。因观内有一株稀罕的琼花，俗称琼花观。

山，叠石为岭，周以亭台，植以梅花，命名梅花岭。

二、旅游器具

明代文人游客讲究游具，品种繁多。高濂《起居安乐笺》、屠隆《游具雅编》各有罗列。代步工具，有车船、肩舆。行走工具，有斗笠、竹杖、云舄（xì，鞋）。鱼钓工具，有渔竿、钓钩、钓丝。饮食用具，有提盒，内装酒器、茶器、菜碟、果盘；有提炉，可装炭起火；有罂瓢，引用泉水；有叠桌，以供酬酢。文化用具，有叶笺、诗筒、韵牌、图书小匣、笔墨纸砚、棋篮、骨牌匣、琴、酒牌。装扮用具，有竹冠、披云巾、道服、道扇、拂尘、药篮、丹炉。游具设计巧妙，制作精心。屠隆《游具雅编》说渔竿："钓用纶竿，竿用紫竹。纶不欲大，竿不宜长，但丝长则可钓耳。豫章有丛竹，其节长而直，为竿最佳，长七八尺，敲针作钩，所谓'一钩掣动沧浪月，钓出千秋万古心'。"

三、旅行制度

路引制度

路引，通行证。程春宇《士商类要》："凡出外，必先告引。""凡出外，先告路引为凭，关津不敢阻滞。"告引，报告政府，申请通行证。路引写明行商的姓名、乡贯、去向、日期、资本、货物、水运、陆行等。《大明律·兵律》："若军民出百里之外，不给引者，军以逃军论，民以私度关津论。""凡无文引，私度关津者，杖八十。""若有文引，冒名度关津者，杖八十。家人相冒者，罪坐家长。守把之人知情，与同罪。不知者不坐。其将马骡私度冒度关津者，杖六十。越度，杖七十。"① 又规定凡充军者、罢职闲住者、降

① 私度，谓人有引，马骡无引者。冒度，谓马骡冒他人引上马骡毛色齿岁者。越度，谓人由关津，马骡不由关津而度者。

职外放者，擅自来京，"问拟明白，除充军并口外为民照逃例改发外，文官降调者，革职冠带闲住。闲住者，发原籍为民。为民者，改发口外为民。"即便有路引，如果无所事事，也视为乞丐，以游食治罪。《御制大诰续编》："今后无物引老者，虽引未老，无物可鬻，终日支吾者，坊厢村店拿捉赴官，治以游食。"商人行商的路引，不仅官府查验，牙行①也要统计上报。《大明律·户律》凡城市乡村，诸色牙行："官给印信文簿，附写客商船户，住贯姓名，路引字号，物货数目，每月赴官查照。"以利于官府"客商有所察，而无越关之弊；物货有所稽，而无匿税之弊"②。外国人在中国旅行，更需办证。利玛窦从广东上北京，也是先在广东官府申办通行文书。《大明律·兵律》又规定发证官吏："凡不应给路引之人而给引及军诈为民、民诈为军，若冒名告给引及以所给引转与他人者，并杖八十。若於经过官司停止去处，倒给路引，及官豪势要之人嘱托军民衙门擅给批帖影射出入者，各杖一百。当该官吏、听从及知情给与者，并同罪。若不从及不知者，不坐。若巡检司越分给引者，罪亦如之。其不立文案、空押路引、私填与人者，杖一百、徒三年。受财者，计赃以枉法及有所规避者，各从重论。"路引，限制了人口流动，也限制了民间旅行。

关卡制度

明代在陆路重要关口和水路重要港口，设置关卡，盘查过往。《大明律·兵律》规定："若关不由门、津不由渡而越度者，杖九十。若越度缘边关塞者，杖一百，徒三十。因而出外境者，绞。守把之人、知而故纵者同罪。失

①介绍交易，说合买卖并抽取佣金的商行或中间商。汉代称"驵会"（或作"侩"）。唐宋称牙人、牙纪、牙子、牙商。明代称牙行。

②明·王肯堂《笺释》。

於盘诘者各减三等，罪止杖一百，军兵又减一等，并罪坐直日者。""若官豪势要之人，乘船经过关津，不服盘验者杖一百。"关卡不得刁难行人。《大明律·兵律》："凡关津往来船只，守把之人不即盘验放行、无故阻当者，一日笞二十，每一日加一等，罪止笞五十。"关卡也负有监督安全和防止敲诈的义务。《大明律·兵律》："若撑驾渡船稍水（船工），如遇风浪险恶，不许摆渡。违者，笞四十。若不顾风浪，故行开船至中流停船，勒要船钱者，杖八十。"

旅馆登记制度

明代旅馆有登记簿，登记旅客资讯，称店历。《万历会典》："凡客店，每月置店历一扇，在内赴兵马司，在外赴有司署押讫，逐日附写到店客商姓名、人数、起程月日，月终各赴有司查照。"

改进驿传制度

在京都设立会同馆。在各地分设水马驿、递运所和急递铺。水马驿递送使客，飞报军情；递运所专司军需物资及贡物；急递铺仍送紧急文书。明廷设车驾司管理北京、南京的会同馆及全国水马驿。地方按察使下设驿传道，府州县设驿丞，主管地方邮驿。边防驿站，由都指挥使司及卫所管理。

夜禁制度

夜禁，历代有之。《周礼·秋官·司寤氏》："掌夜时，以星分夜，以诏夜士夜禁。"《元史·兵志》："其夜禁之地：一更三点钟声绝，禁人行；五更三点钟声动，听人行；有公事急速及丧病产育之类，则不在此限。"明律规定的特别明细。《大明律·兵律》："凡京城夜禁，一更三点钟声已静，五更三点钟声未动，犯者，笞三十。二更、三更、四更犯者笞五十。外郡城镇，各减一等。其公务急速、疾病、生产、死丧不在禁限。"违反夜禁，称犯夜。《金瓶梅》第四十二回"逞豪华门前放烟火，赏元宵楼上醉花灯"，西门庆和应伯爵看烟火，叫妓女唱曲助兴。妓女来后，知道西门庆是东家，不买应伯爵的账，应伯爵气恼，说要告诉巡夜，"拿你犯夜，教他拿了去，拶你一顿好拶子"[1]。夜禁制度制约了夜间旅行和夜间游乐。

四、通都大邑

济南

济南城建，西周起始，晋代扩建，唐代再扩建，明代彻底改造。

西周时，齐国在济水之南、历山之下、泺（luò）水之滨，筑城为邑，称历下邑。汉代，置济南郡，历下属之，称历城县。西晋，历城为济南郡治，在历城东筑东城，与旧城组成双子城。北魏时，历城有郭。城内居官衙，外郭居百姓。唐代，改济南郡为齐州，历城为州治，扩大城垣，扩张城区，城内出现商业市场。宋代，齐州升为济南府，府治历城，市场繁华，设计营造大明湖风景区。金代，金国扶持的齐国傀儡皇帝刘豫之子刘麟知济南府，开凿小清河，导水入海，聚水扩湖。元破金，济南（历城）涂炭。元好问目睹惨状："承平时，济南楼观天下莫与为比，丧乱二十年，唯有荆榛瓦砾而已。"[2] 元初，改济南府为济南路，直属中书省，路所历城，逐渐复苏。西域穆斯林商人定居西郊，修建清真大寺，形成回回一条街。元末，战火再起，济南又遭破坏。

---

[1] 拶（zǎn），木棍夹手指，是旧时的一种酷刑。

[2] 元好问《济南行记》。

明初，复置济南府，属山东行省。洪武四年（1371），济南大改造。改土城为砖城，城周超12里，高逾3丈。立四门，内含原有双城。全城略呈正方，田字格局。配上街衢，犹象棋棋盘。北部为大明湖景区，中南部集中官署，东、南城关为商业街市，西部是商业区、水运区，南郊为驻军区，东郊、西郊是民间自由市场。洪武九年（1376）山东布政使司移治济南府（历城），济南成山东省会。

济南景观，胜在湖、泉。鹊山湖在城外，李白说鹊山湖："湖阔数千里，湖光摇碧山。"① 大明湖在城中，清人刘凤诰说大明湖："四面荷花三面柳，一城山色半城湖。"② 七十二泉也在城中③，漱玉泉，漱石枕流，汩汩淙淙。李清照冠为集名④。趵(bào)突泉，喷涌出地，趵突作响。郦道元《水经注》："泉源上奋水涌若轮，突出雪涛数尺，声如隐雷。"曾巩《齐州二堂记》说历城之西："有泉涌出，高或至数尺，其旁之人名之曰趵突之泉。"

济南代有佛门胜迹。北魏建大明寺、灵岩寺。济南长清灵岩寺与浙江天台国清寺、湖北江陵玉泉寺、南京栖霞寺并称"四大名刹"。济南柳埠有隋代四门塔，唐代千佛崖造像。济南玉函山有隋代西佛峪寺。济南千佛山有唐代兴国寺，宋代毁于战乱，明成化四年（1468）重修，明人刘敕《咏兴国寺》：

数里城南寺，松深曲径幽。
片湖明落日，孤峰插清流。
云绕山僧室，苔侵石佛头。
洞中多法水，为客洗烦愁。

东北郊的华不注山，宋、元有弥陀寺，明代建

①李白《陪从祖济南太守泛鹊山湖》。

②清·刘凤诰《咏大明湖》。

③明·晏璧《七十二泉诗》。

④宋·李清照《漱玉集》。

第十三章 明代旅游

华阳宫,"据山为胜,泉深谷幽,幡幢钟鼓,震跃林壑"①。济南也有道观。北宋时在西门外建长春观。元代在大明湖东建北极庙。

济南园林,北朝已有。《水经注》说大明湖西南湖滨、大明寺附近,建有招待宾客的客亭,"左右楸桐负日,俯仰目对鱼鸟,水木明瑟"。段成式《酉阳杂俎》说历城有北魏郑悫避暑的使君林;有北齐博陵君房豹的房家园,"杂树森声,泉石崇邃"。隋唐时,园林多在北郊、西郊。北郊有鹊山湖亭,西郊有历下亭,杜甫所言"海右此亭古"者。北宋,曾巩为官济南,致力城市园林。围绕大明湖,造百花洲、百花堤、百花台、百花林、北渚亭、阅武堂、环波亭、芍药厅、水香亭、静化堂、仁凤厅、凝香斋、芙蓉台;又在泉水入湖处建造桥梁,构景"七桥风月"。大明湖风景区初具规模。金、元两代,城内郊外,私园罗列。金人在趵突泉建胜概楼,元人在大明湖筑天心亭、超然楼、鱼乐楼,在城西修万竹园,城北筑张养浩别墅云庄,洛口筑赵孟頫砚溪村。明代,重修城池,也重筑园林。在大明湖滨修建大批亭阁,尹公亭、青萝馆、水西亭、云波亭、瀛洲亭、涟漪阁、芙蓉亭、烟雨亭、小淇园。在元代万竹园旧址,大学士殷士儋修筑别墅通乐园,烟水苍茫,泉石错落,斋阁静深,清幽秀丽。在东郊,李攀龙筑白雪楼,"前望泰麓,西北眺华不注诸山,大小清河交络其下,左瞰长白、平陵之野,海气所际,每一登临,叹为胜观"②。明代济南最大最壮观的府第园林是德王府。成化三年(1467),明英宗朱祁镇次子德王朱见潾,爱慕济南山水,从德州移藩济南,以珍珠泉为中心修建德王府。王

① 康熙《济南府志》。

② 明·李攀龙《酬李东昌写寄〈白雪楼图〉并序》。

府"居会城中,占三分之一,规模宏敞,园亭山石之胜,甲于全省"①。

① 乾隆《历城志》。

福州

福州,上古属扬州地域,战国中后期属闽越国,秦时废闽越王无诸,设闽中郡,汉高祖复封无诸为闽越王。无诸在冶山建城,称"冶城",是福州城建起点。西晋设晋安郡,福州为晋安郡城,第一任郡守严高改建之,称"子城"。唐开元十三年(725)设福州都督府,始现福州之名。唐僖宗光启元年(885)河南光州固始人王潮三兄弟进军福建,创立闽国,定都福州。唐昭宗天复元年(901),王氏兄弟之一的王审知在子城外环建大城,设八城门、九便门、三水门,称"罗城"。罗城百姓按规定地段修建住宅,分段围以高墙,称之为坊,是福州"三坊七巷"的雏形。后梁朱温开平元年(907),在大城南北增筑月城,大城夹在其中,人称"夹城"。又在南门外建城墙防洪。全城略呈圆形,越王山(屏山)、九仙山(于山)、乌山均在城中,福州因而别称三山。南宋景炎元年(1276)端宗赵昰在福州登基,升福州为福安府。元朝设福建行中书省,省治福州。明洪武元年(1368)改福州路为福州府,属福建布政使司。洪武四年(1371),在唐代夹城与宋代外城的基础上垒砌石城以防倭,称府城。

明代福州物质富庶,人口众多。利玛窦《中国札记》:"这座城市(福州)在全国是最富足和供应最好的,它是全省的首府,非常富庶发达。……是该省最大和人口最多的城市(尽管在别省有比它大的),据说有30万户。"

福州纺织业兴盛。利玛窦《中国札记》:"那里生产的绒、绸、缎及别的织品,价钱十分便宜。"织绢是福州名产。纺工林洪发明四层纺织机,所织机锦双面有花,图案多变,胜过江南同类织品。

福州造船业发达。福州造船,上溯春秋,"吴航头在县治马江旧恩波亭,昔吴王夫差造船于此"①。三国时孙吴在今福州设置"典船校尉"。北宋时,福州河口有官办船厂,厂址在"河口弥陀院之南"②。南宋,福州"大治海舟至千艘"。明代,郑和下西洋。朝廷命福建制造大船。"永乐元年(1403)五月辛巳,命福建都司造船一百三十七艘","永乐二年(1404)正月癸亥,将遣使西洋诸国,命福建造船五艘"③。福建造船包括了福州造船。

福州,宋元时,已是海运重要港口。明初海禁严厉,但福州的民间海贸悄然而行。后海禁逐步松弛,茶叶、陶瓷、纺织品,取道福州,大量出港。外国商船,来港频繁。郑和船队在福州中转,为福州带来巨大商机。《长乐县志》:"适三宝太监驻军十洋街,人物辏集,福州如市。"成化初,专管海贸的福建市舶提举司,由泉州迁至福州。

福州旅游资源以温泉著称。埋藏浅,水温高,水量大,水色清,水质好。唐代,福州已有温泉村。《宗一大师师备塔碣残文》:"师备,本名谢三郎,唐福州城南温泉乡归化里人。"五代,龙德寺开外汤院。龙德寺在闽县凤池西乡崇贤里(今福州市区)。闽王延政天德二年(944)占城国宰相金氏婆罗访闽,因水土不服,遍体生疮,进外汤院沐浴,数日即愈。惊奇之下,捐钱修亭、买田,立番书石

① 《长乐县志》。

② 《三山志》。

③ 《明成祖实录》。

碑。宋代，官府重修龙德外汤院碑亭，特供官吏休假沐浴；并在城东开内汤院，也由佛寺管理，也立石碑，规定"非衣冠不许游"。这两处温泉，外汤院、内汤院，人称官汤。明代，宋汤废，重开七处温泉：府城温泉坊内汤井，汤门外汤井，汤门石槽汤，府城东崇贤里汤泉①；闽县易俗里晋安桥北温泉，闽县行春门外山阴温泉，旧怀安井楼门外石壑泉②。

福州多庙宇。唐人留至明代的庙宇有定光塔、定光寺。郑和下西洋，为福州大增寺庙。永乐七年（1409）建文石天妃宫（庙），永乐十年（1412）重建云门山云门寺，永乐十一年（1413）重修长乐南山三峰塔寺。至1949年前后，郑和所建寺庙尚存20多处。郑和又在福州铸钟刻石。宣德六年（1431），郑和在长乐铸造铜钟，高84厘米，口径50厘米，重154斤，钟面铭文54字，钟体顶端双龙蟠绕。同年，郑和在长乐南山寺刊立《天妃灵应之记》碑，纪念第七次下西洋。碑文楷书，1177字。

福州也有园林。大梦山有元末平章陈友定西肢园，有明代薛家池馆。

昆明

昆明地区，古属滇池国③。汉代，开发西南夷，在滇池地区及周边，设置益州郡，郡治晋宁，今云南昆明晋宁。东晋至隋初，滇池地区由地方大姓爨（cuàn）氏统治。唐中叶，蒙氏崛起，攻灭爨氏，建南诏国。南诏国在滇池地区修建拓东城，始为昆明建城。宋朝，大理段氏建大理国，称拓东城为鄯阐城。在鄯阐，营造宫室，兴修水利，发展工商。原在云南西部的昆明族④东迁滇中（今昆明、曲靖、玉溪、红河、大理、楚雄和丽江等地）。南宋理宗宝

①《八闽通志·福州府》。

②万历《福州府志》。

③战国时，楚国大将庄蹻率众入滇，与滇池地区叟族部落联盟，建立"滇国"。

④汉代，昆明是西南一族。《史记·西南夷列传》："西自同师（今保山）以东，北至叶榆，名为嶲、昆明、皆编发，随畜迁徙，毋常处，毋君长，地方可数千里。"嶲（xī），西南一族，即叟族。张守节《史记正义》："嶲，音髓"。嶲、叟同声。

第十三章 明代旅游

佑二年（1254），元灭大理，在鄯阐设昆明千户所，昆明始由族名变地名。元世祖至元十三年，撤所置路，建云南行中书省，置昆明县，为中庆路所，由此，昆明成一省之都。

明初，移民实边，军士落籍，昆明人口骤增。洪武十五年（1382），大修昆明。城墙砖砌，长约9里，高3丈，城门6座，城门上建城楼，城墙外开护城河，河上划船行舟。城区纳入圆通山①、翠湖②。

明代昆明的著名建筑是科考场所云南贡院。"地处拱辰门（府城北门）之右，北负城墙，面临翠海，势若距虎"③。滇池附近，明黔国公沐氏建西园别墅。金马山麓、金汁河畔，有明光禄大夫施石桥别墅，崇祯年间捐作昙华寺。城西郊高峣村杨慎旧居碧晓精舍，万历中改作杨升庵祠④。城东郊鸣凤山，万历三十年（1602）造金殿，又称铜瓦寺。城东郊官渡街，英宗天顺二年（1329）造金刚塔，又称穿心塔。城北郊龙泉山黑龙潭边，有明景泰五年（1454）所建黑龙宫。

明代维护昆明古迹。西山罗汉崖有元代梁王避暑宫，明改作海崖寺。太华山麓有元代佛严寺，明代扩建，改称太华寺。城区内东北部圆通山有唐代南诏补陀罗寺，元代称圆通寺，明代重修。城西北郊玉案山，有元代筇竹寺，明代重建。

昆明最著名的山水是滇池与西山。

滇池，又名昆明湖、昆明池，古称滇南泽。在昆明城西南。海拔1886米，南北长40公里，东西均宽8公里，水深平均约5.5米，注入盘龙江等二十余条大小河流。湖水向北经螳螂川、普渡河流入金沙江。两岸有金马、碧鸡

---

① 圆通山，山色深碧，巨石盘旋，原称螺峰山。因建圆通寺，得名圆通山。元时山在城外，明初进城，在城区东北隅。是昆明城内登高赏景胜地。

② 翠湖，又称"菜海子"，因湖东北有"九泉所出，汇而成池"，又名"九龙池"。湖水原本流入滇池，元代造田，两湖断绝。翠湖地在五华山西麓，明初造城，圈入城内。

③ 清·刘荫枢《重修贡院碑记》。

④ 杨慎（1488—1559），字用修，号升庵，四川新都人。明正德六年（1511）殿试第一，授翰林院修撰。后因上疏获罪，流放云南永昌（今保山），讲学著述，对云南民族历史、地理、文学均有贡献。

二山东西夹峙，池上烟波浩渺，一碧万顷，风帆点点，景致极佳。杨慎《滇海曲》："苹香波暖泛云津，渔柹樵歌曲水滨；天气常如二三月，花枝不断四时春。"西山，在昆明城西南郊。坐拥碧鸡、华亭、太华、太平、罗汉诸峰，卓立滇池西岸。最高峰为太华山，高出滇池水面约470米。山峦起伏，白云飘渺，似睡佛卧云，别称卧佛山；又似美女卧岸，别称睡美人山。

五、景观名胜

黄山

黄山（今安徽黄山），原名黟山、岗山。天生"二湖'，"三瀑"，"二十四溪"，"七十二峰"，奇松苍劲，怪石星罗，云海飘渺，温泉喷涌，兼有泰岳雄伟、华岳峻峭、衡岳烟云、匡庐葱茏、雁荡巧秀、峨眉清凉。有说唐天宝年间，当地所说黄帝炼丹故事引起唐玄宗兴趣，改名黄山。但由唐至元，虽有宋人吴龙翰、郑震、元人郑玉等为它写诗作文，却无甚反响，黄山之名与黄山之游终归寂寥。

明代，道士、和尚相继上山。世宗嘉靖时，玄阳道士修道朱砂峰朱砂庵，自题匾额"步云亭"。神宗万历时，普门和尚改朱砂庵为法海禅院，得到皇家青睐，神宗敕封"护国慈光寺"，皇太后下赐佛经、佛像、袈裟、锡杖、钵盂等。黄山名气由此看涨。袁中道，姚元素，黄汝亨，徐霞客，杨补，黄起漠，钱谦益等接踵游山。钱谦益游山一次，游记九篇，将黄山变幻无穷的景色作了尽心的描绘和尽力的宣传。意犹未尽，乃问好友徐霞客："游历四海山川，何处最奇？"徐霞客答：

薄海内外，无如徽之黄山，登黄山天下无山，观止矣。①

三言二语，极富感染力、鼓动力，世俗传为"五岳归来不看山，黄山归来不看岳"。黄山之名始如雷贯耳。

紫禁城

紫禁城是明朝首都北京皇宫。永乐四年（1406）开工，永乐十八年（1420）竣工。平面轮廓呈长方形，四周筑有城墙与护城河，城墙四角建有角楼，城内计有宫室九千多间，总面积达一千余亩。南面正门称午门，俗称五凤楼，东门称东华门，西门称西华门，北门称玄武门（清改为神武门）。另有承天门（清改天安门），东安门，西安门，北安门（清改地安门）。午门之内，有金水河，河上有汉白玉桥，名金水桥。过桥经太和门，可登三大殿，依次为皇极殿（清改太和殿，俗称金銮殿），中极殿（清改中和殿），建极殿（清改保和殿）。凡国家大典，新皇登基，颁发重要诏书，公布进士黄榜，庆祝皇帝生日等，在皇极殿举行。大典之前，皇帝在中极殿休息或演习礼仪。每年除夕，皇帝在建极殿赐宴。三大殿是紫禁城的中心。两边各有对称的建筑。皇极殿、太和门东侧是文华殿、文渊阁，西侧是武英殿、南熏殿。过了三大殿，入乾清门，是后三宫，依次为乾清宫、交泰殿、坤宁宫，是帝后寝宫。两边又有东六宫、西六宫，是嫔妃居所。这一带，民间通称"三宫六院"。过坤宁宫，出坤宁门，是御花园。过御花园，再往北，就是紫禁城的北门神武门。

紫禁城规模宏大，气象雄伟，象征中央皇

---

① 清·闵麟嗣《黄山志定本》。

权的至高无上。明亡，清廷沿用。于今，它仍然屹立在北京市中心，是我国保存的最大最完整的帝王宫殿，称故宫博物院。

十三陵

十三陵，是明朝十三位皇帝的陵墓，坐落在今北京昌平天寿山麓。天寿山，崇高正大，雄伟宽宏，属太行余脉。清初顾炎武《恭谒天寿山十三陵》：

> 群山自南来，势若蛟龙翔。
> 东趾踞卢龙，西脊驰太行。
> 后尻坐黄花，前面临神京。
> 中有万年宅，名曰康家庄。
> 可容百万人，豁然开明堂。

地形三面环山，如几如屏，如拱如抱；环抱之中，河水穿流；南面开口，龙山、虎山遥立门户；皇陵在东、西、北，依山而筑，一山一陵，长陵居中，各陵左右分列，扇面布局，是背山面水、聚气藏风的风水宝地。

明代十六位皇帝，明太祖朱元璋（1328—1398）葬于南京孝陵；明惠宗朱允炆（1377—？）不知所终；明代宗朱祁钰（1428—1457），葬于北京金山口藩王墓地；其余十三位会葬十三陵。分别是：

> 长陵，葬明成祖朱棣（1360—1424）
> 献陵，葬明仁宗朱高炽（1378—1425）
> 景陵，葬明宣宗朱瞻基（1398—1435）
> 裕陵，葬明英宗朱祁镇（1427—1464）
> 茂陵，葬明宪宗朱见深（1447—1487）
> 泰陵，葬明孝宗朱佑樘（1470—1505）
> 康陵，葬明武宗朱厚照（1491—1521）

永陵，葬明世宗朱厚熜（1507—1566）

昭陵，葬明穆宗朱载垕（1537—1572）

定陵，葬明神宗朱翊钧（1563—1620）

庆陵，葬明光宗朱常洛（1582—1620）

德陵，葬明熹宗朱由校（1605—1627）

思陵，葬明思宗朱由检（1611—1644）

陵墓外表庄严，内藏机关，从陵园入口到长陵墓道长约7公里，沿途陈列牌坊、宫门、碑亭、华表、石人、石兽，护卫着帝王死后的荣耀和尊严。十三陵是我国现存的最大、最集中、最完整的皇家陵园。

明长城

明代大修长城，防范漠北鞑靼、瓦剌、东北女真等。修筑过程长达百年。明初重修，在历代长城的基础上，"峻垣深壕，烽堠相接"，厚烟墩，筑石垣，深壕堑。①明中叶扩展，明后期再修，东起今辽宁鸭绿江畔虎山，西至甘肃祁连山东麓，跨越今辽宁、河北、天津、北京、山西、内蒙、陕西、宁夏、甘肃、青海十省（自治区、直辖市），总长8851.8公里。其中，人工墙体的长度为6259公里，壕堑长度为359公里，天然险长度为2232公里。

明长城设"九边"分区防守，分段管理。"九边"各设总兵官镇守，亦称"九镇"。由东至西，分别是辽东镇（治所在今辽宁北镇）、蓟镇（治所在今河北迁西三屯营镇）、宣府镇（治所在今河北宣化）、大同镇（治所在今山西大同）、山西镇（也称太原镇，治所在今山西偏关）、延绥镇（治所在今陕西绥德，后移治今陕西榆林，亦称榆林镇）、宁夏镇（治所在今宁夏银川）、固原镇（治

① 《明会要·边防》。

所在今宁夏固原）、甘肃镇（治所在今甘肃张掖）。

明长城，如同秦长城，战时是战场，平时是景观。今存八达岭长城、金山岭长城都是明长城。

山海关

山海关，洪武十四年（1381）修建，又称榆关，位于今河北秦皇岛市东北。因北依燕山，南临渤海，称山海关。是明长城东部的重要关口，东接辽宁，西近京津，是京师屏翰、辽左咽喉。

山海关，以城为关，城周约4公里，与长城相连，城高14米，厚7米，有四座规格相当、威武雄壮的城门，东称镇东门，西称迎恩门，南称望洋门，北称威远门。镇东门箭楼，镌刻书法家萧显楷书"天下第一关"。城关东南角有奎光楼，东北角有威远堂，关城中心有钟鼓楼。四门均有瓮城。东门外，附加东罗城；西门外，附加西罗城；南门外，附加南翼城；北门外，附加北翼城。再往北，是长城角山关隘。角山险峻，长城奇危。城下有寺，栖贤寺，明代兵部左侍郎詹荣、监察御史郑己和进士萧显，曾居寺读书。山海关，战时是要塞，平时是景观。

嘉峪关

嘉峪关，洪武五年（1372）修建。位于今甘肃嘉峪关市西，东连酒泉，西接玉门，背靠黑山，南临祁连，扼守丝绸之路，是明长城西端第一关。

嘉峪关，也是以城为关，有内城、外城。内城墙高9米，加垛高过10米。城上有箭楼、敌楼、角楼、阁楼、闸门楼；城内有游击将军府、井亭、文昌阁；内城开东西两门，东为"光化门"，西为"柔远门"，各有瓮城。西门外套筑城墙，构罗城，即外城。外城开"嘉峪关"门，建嘉峪关楼。关城城墙的南北两翼横穿沙漠戈壁，向北8公里，接黑山悬壁长城[①]，向南7公里，接明长城西端第一座墩台，讨赖河报警墩台[②]。

嘉峪关雄立祁连山下，横卧戈壁滩上，城墙连山，城楼欲飞，登楼远望，戈壁瀚海，长城龙游；丝绸之路，驼铃悠扬。既是军事要塞，也是观览胜地。

秦淮河

秦淮河，是南京主要河道，本名"龙藏浦"。河分内外，内河在南京城中，所谓十里秦淮，指的就是秦淮内河。六朝时，秦淮聚集名门望族，街市热闹。隋唐衰落，"旧时王谢堂前燕，飞入寻常百姓家"。宋代逐渐复苏，明时盛极一代。金粉楼台，画舫凌波，桨声灯影。张岱《秦淮河河房》记夏夜游乐：

> 画船萧鼓，去去来来，周折其间。河房之外，家有露台，朱栏骑疏，竹帘纱幔。夏月浴罢，露台杂坐，两岸水楼中，茉莉风起，动儿香甚。女客团扇轻丸，缓鬓倾髻，软媚着人。年年端午，京城士女填益，竞看灯船。好事者集小篷船百十艇，赶上挂羊角灯如联珠，船首尾相衔，有连至十余艇者。船如烛龙火蜃，屈曲连蜷，蟠尾旋折，水火激射。舟中散钹星饶，宴歌弦管，腾腾如沸。文士凭栏轰笑，声光凌乱，耳目不能自

[①] 悬壁长城，明嘉靖十八年（1539）修建。从关城东闸门角墩北向延伸至黑山山腰，全长7.5公里。山腰一段，陡峭直长，形若悬臂。

[②] 讨赖河墩，1539年修建，是明代长城的西端起点，矗立讨赖河边近80米高的悬崖之上，时称"天下第一险墩"。

主。午夜，曲倦灯残，星星自散。

秦淮河两岸，一边是江南贡院，一边是秦楼楚馆，文士风流，艺妓荟萃。明朝遗老余怀《板桥杂记》①：

> 李大娘，一名小大，字宛君，性豪侈，女子也，而有须眉丈人气。所居台榭庭室，极其华丽，侍儿曳罗縠者十余人。置酒高会，则合弹琵琶、筝，或狎客沈云、张卯、张奎数辈，吹洞箫、笙管，唱时曲。酒半，打十番鼓。曜灵西匿，继以华灯，罗帏从风，不知喔喔鸡鸣，东方既白矣。后归新安吴天行。天行巨富，资产百万，体羸，素善病，后房丽姝甚众，疲于奔命。大娘郁郁不乐。曩所欢胥生者，赂仆婢，通音耗。渐托疾，客荐胥生能医，生得入见大娘。大娘以金珠银贝纳药笼中，挈以出，与生订终身约。后天行死，卒归胥生。胥生本贫士，家徒四壁立，获吴氏资，渐殷富，与大娘饮酒食肉相娱乐，教女娃人歌舞。生复以乐死。大娘老矣，流落阛阓，仍以教女娃歌舞为活。余犹及见之，徐娘虽老，尚有风情，话念旧游，潸然出涕，真如华清宫女说开元、天宝遗事也。

秦淮诸妓最著名的是"秦淮八艳"。《板桥杂记》指为：马湘兰、柳如是、顾横波、卞玉京、陈圆圆、李香君、寇白门、董小宛。这八位名妓多才多艺多情，与晚明八位达人结有不解之缘。马湘兰与才子王稚登②，柳如是与东林

---

① 余怀（1616—1696），字澹心、无怀，号曼翁、广霞、壶山外史、寒铁道人等。原籍福建莆田，长期寓居南京，颇负文名，是秦淮河常客。吴伟业《满江红·赠南中余澹心》："此少俊、风流如画。尽行乐。"《板桥杂记》实际是余怀冶游的见闻录。

② 马湘兰（1548—1604），南京人，名守真，字湘兰。善诗词，有《湘兰子集》诗和《三生传》剧本；擅画兰竹。曹寅三次为《马湘兰画兰长卷》题诗，载曹寅《栋亭集》。今北京故宫书画精品有马氏兰花册页。日本东京博物馆藏有马氏《墨兰图》。与江南才子王稚登过从亲密。王稚登（1535—1612），字百谷，号青羊君。先世江阴，移居吴门（今苏州）。有文名，善书法。钱谦益《列朝诗集小传》稚登："名满吴会间，妙于书及篆、隶。"万历时召修国史。与屠隆、汪道昆、王世贞等组织"南屏社"，人称"侠士"，曾结交名妓马湘兰、薛素素等。一生著作丰硕。《明史·艺文志》录其《丹青志》、《吴社编》、《燕市集》、《客越志》。《四库存目》录其《弈史》。

第十三章　明代旅游

党人钱谦益①，顾眉生与诗人龚鼎孳②，陈圆圆与军阀吴三桂③，卞玉京与诗人吴伟业④，李香君与复社公子侯方域⑤，寇白门与保国公朱国弼⑥，董小宛与才子冒辟疆⑦，为晚明历史演绎了八段爱恨情仇。

江南园林

明代江南，富贵人家多造园林。

苏州拙政园，嘉靖时王献臣营造水景别墅。明人文征明《拙政园记》："郡城东北界娄齐门之间，居多隙地，有积水亘其中，稍加浚治，环以林木。"

上海嘉定秋霞圃，今嘉定城隍庙后园，原是嘉靖工部尚书龚弘修建的龚氏园，置有数雨斋、三隐堂、松风岭、寒香室、百五谷、岁寒径、洒雪

①柳如是（1618—1664），本名杨爱。如是，取辛弃疾《贺新郎》："我见青山多妩媚，料青山见我应如是。"嘉兴人，家贫为婢，坠入章台，易名柳隐。精通音律、绘画、诗词。崇祯十四年（1641），20余岁，嫁钱谦益。钱谦益（1582—1664），字受之，号牧斋，常熟人。万历三十八年（1610）进士，晚明东林党领袖之一，官至礼部侍郎。崇祯死，为南明礼部尚书。降清，为礼部侍郎兼翰林学士。受柳氏影响，半年称病辞归。后钱氏去世，族人欲夺房产，柳氏自尽。留有诗稿《湖上草》、《戊寅草》、《尺牍》。

②顾眉生，万历四十七年（1619）生，本名顾媚，字眉生，号横波，上元（今南京）人。通晓文史，工于诗画，尤善画兰，所绘《兰花图》扇面今藏故宫博物院。龚鼎孳（1616—1673），安徽合肥人。崇祯进士，出任湖北蕲春县令，崇祯十二年任兵部给事中。赴京途中，结识顾横波，娶为妾，宠爱有加。明亡，龚氏因闯来降闯，满来降满，人多讥笑。又因文才出众，与江南的钱谦益、吴伟业并称"江左三大家"。

③陈圆圆（1623—1695），江苏武进（今常州）人。原姓邢，名沅，字圆圆，幼从养母陈氏，改姓陈。殊色秀容，能歌善舞，色艺冠时。传与才子冒襄有过密约，后为明山海关总兵吴三桂爱妾。《明史·流寇》说闯王大将刘宗敏抢夺陈沅，吴三桂愤而引清人关。吴伟业《圆圆曲》："痛哭六军皆缟素，冲冠一怒为红颜。"

④卞玉京（约1623—1665），又名卞赛，出身官宦，变身歌妓，通文史，擅长诗琴书画。明亡，遁入道门，自号玉京道人。与诗人吴伟业有过一段姻缘。吴伟业（1609—1672），字骏公，号梅村。江苏太仓人，崇祯进士，明亡仕清。

⑤李香君（1624—？），又名李香，苏州人。其父为东林党人，因家道败落，漂泊异乡，流入教坊，后与复社侯方域交往，以妾嫁与。清军南下，侯方域降清，香君下落不明。侯方域（1618—1655），字朝宗，河南商丘人，复社成员，文章风采，著名于时。与冒襄、陈贞慧、方以智，合称明末四公子。入清科举，应河南乡试为副贡生。晚年失悔，著《壮悔堂文集》，顺治十一年（1655）病逝。两人故事因孔尚任《桃花扇》名播朝野。

⑥寇白门（1624—？），名湄，字白门，金陵人。静美，能诗能曲，善画兰。崇祯十五年（1642），保国公朱国弼迎娶寇白门，5千士兵手执红灯沿途肃立。明亡，朱国弼降清，被清廷软禁。寇氏筹银2万，赎释朱国弼。人称女侠。

⑦董小宛（1624—1651），名白，字小宛，苏州人。16岁时，因才艺出众，能诗善画擅琴，名满青楼。后嫁与冒襄妾。冒襄（1611—1693），字辟疆，江苏如皋人。晚明复社四公子之一。屡试不第，明亡不仕。所著《影梅庵忆语》，回忆自己与董小宛缠绵悱恻的生活。

廊等。

上海豫园，原是嘉靖、万历四川布政使潘允瑞为父亲潘恩建造的养老园。工程始于嘉靖三十八年（1559），止于万历五年（1577），耗时十八载，占地七十亩，是明代江南数一数二的私家园林。"维时吴中潘方伯以豫园胜，太仓王司寇以弇(yǎn)园胜，百里相望，为东南名园冠。"①

王司寇太仓弇园是嘉庆、万历年间王世贞②园林，在今江苏太仓弇山园。初称"小只园"。后因《庄子》、《山海经》、《穆天子传》有"弇州"、"弇山"仙境，王世贞乃自号"弇州山人"，改园为弇山园、弇州园。王世贞《太仓诸园小记》："第居足以适吾体，而不能适吾耳目，计必先园。"因与造园高手张南阳合作，在太仓筑园居家。园中原有三山（西弇、东弇、中弇）、一岭、三佛阁、五楼、三堂、四书室、一轩、十亭、一修廊、二石桥、六木桥、五石梁、四洞、四滩、二流杯。园广七十余亩，土石占十分之四，水占十分之三，室庐占十分之二，竹树占十分之一，王世贞自谓宜花，宜月，宜雪，宜雨，宜风，宜暑，时称"东南第一名园"。毁于清初。清人沈德潜《明诗别裁》："今弇国一带废为民居矣，读此不胜时代之感。"

太仓南园，万历宰相王文肃建造，占地三十余亩。种梅养菊，筑有"绣雪堂"、"潭影轩"、"香涛阁"。

苏州留园，原是万历太仆徐泰建造的东园。袁宏道《游记》："徐同卿园，在阊门外下塘，宏丽轩举，前楼后厅，皆可醉客。石屏为周生时臣所堆，高三丈，阔可二十丈，玲珑

① 明·陈应芳《张山人传》。

② 王世贞（1526—1590），字元美，号凤洲，又号弇州山人，太仓（今江苏太仓）人。嘉靖时刑部主事，因周代司寇掌刑，人称王司寇；万历时，任南京兵部尚书。

峭削，如一幅山水横披画，了无断续痕迹，真妙手也。堂侧有土垄甚高，多古木。垄上有太湖石一座，名瑞云峰，高三丈余，妍巧甲于江南。相传为朱勔所凿，才移舟中，石盘忽沉湖底，觅之不得，遂未果行。后为乌程董氏购去，载至中流，船亦覆没，董氏乃破资募善没者取之，须臾忽得，其盘石亦浮水而出，今遂为徐氏有。"当时长州（苏州）令江进之"游览其中，顾而乐之，题其堂曰后乐堂"①。与东园毗邻的西园、紫芝园也是徐泰的私人别业。

海宁隅园，在浙江海宁盐官镇，基础是南宋安化郡王王沆故园，万历太常寺少卿陈与郊重建。初落成，面积较小，"小圃临湍结薜萝"，"只让温公五亩多"②。明末增广，崇祯时，"大小涧壑鸣"，"百道源相通"③，"池阳台外水连天"④。

泰州日涉园，万历时，太仆陈应芳在江苏泰州造日涉园。计"十有二年，无岁不兴土木"⑤。园名取义陶渊明《归去来辞》"园日涉以成趣"。

苏州吴江康庄别墅，位于吴江镇南蠡泽村。万历时扬州知府吴秀建造，又称"吴大夫园"。高楼华馆，奇石异卉，无所不备。更有土阜石室，收集古人碑文画像刊于壁中，规模之大，筑造之精，布局之巧，可列江南园林翘楚。

扬州郑氏四大园林，嘉树园、影园、五亩之园、休园。明末，扬州郑氏兄弟，郑元嗣、郑元勋、郑元化、郑侠如，各自建造，皆挥金如土，巧构形似。

这些园林，吸引官僚绅士山人词客衲子羽流，进进出出。善游园者，或如陈子龙作《重

---

① 明·江进之《后乐堂记》。
② 明·王稚登《题西郊别墅诗》。
③ 明·葛征奇《晚眺隅园诗》。
④ 清·陆嘉淑《隅园诗》。
⑤ 明·陈应芳《日涉园记》。

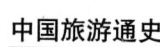

游弇园》诗：

> 放艇春寒岛屿深，弇山花木正萧森。
> 左徒旧宅犹兰圃，中散荒园尚竹林。
> 十二敖盘谁狎主？三千宾客半知音。
> 风流摇落无人继，独立苍茫异代心。

抒发沧桑情怀。多如王世贞作《游金陵诸园记》，文征明作《拙政园记》，钟伯敬作《梅花墅记》，张鼐《题尔遐园居序》，品赏园林艺术，遐思人生哲理。

第十节　景观专著

明人好为景观修志，明人下笔勤勉，用力厚重。刘侗、于至正的《帝京景物略》，田汝成的《西湖游览志》、《西湖游览志余》，郑杰的《洞庭纪实》，张鸣凤的《桂胜》，曹学佺的《蜀中名胜记》、《燕都名胜志稿》、《闽中名胜志》、《舆地名胜志》等，都是专记一城、一地名胜景观，兼记人物趣事、诗文碑刻、典故传闻的景观专著。

其中，最具影响的专著是曹学佺的《蜀中名胜记》。曹学佺（1571—1664），字能始，号石仓，福建侯官（今福建闽侯）人。万历进士，历官北京、南京、四川、广西、福建等地。阅历广博，学识宏富，著作等身，尤擅方志、名胜志，几乎每官一方，必志一方景物。

《蜀中名胜记》写于四川任上，按川中行政区划，一州一县详加叙说。一般先说州、县的历史沿革、地理形势，再说州、县的景点景观，总共记写了四川125个州县（不含今属贵州遵义府五县）的旅游名胜，并围绕景物，叙列人事，罗致神话，考证古迹，收集诗文，辑录石刻，详瞻详实，彪炳可玩，备受褒奖。钟惺《蜀中名胜记序》：

> 吾友曹能始，仕蜀颇久，所著有《蜀中广记》。问其目，为《通释》，为《风俗》，为《方物》，为《著作》，为《仙释》，为《诗话》，为《画苑》，为《宦游》，为《边防》，为《名胜》诸种，予独爱其《名胜记》体例之奇。其书借郡邑为规，而纳山水其中；借山水为规，而纳事与诗文其中；择其柔嘉，撷其深秀，成一家言。

今天看来，这本书确实是富有系统性、知识性、文字性、趣味性的四川旅游指南和旅游大全。

明代，全面恢复、弘扬了汉文化主导的旅游传统与旅游文化。特别贡献：徐霞客旅游山水、考察地理，开拓了科学旅游的方向；郑和下西洋，扩展了远洋交游的天地；王士性诸人的旅游思考，发掘了旅游理论的深度。

第十四章

清代旅游

经过三千多年的兴衰荣枯，苍老的中国家天下打出了最后一张王牌，女真族爱新觉罗氏满清王朝（1644—1911）。

清前期，天命至康熙；清中叶，雍正至嘉庆；约一百八十年中，国家一度恢弘。疆域辽阔，北至恰克图（今蒙古阿尔丹布拉克），南至海南岛、南沙群岛，西至葱岭，东至外兴安岭、库页岛，今台湾、新疆、西藏乃至蒙古，均在其中。国土的广大，尽超汉、唐。政局稳固，清廷加强专政，倡导儒教，以汉治汉，社会秩序相当安定。经济好转，康熙搞"永不加赋"①，雍正搞"摊丁入亩"②，农业、手工业和商业逐步复荣，成就了自唐代开元以来千年不遇的康熙、乾隆盛世。尔后转向平庸、疲弱。

清后期，道光至宣统，鸦片战争（1840）前后，约九十年，国家日趋萎靡。内政昏聩，列强侵华，中英战争、中法战争、中日战争、

① 《清圣祖实录》卷二四九，康熙五十一年二月。

② 《清圣祖实录》卷二四，雍正二年九月。

第十四章 清代旅游

中国与八国战争，迫使清政府割地赔款，通商五口，划设租界，洋货霸市，洋务活跃，西学东渐，自给自足的自然经济和"吾道自足，不假外求"[①]的传统文化遭受巨大冲击，大清王朝内外交困，分崩离析。

一代旅游，亦因时而变。前一段继承传统：主要是皇家巡游，士林山水；后一段游路新开：主要是踏出国门，游观世界。

第一节 康乾江南游

宫廷巡游，清以前有过三次高潮。秦始皇一次，汉武帝一次，隋炀帝一次。余下细水长流，波澜不惊。清代，康熙、乾隆时，宫廷巡游再一次潮涌浪叠。

清圣祖爱新觉罗·玄烨（1654—1722）。8岁加冕，在位61年（1661—1722），年号康熙。

清高宗爱新觉罗·弘历（1711—1799）。雍正（清世宗爱新觉罗·胤禛）之子，康熙之孙。在位60年（1736—1795），年号乾隆。

康熙、乾隆是历史上罕见的一对。执政时间长，政治绩效高，精通汉文化，倡导汉文化。一个开明史馆，编纂《全唐诗》、《佩文韵府》、《康熙字典》；一个开四库全书馆，编纂《续文献通考》、《皇朝文献通考》、《四库全书》。皆擅长诗文，擅长书法。旅游路径，也同出一辙。

康熙、乾隆，一前一后，各自六下江南。

康熙二十三年（1684）九月，玄烨第一次下江南。由北京，次泰安，登泰山，渡淮水，游金山（今江苏镇江西北），渡扬子江，幸苏州，驻江宁（今江苏南京），观明孝陵、燕子

[①] 清·黄宗羲《明儒学案》卷十："圣人之道，吾性自足，不假外求。"

矶，北上曲阜，"诣先师庙，入大成门，行九叩礼。至诗礼堂，讲《易经》。上大成殿，瞻先圣像，观礼器。至圣绩堂，览图书。至杏坛，观植桧。入承圣门，汲孔井水尝之。顾问鲁壁遗迹……诣孔林墓前酹酒，书'万世师表'额，留曲柄黄盖"①。十二月回到北京。

康熙二十八年（1689）正月，玄烨第二次下江南。过济南，宿郯城（今山东郯城）、入扬州，进苏州，歇杭州，渡钱塘江，登会稽山，祭拜禹陵，制颂刊石，亲书"地平天成"。复经苏州、江宁，于闰三月回到北京。

康熙三十八年（1699）二月，玄烨侍奉皇太后三下江南。游览了扬州、苏州、杭州，于五月回到北京。

康熙四十二年（1703）正月，玄烨四下江南。在济南观珍珠泉，在泰安再登泰山，渡江游金山，历苏州、杭州、江宁，于三月回京。

康熙四十四年（1705）二月，玄烨五下江南。流连扬州、苏州、杭州。在杭州，他参观名人祠庙，"御书'至德无名'额悬吴太伯祠，并书季札、董仲舒、焦先、周敦颐、范仲淹、苏轼、欧阳修、胡安国、米芾、宗泽、陆秀夫各匾额"②。闰四月由江宁回京。

康熙四十六年（1707）正月，玄烨六下江南。巡幸江宁、苏州、杭州，于五月回京。

乾隆下江南的时间，分别为乾隆十六年（1751），乾隆二十二年（1757），乾隆二十七年（1762），乾隆三十年（1765），乾隆四十五年（1780），乾隆四十九年（1784）。所游名城，仍是扬州、江宁、苏州、杭州。

康熙、乾隆的江南巡游，并非单纯的游

---

① 《清史稿·圣祖本纪》。

② 《清史稿·圣祖本纪》。焦先，字孝然，河东（今山西永济）人，东汉隐士。汉室衰，遂不语。露首赤足，不冠不履，结草为庐，不取大穗，食草饮水，数日一食。平时不践邪径，见妇人即避去。曹魏立国，太守贾穆、董经探视，与食不食，与语不语。结庐之地或在镇江谯山（今焦山）。晋皇甫谧《高士传》、晋葛洪《神仙传》有载。胡安国（1074—1138），字康侯，谥号文定，建宁崇安（今福建武夷山市）人。湖湘学派的奠基人。北宋哲宗绍圣进士，为太学博士，旋提举湖南学事。后迁居衡阳南岳，主要从事学术研究，创办碧泉、文定书院。著有《春秋传》、《文集》、《资治通鉴举要补遗》，今佚。北宋谢良佐称其"如严冬大雪，百草枯死，而松柏独秀"。清康熙颁赐匾额："霜松雪柏"。宗泽（1060—1128），字汝霖，汉族，婺州义乌（今浙江金华义乌）人，北宋末、南宋初抗金名臣。因壮志难酬，忧愤成疾，临终三呼"过河"。著有《宗忠简公集》。陆秀夫（1236—1279）字君实，别号东江，楚州盐城长建里（今江苏建湖建阳镇）人。宋理宗宝佑进士。德佑二年（1276），宋端宗赵昰称帝福州，陆秀夫任端明殿学士、签书枢密院事。宋少帝赵昺七岁继位，迁居崖山（今广东新会南海中），陆秀夫任左丞相。祥兴二年（1279）元兵破崖山，陆秀夫盛装长剑，背负赵昺跳海自尽。有《陆忠烈集》。

第十四章 清代旅游

山玩水，它实际上担负了几个政治任务。一是"观风问俗"[①]。康熙首次南巡，"次高邮湖，登岸行十余里，询耆老疾苦"[②]。二是"留意河防"，"察阅河工"[③]督促改造黄淮故道的水利工程。康熙、乾隆几乎每次南下都要亲临河堤检查进展。康熙末次南巡，"由清口登陆，如曹家庙，见地势毗连山岭，不可疏凿，而河道所经，直民庐舍坟墓，悉当毁坏，诘责张鹏翮等，遂罢其役，道旁居民欢呼万岁。命别勘视天然坝以下河道"[④]。三是昭示满汉一体，安抚江南民众。清兵入关，江南反抗激烈。康熙、乾隆每游江南，必减江南赋税，又到处题诗题辞，并亲祭曲阜孔庙和明朝皇陵，以显扬满清恩泽、满清的汉文化修养和满清对汉族圣人、汉族先王的尊重。因而銮舆所至，受到江南士绅的普遍欢迎。巡游，劳民伤财。康熙深知利害，一再诏令节俭。他第二次游江南，在扬州下诏："朕观风问俗，卤簿不设，扈从仅三百人。顷驻扬州，民间结采盈衢，虽出自爱敬之诚，不无少损物力。其前途经过郡邑，宜悉停止。"[⑤]乾隆论节俭虽不如康熙，但负面效应也不明显。康、乾十二次江南之游，散发正能量，起到了巩固多民族的大一统帝国的作用。

康熙、乾隆，又热衷游猎。两人在位期间，游猎次数的频繁，实难统计，而游猎地区的挑选，总在北疆。

康熙自论游猎的两条好处，一是强身，二是练兵。他说："今春颇苦头晕，形渐羸瘦。行围塞外，水土较佳，体气稍健，每日骑射，亦不疲乏。"又说："有人谓朕塞外行围，劳苦军士，不知承平日久，岂可遂忘武备？军旅数兴，师武臣力，克底有功，此皆勤于训练之

[①] 康熙二十八年诏，《清史稿·圣祖本纪》。

[②] 《清史稿·圣祖本纪》。

[③] 康熙四十六年诏、康熙三十八年诏，《清史稿·圣祖本纪》。

[④] 《清史稿·圣祖本纪》。

[⑤] 《清史稿·圣祖本纪》。

所致也。"①

再者，清廷利用游猎在北方草原震慑、亲近蒙古贵族。《清史稿·圣祖本纪》康熙四十年八月："上次马尼图行围，一矢穿两黄羊，并断拉哈里木，蒙古皆惊。"《清史稿·高宗本纪》乾隆十年八月："上行围额尔衮郭，赐蒙古王、额驸、台吉等宴。""上行围乌里雅苏台，赐王、大臣、蒙古王、额驸、台吉等宴。"又常常停宿蒙古的贵族之家，使其受宠若惊。满清267年，内外蒙古始终统一在龙旗之下，应与清朝宫廷坚持游猎北疆颇有关联。

康熙、乾隆的巡游活动与游猎活动，是古代宫廷旅游的临终一灿。乾隆以下，帝后巡游，再无气势。

第二节 士林山水游

清代士林，流行山水之游。

清初，知名山水游客，分为两类：一类是明末遗民，一类是清廷文人。

明末遗民，万寿祺、顾炎武、屈大均、归庄、吴嘉纪等，由明入清，不肯妥协，潜游山水，寄托亡国痛苦，游风悲凉。

万寿祺（1603—1652），字年少，江苏徐州人。崇祯举人。清兵南下，迁居淮阴（今江苏淮阴），入空门，穿僧服，号明志道人。常和知心朋友旅游三吴，在烟雨迷离、芳草萋萋的水乡山泽，长啸高歌，放声恸哭。《浣溪沙》：

邂渚西边桥户开，夜迎凉月唱歌回。一川烟草自徘徊。头白老乌新啄

---

① 康熙五十六年诏、康熙六十一年上谕，《清史稿·圣祖本纪》。

屋,咮长妖鸟独登台。五陵佳气梦中来。"

上片写游乐,乐中含愁;下片写悲戚,悲中有壮。游心游绪全在家仇国恨。

顾炎武(1613—1682),字宁人,号亭林,江苏昆山人。明亡,更名炎武,投身昆山(今苏州昆山)、嘉定(今上海嘉定)抗清斗争,在朱聿键南明小朝廷任兵部主事。失败后,清顺治十三年(1656),北上中原,广涉山川,吊古览胜,考察见闻,"域中五岳,得游其四"①,山东泰山,山西恒山,河南嵩山,陕西华山;三番五次谒拜昌平(今北京昌平)天寿山十三陵,"哭帝帝不闻,吁天天无常",痛斥满清假仁假义,"小修我陵园,大屑我社稷"②;洒尽忠臣孤心血泪,"老尚思三辅,愁仍续《九歌》"③。游途羁旅,25年不倦不悔,自称"天涯独往之人,日暮倒行之客"④。尤堪师表者,顾炎武极恨明代学风空疏无补,危害国家,在旅游中,力倡经世致用的治学原则和实地调查的治学方法。"凡先生之游,以二马二骡,载书自随,所至阨塞,即呼老兵退卒,询其曲折。或与平日所闻不合,则即坊肆中发书而勘之。"⑤顾氏的几本大作,记写十三陵的《昌平山水记》,记写营州(治所在今河北昌黎)、平州(治所在今河北卢龙)历史的《营平二州史事》,记写读书感想的《日知录》,都是途中笔墨,路上学问。

归庄(1613—1673),字尔礼,号恒轩,江苏昆山人。明亡,参加昆山地区抗清,当众斩杀为清廷传令剃发的县丞,事败,改换僧装,亡命山林,后回到家乡,常驾言出游。清

---

① 顾炎武《与李紫澜》。

② 顾炎武《恭谒天寿山十三陵》。

③ 顾炎武《华山》。

④ 顾炎武《与周籀书书》。

⑤ 清·全祖望《亭林先生神道表》。

顺治十七年（1660）农历正月初八，归庄自昆山发棹，渡太湖，至湖中洞庭山，寻梅，"高下深僻，无所不到"；赏梅，"晴日微风，飞花满怀"；宴梅，"置酒其下"，"狂叫浮白"；咏梅，"吟诗挥翰"，"闲行觅句"；祭梅，"遍酹梅根，且酹且祝"①；一游半月，聊发劫后余生的凄凉与痴狂。

① 归庄《洞庭山看梅花记》。

魏禧（1624—1681），字叔子，号裕斋，江西宁都人。明亡，隐居宁都金精山翠微峰。与两兄弟教授学生，提倡古文，称"宁都三魏"。又与彭士望等图谋光复，称"易堂九子"。并出山漫游，结识同志，"力持人才支持世界之说"，"播其明道理、识时务、重廉聪、畏名义之说"，宣传"复国族，致太平"的主张。②

② 《清诗纪事初编》。

屈大均（1629—1696），字介子，广东番禺（今广州）人。参与郑成功、张煌言抗击清兵，未遂，周游各地。北到幽燕，东至吴越，西走巴蜀，南涉琼海。凡有名人志士的古迹，屈大均游步必到。游云州，悼苏武。《云州野望》：

　　白草黄羊外，空闻觱篥哀。
　　遥寻苏武庙，不上李陵台。
　　风助群鹰击，云随万马来。
　　关前无数柳，一夜落龙堆。

游湘楚，怀屈原。《题招屈亭》：

　　三闾溺处杀怀王，感得荆人尽缟裳。
　　招屈亭边两重恨，远天秋色暮苍苍。③

③ 怀王，楚国后裔熊心，项羽立为楚怀王，后暗杀之。

悼古伤今，悼人伤己。《壬戌清明作》：

　　故国江山徒梦寐，中原人物又消沉。

第十四章 清代旅游

龙蛇四海归无所，寒食年年怆客心。

屈大均游路，洒满了抗清复明壮志难酬的满腔怨愤。

刘献廷（1648—1695），字君贤，号广阳子，先世江苏吴县人。父为明太医，家居北京。明亡，南隐吴江；妻死，浪迹天涯。"始登衡山，上祝融，望七十二峰"，称赞古人"五岳之游，所以开扩其胸襟眼界，以增其识力，实与读书、学道、交友、历事相为表里"[①]。著有《秦边九卫图》、《楚水图记》、《江汉沅湘记》等，均佚，今存《广阳杂记》。

梁份（1641—1729），字质人，江西南丰人。"少从彭士望、魏禧游"，鄙弃八股，不习科举。年约半百，只身游历，西到陕西、宁夏、青海，南到云南、贵州，遍历燕、赵、秦、晋、齐、魏之墟，行程数万里。康熙四十二年（1703），梁份70岁，徒步昌平十三陵，用五天时间，以指南针定位，步测里程，绘制陵区地图。所著《西陲今略》、《西陲亥步》，是考察西北历史地理的重要著作。

清初清廷文人，王士禛、纳兰性德、查慎行等，积极仕途，游风清闲。

王士禛（1634—1711），字子真，号阮亭，又号渔洋山人，人称王渔洋。新城（今山东桓台县）人。顺治进士，任扬州推官。康熙时，官刑部尚书。年青时，游济南，集会大明湖，赋秋柳诗，闻名天下。人称大明湖东北小巷王士禛咏柳处为秋柳园。游豫章（今江西南昌），描深秋景色。《江上》：

吴头楚尾路如何，烟雨深秋暗白波。
晚趁寒潮渡江去，满林黄叶雁声多。

[①] 刘献廷《广阳杂记》。

游真州（今江苏仪征），赋江岸风物。《真州绝句五首》：

> 江干多是钓人居，柳陌菱塘一带疏。
> 好是日斜风定后，半江红树卖鲈鱼。

诗风疏朗，游风淡定。

纳兰性德（1655—1685），字容若，满族正黄旗人，号楞伽山人，康熙大学士明珠之子。18岁中举，22岁赐进士出身，选授皇帝侍卫。擅书法，精书画，词名极盛。扈从康熙，游宝珠洞①。《望海潮·宝珠洞》：

> 漠陵风雨，寒烟衰草，江山满目兴亡。白日空山，夜深清呗，算来别是凄凉。往事最堪伤，想铜驼巷陌，金谷风光。几处离宫，至今童子牧牛羊。
>
> 荒沙一片茫茫，有桑干一线，雪冷雕翔。一道炊烟，三分梦雨，忍看林表斜阳。归雁两三行，见乱云低水，铁骑荒冈。僧饭黄昏，松门凉月拂衣裳。

① 在今北京八大处公园，公园位于北京市西郊西山风景区南麓。八处指八座古寺：灵光寺、长安寺、三山庵、大悲寺、龙泉庙、香界寺、宝珠洞、证果寺。

登高远望，看寒烟衰草，思历代兴亡，伤江山代谢，隐含后世如何的忧患。扈从康熙，游黑龙江西山黑龙潭。《忆秦娥·龙潭口》：

> 山重叠，悬崖一线天疑裂。
> 天疑裂、断碑题字，古苔横啮。
> 风声雷动鸣金铁，阴森潭底蛟龙窟。
> 蛟龙窟，兴亡满眼，旧时明月。

黑龙潭，山重叠，崖高危，水阴森，苔浓密。讶叹满清一族，如蛟龙出窟。扈从康熙，从盛京至山海关。《长相思·山一程》：

> 山一程，水一程，
> 身向榆关那畔行，夜深千帐灯。
> 风一更，雪一更，
> 聒碎乡心梦不成，故园无此声。

榆关，山海关。"山一程，水一程"，道里悠远；"风一更，雪一更"，旅途辛苦；"千帐灯"，人马浩荡；"梦不成"，夜不能寐。是一首情景并茂的旅行佳作。

查慎行（1650—1727），浙江海宁人，康熙进士，任南书房编修。早年远游，遍历中原、华北、华中、华南、华东、云贵。对云贵山水，感触尤深。云贵的瀑布怒泻，江水暴涨，高岩云飞，层林镀金，及土著衣着，嫁娶习俗，激起查慎行的盎然诗兴。《黎峨道中》写仡佬族①出嫁：

> 青红颜色裹头妆，尺布缝裙称膝长。
> 仡佬打牙初嫁女，花苗跳月便随郎。

晚年居家，六十八岁，仍到广东游览。自谓"平生好游不知止，二十三年十万里"②。

清中叶，朝廷钳制思想，文网森罗，士林山水游风，老成持重。

沈德潜（1673—1769），字确士，号归愚，江苏长州（今吴县）人。乾隆时官内阁学士兼礼部侍郎。家乡百余里外，有虞山（在今江苏常熟西北），"半入城中，半倚城外，背枕大海，面瞰照山湖，河流奔激，山影参差，亦东南一奇观"③。康熙六十年（1721）秋，沈德潜游江阴（今江苏江阴），"舟行山下，望剑门入云际，未及登（虞山）。"

---

① 仡佬（gēlǎo）族，中国少数民族之一。主要居住地贵州，今有务川仡佬族苗族自治县和道真仡佬族苗族自治县。少数散居于云南、广西。

② 查慎行《出都时属禹司宾之鼎作"初白庵图"》。

③ 尤侗《游虞山记》。

雍正四年（1726）春，沈德潜"复如江阴，泊舟山麓，入吾谷，榜人诡云：'距剑门二十里。'仍未及登（虞山）"①。六年后，雍正十年（1732），沈德潜偕同友人，不顾阴雨，终于上山。虞山之上，沈德潜固然讶叹景观的奇特，但情绪平和，顾盼从容，入破山寺，涵咏唐人常建的《破山寺后禅院》；临空心潭，默想潭名空心的由来；过破龙涧，考究龙神相斗的传闻；遇古时冢，憾无断碣残碑；下山反思，从游山一事感悟天下万事的某种道理：

① 沈德潜《游虞山记》。

> 噫嘻！虞山近在百里，两经其下，未践游屐。今之其他矣，又稍识面目，而幽邃窈窕，俱未探历，心甚怏怏。然天下之境，涉而即得，得而辄尽者，始焉欣欣，继焉索索，欲求余味，而了不可得；而得之甚艰，且得半而止者，转使人有无穷之思也。呜呼！岂独寻山也哉。②

② 沈德潜《游虞山记》。

旅游格调，沉着踏实，稳健明智。

袁枚（1716—1797），字子才，号简斋，钱塘（今浙江杭州）人。乾隆进士，外放江南县令，乾隆十四年（1749）辞官隐居南京小仓山随园，广收诗弟子，尤多女弟子，称随园先生。袁枚随园：

> 造屋不嫌小，开池不嫌多。
> 屋小不遮山，池多不妨荷。
> 游鱼长一尺，白日跳清波。
> 知我爱荷花，未敢张网罗。③

③ 袁枚《杂兴诗》。

随园无墙，每逢佳日，游人如织，袁枚亦任其往来，更贴门联："放鹤去寻山鸟客，任人来看四时花"。老来乐游山水，游观浙江天台山、雁荡山、四明山、雪窦山，安徽黄山、江西庐山、福建武夷山及广东、广西、湖南等地。

袁枚旅游，关心饮食文化，所著《随园食单》系统论述烹饪技术和南北菜点；特别关心茶文化，每到产茶之地，喜观采茶，《湖上杂事诗》：

> 烟霞石屋两平章，渡水穿花趁夕阳。
> 万片绿云春一点，布裙红出采茶娘。

《渔梁道上作》：

> 远山耸翠近山低，流水前溪接后溪。
> 每到此间闲立久，采茶人散夕阳西。

爱品泡茶。遍尝名茶，常州阳羡茶、洞庭君山茶、六安银针茶等，且推崇武夷，《随园食单·茶酒单》："先嗅其香，再试其味，徐徐咀嚼而体贴之，果然清芬扑鼻，舌有余甘。一杯以后，再试一二杯，释躁平矜，怡情悦性。始觉龙井虽清，而味薄矣；阳羡虽佳，而韵逊矣。颇有玉与水晶，品格不同之故。故武夷享天下盛名，真乃不忝，且可以瀹至三次，而其味犹未尽。"袁枚研究治茶方法，"欲治好茶，先藏好水"，龙井收藏，"须用小纸包，每包四两放石灰坛中，过十日则换古灰，上用纸盖扎住，否则气出而色味全变矣。"烹茶，"时用武火，用穿心罐一滚便泡，滚久则水味变矣！停滚再泡则叶浮矣。一泡便饮，用盖掩之则味又变矣。"[①]

姚鼐（1731—1815），字姬传，室题惜抱轩，世称惜抱先生，安徽桐城人。乾隆进

---

① 袁枚《随园食单·茶酒单》。

士，官至刑部郎中，是清代文派"桐城派"的掌门。文风高简深古，游风亦高简深古。凡游山水名胜，不喜醉酒，不肯忘形，长于冷静观察，仔细揣摩。乾隆三十九年（1774）十二月，姚鼐自京师游泰山，登览之际，不独赏雪景，观日出，并能详察地况，质证其学，"泰山正南面有三谷，中谷绕泰安城下，郦道元所谓环水也"。又能细审物状，综述其貌：

> 山多石，少土，石苍黑色，多平方，少圜。少杂树，多松，生石罅，皆平顶。冰雪，无瀑水，无鸟兽音迹。至日观，数里内无树，而雪与人膝齐。①

缄口不言哀乐喜怒，只是文文静静地说景物，味道比沈德潜更多几分古拙。

清后期，士林山水，总体沉闷。个体或忧悒，如龚自珍；或慷慨，如魏源；或达观，如丘逢甲。

龚自珍（1792—1841），字瑟(sè)人，号定庵，仁和（今浙江杭州）人。祖父龚禔身，官至内阁中书军机处行走。父丽正，官至江苏按察使。母段驯，著名小学家段玉裁之女。自珍27岁举人，38岁进士。道光时任内阁中书、礼部主事等。主张革除弊政，抵制外国侵略，全力支持林则徐禁烟。道光三年（1823）春，游览北京西郊园林：

> 一翠扑人冷，空蒙溯却遥。
> 湖光飞阙外，宫月抹林梢。
> 春暮烟霞润，天和草木骄。
> 桃花零落处，上苑亦红潮。②

① 姚鼐《登泰山记》。

② 龚自珍《和内直友人春晚直诗六首》之二。

诗人眼中，湖光清冷，宫月皎洁，暮烟湿润，落花红艳，上苑景致已显寂寥。

魏源（1794—1857），字默深，邵阳（今湖南邵阳）人。求学邵阳爱莲书院。进修入长沙岳麓书院。道光进士，官高邮（今扬州高邮）知州。鸦片战争主战派，推崇西方科技与制度，受林则徐嘱托著《海国图志》，介绍世界各国历史地理、政体国情，主张"师夷长技以制夷"。曾游雁荡山，心潮激荡，作长篇歌行《雁荡吟》：

> 水尽空际飞，石尽天外立。
> ……
> 月出兮万峰一魂，云来兮众壑千髓。
> ……
> 山既住，水亦住，化明镜，环苍玉，
> 云影风影树影汇一曲。

雁荡山在今浙江温岭一带，奇峰怪石，流泉飞瀑，古洞石室，层峦叠嶂，素称"寰中绝胜，天下奇秀"。魏源豪迈歌咏，或许是借山言志，寄托中国富强的梦想。

丘逢甲（1864—1912），又名仓海，字仙根，号仲阏，出生台湾苗栗县铜锣湾，祖籍粤东嘉应州镇平（今广东梅州蕉岭）。光绪进士。在台游观，喜悦台湾风土：

> 任他颜色照银泥，一样朱唇黑齿齐。
> 蓁首娥眉都易事，教人难觅是瓠犀。
>
> 盘顶红绸里髻丫，细腰稚女学当家。
> 携篮逐队随娘去，九十九峰采竹芽。[①]

① 丘逢甲《台湾竹枝词》。

光绪二十一年（1895）甲午战争，《马关条

约》割让台湾，丘逢甲组织义军反抗日本占领，因战局失利，渡海广东，在祖籍嘉应等地兴办教育，倡导新学，支持康梁维新变法，投身孙中山民主革命①。期间，游历潮汕、香港、澳门、西贡、槟城、吡叻②等地，有记游诗35首，歌咏越南、马来风光。游风不受世风扰，始终开朗达观。

第三节 儒商游

清代，商业发达，商帮③活跃，商旅极盛。尤其是大徽商、大晋商，以儒家作风行商贾之道，人称儒商。

儒商好游。乾隆时，徽商江春④好读书，弃仕经商，亦儒亦贾。因经商有道，以布衣结交天子，乾隆南巡，常作陪游。乾隆十六年（1751）南巡，江春陪游西园、瘦西湖、隋堤、香阜寺、虹桥、二十四桥景；乾隆二十一年（1756）南巡，下榻江春等商贾所造高旻寺行宫，赐宴江春等所造天宁寺行宫。乾隆二十七年（1762）南巡，游幸江春私园，赐名"净香园"，又住高旻寺行宫，赐宴天宁寺；乾隆四十九年（1784）南巡，临幸江春住所康山草堂，题匾"怡性堂"。江春本人也爱游山玩水，曾游黄山，往返八天，写《黄海游记》。徽商方西畴⑤商居广陵，游于毕园，题联"洗桐刷竹倪元镇，较雨量晴唐子西"。⑥时返故里，游于家乡，作《新安竹枝词》：

　　　　烟村数里有人家，溪转峰回一径斜。
　　　　结伴携钱沽夹酒，洪梁水口看昙花。

　　　　观音大士着慈悲，诞日烧香远不辞。

① 中华民国建国，丘逢甲选为广东代表参加孙中山临时政府。是清末著名爱国志士。1961年，在台湾创办逢甲大学。

② 槟城、吡叻州（Perak），在马来西亚马来半岛。

③ 商帮，以乡土亲缘为纽带的民间商业联盟，相亲相助，和衷共济，对内规避恶性竞争，对外协同市场行为，共同保护、发展自身的商业利益。著名商帮有：山西商帮、陕西商帮、山东商帮、福建商帮、徽州商帮、洞庭商帮、广东（珠三角和潮汕）商帮、江右商帮、龙游商帮、宁波商帮，号称"十大商帮"。

④ 江春（1720—1789），字颖长，号鹤亭，又号广达，安徽歙县人。客居扬州，盐业巨富。为乾隆时"两淮八大总商"之首。受宠清廷，诰授光禄大夫，正一品，妻罗氏正一品夫人，并追封三代。

⑤ 方西畴，乾隆时盐商。

⑥ 倪元镇，号云林，无锡人，元代画家。《江山图》，《渔秋图》，《林壑图》，皆名著。唐庚，字子西，四川眉山人，宋朝进士，文采风流，有《唐子西集》。

> 逐队岑山潜口去，相随女伴比丘尼。
>
> 山轿平扛压两肩，中途随处索盘缠。
> 河西桥畔簰儿面，绝胜唐模与竭田。
>
> 岩镇迎神正月九，路口禳灾三月三。
> 七月荷花镫苦热，琵琶十月演溪南。

其一，写游观乡村。其二写妇女结伴出游，远行烧香。第三首写轿夫情态。第四首写小镇迎神，点荷花灯，演《琵琶记》。徽商黄筏写有《虚船诗集》，记写生意之途的游观感受。《自徽至武陵纪行八首》，其一：

> 去去如飞隼，烟萝隔万重。
> 回看黄海月，知有白云封。
> 击辑心犹壮，摊书意欲慵。
> 明朝望彭蠡，九叠峭芙蓉。

黄筏做木材生意，此行从徽州出发，先到湖北，再到武陵。这首诗写于赴鄂江中。彭蠡，今九江。九叠，指庐山。

儒商造景。明代已有知名者。徽商吴允在家乡歙县建造庭园"十二楼"。《丰南志·松石庵》："吴天行姬百人，半为家乐……远致奇石无数，取'春色先归十二楼'意，名其园曰'十二楼'。"晚清翰林歙县人许承尧《歙事闲谭》：

> 明嘉靖中，新安多富室，而吴天行亦以财雄于丰溪，所居广园林，侈台榭，充玩好声色于中。琐琐娘名聘焉。后房女以百数，而琐琐娘独殊，姿性尤慧，因获专房宠。时号天行为百妾主人，主人亦自名其园曰"果

园"。

清代，在扬州，徽商江春等为迎接乾隆集资建造宫观景观。乾隆十四年（1749）南巡，江春等修建江都高旻寺、金山县金山寺、丹徒县焦山寺行宫，疏浚扬州内河，整修园林，建造画舫，使扬州城区焕然一新。乾隆二十一年（1756）南巡，江春等兴建天宁寺行宫和御花园，御码头。乾隆三十年（1765）南巡，徽商黄晟造西园曲水，黄为蒲造长堤春柳，程杨宗造白塔晴云。在徽商家乡，仅歙（shè）县（今安徽黄山市歙县）所修祠堂、牌坊、佛寺、道观、桥梁、路亭，超过400处。

晋商热衷建造家院。晋商乔致庸①同治年间在山西祁县乔家堡扩修自家起于乾隆的老宅园，占地8700多平方米，内有6幢大院19个小院313间房屋，今称乔家大院。大院形如城堡，三面临街，四周封闭，砖砌院墙，高三丈有余，上有女儿墙和瞭望探口。从高处俯瞰，整体为双喜字布局，院与院相衔，屋与屋相接，鳞次栉比的屋顶有通道与堞墙连结。全院以一条平直甬道，将6幢大院分隔两旁，院中有院，院内有园。门窗、椽檐、阶石、栏杆；脊雕、壁雕、屏雕、栏雕；无不工艺精巧。是北方大型围合型庭园的极品，是晚清祁县的建筑景观代表。人称"皇家有故宫，民宅看乔家"。

儒商游于艺，倡导戏曲。徽商江春助力尤大。江春养德音班，为内江班，属雅部；又演昆腔。凡有名旦佳角，极力征聘，使徽腔、京腔和秦腔开始融合。江春又组建春台班，称外江班，属花部。江家两戏班，演出剧目近千种，年耗资3万银两，"演出一戏（新戏），赠

①乔致庸（1818—1907），字仲登，号晓池，山西祁县（今山西祁县）人，在家族生意存亡的关头，弃文从商，以儒德为本，生意日渐兴隆，在中国各地有票号、钱庄、当铺、粮店200多处，资产达数千万两白银。成为晚清晋商的著名代表。

以千金"。乾隆五十五年（1790），江春去世第二年，为乾隆庆祝80大寿，江家春台班和歙县的三庆、四喜、和春三个徽班合称"四大徽班"，一起从扬州进京演出，逐步衍变出号称国粹的京剧。戏剧表演丰富市民生活，引发游客兴致，游客游城，往往因戏。

第四节　新疆行

新疆及以西地区，古称西域。先秦，《山海经》和《穆天子传》，已有故事。汉代，在西域驻兵屯田，置西域都护。魏晋置西域长史。隋朝，设鄯善（今若羌）郡、且末郡（今新疆且末县）、伊吾郡（今新疆哈密）和柔远镇（在今新疆哈密沁城乡）。唐太宗在高昌设安西都护府，后迁至库车，改置安西大都护府，统安西四镇：龟兹、疏勒、于阗、碎叶（今吉尔吉斯斯坦的托克马克市），辖境相当今新疆及哈萨克东部、吉尔吉斯斯坦北部楚河流域。武则天辅佐高宗，灭西突厥，安西都护府移治碎叶城。安史之乱，西域失控。辽宋时，辽国宗室耶律大石率部西迁，建立西辽，疆域包括天山南北、阿姆河流域、巴尔喀什湖东北至蒙古西部。蒙元时期西域有成吉思汗长子术兀钦察汗国、次子察合台汗国、四子拖雷第五子旭烈兀的伊尔汗国。元朝并在伊犁河流域设置阿里麻里（阿力麻里）行省，在中亚阿姆河流域设立阿姆河行省，在今乌鲁木齐设置别失八里行省。明代在西域今克什米尔（位于今印度、巴基斯坦、中国、阿富汗四国之间）东北和藏西设置俄力思军民元帅府、哈密卫。清朝平定西域（今新疆地区）叛乱。乾隆

二十二年（1757），皇帝取意"故土新归"，命名"新疆"。光绪十年（1884）设立新疆省，省会迪化（今乌鲁木齐）。

清朝经营新疆，远胜历代。农垦大起规模，移民大量增加，资源开发利用，商业兴旺，文教渐隆，社会发展。大批从军从政的文人旅行天山南北。新疆旅行旅游，一时而热。著名者有纪昀、王曾翼、洪亮吉、祁韵士、铁保、邓廷桢、林则徐等。

纪昀（1724—1805），字晓岚，晚号石云，道号观弈道人。直隶献县（今河北献县）人。历雍正、乾隆、嘉庆三朝，官至礼部尚书、协办大学士，主编《四库全书》，主撰《四库全书总目提要》。乾隆三十三年（1768），纪昀时任四品侍读学士。因盐务案通风报信，贬谪迪化，佐助军务。纪昀居疆两年，时常游览，饶有兴致地观看新疆夜市：

犊车辘辘满长街，火树银花对对排。
无数红裙乱招手，游人拾得凤凰鞋。

地近山南估客多，偷来番曲演莺歌。
谁将红豆传新拍，记取摩诃兜勒歌。

樊楼月满四弦高，小部交弹凤尾槽。
白草黄沙行万里，红颜未损郑樱桃。①

描写新疆物产，瓜果、水稻、云母、红柳、葡萄酒、白狼、骏马：

种出东陵子母瓜，伊州佳种莫相夸。
凉争冰雪甜争蜜，消得温暾顾渚茶。

新稻翻匙香雪流，田家入市趁凉秋。
北郊十里高台户，水满陂塘岁岁收。

①纪昀《乌鲁木齐杂诗·游览》。《乌鲁木齐杂诗》自序："余谪乌鲁木齐凡二载，鞅掌簿书，未遑吟咏。庚寅十二月，恩命赐环。辛卯二月，治装东归。时雪消泥泞，必夜深地冻而后行。旅馆孤居，昼长，多暇，乃追述风土，兼叙旧游。自巴里坤至哈密，得诗一百六十首。"分物产、典制、神异、民俗、风土、游览五种。

云母窗棂片片明，往来人在镜中行。
七盘峻坂顽如铁，山骨何缘似水精？

依依红柳满滩沙，颜色何曾似绛霞。
若与绿杨为伴侣，蜡梅通谱到梅花。

蒲桃法酒莫重陈，小勺鹅黄一色匀。
携得江南风味到，夏家新酿洞庭春。

白狼苍豹绛毛熊，雪岭时时射猎逢。
五个山头新雨后，春泥才见虎蹄踪。

牧场芳草绿萋萋，养得骅骝十万蹄。
只有明驼千里足，水销山径卧长嘶。①

临摹新疆风土，草原："山围芳草翠烟平，迢递新城接旧城"；冰雪："雪地冰天水自流，溶溶直泻苇湖头"；泉水："半城高阜半城低，城内清泉尽向西"；沙田："二道河旁亲驻马，方知世有漏沙田"。②介绍新疆民俗，好客："酒果新年对客陈，鹅黄寒具荐烧春"；婚赀："婚稼无凭但论赀，雄蜂雌蝶两参差"。记录新疆融合的汉族风情，风筝："儿童新解中州戏，也趁东风放纸鸢。"饮茶："向来只说官茶暖，消得山泉沁骨寒"。③纪昀游疆，心态平和，观察细致。

王曾翼（1733—1794），字敬之，号芍坡，江苏吴江人。乾隆进士，官至甘肃甘凉兵道。乾隆五十年（1785），跟随陕甘总督福康安视察新疆，往返两万里，以所见所闻，作《回疆杂咏》三十首，"窃谓回疆风土，十有七八矣"④。第八首：

喧喧笳鼓闻城西，远树啼鸦隐落晖。
岂是古人寅饯意，虞渊整辔送将归。

---

① 纪昀《乌鲁木齐杂诗·物产》。

② 纪昀《乌鲁木齐杂诗·风土》。

③ 纪昀《乌鲁木齐杂诗·民俗》。

④ 王曾翼《回疆杂咏》自序。

自注:"回俗,薄暮时向西鼓吹以送日,终岁如此。"这就是穆斯林群众面向西方礼拜麦加(在今沙特阿拉伯)的祈祷仪式。

洪亮吉(1746—1809),字君直,号北江,阳湖(今江苏常州)人。乾隆进士,授编修。好游名山大川,足迹遍及吴、越、楚、黔、秦、晋、齐、豫等地。嘉庆四年,因极论时弊,流放伊犁。洪亮吉处之泰然,且当旅游。《出关作》:

> 半生纵踪未曾闲,五岳游完鬓乍斑。
> 却出长城万余里,东西南北尽天山。

一路歌风咏雪,觅史寻踪,作《伊犁日记》。到达伊犁,观山观水,观风观俗,作《伊犁记事诗四十二首》,所写伊犁激流:"一道惊流直如箭,东西二十七飞桥。"伊犁街巷:"日日冲泥扫落苔,一条春巷八门开。"伊犁花果:"风光谷雨尤奇丽,苹果花开雀舌香。"巍巍天山:

> 地脉至此断,天山已包天。
> 日月何处栖,总挂青松巅?
> 穷冬棱棱朔风裂,雪复包山没山骨。
> 峰形积古谁得窥,上有鸿蒙万年雪?
> 天山之石绿如玉,雪与石光皆染绿。
> 半空石堕冰忽开,对面居然落飞瀑。
> 青松岗头鼠陆梁,一一竟欲餐天光。
> 沿林弱雉飞不起,经月饱啖松花香。
> 人行山口雪没踪,山腹久已藏春风。
> 始知灵境迥然异,气候顿与三霄通。
> ……

第十四章 清代旅游

　　君不见，奇钟塞外天奚取，风力使人猛飞举。
　　一峰缺处补一云，人欲出山云不许。①

①洪亮吉《天山歌》。

　　次年，洪亮吉放归内地，又作《天山客话》，追记伊犁的山川、物产、风貌。
　　林则徐（1785—1850），福建侯官（今福建福州）人，字元抚，晚号俟村老人。道光十九年（1839），以湖广总督、钦差大臣销烟虎门（今广东东莞），英国悍然发动鸦片战争。道光二十一年（1841）革职，远戍伊犁。伊犁五年，林则徐，勘察南疆，遍行三万里，兴修水利，推广坎儿井和纺车，人称"林公井"、"林公车"；考察边防，建议屯田耕战，预防沙俄；是"苟利国家生死以，岂因祸福避趋之"的新疆行者，是深刻认识西北国防重要性的新疆行者。期间，林则徐认知新疆文化、新疆风物。所见维吾尔族建筑：

　　亦有高楼百尺夸，四围多被白杨遮。
　　圆形爱学穹庐样，石粉团成满壁花。②

②林则徐《回疆竹枝词》。

维吾尔族娶亲：

　　宗亲多半结丝罗，数尺红绫散髮拖。
　　新帕盖头扶上马，巴郎今夕捉秧哥。③

③林则徐《回疆竹枝词》。

观感好，印象深。
　　清代，留有新疆记游诗的内地来客，尚有国梁、福庆、成书、许乃穀、萨迎阿、成瑞、志锐、李殿图、文孚、斌良、裴景福、王树枏、施补华、萧雄、方希孟、黄治、李芬等。诗文相传，口耳相传，新疆在内地家喻户晓、极富魅力。

· 713 ·

第五节　西藏行

西藏是青藏高原的主体，平均海拔四千米以上，今称"世界屋脊"。西藏是藏族生活区①，唐宋称吐蕃；元朝统一西藏，仍称吐蕃，属宣政院管辖；明称乌思藏；清初称卫藏，卫指前藏，藏指后藏②；康熙四十七年（1708）设驻藏大臣，五十九年（1720）驻军戍藏；六十年（1721），康熙撰《平定西藏碑》："爰记斯文，立石西藏。"西藏一名，正式确立。

清代驻藏官员杨揆、孙士毅、李若虚、和琳等考察西藏，记游西藏。

杨揆（1760—1804），字荔裳，金匮（今江苏无锡）人。乾隆南巡召试，赐举人，授内阁中书，累官四川布政使。乾隆五十六年（1791），廓尔喀（尼泊尔部落）犯藏，福康安率军征讨，杨揆随军谋划。这次进藏，取道青海。一路上，杨揆因地记闻，因景写诗，作《卫藏纪闻》和一百三十多首藏地诗。

杨揆记写藏地雪山。日月山、昆仑山、禄马岭、丹达山、瓦合山、黎村山、折多山、飞越岭、察木山。《丹达山》：

行旅惨不前，十步九颠覆。
勇上未盈尺，陡落千丈溜。

丹达山，或称沙贡拉，藏语称夏邦拉，在西藏昌都边坝县。《瓦合山》：

连峰百余里，溪涧互索抱。
拾级身渐高，横空断飞鸟。

① 藏族，蒙古语称土伯特（英语Tibet的来源）。藏区范围，大致在今西藏、青海、甘肃南部、四川西北部、云南西部。吐蕃王朝，以拉萨为首都，称今西藏地区为"卫藏"，表示吐蕃王本部；后来征服青藏高原北部、东部，称今青海玉树、四川甘孜、云南迪庆和西藏昌都、那曲为多康。"多"，藏意路口、河谷口，"康"藏意区域，表示外围，或称康区。后"多康"扩大，又把黄河上游到河湟谷地的地区，今青海大部、甘肃南部、四川阿坝称为"朵思麻"，或称"安多"。雍正初年，随着平定青海蒙古罗卜藏丹津之乱，清朝直接统治了整个青藏高原。1726—1728年，清朝派四川提督周瑛、宗室鄂齐、学士班第等察勘划定西藏和青海、四川、云南的地界。当时确定玉树四十族归青海，藏北三十九族归西藏，青海和西藏以唐古拉山为界；四川和西藏以宁静山为界，宁静山以西属西藏，宁静山以东属四川，迪庆中甸属云南。后来"西藏"的范围还有过一些小的变动，但是大体上以雍正年间的划分为基础。

② 前藏，拉萨地区、山南地区（冈底斯山脉与念青唐古拉山脉以南，雅鲁藏布江中游，雅砻江河谷一带），达赖管辖；后藏，日喀则地区，班禅管辖。

第十四章 清代旅游

> 晶莹太古雪，山骨瘦而槁。
> 浩浩驱长风，扑面利如爪。

瓦合山在今西藏昌都洛隆县。高大险峻，四时积雪，道路艰险。杨揆诗题小注："几番地山之险峻者，以丹达、瓦合为最。"

杨揆记写藏地江河。穆鲁乌苏河、星宿海、彭多河、藏江、金沙江。《穆鲁乌苏河（俗名通天河）》：

> 人行沙岩何寥寥，严霜封马毛如胶。前途夷坦不可辨，倏见长河横亘十里层冰交。

穆鲁乌苏河，蒙古语"冰河"，是长江上游通天河的一段，在青海玉树境内。

杨揆记写藏地寺庙。拉萨的大昭寺、日喀则的扎什伦布寺等。大昭寺，又名"祖拉康"、"觉康"（藏语意为佛殿），在今拉萨老城区，始建于唐贞观二十一年（647），藏王松赞干布建造，纪念尼婆罗（尼泊尔）尺尊公主入藏。大昭寺土木结构，融合了藏、唐、尼泊尔、印度的建筑风格，是藏式宗教建筑的千古典范，在藏传佛教中拥有至高无上的地位。杨揆到访，歌咏唐文成公主在寺中手植杨柳。扎什伦布寺，在日喀则尼色日山下，建于明英宗正统十二年（1447），与拉萨的"三大寺"甘丹寺、色拉寺、哲蚌寺合称藏传佛教格鲁派的四大寺。杨揆到访，称赞"岹峣法界"、"贝叶吹香"、"昙华现影"，庄严肃穆。

杨揆记写西藏事物。《皮船》介绍藏地水上工具："外圆裁皮蒙，中虚截竹苘"，"傍岸任孤行，邀人只双坐"。以竹木为骨架，外蒙牛皮等皮革，有弹性，坚韧不脆，不怕触碰，适宜急流险滩。《索桥》介绍藏地峡谷的悬桥①曲水铁索桥："宛宛虹舒腰，落落蛇蜕骨，迥疑匹练铺，窄抵长绠拽。"似彩虹弯弯，似长蛇骨架，波动如绸缎，狭窄如长绳。

① 藏地常在山峡河谷，以铁索或藤数根连接两岸，上铺木板，以铁索或藤索为栏，称铁索桥、藤索桥。

杨揆记写战场景观。进军西藏边境，有一热索桥是通往廓尔喀境内的咽喉要道。《热索桥》：

　　热索桥高两崖耸，热索桥深万波涌。
　　高不容鸟深无舠，连臂渡涧愁生揉。
　　危桥横亘计以寸，阻隘能令一军顿。

进军廓尔喀本土，越过胁布鲁关卡，"山路奇险，有一处巨石夹立，如口翕张，隘不容马，同人戏谓之虎牙关"②。

② 杨揆诗题。

杨揆记写战胜受降。《廓尔喀纳降纪事》：

　　天弧星傍帅旗明，万里奇功七战成。
　　昨夜将军新奉诏，临边许筑受降城。

抒发胜利的喜悦。凯旋后，福康安在大昭寺立纪功碑，杨揆作文并赋一绝刻于碑上："玉勒雕鞍金僕姑，纷纷名姓上麟图，他年倘有词人到，能访寒陵片石无。"

孙士毅（1720—1796），字智冶，仁和（今浙江杭州）人。乾隆进士，历任云南巡抚、两广总督、四川总督。乾隆五十六年，以四川总督为福康安入藏军队筹集、运输饷粮，并于乾隆五十七年（1792）入藏，与福康安等会商西藏事宜。进藏期间，孙士毅写诗260多首，编为《百一山房赴藏诗集》。道路的艰险、水流的湍急、高原的迷蒙、雪山的圣洁、天空的湛蓝、月夜的明亮，藏民风情，藏民歌舞、藏民俗物"哈达"、"糌粑"、"褚巴"、"草康"、"纳呛"等，尽在其中。

和瑛（？—1821），额勒德特氏，原名和宁，字太菴(ān)，蒙古镶黄旗人。乾隆进士，历任四川按察使，安徽、四川、陕西布政使。乾隆五十八年（1793），为驻藏大臣，在藏八年，踏遍前藏后藏，观察西藏地理、民俗、物产；观察西藏高原的寒冷、峻拔、奇异、神秘；观察大昭寺、布达拉寺、拉尔塘寺等藏传佛寺；观察金瓶掣签、活佛转生等藏传佛事；作《西藏赋》与西藏山水诗，宣传西藏，推崇藏传佛教，宣扬政教互补，民族团结。

松筠（1752—1835），玛拉特氏，字湘圃，蒙古正蓝旗人。历任军机大臣、伊犁将军、陕甘两江总督。乾隆五十九年（1794），为驻藏大臣。松筠奔波西藏，考察山水，作《西招纪行诗》，自序："后之君子奉命驻藏者，庶易于观览，见于边防政务不无小辅。"又作《丁巳秋阅吟》，一诗一景，一景一事。

文干，字蔚父，号桢士，满州正红旗人。乾隆进士，官至工部尚书，嘉庆二十五年（1820）任驻藏大臣，道光二年（1822），巡视全藏。所著《壬午赴藏纪程诗》汇集了西藏高原的寂静和平、原始古朴、淳洁厚重、盎然生机。

李若虚（？—1824），字实夫，回族。原籍钱塘，迁居成都。乾隆时任贵州同仁府正大营巡检，游幕贵州、青海。乾隆间四次入藏，留居拉萨多年。他的《海棠巢词稿》及《实夫诗存》有三百多首诗词描写藏地游踪、藏地风光、藏地民俗和藏族舞蹈。

其他如允礼、姚莹、方维甸、徐长发、周蔼联、项应莲等也都是西藏的军旅游客。西藏的神秘面纱，徐徐揭开。

第六节 少数民族节日游

清代是满族统治的多民族国家，各民族关系旅游的传统节日丰富多彩。兹举蒙古族、维吾尔族、藏族、苗族、彝族、壮族、高山族。

维吾尔族。回历①十月一日，肉孜节。天未亮，各地敲"纳格尔"（铁皮鼓），几人站礼拜寺尖塔呼唤"萨方！萨方！"人们起床，洗净全身，换上新衣，做晨礼。晨礼毕，11岁以上的男子，到清真寺做聚礼。聚礼结束，封斋结束。聚礼后，墓地扫墓。全家人坐毛驴车，准备好食品、零钱，赠送行乞者。亲朋之间相互走动，举行游艺活动，尽情唱歌跳舞。肉孜节后70天是古尔邦节。古尔邦，亦称阿祖哈，"牺牲、献身"之意，又称宰牲节。节日当天，黎明之前，与肉孜节一样，敲"纳格尔"，喊"萨方"。然后沐浴净身，到清真寺聚礼。礼毕，观看宰牲仪式。集市广场，摆转椅、荡秋千、开展摔跤、叼羊、顶羊、斗鸡活动。族人相互走访，促膝谈心，气氛和谐、欢乐。回历8月15日，巴拉艾提节，家家户户炸油饼，又称油葫芦节。这一天流行扫墓。摊贩在墓地附近摆摊设点，供应饮食。墓地人来人往，通宵达旦。

藏族。藏历②正月十五日，摆花节，藏民或称酥油花灯节。项应莲③《西昭竹枝词》描绘拉萨正月十五的情景：

---

① 回历属于太阴历，以月亮周而复始为一个月，没有闰月，这样与公历一年相差11天。

② 藏历，藏族历法，有1000多年历史。藏历阴阳合历，一年四季，以冬、春、夏、秋为序，全年354日。12个月以寅月为岁首（与《夏历》同），大月30日，小月29日。一个闰月，用来调整月份和季节的关系。受汉历影响，从9世纪以来，藏历采用干支纪年，不同处是以五行代替十干：甲乙为木，丙丁为火，戊己为土，庚辛为金，壬癸为水；以十二生肖代替十二地支即子为鼠、丑为牛，依此类推。如农历甲子年，藏历称木鼠年。干支60年一循环，藏历叫"饶琼"，与内地"六十花甲子"相近，这反映了汉、藏两族历法的渊源关系。藏历设24节气，对西藏地区作中长期天气预报，对五大行星运动和日月食也作预报。藏历新年和农历春节日或同一天、或相差一天至一个月。如2010年的藏历新年是公历2月14日，和农历春节同一天。2009年藏历新年是公历2月25号，与春节刚好相隔1个月。

③ 项应莲，号午晴，字西清，歙县（今安徽歙县）人。乾隆举人，四川彭山县知县、宜宾县知县，奉天府（今辽宁沈阳）知府，嘉庆时，思南府（今贵州思南县）知府。在川期间，曾督运进藏。注意搜集西藏资料，作《西昭竹枝词》一卷，撰《西藏志稿》专著。

牛皮作底酥油面，装点玲珑绘陆离。
下列朦胧灯几盏，鳌山元夜大昭围。

自注所作装点"或龙凤，或人物，先将牛皮干出样子作屏，用酥油堆上，如内地火漆。高或数丈，极一二月功夫绘画。各于大昭寺门挨次周围摆列"，入夜，"燃以酥油，照以松炬，火光烛天，如不夜城。男女数万，纵游彻晓"。藏历五月初五，桑吉曼拉节，传说这一天，药圣要撒下圣水灵药，藏民采药游山。藏历五月初一至五月二十日，传为世界神灵降临日，十五日这天达到高潮，藏民设帐野餐，尽情歌舞，观赏自然风光。藏历七月一日，雪顿节，雪顿意为"酸奶宴"，节期四五天，藏民游城看戏，又称藏戏节。藏历七月六日到十二日，沐浴节，藏语"嘎玛日吉"（洗澡）。项应莲《西昭竹枝词》描述藏民游于外，泡于溪，歌于途："泡水前溪柳外多，喇嘛拨姆各摩娑。裸身壶呛相传灌，乘醉归途踏踏歌。"

蒙古族。阴历七月十三，一年一度的敖包节，是大型游乐集会。这一天，草原牧民骑上骏马，穿上新衣，从四面八方聚祭敖包。敖包是刻有真言、插有经幡的石堆，上供佛像，喇嘛念经，杀猪宰羊，仪式隆重。牧民围绕敖包，从右往左转，高呼口号。仪式完毕，举行酒会、跳舞、赛马、摔跤等欢乐的活动。这种聚会敖包的形式，后来渐渐演变成现在的那达慕大会。"那达慕"是蒙古语"娱乐"、"游戏"的意思。

苗族。农历正月、二月间或四五月间，云、贵、川苗族盛行踩花山。青年男女对歌，跳芦笙舞，寻求配偶。山区苗民比赛斗牛。农

历五月初五是龙船节，流行于湘西和黔东南施洞、松桃一带。赛龙舟、跑马、斗牛、踩鼓。每隔13年举办一次鼓藏节，又称"祭鼓节"。祭祀创世的蝴蝶妈妈，传说蝴蝶妈妈由枫树诞生，所以苗族崇拜枫树，用枫树做成木鼓，安息祖宗，祭鼓就是祭祖，是苗族最隆重的节日。过节时，每家每户要邀请亲戚，亲友无论身处何方，鼓藏节这天，都要如约而至。

彝族。农历六月二十四日是火把节，节期三天。家家饮酒、杀牲祭祖。白天，男人斗牛、赛马、摔跤；妇女唱歌、弹琴。晚上，点亮火把，游转房前屋后。第三天晚上，举着火把遍游山野。远远望去，火龙映天，蜿蜒起伏。然后集中一处，点燃篝火，遍插火把，喝酒、唱歌、跳舞，通宵达旦。

壮族。壮族以农历十一月末日为除夕，以农历十二月初一为新年。新年节期，除夕到初十。初四开始节日活动，亲友互访，青年串寨，邻族（苗、侗、瑶、汉等）往来，村村寨寨敲锣打鼓，吹笙弹琴，男女对歌，喜气洋洋。农历二月至三月择日举行陇端节。陇端，壮语"下田坎赶街"。祝节地点一般在宽阔田坝，各村各寨，赶到现场，对唱情歌，或演出壮剧，非常热闹。农历二月初二是晒布节，妇女取出自织自染的布匹，在晒台或田峒展晒。青年男子穿上节日新装走村串寨，物色布匹与姑娘。农历二月初二又是花朝节。男女青年云集木棉树下，穿民族盛装，怀揣五食，带上礼品，三五成群，对唱山歌，赞情侣，抛绣球，夕阳时分，从四周把绣球抛上木棉树，木棉树彩球累累，宛如百花齐放。农历三月三是歌圩节。壮民集会，村外搭歌棚，村内供住食，吸

第十四章 清代旅游

引方圆几十里的男女青年赛歌、听歌、对歌。小歌圩一、二千人，大歌圩可达万人。歌节持续两三天，摊贩云集，买卖活跃。四月属兔日是娅拜节，集体游山，奠祭娅拜。农历五月初五是药王节，集体登山，采药煮水洗澡。农历五月二十六至二十九日是达努节，二十六日，家家祭祖；二十七日，老人斗鸟；二十八日杀猪宰羊，亲友互访，敲铜鼓，唱酒歌；二十九日全寨男女集体登山，对歌赛鼓。

高山族。春天播种节。开播前夜，家长跪床，双手举起，祈求祖宗赐福；再抱拳于怀，祈求神灵赏赐好梦。播种完毕，各家办酒席，互请邻里亲友。酒宴散后，男女老少聚集村中广场，燃起篝火，高挂彩灯，唱歌跳舞，表现祭祀，播种，收获，渔猎。其中最有特色的舞蹈是"杵舞"和"发舞"。"杵舞"是模仿用杵臼舂米的动作和音响，杵长4至7尺不等，因杵长短粗细不等，敲击时发出的音响各异。青年妇女手持杵棒，围绕着石臼或石板舞动旋转。"发舞"由长发妇女站成一排，挽臂唱歌，随着歌声身体左右晃动，幅度由小到大，速度由慢到快，一缕缕长发在脑后来回摆动；摆到高潮时，双脚有节奏地跳动，头部也旋转摇摆起来，长发散乱，如一团团乌云；接着不断向前弯腰，让长发拂地，形成道道黑色瀑布，猛地挺身后仰，好似黑亮飞泉，霎时垂于身后。演绎风采美不胜收。八月月圆日是丰收节，节期十天左右。丰收节比播种节更为隆重。全村或几个村寨聚集开阔场地，歌舞联欢。女子戴着鲜花，银饰，耳环，手镯，手铃和用兽骨贝壳磨制成的精美饰品；男子戴着羽冠或头侧插着几根长而美丽的羽毛，腰间挂

着铜铃，踝部带着脚铃。人们携带美酒佳肴和饭团，边豪饮大嚼，边听歌观舞。姑娘看中了小伙儿，就主动陪他跳舞，用丰富含蓄的肢体语言表达自己的爱慕之情。丰收节的舞蹈，最流行拉手舞。清代有一幅台湾高山族拉手舞画像，题字："诸邑收成之后，各社齐集数日，歌舞赛戏，名曰做田。"拉手舞少则几十人，多则数百上千。拉手高歌，整齐划一而又节奏分明地变换着舞步和队形。女子的银饰骨饰、手镯手铃，男子的腰铃脚铃，叮当作响，音韵铿锵。男子的羽冠、女子的鲜花随着舞步此起彼伏，上下翻动。欢腾的围观者如风如潮，极为热烈。八月十五中秋节，台湾高山族青年男女聚集日月潭，托球跳舞，象征托起太阳月亮，以求日月昌明，风调雨顺，爱情幸福。

第七节　外宾游华

康乾盛世，举世闻名。西方国家不远万里，来华外交，来华贸易，来华传教。

一、来华使团

乾隆时，最大的来华使团是英国使团。乾隆五十七年（1792），英国借祝寿乾隆，派遣马戛尔尼（George Macartney）勋爵率团访华。使团规模庞大，八百多人，分乘五船，航行九个多月，于乾隆五十八年（1793）六月抵达澳门，由澳门沿海北上天津，再经北京，抵达承德避暑山庄，觐见乾隆①。使团在华200多天，多方考察中国社会。使团狮子号大副安德逊撰写《英国人眼中的大清王朝》，内容涉及军队、城市、河工、饮食、祭祀、宴会、行宫、皇帝。这次访问，英国人也洞察了清朝外强中

① 觐见时，双方协议，英国使节行单膝下跪礼，不必叩头。马戛尔尼代表英国政府向乾隆提出七项请求，要求签订正式条约：开放宁波、舟山、天津、广州之中一地或数地为贸易口岸；允许英国商人比照俄国之例在北京设一仓库以收贮发卖货物，在北京设立常设使馆；允许英国在舟山附近一岛屿修建设施，作存货及商人居住；允许选择广州城附近一处地方作英商居留地，并允许澳门英商自由出入广东；允许英国商船出入广州与澳门水道并能减免货物课税；允许广东及其他贸易港公表税率，不得随意乱收杂费；允许英国圣公会教士到中国传教。乾隆以无先例为由拒绝了英国的要求。

干的弊端，回国报告："清廷是泥足巨人，轻轻一抵就可以推倒在地。"

咸丰时，列强按《天津条约》、《北京条约》，在北京建立使馆。1861—1862年，英国、美国、法国、俄国的驻华使馆，先后出现在北京东交民巷。多国使节常驻北京，办理事务，考察中国。同治八年（1869），美国人何天爵（Chester Holcombe，1844—1912），来到北京负责公理会学校，继而任美国驻华使馆翻译、头等参赞、代办，协助起草1880年华人移居美国的《续修条约》及《续约附款》。光绪十一年（1885）回国。写作《真正的中国佬》（Real Chinaman），全方位观察中国社会。有些观察，入木三分：

> 中国人对于儿子特别引以为傲。客人来访，儿子可以在场，但是其父介绍时，总以轻描淡写的口气，说儿子愚笨、孺子不可教的话，一副恨铁不成钢的样子，不过给人的感觉是，这只是掩盖他的自豪与骄傲。要赢得中国为人之父的好感并与他建立良好关系，万无一失的办法，就是上门拜访，当面吹捧和赞扬他的儿子，舍此之外，别无门径。

这位何天爵确实是一位深知中国人情世故的中国通。

二、来华商贾

康熙二十三年（1684），清廷开放海禁："今海内一统，寰宇宁谧，满汉人民相同一体，令出洋贸易，以彰富庶之治，得旨开海贸易"①。第二年，清廷颁布四处海关：江海关、

---

① 《清朝文献通考·市籴》。

浙海关、闽海关和粤海关，管理来华商船。乾隆二十二年（1757），清廷宣布一口通商（关闭江、浙、闽海关，保留粤海关）。但来华商船依然频繁。乾隆二十三年（1758）至道光十八年（1838），八十年来，抵达粤海关的外商船只共有5107艘，平均每年63艘①。以每船上岸30人计，广州口岸每年仅有2000游客。

外商游观商埠，交易物产。他们带走的茶叶、瓷器、丝绸、土布、杂货，以及见闻，传播了中国商品与中华文明。他们带来的洋酒、黑铅，也传播了外国商品与海外文明。但是，他们带来的鸦片，给中国造成了极大的危害。道光二十年（1840），清廷禁烟，列强动武，爆发鸦片战争。鸦战后，五口通商，外商云来雨集。

① 梁廷枏《粤海关志·市舶》。

三、来华教士

清代，来华传教士比明代大为增多。有些旅居中国，终老中国；有些旅游中国，终回本国。

北京栅栏墓地是传教士墓地，现存四十九座外国传教士墓碑名录，除一人利玛窦卒于明代，其他四十八人都在清初至乾隆间逝世。

汤若望（Johann Adam Schall von Bell，1592—1666），字道未，德国人，天主教耶稣会神父。明万历四十七年（1619），抵达澳门。1622年，取名汤若望，到北京、西安传教。崇祯三年（1630），供职朝廷钦天监，协助徐光启编撰《崇祯历书》。崇祯九年（1636），奉旨设厂铸炮，两年铸炮20门。1638年，为天主教奏请崇祯赐书"钦褒天学"，制匾，悬挂各地天主堂。清顺治元年（1644），清廷续用汤若望掌钦天监。顺治二年（1645），修订《崇祯历书》为《西洋新法历书》，清廷定名《时宪历》。顺治三年（1646），加授太常寺少卿衔，正四品。顺治七年（1650），任钦天监监正，成为中国历史上第一个洋监正。清政府赐地，汤若望扩建宣武门内利玛窦经堂，建成北京城内第一座大教堂（南堂）。汤若望懂医术，治愈孝庄太后侄女、顺治帝未婚皇后，太后感激，认为义父，顺治帝尊为玛法（满语，尊敬的老爷爷）。顺治八年（1651）九月，一天之内加封汤若望通议大夫、太仆寺卿、太常寺卿，晋升三品。顺治十五年（1658），赐"光禄大夫"，正一品。顺治十八年（1661），康熙八岁登基，大臣鳌拜及杨光先等反对西洋学说，状告汤若望等传教士潜谋造反，邪说惑众，历法荒谬。康熙三年（1664）冬，鳌拜废除新历，逮捕汤若望等，廷议凌迟处死。不久天流彗星，京城地震，孝庄太皇太后特旨释放。康熙五年（1666），汤若望病死，安葬北京栅栏墓地。康熙八年（1669），汤若望平反，康熙发布汤若望祭文，称其"鞠躬尽瘁"，"恤死报勤"，"聿垂不朽"。汤若望在华四十七年，历经明清两朝，是继利玛窦之后最重要的来华传教士。于天文历法、火炮制作多有贡献。在华期间，著有宗教著作《主教缘起》、《灵魂道体说》、《圣母堂记》；科学著作《远镜说》、《火攻挈要》、《西洋新法历书》；译著《坤舆格致》等。

南怀仁（Ferdinand Verbiest，1623—1688），字敦伯，又字勋卿，比利时人，天主教耶稣会传教士。顺治十四年（1657），抵达澳门。顺治十六年（1659），去陕西，顺治

十七年（1660）往北京。因精通天文历法、擅长铸炮，康熙八年（1669）任钦天监监副，康熙二十一年（1682）官至工部侍郎，正二品。充当康熙科学老师，讲授几何学和天文学；陪同皇帝巡游，沿途观天测地；改造观象台，重造天文仪，编制《康熙永年历法》，制造大炮500多门，撰有多种科技著作。天文类有《欧洲天文学》、《赤道南北两总星图》、《简平规总星图》等；地理类有《御览西方要纪》、《坤舆图说》、《坤舆外纪》、《坤舆格致略说》等。其中，《御览西方要纪》是南怀仁的第一部地理学著作，介绍欧洲地理知识以及社会生活。《坤舆图说》介绍自然地理常识和人文地理。《坤舆全图》与利玛窦的《坤舆万国全图》，同为来华传教士绘制的最具影响的世界地图。南怀仁去世，康熙举行隆重葬礼，赐谥"勤敏"。

南光国，法国人，天主教教士，康熙三十八年（1699）来华，精通音乐，擅长提琴、长笛，供职宫廷西洋乐队。

郎世宁（Ciuseppe Castiglione, 1688—1766），意大利人，天主教耶稣会传教士，画家。康熙五十四年（1715）来华，入值内廷，三品顶带，乾隆时去世，为宫廷作画四十余年。乾隆一生大事，战争、狩猎、宴会等，均是郎世宁绘画题材。今存作品有《乾隆万树园赐宴图》、《乾隆观马术图》、《哈萨克贡马图》以及他与法国人王致诚（Denis Attiret）、贺清泰（Antoine Poirol）、德国人艾启蒙（Ignace Sickelparth）等集体创作的铜版画《乾隆皇帝平定准噶尔得胜图》。

罗怀中，意大利人，传教士，医生。康熙

时进京，乾隆时去世，精通外科，善调诸药，出诊内廷，行医民间。

苏霖，葡萄牙人，康熙二十三年（1684）来华，供奉内廷，乾隆元年（1736）去世，旅居中华长达52年。

严加乐，捷克人，传教士，钟表师。康熙五十五年（1716）供奉内廷，制造、修理钟表，雍正十三年（1735）去世。

戴进贤，德国人，精通数学、天文学。康熙五十五年进京，雍正三年（1725），授钦天监监正加礼部侍郎，乾隆十一年（1746）去世，任职监正29年。

罗启明，葡萄牙人，传教士，医生。乾隆十六年（1751），来京效用，以御医身份，陪同乾隆巡游。乾隆二十九年（1764）去世。

游华归国的著名传教士，有意大利人马国贤（1692—1745）。康熙五十年（1710），抵达澳门，驻留北京，供奉宫廷，充任画师。马国贤精于绘画雕塑，深为康熙器重，常随皇帝游猎热河。康熙诏中国画家绘制"避暑山庄"，由马国贤使用硫酸刻出铜版，所刻《御制避暑山庄图咏》，现存台北故宫博物院、法国国家图书馆、大英图书馆、梵蒂冈图书馆。康熙派传教士到全国各地测量作图，由马国贤集中绘制《皇舆全览图》，是为中国地理史上第一部经纬线地图。康熙五十八年（1719）马国贤在今北京古北口自办学校教授神学。雍正元年（1723）带领4位中国学生赴意大利，雍正亲送骏马、贡缎、瓷器等。1732年，经教皇批准，马国贤在那不勒斯创办"圣家书院"，主收中国留学生，又名中国书院。1868年，被意大利政府接收，改名意大利国立东方语文研究所。马国贤著有《回忆录》，其中章节专门回忆了中国之行。

马礼逊（Robert Morrison，1782—1834），英国人，基督教新教①传教士。嘉庆十二年（1807），取道美国，到达广州。受美国商人帮助，留居美国商馆，学习中文。自嘉庆十四年（1809）起，到道光十四年（1834）一直担任英国东印度公司中文翻译，来往广州、澳门、马六甲（今马来西亚马六甲市），献身中外文化交流。马礼逊是汉学家兼翻译家，用中文翻译出版《新旧约全书》；用英文翻译出版《中国通俗文学译文集》、《三字经》、《大学》、《三教源流》、《通用汉言之法》、《中文英译》、《中文会话及凡例》、《华英字典》、《中国大观》、《广东省土话字汇》，撰写《父子对话：中国的历史和现状》。其中，《英华字典》是全球第一部汉英字典。马礼逊办报刊，嘉庆二十年（1815）在英国传教士米怜的帮助下，在马六甲创办《察世俗每月统记传》，是传教士为中国创办的第一份中文月刊。道光十二年（1832），马礼逊与美国传教士裨治文合作编辑英文《中国丛报》（The Chinese Repository），是传教士在中国境内创办的第一份英文期刊。马礼逊办教育，1818年马礼逊在马六甲创办英华书院，招收华侨子弟，是传教士为中国人开办的第一所中文学校。马礼逊办医院，嘉庆二十五年（1820），马礼逊在澳门开设中式诊所。道光七年（1827），在澳门增设眼科医院。道光十三年（1833），在广州开设眼科医院。凡此，为中西文化交流作出了开创性贡献，马礼逊因而荣获格拉斯哥大学神学博士，当选英国

① 新教（Protestantism）16世纪宗教改革运动中脱离罗马天主教的新教派，与天主教、东正教并列为基督宗教三大派别之一。

皇家学会会员。道光十四年，英王任命马礼逊为英国首任驻华商务监督秘书兼译员，官衔副领事，同年8月，马礼逊在广州病逝，安葬澳门基督教墓地。

鸦片战争以后，传教士纷至沓来，活动范围波及全国。

教士之外，也有专程来华的外国游客。法国人马尼爱游历四川，作《游历四川成都记》。光绪三十一年（1905）日本人山川早水游历四川，作《巴蜀旧影》。

第八节　华人游洋

道光二十年，1840年，鸦片战争爆发。次年，《南京条约》签订。清朝廷被迫开放门户。出洋考察，出国留学，出国打工，风声高涨。

一、出洋打工

门户开放，下层百姓少数有文化者到国外为洋人打工，谋生之际，顺道游观。

小职员林鍼。

林鍼（1824—?），字景周，号留轩。福建福州人。幼时家产尽失，随祖母迁往厦门。及长，厦门已是华洋杂处的通商口岸。林鍼学会外语，为洋人做翻译。道光二十七年（1847）二月，受聘美国花旗银行，从广东潮州，乘三桅帆船，"身似簸箕，日夜飘流风雨"[①]，苦熬120多天，于六月到达美国纽约。道光二十九年（1849）二月，返回福建。写下一本"测海窥蠡"的《西海纪游草》。

在美国，西洋建筑、避雷针、小火轮、自来水等，使林鍼新奇莫名：

---

① 林鍼《西海纪游草自序》。

百丈之楼台重叠，铁石参差（以石为瓦，各家兼竖铁支，自地至屋顶，以防电患）；万家之亭榭嵯峨，桅樯错杂（学校、行店以及舟车，浩瀚而齐整）。胪舳出洋入口，引水掀轮（货物出口无饷，而入税甚重，以火烟舟引水，时行百里）；街衢运货行装，拖车驭马（无肩挑背负之役）。浑浑则老少安怀；嬉嬉而男女混杂（男女出入，携手同行）。……巧驿传密事急邮，支联脉络。黯用廿六文字，隔省俄通（每百步竖两木，木上横架铁线，以胆矾、磁石、水银等物，兼用活轨，将廿六字母为暗号，首尾各有人以任其职。如首一动，尾即知之，不论政务商情，顷刻可通万里。予知其法之详）；沿开百里河源，四民资益（地名纽约克，为花旗之大码头，番人毕集，初患无水，故沿开至百里外，用大铁管为水筒藏于地中，以承河溜，兼筑石室以蓄水，高与楼齐，且积水可供四亿人民四月之需，各家楼台，暗藏铜管于壁上，以承放清浊之水，极工尽巧，而平地喷水，高出数丈，如天花乱坠）。

美国南方和美国北方的社会差别以及选举制、总统制等，使林鍼大开眼界：

南圃南农遍地，棉麦秋收；北工北贾居奇，工人价重。黑面生充下栋，毕世相承（英人以黑面卖于其地，遂世为贱役，主人贫，辄转卖之）；士官众选贤良，多签获荐（凡大小官吏，命主民保举，多人荐拔者得售）。暴强所扰，八载劳师（其地原属英吉利管辖，因征税繁扰，故华盛顿出而拒之，遂自为国，争霸西洋）；统领为尊，四年更代（众见华盛顿有功于国，立彼为统领，四年复留一任，今率成例）。四时土产，物等价昂；半据荒州，地宽人少（其地虽居天下四分之一，然而人民不及中国二省之多，工人少而土物贵，理所必然）。

旅美一年，解放了林鍼思想，"往日之观天坐井，语判齐东；年来只测海窥蠡，气吞泰岱"。《西海纪游草》宣传外国新鲜事物，触动了国内许多人物。闽浙总督左宗棠、福建巡抚徐继畬、镇闽将军兼领福建海关印务的英桂等，为之题写诗文序跋。英桂《西海纪游草》序：

> 盖西游者溯自汉纪，及唐、元以来，历有其人。然以游之远且壮者，莫留轩若也。

风尘女子阆湖女史李蝉仙也为《西海纪游草》题诗："鍼程九万夸游迹，笔记千言备采风。救客免为衔石鸟，思乡不羡寄居虫。"

二、出洋外交

门户开放使清政府派出官员，考察列国；派驻使节，沟通外交。

老头子斌椿。

斌椿，满族人。从小读儒经，作诗文。中

年任知县，好游观。"西瞻华岳东罗浮，南登会稽临禹穴，北至娲皇练石补不周"，并"久有浮海心"，期望"采风至列邦"。① 同治五年（1866），总理各国事务衙门鉴于"外国情形，中国未能周知"，"拟奏请派员前往各国，探其利弊"，"将该国一切山川形势，风土人情，随时记载"②。但官员畏惧旅途，莫敢响应。这时，斌椿63岁，正在北京总税务司办理文案与洋人略有交道，慨然愿往，"天公欲试书生胆，万里长波作坑坎"③。

同治五年（1866）春天，斌椿奉命，率团西游欧洲。全团计有一老年，斌椿；一中年，斌椿之子广英，时在税务司襄办洋务；三青年，同文馆④的三名学生，学法文的彦慧，学英文的凤仪和德明。是为清政府的第一个西方考察团。它比清政府派往西方的第一个外交使团要早出二年⑤。斌椿自称："愧闻异域咸称说，中土西来第一人。"⑥

斌椿一行，四个月内，走马观花，先后游历了法国、英国、荷兰、汉堡、丹麦、瑞典、芬兰、俄国、普鲁士、汉诺威、比利时；谒见了英国皇太子、维多利亚女王、瑞典皇太后；看到了工业革命的许多新产品，火轮船、火轮升降机、煤气灯、传呼机、自行车、新闻纸；又多次乘坐火轮车，"摇铃三次，始开行，初犹缓缓，数武后，即如奔马不可遏。车外屋舍，树木，山冈，阡陌，皆疾驰而过"⑦。斌椿见之，叹之，"屋宇器具，制造精巧，甚于中国。至一切政事，好处颇多"，"使臣非亲到，不知有此胜境"⑧。

日游夜记，斌椿作《乘槎笔记》、《海国胜游草》、《天外归帆草》诗文三种。虽文字

① 斌椿《天外归帆草》。

② 同治五年，1866年2月20日恭亲王奕䜣奏折。

③ 斌椿《乘槎笔记》。

④ 同文馆，同治元年（1862）清廷所办外语学校。

⑤ 同治七年，公元1868年，清廷向西方国家派出了第一个外交使团。成员有清廷聘用的美国人蒲安臣（Anson Burlingame），总理各国事务衙门章京，花翎记名海关道志刚，礼部郎中孙家谷。其中，志刚著《初使泰西记》，记写了使团在1868—1870年出访美、英、法、普、俄及其他一些欧洲国家的经历。

⑥ 斌椿《天外归帆草·晓起》。

⑦ 斌椿《乘槎笔记》。

⑧ 斌椿《乘槎笔记》。

第十四章 清代旅游

平淡,却题材新颖,传诸国内,深有影响。数学家李善兰一读长恨:"举天下之人,其足迹有不出一郡者矣,有不出一邑者矣,甚至有终身不出里巷者矣。……即曰不畏风涛,视险若夷,而中外限隔,例禁綦严,苟无使命,虽怀壮志,徒劳梦想耳。"①

小青年张德彝。

张德彝(1847—1919),满族,居家北京,籍隶汉军镶黄旗。"早岁入塾,家贫,学费每给于舅氏"②。时逢同文馆开办,招收旗人子弟,奖励入学者马甲钱粮③,期满,可按成绩优劣授予七品以下官职。但招来招去,只得十人"愿拜异类为师"④。15岁的少年张德彝即十人之一。经过三年学习和总署大考,同治四年(1865),张德彝官授八品,开始外交生涯。到光绪三十二年(1906),张德彝访问西洋,总共八次。第一次,同治五年,跟随斌椿游历欧洲,斌椿考察团中的那位会讲英语年方十八的同文馆学生德明,就是张德彝。第二次,同治七年(1868)至同治八年(1869),跟随蒲安臣、志刚、孙家谷外交使团游历美国和欧洲各国。第三次,同治九年(1870)至同治十一年(1872),跟随崇厚出使法国。第四次,光绪二年(1876)至光绪六年(1880),先随郭嵩焘出使英国,后奉调令,出使俄国。第五次,光绪十三年(1887)至光绪十六年(1890),跟随洪钧出使德国。第六次,光绪二十二年(1896)至光绪二十六年(1900),又随罗丰禄出使英国,任使馆参赞。第七次,光绪二十七年(1901),跟随那桐出使日本。第八次,光绪二十八年(1902)至光绪三十二年(1906),出任满清派驻英国、比利时等国

① 《乘槎笔记》李善兰序。李善兰(1811—1882),原名李心兰,字竟芳,号秋纫,别号壬叔。浙江海宁人,清代著名数学家。

② 《光禄大夫·建威将军张公集》。

③ 初进馆,学生每月补贴三两银子,相当于旗门子弟的一份马甲钱粮。旗门子弟,成年之后,大多依靠拉弓射箭,入营当兵,每月有一担米三两银子,称马甲钱粮。

④ 《翁同龢日记》:"同文馆之设,流言甚多,有对联云:'鬼计本多端,使小朝廷设同文之馆;军机无远略,诱佳子弟拜异类为师。'"

的钦差大臣。每去一次，必写日记一部，计200多万字，总称《航海述奇》。《航海述奇》所记八次游历，以头三次新奇生动，趣味浓烈。那时的张德彝正是18岁到20岁的翩翩少年。

18岁的张德彝在欧洲看到了"一切皆用火机"的工业文明，火轮、火车、电报、自行屋（升降机）、铁裁缝（缝纫机）；看到了闻所未闻的印度擦物宝（擦字橡皮）、"倒凤颠鸾"的英国肾衣（阴茎套）；看到了"日月电云，有光有影；风雷泉雨，有色有声"的巴黎大剧院；"每日出六万七千张"，"日有二百余人在城市寻访事故"的"印造新闻纸处"（报馆）；"未化之国、已化之国土产服物无一不有"的"集奇馆"（博物院）和"虫鱼之骨，大小不一，皆以铁条支起，其状如生"的积骨楼（化石馆）；看到了餐桌上的五味架，人行道上的绿油长凳；看到了"众人在树下互相跳舞，鼓琴作歌，乐甚。末有四童女相随，转圈排势，以手提裙兜，作种种之状而歌"："你可知？你可知？如何种？如何种？随我来，随我来。大家种，大家种。"①

20岁的张德彝热心交结外国朋友。同治七年（1868），上半年在美国，他到普通人家作客，和青年人讨论四季寒暑的成因，和旅行家交换旅行写作的经验；下半年在英国，他结识了贵族、诗人、大主教夫人、开业医生、饭店里的男女招待，参加了教堂集会和私人婚礼。次年在法国，广泛接触了教师、商贾、职员、记者、美国游客、英国牙医、意大利画家、奥地利妇女，感觉世界各国之人"衣服虽诡异，而喜则亦喜，忧则亦忧，情无或异。风俗虽不同，而好则皆好，恶则皆恶，性实大同"，

---

① 张德彝《航海述奇》。儿歌英文可能是：Do you know? Do you know? How to sow? How to sow? Follow me, Follow me. Let us sow, Let us sow. 引自邓庆周《中国近代第一批外交使臣译诗中的"新诗"因素——以张德彝为主例》。

"故遐迩一体，天下一家矣"。①

23岁的张德彝亲眼目睹了法兰西历史上一桩惊天动地的大事，巴黎公社起义。同治九年（1870），满清政府派遣太子少保、三口通商大臣、兵部左侍郎崇厚专程法国善后"天津教案"。崇厚的英文翻译，就是兵部候补员外郎张德彝。这一年的巴黎，"红头"汹汹，"满街喧闹"，"时时反乱"，②各国驻法使馆大多迁往波尔多。崇厚使团在马赛下船后也直接到波尔多暂住。第二年，1871年3月17日，张德彝奉命到巴黎为崇厚租借寓所，城中气氛已觉紧张，"旅馆大半歇业，虽开，亦恐内藏红头"③。第二天，3月18日黎明，巴黎公社揭竿而起。张德彝《航海述奇》真实记叙了当天见闻，所记状况与巴黎公社的参加者、法国历史学家普·利沙加勒的《1871公社史》完全相符。1981年，《航海述奇》出版，法国史学界如获至宝。

但小青年张德彝，正如老头子斌椿，虽饱看世界，仍固守帝制。民国八年（1919），张德彝临终《遗折》，"瞻望阙廷，不胜依恋屏营之至"，年号固用"宣统十年"。

开明的郭嵩焘。

郭嵩焘（1818—1891），字伯深，号筠仙，籍贯湖南湘阴。道光进士，点翰林。历任编修、苏松粮道、两淮盐运使、代理广东巡抚、福建按察使等。光绪元年（1875），他在福建上书《条陈海防事宜》，指出图强之本不在坚船利炮，而在"循习西洋政教"。这一倡言胜于魏源的"师夷长技"，实是满清高层要求变法维新的第一声。郭氏名气由此高涨。其时英国驻华使馆翻译官马嘉理（A.R.Margary）

---

① 张德彝《航海述奇》。

② 张德彝《航海述奇》。巴黎人民国民自卫军以红旗、红帽为标识，张德彝称"红头"。

③ 张德彝《航海述奇》。

在云南被杀,英国借此勒索。清廷任命郭嵩焘为出使英国钦差大臣,署兵部侍郎、总理各国事务衙门行走。由于郭氏言论比一般洋务派开放,加上他接受使命,疏请朝廷处分云南巡抚岑毓英,卒使顽固派破口大骂:"未能事人,焉能事鬼?"湖南乡试诸生甚至集会玉泉山,商议捣毁郭家住宅。一班好友也婉言规劝,劝其辞谢使命。但郭嵩焘以"时难方剧,无忍坐视",不顾诋毁,于光绪二年(1876),由上海出发,赴任伦敦。

英国任上,郭嵩焘专心致志地考察西洋政治,看出了英国政治制度较之中国政治制度的优越性。他参观伦敦下议院,旁听议员与大臣的辩论,赞许"直言极论,无所忌讳"的议会民主,痛惜"中国秦汉以来,二千余年,适得其反"。他参观伦敦邮电局:

> 英国行政务求便民,而因取民之有余以济国用。……远至数千里,近至同居一域,但粘信票其上,信局即为递送,每岁收入千数百万磅。……此专为便民也,而其实国家之利即具于是。此西洋之所以日致富强也。

发现了西方先求"富民"而其国自富的道理。他参观牛津大学,慕"仕进者各就其才质所长,入国家所立学馆如兵法、律法之属,积资任能,终其身以所学自效"。他又参观皇家学院,听化学家讲化学。参观植物园,请植物学家说标本。参观天文台,端详望远镜和光谱仪。参观伦敦地理学会,坐听斯坦利非洲探险报告,佩服英人"好奇务实","不为虚文"。并特地致信国内洋务要员沈葆桢,"宜先就通商口岸开设学馆,求为证实致用之学"。

英国任上,郭嵩焘孜孜不倦地钻研西方历史文化。他知道亚当·斯密的《国富论》、詹姆士·密尔的《政治经济学》;他知道孔德、贝克莱、洛克和笛卡儿的哲学观点;他动笔简介古希腊哲学家泰勒斯、毕达哥拉斯、苏格拉底、柏拉图、亚里士多德、安提西尼、第欧根尼、伊壁鸠鲁等人的哲学思想;他也比较过儒教、佛教、基督教的优劣,认为儒教"专于自守",内向而保守;基督教"主于爱人",外向而进取,虽"不足为师道也,而较之中国固差胜矣"。尤为难能处,郭氏坦然承认,中国教化已落后于西方教化:

> 三代以前,独中国有教化耳。故有"要服"、"荒服"之名,一皆远之于中国而名曰"夷狄"。自汉以来,中国教化日益微灭;而政教风俗,欧洲各国乃独擅其胜。其视中国,亦犹三代盛时之视夷狄也。

又坦然承认,时至近代,西洋有道而中国无道:

> 三代以前,皆以中国之有道制夷狄之无道。秦汉之后,专以强弱相制,中国强则兼并夷狄,夷狄强而侵陵中国,相与为无道而已。自西洋通商三十余年,乃似以其有道攻中国之无道,故可危矣。

这的的确确是惊吓中国的"异端邪说"。一时,撤职呼声喧嚣尘上,慈禧太后也严旨训诫。郭嵩焘只好自找台阶,奏请养病销差。于光绪五年（1879）初离开驻英任所，职位交由曾国藩之子曾纪泽。伦敦《泰晤士报》评论："郭去曾继，吾人深为惋惜。郭氏已获经验与良好之意见，此种更调实无必要，对于彼国将为一大损失。"

　　郭嵩焘回到北京，乞休故里，慈禧当即诏允，毫不挽留。及至湖南，竟有不准郭氏进长沙者，官员"自巡抚以下，傲不为礼"。①其原因，就在于郭嵩焘的思想"与一个封闭社会的传统观念，与封建专制政治的伦理哲学，与他自己所属的士大夫阶级，逐渐产生了深刻的分歧，产生了深刻的矛盾"，"他的思想走在大多数人的前面，一种孤独感时常萦绕在他的心头"②。郭嵩焘晚景凄凉，心情落寞，自言"学问半通官半显，一生怀抱几曾开"③。光绪十七年（1891）去世，李鸿章奏请立传赐谥，慈禧不准。郭嵩焘以夷变夏的思想算是被这位老太太看准了，看穿了。

　　激进的黄遵宪。

　　黄遵宪（1848—1905），字公度，嘉应洲（今广东梅县）人。20岁中秀才。深知"儒生不出门，勿论当世事"④。于同治九年（1870），先游广州，如饥似渴地阅读新式书报，把美英传教士1868年在上海创刊的《中国教会新报》从第一期浏览至最近一期。再游香港，凝视边界龙旗，哀伤国土沦丧。归途，特地游观虎门，凭吊抗英炮台。同治十三年（1874），黄遵宪北游齐鲁燕冀，在烟台、天津、北京，拜会丁日昌、张荫桓、陈兰彬、郑藻如、李鸿章等重时务、办外交的政府要员。恳谈中，倍感时务惟艰，外交困难，立志效劳国家。光绪二年（1876），放弃科场，供职驻

①郭嵩焘《日记》。

②钟叔河《走向世界》。

③郭嵩焘《戏书小像》。

④黄遵宪《人境庐诗草》。

第十四章 清代旅游

外使馆，一游日本，二游美国，三游英国，四游新加坡，计时10余年。

日本。从光绪三年（1877）起，黄遵宪在首任驻日大使何如璋手下当了五年参赞。公事余暇，做了五件事。

一是游乐山水。常游富士山、箱根、琵琶湖、上野不忍池等。《富士山》：

　　拔地摩天独立高，莲峰涌出海东涛。
　　二千五百年前雪，一白茫茫积未消。

每年三月，樱花盛开，他必在樱花树下与日本民众踏歌赏樱，"朝曦看到夕阳斜"，"宴罢红云歌绛雪"①。

二是观风知俗。细心观察日本民间习俗。如婚礼从简，结婚"无须聘妇钱"。男女平等招待，"豪家贵族，食则并案，行则同车"②。

三是研究日本的历史文化和明治维新。他说："居东二年，稍与其士大夫游，读其书，习其事，拟草《日本国志》一书，网罗旧闻，参考新政。"③"网罗旧闻"就是研究日本的地理风貌，历史沿革，文化源流。"参考新政"就是研究日本明治政权如何变法维新。研究的成果就是《日本国志》。这本书50万言，实录了日本自神武纪元以来2500年的历史，重点突出了明治以来改弦更张、发奋图强的历史，"详今略古，详近略远，凡牵涉西法，尤加详备，斯适用也"④。目的，非常明显，借助日本明治维新的经验指导中国政治，改造中国社会。梁启超《日本国志序》："中国人寡知日本者也，黄子公度撰《日本国志》，梁启超读之，欣怿咏叹黄子，乃今知日本之所以强，赖

①黄遵宪《日本杂事诗》。

②黄遵宪《日本杂事诗》小注。

③黄遵宪《日本杂事诗自序》。

④黄遵宪《日本杂事诗自序》。

黄子也。"

四是创作新体记游诗。在日本，黄遵宪将平时见闻，写成了一首又一首"我手写我口"[1]，旧瓶装新酒的诗歌，旧式体裁，新式题材，语言通俗，旨在宣传《日本杂事诗》。这组诗是《日本国志》的姊妹篇，"上自神代，下及近世，其间时世沿革，政体殊异，山川风土服饰技艺之微，悉网罗无遗"[2]。诗写日本史地总况：

立国扶桑近日边，外称帝国内称天。
纵横八十三州地，上下二千五百年。

中日历史关系：

女王制册亲封魏，天使威仪拜大唐。
一自覆舟平户后，有人裂诏毁冠裳。

明治维新倒幕（幕府）立宪：

剑光重拂镜新磨，六百年来返太河。
方戴上枝归一日，纷纷民又唱共和。

这些诗不但中国人爱读，日本人亦爱读。他答应日本友人源桂阁的要求，在东京都墨江源氏园中埋下了《日本杂事诗》的初稿，立碑以志，碑面由他亲题"日本杂事诗最初稿冢"，碑阴则由源桂阁撰题"葬诗冢碑阴志"。现存东京都崎玉县野火止平林寺。

五是宣传中日友好。在日本，黄遵宪与日人游，总要称赞历史上中日两国的和睦邦交，强调中日两国的团结共济是保持本国安全和亚洲稳定的基础，希望中日两国友谊长存。《陆军官学校开学礼成赋呈有栖川炽仁亲王》：

同在亚细亚，自昔邻封辑。

[1] 黄遵宪《杂感》。

[2] 石川英《日本杂事诗跋》。

譬若辅车依，譬若犄角立。
所恃各富强，乃能相辅弼。
同类争奋兴，外侮自潜匿。
解甲歌太平，传之千万亿。

日本友人也因而更加尊敬黄遵宪。

美国。光绪八年（1882），黄遵宪从日本到美国游历，考察美国民主制度，"初闻颇奇怪，既而取卢梭、孟德斯鸠之说读之，心志为之一变，知太平世必在民主"①。旁观1884年美国总统选举，既肯定它"究竟所举贤，无愧大宝位"，又指责它黑幕重重，"被党讦此党，党魁乃下流"，"至公反成私，大利亦生弊"②。一分为二，轻轩公允。

英国。光绪十六年（1890），黄遵宪到英国任使馆参赞。以为英国的君主立宪，最合中国国情，最宜中国仿效，应当"上自朝廷，下至府县，咸设民选议院，为出政之所"③。

新加坡。驻英不久，黄遵宪改任新加坡总领事。光绪二十年（1894），甲午战火燃烧黄海，黄遵宪离职归国，鼓动、支持、参与光绪皇帝的变法维新。

光绪二十四年（1898）戊戌变法，顽固派政变，黄遵宪因人保护，免却牢狱，开除回乡。黄遵宪是晚清激进维新的先锋人物，他的激进的变革政体的维新思想，成熟于十年的外交游历。

三、出洋留学

门户开放使中国青少年得以留学欧美。留学途径：教会资助、官派、自费。

道光二十七年（1846），香港马礼逊学堂美籍校长布朗博士因病回国，携带广东学生容

① 《新民丛报》。

② 黄遵宪1884年在美国观总统选举所赋诗。

③ 《新民丛报》。

闳、黄胜、黄宽赴美留学，是教会人士资助中国人留学海外的首例。

同治十年（1871），因容闳建议，曾国藩、李鸿章等联名上奏《选派幼童赴美办理章程》，并得清廷批准。章程规定留学名额120名，按年分批，每批30人，赴美留学；选送条件，12至15岁，家世清白，身体健康，经考试合格后，先入预备学校，肄习中西文字，至少一年方可派送；留学经费及服装，由政府供给；每批学生，随派汉文教习一名。同治十一年（1872），清廷降旨，在上海设立幼童出洋肄业局，在美国设立中国留学生事务所，任命陈兰彬①和容闳为正、副监督。当年八月，詹天佑等30位留美少年，由陈兰彬率队启航，是为晚清官派留学第一波。

同治十二年（1873），随同第二批官派少年赴美留学，七名中国青年自费留学美国，是为最早的自费留学记录。

此后，尤其是光绪二十七年（1901），清政府许诺留学归来授予官职；光绪三十一年（1905）废除科举；留学风气日益浓厚。主要去向，美国、欧洲、日本。

美国。同治到宣统，不但清政府先后派送了120名少年赴美留学，朝廷各部和地方官府也开始选派官费留美生。光绪二十七年（1901），北洋大臣袁世凯就选派了王宠惠等8位留美学生。教士扶持的留美生与自费留美生有所增加。中国最早的几位留美女学生，金雅妹②、许金訇③、康爱

① 陈兰彬（1816—1895），字荔秋，广东吴川人。咸丰进士，选为翰林院庶吉士，充国史馆纂修等。同治十一年（1872），以留学监督，率领第一批官派留学生30人赴美。光绪四年（1878），以宗人府丞派驻美国、西班牙、秘鲁三国公使。回国历任兵部、礼部侍郎及会试阅卷大臣等。晚年归里，主编《高州府志》、《吴川县志》，著有《使美白咏调》、《毛诗札记》、《治河刍言》等。

② 金雅妹（1864—1934），出生宁波韩岭村。光绪七年（1881），由美国传教士麦嘉谛送往美国，入读纽约医院附属女子医科大学。光绪十四年（1888）回国，行医福建厦门教会医院。光绪三十三年（1907）到天津出任中国最早的公立女医院北洋女医院院长。光绪三十四年（1908）说服袁世凯拨款，创办中国第一所公立护士学校北洋女医学堂。曾与葡萄牙一位音乐家兼语言学家结婚，十年后离异，有一子，成年后死于第一次世界大战。民国二十三年（1934），金雅妹患病，把所有财产捐给燕京大学及天津木斋学校。当年离世，享年70岁。

③ 许金訇（1865—1929），出生福州南台岛（今仓山）。学医教会福州妇女医院。光绪十年（1884），院长资助，随美国传教士到达美国，考入俄亥俄州威斯利安大学，后转读费城女子医科大学。光绪二十一年（1895）回国。行医福州圣教妇孺医院。光绪二十四年（1898），出席世界妇女协会代表大会（伦敦），是清廷派遣的中国第一位参加国际事务的女代表。光绪二十五年（1899），兼任福州仓山马可爱医院院长。宣统二年（1910），威斯利安大学特别授予她理科硕士学位。终生未婚。民国十八年（1929），在新加坡病逝，享年64岁。

① 康爱德（1873—1931），出生江西九江。幼时由美国传教士霍格女士收养。9岁时，随霍格女士赴旧金山，学会英语。后回国。光绪十八年（1892），被霍格女士的教会同事吴格矩女士带至美国，同去女孩是康爱德九江教会女塾同学石美玉。通过考试，两人进入密歇根大学医学院。毕业仪式上，康爱德穿蓝色旗袍，石美玉穿粉红旗袍，上台领证时，人们起立长时间鼓掌。光绪二十二年（1896），康爱德和石美玉学成回国，在九江行医。后康爱德到南昌设立医院。梁启超在《时务报》发文，赞颂之。光绪二十五年（1899），康爱德代表中国出席世界妇女协会会议。光绪三十三年（1907），再次负笈海外，先后在美国西北大学和芝加哥大学攻读文学，在英国热带病院深造。宣统三年（1911）复回南昌行医。终生未婚。民国二十年（1931）在南昌去世，享年58岁。

② 石美玉（1873—1954），出生湖北黄梅。8岁，在九江教会女塾读书，与康爱德一道，被教会吴格矩女士带至美国，就读密歇根大学医学院。光绪二十二年（1896）回国，在九江行医。受美国芝加哥名医但福德出资委托，在中国建造纪念其夫人的医院，命名为Elizabeth Skelton Danforth Hospital。光绪二十七年（1901），但福德医院（又名九江妇幼医院）开业，拥有95张病床和完善设备，石美玉出任院长。民国四年（1915），石美玉与伍连德等筹组中华医学会，担任副会长。民国七年（1918）至民国八年（1919），进修美国约翰·霍普金斯大学医学院。民国九年（1920）回国，与吴格矩女士在上海创立伯特利医院、药房和护士学校。石美玉是产科专家，慕名前来的学生遍及全国各地。1928年，山东爆发大灾荒，石美玉接回100名孤儿，建立孤儿院，附设小学和中学，长大，送入大学。抗战后，石美玉在废墟上重建伯特利医院。1951年，石美玉请求上海市政府接管，医院更名上海市第九人民医院。石美玉终生未嫁。1954年在美国加州离世，享年81岁。

③ 光绪十六年（1890），总理各国事务衙门奏准驻英法俄德美五国公使每届任期内可带学生两名，留学费用由使馆拨给，称使馆生。

第十四章　清代旅游

德①、石美玉②，均由教士带去美国。再往后，光绪三十四年（1908），美国退还中国部分"庚子赔款"，资助赴美留学。清政府同意施行。宣统元年（1909），清廷成立游美学务处，举行庚款留美考试，筹备留美预备学校。宣统三年（1911）四月，留美学生预备学校清华学堂正式开学。当年，留美学生达到650人（官费 207 人）。

欧洲。道光二十九年（1849），与容闳一道留学美国的黄宽转赴苏格兰爱丁堡大学学医，是中国个人留欧第一人。同治十五年（1875），清廷洋务派沈葆桢派遣福州船政学堂学员刘步蟾、邓世昌等到英国、法国学习造船、驾驶，是最早的官费留欧。至宣统时，留欧学生遍及英、法、德、比、俄、奥等国。

日本。光绪二十二年（1896），清朝驻日公使裕庚招募戢冀翚、唐宝锷等13名使馆生③到日本学习，是官费留日的发端。至光绪二十七年（1901），官费、私费留日学生的人数是出国留学总人数的九成。光绪二十九年（1903），驻日公使杨枢奏称："现查各学校共有中国学生一千三百余人。"光绪三十一年（1905）年增至2 560人，光绪三十二年（1906）年增至17 860人。其中，自费居多。或上小学，或上大学，或就读中专学校及大学速成科，以政

法、军事为热门。留日学生团体繁多。学术有励志会、编译社，老乡有各省同乡会，政治有青年会、军国民教育会等等，大多数走上了反清革命的道路。光绪三十一年（1905）孙中山在东京成立中国同盟会，留日学生构成会员主体。

晚清留学生，人才辈出。留美有容闳、詹天佑、吴应科、蔡廷干、梁敦彦、唐绍仪等；留欧有严复、翁文灏、吴稚晖、蔡元培、李石曾、张静江等；留日有黄兴、章太炎、宋教仁、邹容、陈天华、秋瑾、陶成章、林觉民、方声洞、胡汉民、居正、焦达峰、陈其美、朱执信、廖仲恺、鲁迅、陈独秀等。其中，推动留学功劳卓越的男生是留美学生容闳，投身革命震惊世俗的女生是留日学生秋瑾。

容闳（1828—1912），字纯甫，出生广东香山（今珠海南屏镇）。南屏距澳门四公里。道光十五年（1835），容闳入读澳门马礼逊纪念学校。道光二十二年（1842），马礼逊纪念学校迁往香港，容闳随校赴港。道光二十七年（1847），校长美国人勃朗（Ber.S.R.Brown）返美，"带走班中最好的三个学生，容闳、黄胜、黄宽。"① 启航地点是广州黄浦，所乘海轮是美国粤立芬兄弟公司的亨特利思号，航行路线由南中国海，过印度洋，绕好望角，入大西洋，北抵纽约，转至马萨诸塞州，住读孟松学校。道光三十年（1850），容闳考进耶鲁。在耶鲁，容闳关注中国事态，急盼"以西方之学术灌输于中国，使中国日趋于文明富强之境"②。咸丰四年（1854）冬季，容闳毕业，立刻登上欧里加号，回国改造清朝统治下的中国。

咸丰五年（1855）春季，容闳回到香山，

① H.S.Shore《The Flight of the lapwing》。

② 容闳《西学东渐记》。

第十四章 清代旅游

旅居广州。目击两广总督叶名琛屠杀民众，刑场"流血成渠"，"愤懑之极，乃深恶满人之无状，而许太平天国之举动为正当"①。

咸丰十年（1860），容闳与两名传教士，从上海，经苏州、无锡、常州、丹阳，"作金陵游，探太平军内幕"②。在天京，容闳会见干王洪仁玕，陈说建议：

> 一，依正当之军事制度，组织一良好军队。二，设立武备学校，以养成多数有学识军官。三，建设海军学校。四，建设善良政府，聘用富有经验之人才为各部行政顾问。五，创立银行制度及厘定度量衡标准。六，颁定各级学校教育制度，以耶稣教《圣经》列为主课。七，设立各科实业学校。③

七条建议，四条说教育。但天国领袖并未采纳。容闳由此看出："太平军之行为，殆无有造新中国之能力。"④虽然，容闳的金陵游及其建议，表明了容闳改造满清中国不惜暴力革命的立场。

失望之下，容闳离开南京，转事茶业营销，"欲从贸易入手，以为有极巨资财，则藉雄厚财力，未必不可图成"⑤。积蓄资财，伺机而动。

同治二年（1863），曾国藩约请容闳到安庆（今安徽安庆）一晤，支持容闳参与洋务。容闳遂与清廷洋务派合作，操办三桩大事，试图实业救国与教育救国。其一，在上海操办江南制造局，中国土地上第一家大型的高水准的军工工厂。其二，促成曾国藩、李鸿章上书

---

① 容闳《西学东渐记》。太平天国，道光三十年（1850）末至咸丰元年（1851）初，洪秀全等在广西金田村武装起义所建政权。咸丰三年（1853）定都金陵（今南京），称天京。同治三年（1864），天京失守，洪秀全之子、幼天王洪天贵福被俘。太平天国终结。

② 容闳《西学东渐记》。

③ 容闳《西学东渐记》。

④ 容闳《西学东渐记》。

⑤ 容闳《西学东渐记》。

朝廷，选派少年留学美国。其三，在美国操办留学生事务所，中国派驻美国专司留学的第一间官方机构。这三件事容闳尽力而为，皆有成功，并因此担任留学生事务所的监督和中国政府的驻美副使。

同治十一年（1872），容闳负责的留学生事务所，所址在新英格兰康涅狄格州的首府哈德福特，接待了由国内派来的第一批30名留学生。到光绪四年（1878），事务所计有留学生112名。在容闳的主持下，这群学生学业长进，思想活泼，"迅速接受了美国的观念及理想"①。乃致满清驻美公使忧心西化，极度不安，屡请朝廷解散事务所，撤回留学生。光绪七年（1881），全部留学生按朝廷旨意，中途辍学，凄凉回国。虽然如此，留学生感激容闳，"他是由政府虐待下解救我们的希望，我们对他的信心始终不变"②。

光绪二十年（1894），中日甲午战争，容闳远在美国，极力游说，力劝西方列强帮助中国。次年，中国战败。容闳67岁，离美返华。在南京，他游说张之洞③，推行改良改革的新政策。在北京他交游戊戌变法的主将康有为、梁启超，"予之寓所一时几变为维新党领袖之会议场"④。是晚清变法图强的中坚人物。

光绪二十四年（1898）九月，慈禧镇压维新。容闳逃出北京，寄居上海，流寓香港，密谋反清立国⑤。居港期间，容闳旅游台湾，考察日本占领的台湾社会。清廷致函台湾日本总督儿玉，要求逮捕引渡，容闳于光绪二十八年（1902）出奔美国，民国元年（1912）病逝美国康涅狄格州哈德福特城。

容闳是中国近代的革命家和教育家，也是

① 事务所留学生之一、宋庆龄三姊妹的姨丈温秉忠1923年12月23日在北京税务专门学校的演讲。

② 事务所留学生黄开甲1882年1月28日致美国教师信。

③ 张之洞（1837—1909），字孝达，号香涛、无竞居士等，直隶南皮（今河北沧州市南皮）人。同治进士，官翰林院编修、内阁学士、山西巡抚、两广总督、湖广总督、两江总督、军机大臣等。洋务派代表人物之一，提出"中学为体，西学为用"，创办多种学堂，与曾国藩、李鸿章、左宗棠并称晚清"四大名臣"。

④ 容闳《西学东渐记》。

⑤ 在上海，光绪二十六年（1890），唐才常发起"中国国会"，选举容闳为第一任会长。后唐才常等被捕遇害，容闳出逃香港。在香港，光绪二十七年（1901），原太平天国左天将瑛王洪全福与兴中会会员谢缵泰等密谋广州起义，组建民主共和的"大明顺天国"，内定容闳为"大明顺天国"临时政府的总统。后因事泄流产。

第十四章 清代旅游

中国旅游史上的旅游家。他万里奔波,来往中美,游走国内,种种活动,都以旅游为载体。他用英文写作的回忆录(*My life in China and America*)即有名的《西学东渐记》,叙述了他在中国和美国的生活,叙述了他身在美国、心在中国、学在美国、用在中国的情愫和作为,"寻声考迹,想高躅于当年;振铎扬芬,播景行于终古。维兹俊哲,实系人思"[①]。

秋瑾(1877—1907),字璇卿,号旦吾,东渡后改名瑾,字竞雄,别号鉴湖女侠,浙江绍兴人。出身官宦之家,年十八,嫁于湘人王廷钧。光绪二十六年(1900)跟随丈夫宦居北京。受新思想、新文化感染,认可资产阶级民主观念和男女平等观念。光绪三十年(1904),秋瑾不顾家人反对,离别丈夫、儿女,走出国门,自费留学日本,在东京中国留学生会馆日语讲习所补习日文。当时的日本聚集着一批革命志士,秋瑾交游其中,思想锐进,组织妇女团体共爱会,论觉悟,论斗志,论实干,巾帼不让须眉。光绪三十一年(1905)三月,秋瑾归国,这时的秋瑾已是一位脱尽闺阁脂粉、发誓打倒专制的女战士。在上海、绍兴分别会晤中国光复会会长蔡元培、徐锡麟,参加光复会。同年七月,再赴日本,在滔滔黄海的远洋客轮上,她凝视日俄战争地图,忧心列强争霸,宰割中国,热血沸腾,长歌如啸:

> 万里乘风去复来,只身东海挟春雷。
> 忍看图画移颜色,肯使江山付劫灰。
> 浊酒不销忧国泪,救时应仗出群才。
> 拼将十万头颅血,誓把乾坤力挽回。[②]

[①] 美国哈德福特城西带山公墓蒋彦士所立容闳纪念碑碑文。

[②] 秋瑾《黄海舟中日人索句并见日俄战争地图》。

匡时救亡的博大志向，古代妇女，绝无仅有。惊涛裂海的悲壮力作，古代妇女，绝无仅有。挟雷裹电的豪迈游风，古代妇女，绝无仅有。二到日本，秋瑾入读东京青山实践女校，加入同盟会。光绪三十二年（1906），秋瑾再次回国，在上海创办中国公学，创办《中国女报》，并与夫家脱离关系。光绪三十三年，秋瑾联络会党，策划7月19日武装起义。1907年7月6日，徐锡麟在安庆起义失败，其弟徐伟供词牵连秋瑾，事泄。7月14日下午，秋瑾被捕。坚不吐供，仅书"秋风秋雨愁煞人"。7月15日凌晨，就义绍兴轩亭口，年仅32岁。

秋瑾是中国近代史上第一位捐躯民主共和事业的年青妇女，是中国旅游史上第一位孤身出洋、留学异国的已婚之妇和有子之母，是中国的巾帼英雄，壮游女侠。

四、出洋游历

门户开放，一些文人游历四海。

王韬（1828—1890），字子潜，号仲弢。江苏甫里（今半属昆山，半属吴县）人。道光秀才。道光三十年（1850）进入英国传教士麦都思（Dr W.H.Medhurst）在上海开办的墨海书局，协助麦都思汉译《圣经》和西方自然科学书籍，初步接触了西方文化，是华洋交往的活跃分子。同治元年（1862），王韬因上书太平军，招致清延缉拿，南逃香港，托庇英华书院院长、英国汉学家理雅各布（James Iegge）。居港5年，王韬帮助理雅各布将儒家经典《四书五经》译为英文（*The Chinese Classies*）。

同治六年（1867），理雅各布邀请王韬出国观光，王韬欣然接受，于11月乘船离港，旅游欧洲。

王韬游欧,先至法国。在马赛,他"环游市廛一周,觉货物殷阗,人民众庶,商贾骈蕃",繁华远胜港岛,"几若别一世宙"。在巴黎,他参观卢浮宫的文化宝藏和万国博览会,"凡所胪陈,均非凡近耳目所逮,洵可谓天下之大观矣"①。

王韬游欧,后至英国。在伦敦,他"每日出游,遍历各处",讶叹科学技术的发达:

英国以天文、地理、电学、火学、气学、光学、化学、重学为"实学"……心思慧巧,于制造一切器物,务探奥窍,穷极精微。②

称赞政治制度的开明:

有集议院……国中遇有大政重务,宰辅公侯,荐绅士庶,群集而建议于斯,参酌可否,剖析是非,实重地也。③

羡慕英国社会:

风俗醇厚,物产蕃庶……日竞新奇巧异之艺,地少慷怠游惰之民。尤可羡者,人知逊让,心多悫诚。国中士庶往来,常少斗争欺侮之事。异域客民旅居其地者,从无受欺被诈,恒见亲爱,绝少猜嫌。无论中土,外邦之风俗尚有如此者,吾见亦罕矣。④

耳濡目染,潜移默化,王韬的思想不断更新。他从英国寄信妻兄杨醒逋,说自己的欧游之心,"初变而为征逐之游","直作信陵醇酒妇

① 王韬《漫游随录》。
② 王韬《漫游随录》。
③ 王韬《漫游随录》。
④ 王韬《漫游随录》。

人想";"再变而殉名利","妄欲以虚名动世";于今方知"士生于世,当不徒以文章自见","所望者中外揖和,西国之学术技艺大兴于中土"①。但是王韬并不以为月亮也是外国的圆,民族的自尊自爱仍节持于胸。在牛津大学,他侃侃而谈:"孔子之道,人道也。有人此有道。人类一日不灭,则其道一日不变。泰西人士论道必溯原于天,然传之者必归本于人,非光尽乎人事,亦不能求天降福,是则仍系乎人而已。"②颇获英国学界的尊重。伦敦画室特为他摄留一像,悬置阁中。王韬题诗言志,"异国山川同日月,中原天地正风尘","尚戴头颅思报国,犹余肝胆肯输人"③。同治九年(1870),王韬游归香港。编著《普法战纪》,组织中华印务总局。同治十三年(1874),创办华人经营的第一家大型日报《循环日报》。每天在首栏发表政论一篇,宣传变法图强。王韬声名,世所景仰。"不少日本、越南友人专程来华或来函请王韬指教世界大势、治国之方"④。有些日本维新派人士翘首东盼,"闻此人有东游之意,果然,则吾侪之幸也"⑤。

光绪五年(1879)闰三月初九,王韬应日本朋友的邀请,由上海东渡扶桑,游观列岛。

在日本,王韬极受欢迎。冈鹿门说:"敝邦自唐以下,如晁衡、吉备,大臣屡游中华,而中华无一名士东游者。今先生以中华名士来游,夫岂偶然?愿留住以尽赏析之欢。"⑥重野安绎说:"或序先生之文,谓为今时之魏默深。默深所著《海国图志》等书,仆亦尝一再读之。其忧国之心深矣,然于海外情形,未能洞若蓍龟。于先生所言,不免大有径庭。窃谓默深未足以比先生也。"⑦旅游中国作《观光

① 王韬《漫游随录》。

② 王韬《漫游随录》。

③ 王韬《漫游随录》。

④ 忻平《王韬与中日文化交流》。

⑤ 日本中村正直《扶桑游记序》。

⑥ 王韬《扶桑游记》。

⑦ 王韬《扶桑游记》。

第十四章 清代旅游

纪游》的冈千仞，旅游中国四川作《栈云峡雨日记》的竹添光鸿，撰写《清史揽要》的增田贡，选录《明清八大家文》的星野恒等，"争与先生交，文酒谈宴，殆无虚日；山游水嬉，追从如云"①。又有好学少年叩门求见，"操笔纵谈，久久不去"②。乃至日本走红艺妓如湘烟、花蹊诸氏，也托人转呈诗歌，请其斧削。

在日本，王韬和驻日参赞黄遵宪"联诗别墅，画壁旗亭，停车探忍冈之花，泛舟捉墨川之月"，"每酒酣耳热，谈天下事，长沙太息，无以精详，同甫激昂，逊兹沉痛"③。黄遵宪说他每与王韬畅言，"胸中磊块忽觉消尽"；王韬说黄遵宪"学问宏深，矫然如天半朱霞，云中白鹤"，"暮年得此友，东瀛之游为不虚"。④

光绪五年（1879）七月十五，王韬从日本返抵上海。带回一部自记游踪的《扶桑游记》。这本书描写了日本的风土人情和山川景物以及他与日本友人的和睦相处，深藏着他对日本人民的拳拳厚爱，是明治前期，或者说是光绪前期，中日交游的墨宝。

光绪十年（1884），王韬从香港移家上海。先任《申报》编纂主任，继开印书馆弢园书局，后任上海格致书院掌院，继续鼓吹改革。光绪十六年（1890）病故。

王韬，和容闳一样，是近代中国知识分子出国旅游、寻找救国真理的先锋。不同的是，容闳以学生出游，王韬以学者出游，是第一个以私人身份访问欧洲的中国学者。他在欧洲和日本的两次游历，加速了西学东渐的步伐。

五、出洋旅居

戊戌变法后。一些维新人士出洋避祸，旅

① 王韬《扶桑游记》。
② 王韬《扶桑游记》。
③ 黄遵宪《日本杂事诗》王韬序。
④ 王韬《弢园尺牍·与黄公度》。

居海外。

康有为（1858—1927），原名祖诒，字广厦，号长素，又号西樵山人。广东南海人，人称康南海，光绪进士。光绪二十四年（1898）"戊戌变法"（又称百日维新）的主要发起者。失败后，从天津塘沽逃亡香港，至民国二年（1913），16年间，四渡太平洋，九涉大西洋，八经印度洋，先后游历美、英、法、意、加拿大、希腊、埃及、巴西、墨西哥、日本、新加坡、印度等30多个国家和地区。光绪三十年（1904），康有为买下瑞典小岛，搭建中式园林"北海草堂"。光绪三十四年（1908），泛舟北冰洋，邂逅北极光，"夜半十一时，泊舟登山，十二时至顶，如日正午。顶有亭，饮三边酒，视日稍低如暮，旋即上升，实不夜也，光景奇绝"①。

晚清的华人留洋风潮，劲吹走向世界、改造中国的激昂号角。角声满天秋色里，中国古代旅游落下了苍山如海、残阳如血的帷幕。

① 康有为《携同璧游挪威北冰洋那岌岛颠，夜半观日将下没而忽升》诗序。

第九节　以文载游

清代，旅游文学形式多样，数量浩瀚。

传统体裁，诗、词、赋、文，依然沿流。王士禛的记游诗是神韵派的创作实践。纳兰性德的记游词开出清秀一格。姚鼐的记游文是桐城派雅好简洁的范文。吴锡麟②的书简短札也足称道。《柬奚铁生》：

　　舟抵荻港，芦风萧萧，四无行人。渔人拿小舟而出，遥赴夕阳中，"欸乃一声山水绿"。此时此景，得

② 吴锡麟（1746—1818），字上麒，号竹泉，浙江嘉兴人。乾隆举人，官遂安教谕，改广东盐大使。有《自怡集》、《岭南诗钞》。

足下以倪、黄小笔写之，便可千古。
奉到青藤一枝，伏听驱使。①

寥寥几句，满载画意诗情。

边疆游记和出国游记数量激增。边疆游记有祁韵士的《万里行程记》、朱占科的《滇游记程》、陈鼎的《滇黔纪游》、洪亮吉的《谴使伊犁日记》、方上涂的《东归日记》、景廉的《冰岭纪程》、林则徐的《荷戈纪程》和陶保廉的《辛卯侍行记》；出国游记有薛福成《出使四国日记》、黎庶昌《西洋杂志》、王韬《漫游随录》、康有为《欧洲十一国游记》、梁启超《新大陆游记》等。所记边疆和国外的风物人情、社会状况，引人入胜。

匾额，盛极清代。康熙、乾隆好题匾额，所到之处，处处留题。承德避暑山庄后殿，衔山抱水，康熙题："水芳竞秀"。天津蓟县盘山天成寺，有阁凌空，乾隆题："江山一览"。曹雪芹《红楼梦》"大观园省亲试匾额"，就是清代题写匾额的写照。

楹联，也盛极清代。数量多，质量高。湖南衡阳广方寺，魏源题：

　　山色溪声，万壑清明春雨后；
　　天光云影，千峰苍翠夕阳中。

广西桂林栖霞寺，梁章钜题：

　　白云回望合，青霭入看无。②

四川成都武侯祠，赵藩题：

　　能攻心则反侧自消，自古知兵非好战；
　　不审势即宽严皆误，后来治蜀要深思。

---

① 欸乃，摇橹声。"欸乃一声山水绿"，取自柳宗元《渔翁》"渔翁夜傍西岩宿，晓汲清湘燃楚竹。烟销日出不见人，欸乃一声山水绿。回看天际下中流，岩上无心云相逐。"倪，倪瓒；黄，黄公望；元末画家。

② 句出王维《终南山》。

最著名的楹联是昆明大观楼孙髯长联：

> 五百里滇池，奔来眼底，披襟岸帻①，喜茫茫空阔无边。看东骧神骏②，西翥(zhù)灵仪③，北走蜿蜒④，南翔缟素⑤。高人韵士，何妨选胜登临。趁蟹屿螺洲，梳裹就风鬟(huán)雾鬓；更苹天苇地，点缀些翠羽丹霞，莫辜负四围香稻，万顷晴沙，九夏芙蓉，三春杨柳。
>
> 数千年往事，注到心头，把酒凌虚，叹滚滚英雄谁在。想汉习楼船⑥，唐标铁柱⑦，宋挥玉斧⑧，元跨革囊⑨。伟烈丰功，费尽移山心力。尽珠帘画栋，卷不及暮雨朝云；便断碣残碑，都付与苍烟落照。只赢得几杵疏钟，半江渔火，两行秋雁，一枕清霜。

① 岸，按。帻(zé)，头巾。
② 神骏，指金马山。
③ 灵仪，指碧鸡山。
④ 蜿蜒，指长虫山。
⑤ 缟素，指白鹤山。
⑥ 汉武帝修昆明湖，训练水军，打通西南夷。
⑦ 唐中宗时平吐蕃之乱，"建铁柱于滇池以勒功"。
⑧ 玉斧，文房镇纸。传宋太祖曾在版图上以玉斧画大渡河以西曰："此外非吾有也！"
⑨ 忽必烈征大理过大渡河至金沙江，乘革囊皮筏。

孙髯（1685—1774），字髯翁，号颐庵，祖籍陕西三原，幼时随父流落昆明。终生不仕，为人傲然，喜种梅花，自号"万树梅花一布衣"。康熙年间，昆明大观楼建成。孙髯慨然挥笔，作长联一副，长达180字，上联写滇池风光，如一幅山水画；下联记云南历史，如一篇叙事诗。气势磅礴，意境高远，令人击节，"闻者莫不兴起，冀一登临为快"，世人誉为"古今第一长联"。

新兴体裁，有"随游随唱"的民间曲艺。如董湘琴《松游小唱》。

董湘琴（约1844—1902），名朝轩，又字湘芹，号玉书，灌县（今四川都江堰）人。年轻时风流俊雅，豪侠任性。但科场偃蹇，中年方得贡生。光绪十一年（1891），董湘琴从灌县（今四川都江堰）旅游松潘（在今四川省阿坝藏族羌族自治州东北），以民间道情，作《松游小唱》。自序：

> 《松游小唱》者，松潘之游，随游随唱也。曷唱乎尔？自来名士从军，才人入幕，就所阅历，发为诗歌。如白玉蟾、朱桃稚辈，信口狂吟，自鸣天籁，托性情于一时，由来久矣。余自灌束装，以迄抵松，途次无俚，辄欲将所见，以五七字赋之。而又苦于裁对，聊复效颦，发为小唱，藉以消遣。音之高下，句之长短，所在不计。间有挂漏，亦略其所略。古人阳春白雪尚矣！下里巴人，何妨敝帚自享。二三知己，以为板桥《道情》可；以为盲女《弹词》，亦无不可。①

这话貌似谦虚，其实是挑战文人传统，弘扬民间说唱艺术。

> 橐笔往西游，灌阳郁郁闲居久。几幅鱼书催促后，辞不得三顾茅庐访武侯。把行期约定在九月九，走！
>
> 第一程山河雄构，镇夷关高踞虎头。恶滩声，从此吼，大江滚滚望东流。安澜在前，伏龙在后；青城在左，灵岩在右，二王宫阙望中浮。好林峦蔚然深秀，看不尽山外青山楼外楼。
>
> ……
>
> 板桥早七盘沟，红叶报晚秋。晓

---

① 白玉蟾，南宋琼州人，原名葛长庚，字如晦。继为白氏子，名玉蟾。博学，工书画。学道武夷山，封紫清明道真人，为道教南宗五祖之一。朱桃稚，唐代成都人，多异行。板桥道情：郑板桥《道情》曲。道情，一种曲艺，以唱为主，用渔鼓和简板伴奏。原为道士演唱的道曲，后流行民间。盲女弹词：弹词，曲艺的一种，有说有唱，三弦伴奏，或加琵琶。

风吹起毵毵柳，场外碧溪流，山明水秀，萧萧竹林天容瘦，水碓鸣榔，闲点缀，花开篱窦，却少个临风招展旗飘酒。

……

七星关，关名伴月。白水寨，水白如银。最凄凉，富阳坪，四处少居人，天阴雨湿雾溟溟。

……

太平山口忽然开，平畴非狭隘。左是杨柳沟，右是萝葡寨。夷人妇女装束怪，两个大锡圈，当作耳环带，青布缠头，红毡腰带，白衣黑裙大花鞋。

……

古树深藏萧布寺，朱栏碧瓦列高低，望不尽疏林远岫，烟树迷离。古松合抱，弱柳垂堤。西来数百里，要算得第一幽奇。

……

石河桥，石桥高拱水翻涛。红花屯，桃树满村郊。碉楼寨子，上插旗飘。乍看是蓬莱阆苑，又疑入方壶员峤。闾阎千门，石城环抱。

……

行到了松潘城，四山环抱，如藩如屏。唯有西岷顶，据上游，巍巍雄胜。

……

从来钟毓多英俊，愿邦人把富强心抱定，并观察川西一带民情。且筹算，圣教化夷固邦本。

《松游小唱》篇幅长大,所录不过三分之一。语言通俗,节奏朗朗,逢山记山,逢水记水,城镇乡村、寺院旅店、古迹名胜、历史掌故、道路风景、异族风情、生活习俗,无所不记,是晚清记游文学的一曲新歌。

山水画。清初"四王"(王时敏、王鉴、王翚、王原祁),提倡摹古,表现古典风格。"四僧"(八大山人、石涛、髡残、弘仁)抒发个性,不受羁绊。清代中期宫廷画家盛多,冷枚①《避暑山庄图》,鸟瞰构图,笔致细密。叶欣②《春游图》描绘春游之景,用笔轻灵,墨色清淡,景致悠远。吴宏《松溪草堂图》描绘江南仲秋水乡风情,笔墨苍秀,画法工细,繁而不乱。胡慥③《溪山渔隐图》,运墨滋润,逸气横生。陈卓④《石城图》工细缜密。谢荪⑤《青绿山水图》,山势嵯峨,垒石嶙岣,景致奇险,用笔工中带拙,绚丽中见清雅。罗牧⑥《山居秋色图》层峦叠嶂,杂木长松,楼阁殿宇,荆扉村舍,若隐若现,溪水曲迴,板桥连岸,烟林掩映,淡墨轻岚,空灵清逸。章谷⑦《涧道寒泉图》,云蒸霞蔚,欣欣向荣。袁江⑧《观潮图》描绘大海之滨,高峰亭台,潮起潮涌。都是旅游文化的珍品。

第十节 清人论游道

清人论及旅游本质,指出旅游是人之恒情,应以礼引导。

唐甄⑨《潜书·善游》:

> 好游者,人之恒情也。

恒情,常情,本能,天性。正如鸟飞丛林是鸟

---

① 冷枚,生卒年不详,字吉臣,号金门画史,胶州今属山东人。擅长画人物、仕士及山水,画风工整、细致,色彩较艳丽。

② 叶欣,字荣木,华亭(今上海松江)人。流寓金陵,顺治、康熙年间在世。工画山水,以布局见长。

③ 胡慥,字石公,金陵人。生平简略,志在山林。

④ 陈卓(1634—?),字中立,号晚纯痴老人,燕(今北京)人,久居金陵(今江苏南京)。善山水,兼工花鸟、人物。

⑤ 谢荪,字缃酉,溧水人,生卒年不详,居金陵。

⑥ 罗牧(1622—?),字饭牛,号云庵、牧行者,江西宁都人,寓居南昌百花洲。所作林壑,郁然深秀,水墨淋漓,笔法多样,风格深沉粗犷,时人推为妙品。

⑦ 章谷,字言在,号古愚,仁和(今浙江杭州)人。生卒年不详,约活动于顺治至康熙年间。善画山水和人物肖像,书法工篆、隶和八分书。

⑧ 袁江,生年不详,约卒于乾隆初,字文涛,邗江(今江苏扬州)人。善画界面楼台,曾供奉"内廷"。

⑨ 唐甄(1630—1704),初名大陶,字铸万,号圃亭,四川达州(今四川通川)人。清顺治举人。知山西长子县,履职未几,被上司革职。后经商赔本,流寓江南,讲学卖文。著《潜书》。

的本能，鱼游大泽是鱼的本能："鸟守故巢，亦翔于丛林；鱼潜在渊，亦迴于荡泽。"人之好游也是天性使然："鸟鱼有情，何况人乎。人无贵贱，孰能闭户操作，暮春清秋不一睹山川景物乎。"唐甄说好游是人之恒情，是正确的。人之好游，正如人之好色、好财，正常而正当。游心本源，一出感官本能，身体悦娱；一出思维本能，好新好奇；与生俱来，与时俱进。

唐甄以为好游既是本性，不能压制，应该以礼引导，寓礼于游。《善游》说帝王之游：

> 古有省耕之事焉，亲民之事焉，巡岳之事焉，礼也。于省耕，乐原野之旷；于亲民，乐田舍之逸；于巡行，乐山川之色；礼也而寓游之乐焉。

省耕，到田地视察春耕。亲民，到民家慰问民众。巡岳，到五岳巡视山川。合礼合情，一举两得，何乐不为。

唐甄驳斥旅游败德亡国论。《善游》：

> 人见太康游而有穷拒河，穆王游而淮徐作乱，遂谓败德之事莫过于游。夫二君荒淫昏耄，先自败德焉。百姓积怨，国事不修，虽不好游，亦有内起之变，外发之寇，岂待游而后致乱哉。
>
> 是以皇帝游于釜山，尧游于康衢，舜游于四岳，禹游于会稽，文王乐于灵台，武王浮于河流，成王偕偘于南原。周公举觞于洛水，仲尼登泰

山，游于舞雩，曾点浴于沂水，由是观之，古之帝王贤哲，未闻以游为败德而绝其履迹也。

批评朝廷中死谏帝王旅游的人是多事之人。《善游》：

> 昧于事君之道者，于其出游，不能因其势而利导之，即其事而奖掖之，徒立直谏之名，惩荒游之祸，扼于殿上，沮于道中，引裾裂衣，当车断靷。忠则忠矣，我以为多事矣。

有些人，激烈劝阻帝王出游，虽愚忠可嘉，其实不懂好游是人之本性，不懂"人亦孰不欲遂其情，天子虽尊，亦人也"，做出了不必要的有悖事君之道的举动。

清人阐述旅游功能，指出旅游可以行道救民。

张海珊[①]《游说》：

> 孔之周游，孟之游齐梁诸国，曰："以行道也。以救民也。"然则如孔孟之人，则有孔孟之游；苟非孔孟之人，将不得为孔孟之游乎？则又不然。孔子虽生知之圣，然必如周观礼，自卫反鲁。然后乐正。孟子七篇，亦大都成于游齐梁之时。其论士曰："有一乡之士，有一国之士，有天下之士。"是故苟自命士矣，则天下之理皆我所当知，天下之事皆我所当为。生民之故，郡国之利病，虽尝得之于简册，而苟非目稽口询，确然有得于其中，则他日或当其任将，

[①] 张海珊（1782—1821），字越来，江苏震泽人。道光举人，榜发先卒。著有《小安乐窝诗》、《丧礼问答》等。

遂有嗛然不足之患。此其道固非游不可。

推崇孔孟之游，倡导自命为士者应效法孔孟，游于四方，深入社会，行道救民。

清人阐述旅游功能，特别指出旅游与读书的相辅相成是英才培养的基本模式。主张读书、旅游并重。倡导读万卷书，行万里路。

顾炎武《与友人书》：

> 独学无友，则孤陋而寡闻。久处一方，则习染而不觉。不幸而在穷僻之域，无车马之资，犹当博学审问，古人与稽，以求其是非之所在，庶几可得十之五六。既不出户，又不读书，则是面墙之士。虽子羔原宪之贤，终无以济于天下矣。

不出游，久居一方，沾染习俗，有损品格。不出游，只读书，或许获得大半才学，却不能获得完整才学。如果既不外出交游，又不认真读书，就是面墙而立，品德再好，不成经世之才。

尤侗①《天下名山游记》："士即负旷世逸才，不得云海荡胸，烟峦决眦，无以发其嵚崎历落之思，飞扬跋扈之气。"人即便天资英才，如果不经云海烟岚的激荡，也会缺乏奇特之思，飞扬之气。

张潮②《幽梦影》：

> 文章是案头之山水，山水是地上之文章。

> 善读书者无之而非书，山水亦书也，棋酒亦书也，花月亦书也；善游

---

① 尤侗（1618—1704），字展成，一字同人，晚号西堂老人，苏州府长洲（今江苏省苏州市）人。顺治誉为"真才子"，康熙誉为"老名士"。康熙时举博学鸿儒，授翰林院检讨，参修《明史》。侗诗多新警著述颇丰，有《西堂全集》。

② 张潮，生于清顺治八年（1650），字山来，号心斋、仲子，安徽歙县人。官翰林院孔目（图书管理，九品）。一生著作等身，《幽梦影》妙语连珠。

第十四章 清代旅游

山水者，无之而非山水，书史亦山水也，诗酒亦山水也，花月亦山水也。

月中山河之影，天文中地理也；水中星月之象，地理中天文也。能读无字之书，方可得惊人妙句；能会难通之解，方可参最上禅机。

昔人欲以十年读书，十年游山，十年检藏。予谓检藏尽可不必十年，只二三载足矣。若读书与游山，虽或相倍蓰，恐亦不足以偿所愿也。①

天下无书则已，有则必当读；无酒则已，有则必当饮；无名山则已，有则必当游；无花月则已，有则必当赏玩。

山水是自然之文，刘勰《文心雕龙·原道》："日月叠璧，以垂丽天之象；山川焕绮，以铺地理之形；此盖道之文也。……傍及万品，动植皆文。"张潮发挥，文章是蕴含学问的无形山水，读之，可知世界的奥秘；山水是蕴含天机的无字文章，读之，可知天地的玄妙。人生一世，读书求知，旅游求知，殆无止境。

孙嘉淦②《南游记》：

古者男子生而有四方之志。惟二十以前，博学不教，内而不出。及三十而后，则友天下之士，出门交有功，固断不可少者矣。太史公自所学，而以浮江淮、登会稽为言。邴原游学四方，乃成名儒。明儒胡敬斋，晚年自以足迹不出乡里，无以广其见闻、发其志意，乃游吴越楚粤而后返。以此为游，夫岂犹夫世俗之守瓮

---

① 检藏，收拾积累。倍蓰，倍，一倍；蓰，五倍。

② 孙嘉淦（1683—1753），字锡公，号静轩，山西兴县人。康熙进士，经康熙、雍正、乾隆三朝，皆受重用。历任学政、盐务、河工等要差，官至工、刑二部尚书，协办大学士。著有《春秋义》、《南华通》、《诗义析中》等。

牅与夸结驷者乎。①

主张二十岁之前读书积学，三十岁之后出门交游。

钱泳②《履园丛话·杂记》：

> 语有云：读万卷书，行万里路，二者不可偏废，然二者亦不能兼。每见老书生矻矻纸堆中数十年，而一出书房门，便不知东西南北者比比皆是。然绍兴老幕，白发长随，走遍十八省，而问其山川之形势、道里之远近、风俗之厚薄、物产之生植，而茫然如梦者，亦比比皆是也。国初魏叔子③尝言人生一世间，享上寿者，不过百岁；中寿者，亦不过七八十岁；除老少二十年，而即此五六十年中，必读书二十载，出游二十载，著书二十载，方不愧读万卷书，行万里路者也。

指出读书与旅游兼而行之，一般人做不到，但应该为此努力，理想的人生规划，应以二十年读书，二十年旅游，二十年著书。

清人阐述旅游功能，指出游观景物养情、养性、养德。

孙嘉淦《南游记》："余之少也，淡于名利，而中无所得，不能自适，每寄情于山水。"是谓山水养情。

张潮《梦幽影》：

> 梅令人高，兰令人幽，菊令人野，莲令人淡，春海棠令人艳，牡丹令人豪，蕉与竹令人韵，秋海棠令人

---

① 东汉郗原，字根矩，北海朱虚（今山东临朐东）人。家贫早孤，年轻游学，名声渐起。曹操时任为东阁祭酒，建安时任丞相征事，后为五官将长史。胡居仁（1434—1484），字叔心，号敬斋，江西余干人。博览群书，致力程朱理学。绝意仕进，筑室山中，主白鹿书院，交游学者，人称举仁学派。

② 钱泳（1759—1844）原名鹤，字立群，号梅溪居士，金匮（今江苏无锡）人。工诗词、篆、隶，精镌碑版，善于书画，画山水小景，疏古澹远。著有《履园丛话》《履园谭诗》等。

③ 魏禧（1624—1681），字冰叔，一字凝叔，江西宁都人。明亡不仕，隐居翠微峰。所居之地名勺庭，称"勺庭先生"。又以斋号"裕斋"，称"裕斋先生"。与侯朝宗、汪琬合称"清初散文三大家"。著有《魏叔子文集》、《诗集》、《日录》、《左传经世》、《兵谋》、《兵法》、《兵迹》。

媚，松令人逸，桐令人清，柳令人感。

"梅令人高"云云，发挥《礼记·经解》孔子曰，《诗经》令人性格温和，心地宽厚；《尚书》令人通晓古今，研判未来；《乐记》令人胸怀广阔，心地善良；《易经》令人心境洁静，洞察精微；《礼记》令人谦恭节俭，庄重敬畏；《春秋》令人善于作文，善于叙事。① 是谓花木养性。

张潮《幽梦影》：

> 玉兰，花中之伯夷也。葵，花中之伊尹也。莲，花中柳下惠也。鹤，鸟中之伯夷也。鸡，鸟中之伊尹也。莺，鸟中之柳下惠也。

"玉兰，花中之伯夷"，发挥儒家山水比德说。是谓花木养德。

清人倡导蓄志而游，批评无志闲游，指责逐利之游。

刘献廷《广阳杂记》：

> 吾辈登一名山，览一奇境，而自审其胸襟眼界，依然吴下阿蒙，又何苦费时日，丧精神，劳仆夫之筋骨，减香积之法食，而登降上下为耶？反不若酣寝于茅屋之下之为安且适矣。不可不猛自警省。

批评无志而游，浪费精力，不如不游。张海珊《游说》：

> 古之时所谓游之说者，二焉。有孔孟之游，有战国之士之游。……

---

① 《礼记·经解》孔子曰："入其国，其教可知也。其为人也温柔敦厚，《诗》教也；疏通知远，《书》教也；广博易良，《乐》教也；絜(jié)静精微，《易》教也；恭俭庄敬，《礼》教也；属辞比事，《春秋》教也。"

今世之所谓游，则战国之士之游而已矣。自天下兼并，民无常产，百姓交驰横骛，若鸟兽散，上之人不得问焉。而其尤不肖者，则莫甚于士。学校之员既增，一县之数，无虑数百，国家之科目，既无以容；又其人大都游手空食，更不能自为生计；则皆从事于游。昌黎所谓"奔走形势之途。伺候公卿之门。足将进而趑。口将言而嗫嚅"者。其视战国之士，抵掌捭阖，且以为豪杰之士，不可多得。游之途日广，而游之事愈下。于是好修之士，每讳言游。

指责战国游士，苏秦张仪者流，朝秦暮楚，并非行道救民，而是追逐功利；指责当今游士大多学步苏张，以豪士自居，游手空食，交游权贵，实乃依附豪门，谋取富贵；以致正直文人耻于游风日下，忌讳谈游出游。

清人论及旅游审美，指出美恶在人。

孙嘉淦《南游记》：

凡地之美恶，视乎其人。不择地而安之，皆可安也。吾游行天下，山吾皆以为卑，水吾皆以为狭。非果卑与狭也，目能穷其所至，则小之矣。物何大何小，因其所大而大之，则莫不大；因其所小而小之，则莫不小。

一个人如果对地方没有要求，游到哪里都可以安心游之。我游行天下，看山看水都嫌小，是因我的标准是以视野为大小，超出视野，是大，超不出是小。其实，景物均有大小因素，

第十四章 清代旅游

着眼大处，它就大；着眼小处，它就小。自然山水的美恶取决于游客的主观意识。

清人研讨景观鉴赏。

张潮是景观鉴赏大家。《梦幽影》指点景观优劣：

> 笋为蔬中尤物，荔枝为果中尤物，蟹为水族中尤物，酒为饮食中尤物，月为天文中尤物，西湖为山水中尤物。

> 物之能感人者：在天莫如月，在乐莫如琴，在动物莫如鹃，在植物莫如柳。

尤物，珍贵的人见人爱的事物。《梦幽影》指点景观差异：

> 水之为声有四：有瀑布声，有流泉声，有滩声，有沟浍声；风之为声有三：有松涛声，有秋草声，有波浪声；雨之为声有二：有梧蕉荷叶上声，有承檐溜筒中声。

《梦幽影》指点景观妙处：

> 山之光，水之声，月之色，花之香，文人之韵致，美人之姿态，皆无可名状，无可执着。

> 雨之为物，能令昼短，能令夜长。

> 春雨如恩诏，夏雨如赦书，秋雨如挽歌。

> 春雨宜读书，夏雨宜弈棋，秋雨

宜检藏，冬雨宜饮酒。

种花须见其开，待月须见其满。

《梦幽影》指点观景应有合适的地点与时间：

楼上看山，城头看雪，灯前看月，舟中看霞。

春听鸟声，夏听蝉声，秋听虫声，冬听雪声。

白昼听棋声，月下听箫声，山中听松声。

《梦幽影》指点观景应有合适的游伴：

赏花宜对佳人，醉月宜对韵人，映雪宜对高人。

佳人，美女。韵人，诗人。高人，脱俗之人。

《梦幽影》指点景观设计：

园亭之妙，在邱壑布置，不在雕绘琐屑。

花不可以无蝶，山不可以无泉，水不可以无藻，乔木不可以无藤萝。

栽花可以邀蝶，垒石可以邀云，栽松可以邀风，贮水可以邀萍，种蕉可以邀雨，植柳可以邀蝉。

梅边之石宜古，松下之石宜拙，竹旁之石宜瘦，盆内之石宜巧。

这些指点确乎妙语解颐。

第十一节　晚清[①]洋场

鸦战之后，多口通商。宁波、上海、广州、福州、厦门、潮州、琼州、营口、烟台、汕头、汉口、九江、南京、镇江、北京、沙市、重庆、苏州、杭州、湘潭、梧州、天津。其中，北京、广州、福州、南京、苏州、杭州，历史悠久，本色坚强；新兴的华城洋场，可举上海、天津、厦门、青岛、汉口。

上海

上海地属古扬州。别称申[②]，或称沪[③]。唐代置华亭县。宋代，华亭县上海浦，渔村变小镇，称上海镇。元代，在上海镇设市舶司，与广州、泉州、温州、杭州、庆元、澉浦合称全国七大市舶司。至元二十九年（1292），在上海镇置上海县。上海县是上海建城之始。明代，上海县属松江府，与华亭县共同创造了"税赋半天下"的经济繁荣。清代，上海县属苏松太道松江府[④]，发展规模超越华亭，城市名气也后来居上。

道光二十二年（1842）中英《南京条约》确定上海为"五口通商"（宁波、上海、广州、福州、厦门）之一。道光二十三年（1843），英国、美国和法国陆续在上海开租界。租界自治，设立市政委员会（The Municipal Committee），相当于租界市政府，时称工部局。原来的国人住地被租界隔为两块，闸北区、南市区，称华界。上海由此形成工部局管理租界、清政府管理华界的格局。

英美租界，称公共租界，在今黄浦区、静安区和虹口、杨浦沿江地带。法租界，今黄浦

[①] 晚清，清代自鸦片战争起，史称晚清。本章所言清后期，道光至宣统，跨度稍大于晚清。

[②] 上海苏州一带，春秋属吴国，吴亡，战国时，为楚国春申君封邑。春申君黄歇，战国四公子之一，《越绝书》说他在吴地所治河道称"黄歇浦"，即今之黄浦江。

[③] 晋时，松江（吴淞江）居民创制竹编捕鱼工具"扈"，沿江入海打渔，松江下游称"扈渎"，后改"扈"为"沪"。

[④] 苏松太道俗称上海道，辖管苏州府、松江府、太仓直隶州（今苏州市辖境及上海市苏州河以北地区）。

区、徐汇区的核心区域。租界，固然是满清的伤疤，但租界为上海的国际交流提供了舞台，为国际资本流进上海提供了渠道，也为上海的城市建设与城市文化带来了异国风貌。鲜明标志有外滩、教堂、学校、医院、报纸、公园。

外滩，属英租界。原是黄浦江边（今中山东一路白渡桥至金陵东路）一块荒滩、纤道。道光二十五年（1845），苏松太道与英国领事商订《上海土地章程》，外滩为英租界，修路起楼，陆续建成英国领事馆（今外滩33号）、沙逊洋行、仁记洋行、宝成洋行、旗昌洋行、天长洋行、码头、船厂等。楼宇尽展西洋形式，哥特式、罗马式、巴洛克式、中西合璧式。今外滩19号和平饭店南楼，原是汇中饭店，咸丰四年（1854）建造，是上海现存最古老最豪华也是最早（1906）安装电梯的旅馆。今外滩9号是轮船招商总局大楼，盛宣怀投资白银220万两，光绪二十七年（1901）建造。今外滩15号，是华俄道胜银行大楼，光绪二十八年（1902）建造。今外滩7号，是大北电报公司大楼，光绪三十三年（1907）建造。外滩，洋气弥漫，号称"十里洋场"。

基督教堂。道光二十七年（1847），英国商人贝尔在今黄浦区江西路汉口路购买地皮，助建基督教安定甘会圣三一堂。建成后遭暴风袭毁，拆掉重建。由英国著名建筑师斯科特设计，同治五年（1866）奠基，同治八年（1869）建成。为解决地质沉降，在一千平方米的面积上打下八千多根木桩。建筑平面为长方形巴西利卡式，立面为中间高两侧低的罗马式，大堂外观哥特式，堂内外有石柱长廊。教堂墙面用红砖修砌，俗称红礼拜堂。圣堂玻璃窗，原为纯白。为纪念逝世的英国教徒，每隔一两年专为死者换上彩色玻璃，久之，圣堂窗户，彩白相间。光绪十九年（1893），大堂北侧增建哥特式尖锥型钟塔，装置八音大钟，钟声洪亮悠扬；配以大型管风琴，琴声深沉肃穆。是晚清上海最大最华丽的基督教堂。其他教堂，有咸丰十年（1860），陆家浜上海长老会第一会堂；光绪十四年（1888），闸北教堂。光绪三十年（1904），沪北海宁路自立长老会堂；宣统二年（1910），今陕西北路北京路口怀恩堂等。

学校。道光三十年（1850），美国公理会在上海创办裨文女塾，浸礼会创办女塾。咸丰三年（1853），法国天主教在上海创办明德女校，美国圣公会主教文惠廉①在上海创办培雅、度恩书院。咸丰五年（1855），法国天主教在上海创办徐汇女校，长老会创办女子日校。清政府也办学校。同治时，上海道台应宝时，在今尚文路，购得私家园林吾园，建龙门书院。光绪三十一年（1905），改造龙门书院为苏松太道龙门师范学堂。

医院。道光二十四年（1844），英国基督教伦敦教会派遣传教士、医师威廉·洛克哈脱在大东门外开办中国医院，后称山东路医院、仁济医馆，今为上海交通大学医学院附属仁济医院。同治二年（1863），法国驻沪领事委托天主教江南教会筹办Shanghai General Hospital（上海总医院），次年开张，先是租用外滩附近科尔贝尔路（今中山东二路22号新永安

---

① 文惠廉（William Jones Boone），1811年生于美国卡罗莱纳州，1837年7月，文惠廉携带妻子萨拉来到南洋。在华侨社区宣教，并学闽南语。1840年，前往澳门。1842年2月，来到鼓浪屿，设立传教站。3月，文惠廉与雅稗理渡海厦门，露天布道。此后，文惠廉暂回澳门料理家务。6月，文惠廉夫妇回到厦门，同年8月，萨拉去世，葬于鼓浪屿的番仔墓地。1843年春，他带着两个孩子以及佣人黄光彩返回美国。1844年10月，美国圣公会主教院按立文惠廉为中国传教区主教。年底文惠廉重返中国，他到上海开辟新的牧场。他先在老城厢研习上海方言，宣教并主持洗礼仪式，继则扩大布道。开设供膳宿的男童学校。1845年，文惠廉在苏州河以北荒地，租地造屋，设堂布道。1848年，他与上海道台吴健彰达成协议，把苏州河以北、虹口港近黄浦江边一带辟为居留地，并于1853年在城内成立圣公会第一座礼拜堂——基督堂（救主堂）。又1858年，他和美国传教士韦廉士、李瑾与中国同工一道，把传教范围扩展至嘉定、苏州、无锡和青浦等地。1864年7月，在华去世。文惠廉与其他传教士合作，翻译《旧约》，是上海方言《新约》译本的主要同工。文惠廉的中文作品近10部，分别为《进教要理问答》、《马太传福音书》、《圣教幼学》、《教子有方》、《常年早祷》、《约翰传福音书》、《圣会祷》、《马可传福音书》和《使徒保罗达罗马人书》等等。此外，他还翻译了《圣公会史纪》、《信经阐义》、《祷文牖启》、《祷文总志》等书。文惠廉佣人黄光彩成为美国圣公会首任华人牧师。小儿子小文惠廉（William Jones Boone Jr., 1846—1891），1869年前往湖北武昌传教，1884年被选为美国圣公会上海区第4任主教。

路口）楼房，随后迁入苏州路新造楼房，今为上海市第一人民医院。同治五年（1866），美国圣公会所创办同仁医院，今为上海长宁区同仁医院。光绪十年（1884），美国人玛格丽特·威廉逊女士和美国基督教女工会先后资助，美国传教士、医生伊丽莎白·罗夫施耐德、伊丽莎白·麦基奇尼与罗夫施耐德等创办上海西门妇孺医院，屋顶红色，又称红房子医院，今为复旦大学附属妇产科医院。等等。医院与学校是影响上海市民生活的两大新事物。

报刊。传教士率先办报。上海发售的第一份中文期刊（月刊）是香港出版的《遐迩贯珍》。英国传教士麦都思（W.H.Medhurst）创办，马礼逊教育会（The Morrison Education society）[①]出版。咸丰三年（1853）首刊，咸丰六年（1856）停刊，发行香港、上海、广州、厦门、福州、宁波等通商口岸。是一份以时事政治为主，兼推西方文明的刊物。上海出版的第一份中文期刊是《六合丛谈》（月刊），创办者仍然是英国传教士麦都思，印行上海墨海书馆，[②]咸丰七年（1857）首刊，咸丰八年（1858）停刊。是《遐迩贯珍》在港停办后的上海变身。上海最具政治影响力的中文期刊是《万国公报》（先为周刊后改月刊）。《万国公报》原为《中国教会新报》，创办人美国传教士林乐知（Young John Allen），上海美华书馆（咸丰十年、1860年，美国传教士开办）印刷，同治七年（1868）首刊，光绪三十三年（1907）终刊。起初为宗教刊物，后来成为广学会机关刊物，侧重时事，热衷西学，最早介绍马克思及《资本论》，人称"西学新知之总荟"。光绪二十二年（1896）维新

[①] 马礼逊（Robert Morrison, 1782—1834），英国人。基督新教传教士、翻译家、汉学家。

[②] 上海墨海书馆，道光二十三年（1843）伦敦传道会开办。

变法之年，发行量高达38 400份，光绪二十九年（1903）发行量达54 000份，深受政界重视。李鸿章、张之洞、日本天皇长期订阅，光绪皇帝购阅全套。又有外商办报。咸丰十一年（1861），英国字林洋行创办《上海新报》，初为周报，后为日报。是上海最早的中文报纸，发刊词："大凡商贾贸易，贵乎信息流通，本馆印此新报，所有一切国政军情，世俗利弊，生意价值，船货往来，无所不载。"同治十一年（1872）停刊。《申报》，原名《申江新报》，英商美查、伍华特、普莱亚、麦洛基合资创办的商业报纸，同治十一年（1872）发行，1949年终结。总计经营77年，历经晚清、北洋政府、国民政府三个时代，被视为中国现代报纸的标志。再有政府办报。光绪二年（1876），上海道台冯焌光为引导舆论，创办《新报》（日报）。时因清廷未开报禁，地方官府不得办报，《新报》借商帮名义筹办，由上海道库出资，版面多为新闻，政府文告。光绪八年（1882）停办。另有国人办报。同治十三年（1874），上海招商局总办唐廷枢、上海县知县叶廷眷、留美回国的容闳、招商局股东郑观应等创办《汇报》（日报），办报宗旨："本局为中华日报，自宜求有益于华之事而言之。故于有裨中国者，无不直陈。"光绪元年（1875）停刊。并有中外合资办报。《新闻报》创刊于清光绪十九年（1893），英国人丹福士、斐礼思为与中国人张叔和合伙创办《新闻报》（日报），标榜无党无偏，经济独立。1949年停刊。这些报纸刊物，为晚清上海创造了新式文化的氛围，是晚清上海居民与上海游客喜闻乐见的手边读物。

城市公园，为上海带来西洋风景。外滩公家花园，今外滩黄浦公园，是上海最早的城市公园。道光二十五年（1845）《上海土地章程》规定，黄浦江和苏州河河面不属租界。道光二十八年（1848），苏州河南与黄浦江西交接处长出一块陆地，同治七年（1868），英国领事温思达与上海道台商议，由租界工部局建造公园，取名"公家花园"。花园采取西洋形式，草坪宽广，梧桐高大，内设音乐厅。时因花园门口两块告示牌，一块写"华人不得入内"，另一块写"狗不得入内"，激怒上海各界。光绪十二年（1886），租界工部局同意公园向华人开放，但规定穿西装和日本装。哈同花园，即爱俪园，故址在今上海展览馆（中苏友好大厦）。光绪三十年（1904），哈同洋行老板英籍犹太人哈同[①]在静安寺路（今南京西路）、哈同路（今铜仁路），建造花园，占地300亩，人称海上大观园。哈同花园景致多变，中西杂糅，引泉桥栏杆用西式花式铸铁；居室绕有阳台，为殖民地式；侯秋吟馆日本式；听风亭屋顶是中国宫廷式；涵虚楼仿江南园林楼阁。园内兴办学校，收藏文物，出版书刊。当代著名乒乓球运动员庄则栋之父庄惕深在园中学堂任教，哈同夫妇作主，许配养女罗馥贞。新靶子场公园，今虹口公园。租界工部局在所管四川路（今四川北路）外靶子场，划地建园，光绪三十一年（1905）开放，称新靶子场公园。昆山公园，位于虹口昆山路、文监师路（今塘沽路）。光绪十八年（1892），租界工部局兴建西童女书院，利用书院多余之地建造。园中设秋千、跷跷板等儿童设施，光绪二十一年（1895）开放，命名昆山儿童公园

① 哈同（1849—1931），全名雪拉斯·阿隆·哈同，又名欧司·爱·哈同。英籍犹太人，出生巴格达。1872年到香港，1873年到上海，为沙逊洋行看门，"跑街"（在外办货、收账、联系业务），自号"明智居士"。清同治八年（1869）任新沙逊洋行大班（经理）。1881年，哈同任法租界公董局董事，后来又任公共租界工部局董事，1886年哈同与上海女子罗迦陵（原名俪穗）结婚。1901年，哈同成立"哈同洋行"，专营房地产。

（一名昆山公园）。兆丰公园，又名极司菲尔公园，今中山公园。光绪五年（1879），英商兆丰洋行在今万航渡路建造，占地达三百二十余亩。园门是典型的英国乡村风格，园内建筑总体是西式格调，也有日本式、中国式东方建筑。复兴公园，位于拉斐德路、华龙路（今复兴中路雁荡路），属法租界。光绪三十四年（1908）建造，时称顾家宅公园，俗称法国公园。光绪三十五年（1909）开放，但不许中国人入内。复兴公园有法国古典特色，南侧之景，是中国传统特色，东西风格对比强烈。

  国人也为上海自造城市公园。大花园，在今杨树浦腾越路。光绪十三年（1887），旅沪广东人卓某建造，是中国人在上海自建的最早的公共性营业花园。大花园张扬中国传统，高楼台阁，曲栏斜廊，结构经营，匠心独运，但好景不长，开放仅几年，被盛宣怀机器织布局收买，改建为纺织厂。河滨公园，在今四川路桥与外白渡桥之间。又称华人公园、苏州公园。光绪十年（1884），未经政府许可，租界当局在苏州河南岸四川路（今四川中路）以东，填平滩地，建造花园。上海道派员测量，发现租界侵地，阻止施工。后由上海政府在租界所侵土地，建造公共花园。清光绪十六年（1890），公园开放。

  上海，号称洋场，仍具华城传统，富贵人家爱造私家园林。兹按沈福煦《上海园林钩沉》，明清上海著名园林，有豫园，明代上海三大名园之一（露香园、日涉园），故址在今上海城隍庙西。始建于明代嘉靖三十八年（1559），园主潘允端，上海人，时任四川布政使。造园孝敬父母，后家道衰落，此园变卖，购得者奉献城隍庙，作庙之西园。豫园布局紧凑、变化繁多、风格一致，雅俗共赏。园内有江南三大名石之一的玉玲珑（另两块，一在苏州，称瑞云峰；一在杭州，称绉云峰）。豫园围墙，五龙腾涌，墙脊为龙行波浪，再加砖雕龙首，名为穿云龙、卧龙、白龙和双龙戏珠。露香园，故址在今老城厢露香园路。明代嘉靖时顾名儒建，称万竹山房。嘉靖三十八年（1559）顾名儒之弟顾名世考中进士，官至尚宝司丞，职掌皇室玉玺，他以万竹山房为邻构筑露香园。占地近40亩，园内植桃，所产露香园水蜜桃为上海桃子上品。他的孙媳韩希孟画制刺绣，绣法出自内宫，称"画绣"，或"顾绣"。"顾绣"名扬天下，与露香园有密切关系。明末，顾家渐衰。道光时，上海知县黄冕动员士绅捐款，重修露香园。重修时兼并万竹山房。道光二十二年（1842），火药局在园中设置的火药仓库爆炸，园林夷为平地。书隐楼和日涉园，故址在今老城厢巡道街西天灯弄。原为明代陈所蕴（万历进士，官至刑部员外郎）私宅，内有宅园名为日涉园。后陈氏宅园由浦东陆明允购得。陆氏增建传经书屋，题匾书隐楼，为明清江南三大藏书楼（宁波天一阁、南浔嘉业堂）之一。日涉园，明代沪上三大名园之一。日涉园出于明代堆山大匠张南阳之手，号称三十六景。园主陈所蕴颇为得意，作诗自赏："会心在林泉，双屐足吾事。朝斯夕于斯，不知老将至。"小万柳堂，故园在今沪西曹家渡苏州河畔白玉路，清末廉南湖、吴芝瑛夫妇宅园。园内垂柳缤纷，吴氏自号万柳夫人。能诗，善瘦金书，得慈禧赏识，是秋瑾金兰之交。也是园，原址在今上海黄浦区凝和路西也是园弄。原为明末乔中炜私家南园，康熙时为上海知县曹绿岩所有，嘉庆时归于李心怡，改名也是园。园内亭榭有致，楹联有趣："有堂有亭有桥有船有树有酒有歌有弦；无贫无贱无富无贵无将无迎无拘无忌。"愚园，光绪十六年（1890）张氏筑，在今静安寺东北愚园路。愚园亭台竹木，景色如画，春秋假日，游屐甚众。光绪二十六年（1900），唐才常、容闳发起中国国会，开会地点就在愚园。吾园，乾嘉时，上海道台李筠嘉私家花园。故址在今尚文路133弄先棉祠街。嘉庆八年（1803），李嘉筠等创办吾园书画会，洪亮吉、龚自珍等参会。同治时，上海道应宝时购得吾园，改建龙门书院。光绪三十一年（1905），废科举，改为苏松太道龙门师范学堂。梓园，故址在今上海内城乔家路，原为清末郁氏宜稼堂花园。日清轮船公司买办王震购得，名为梓园。徐氏未园，故址在今河南北路。园主是广东巨贾徐润。葛元煦《沪游杂记》："粤东徐君雨之（徐润字雨之），于二摆渡河构一园，名曰未园。地虽不广，别具匠心。不数年售与山西票业中，作为公所。"半泾园与万寿宫，半泾园原是明代赵东曦的私家花园。康熙时，曹一士购得重建。光绪十三年（1887），海防同知刘元楷、知县裴大中集资收买，作为上海士绅集议场所。传闻慈禧太后要到上海做六十大寿，在园内建造万寿宫，形式模仿北京皇宫。光绪废科举，万寿宫改为城西小学。秋霞圃，在今上海嘉定。传为明弘治时工部侍郎龚弘园林，山光潭影，景色幽深。雍正中，改属嘉定城隍庙庙园。咸丰时，太平军东征，毁于战火。光绪初，开始修复，但

光景难再。醉白池，故址在今上海松江区松江镇，原为明代大画家董其昌休闲场所。顺治、康熙年间，归进士顾大申。顾氏因池构园，环池布景，朴素典雅。曲水园，在今上海青浦区青浦镇。建于乾隆年间，占地达30余亩，园内二十四景。假山盘旋，林木葱郁，景色可人。嘉庆时改名曲水园。

晚清上海，传统园林也受洋风影响。张园，就是晚清上海一座洋派十足的华人园林。故址在今南京西路之南、石门一路之西、泰兴路以东。这里本是农田，租界范围，外国人格农（Grone）所有，经营园艺，多植海外奇花异草。光绪八年（1882），无锡富商张叔和重金购买，称张氏味莼园。后经改造，成为一座占地70余亩的大型园林，为上海华人私家花园之首。光绪十一年（1885），免费对外开放。园中除传统内容，又有弹子房、点膳铺、抛球场、茶座、照相馆、旅馆、戏院、动物园等，并不时举办博览会、演唱会、杂技、焰火活动。园中高楼安垲地，西式建筑，可览上海全景。楼中歌舞厅，是上海最早的歌舞厅。春秋丽日，游人如织。社会名流，常会于此。

晚清上海是洋场，也是风月场。明清风月场，上海原本籍籍无名，自开租界，各地妓女闻风而至，沪上妓院顿时旺盛，风头劲超北京八大胡同与南京秦淮河。同治时，上海最热闹的红灯区是英租界的四马路（今福建路）。《清代日记汇抄》："花月胜场，所在皆有，妖姬艳服，巧笑工颦，市肆之盛，各埠第一。"[①] 晚清邹弢《游沪笔记》说四马路："楼台十二，粉黛三千，竟北里之笙歌，沸东山之丝竹。金尊檀板，漫天选梦之场，冶叶倡

① 转引自洪烛《旧上海》。

第十四章 清代旅游

条，遍地销魂之墅。红窗窈窕，气现金银，碧玉玲珑，身含兰麝，固已极人生欢乐，尽世界之繁荣矣。"许许多多形形色色的社会活跃人士以上等妓院，时称长三书寓，为社交场所。

光绪二十九年（1903）《新闻报》："所谓侯伯将相、督抚司道、维新志士、游学少年、富商大贾、良工巧匠者，乃于此宴嘉宾焉，商要事焉，论政治焉，定货价焉，以谑浪笑傲之地为广通声气之地，以淫秽猥琐之处为办理正事之处，非特不知羞耻，抑且不成事体。"①

天津

天津，原是产盐之地。汉朝在今天津武清区设盐官。唐朝在今天津芦台镇开盐场，在今天津宝坻区设盐仓。辽国在武清设榷盐院。金国，在今天津金刚桥三岔口设直沽寨。元朝改直沽寨为海津镇，转运漕粮；又设大直沽盐运使司，管理盐的产销。明永乐二年（1404）在三岔河口西南小直沽，筑城浚池，拱卫京师，称天津卫。清雍正三年（1725），升天津卫为天津州。雍正九年（1731），升天津州为天津府，辖六县一州。同治时，天津是直隶总督兼北洋大臣驻地。

咸丰十年（1860），英、法联军攻占天津、北京，按《天津条约》（1858年）、《北京条约》（1860年），增天津为通商口岸，在天津先后设立了英租界、法租界、美租界、德租界、日租界、俄租界、意租界、奥匈租界、比利时租界。

天津租界使用自来水、有轨电车和路灯。光绪二十九年（1903），中外商人开办的济安自来水公司举行供水典礼。光绪三十年（1904）比利时世昌洋行投资的天津电车电灯

① 《新闻报》，1903年8月28日。转引自洪烛《旧上海》。

股份有限公司兴建了天津也是中国第一条有轨电车公交线路。光绪三十一年（1905），德租界发电所建立，为主要街道安装路灯。光绪三十四年（1908），德租界工部局建立电灯公司，为天津提供200千瓦直流电。电车、路灯，为城市增加了新鲜景观。

天津租界的意大利建筑群。光绪二十八年（1902）意大利海军陆战队中尉费洛梯设计建造意大利租界（今北安桥与天津火车站之间），这是意大利在国外的唯一大型建筑群。租界设置中心广场，题名马可·波罗广场，围绕广场建造休闲、娱乐、商贸、旅游设施，靠近广场有一座高大的塔式建筑，名为回力球俱乐部，实为赌博俱乐部；街道房屋的花园别墅，屋顶多为意式角亭，或方或圆，错落有致，体现浓郁的意大利建筑风貌。

天津集中晚清工业新事物。晚清洋务派以天津为兴办工业的基地。同治七年（1868）崇厚①创办天津军火机器总局，后经扩建，成为制造车床、锅炉、洋枪、洋炮、船舶修造等大型军工厂。光绪六年（1880）直隶总督兼北洋大臣李鸿章（1823—1901）创办北洋水师大沽船坞（今天津渔轮厂和新河船厂），维修水师舰船，制造小型船舶，生产大炮、军火。同时，兴办民用工业。同治十一年（1872）李鸿章筹办轮船招商局天津分局，经营航运。后又设立开平矿务局，开采煤矿；设立华洋书信馆（天津邮政总局前身）、天津电报总局，经营邮电通讯。光绪七年（1881），修建唐山煤矿到胥各庄铁路（长11公里），是中国自己修建的第一条铁路；光绪十三年（1887），李鸿章成立天津铁路公司，经营铁路交通。同年，

① 完颜崇厚（1826—1893），姓完颜，字地山，号子谦，又号鹤槎，内务府镶黄旗人。道光年间举人。历官长芦盐运使、兵部、户部、更部侍郎，三口通商大臣，署直隶总督、奉天将军。1870年（同治九年）因天津教案，出使法国。光绪四年（1878）出使俄国，擅自签订《里瓦几亚条约》。弹劾入狱，降职获释。洋务派人物。

又设立天津机器铸钱局，开办幼童留学、博文书院外语教育；武备学堂、水师学堂等军事教育、施医养病院和医学馆等。中国的军事近代化、民族工业由天津开始，铁路、电报、电话、邮政、采矿、学校等各项新事物，也由天津开始。

厦门

明代之前，厦门地属同安。明洪武二十年（1387），在同安海岸修筑海防，称厦门城（遗址在今厦门思明区），意谓大厦之门，厦门由此得名。清顺治七年（1650）郑成功驻兵厦门，置思明州。康熙二十三年（1684）设台厦兵备道，道尹驻台湾府治，属福建省，二十五年（1686）以泉州府同知分防设厅。雍正五年（1727）属兴泉道，道台由泉州移驻厦门。道光二十二年（1842），《南京条约》签订，厦门辟为通商口岸。道光二十三年（1843），厦门内港海岸建英租界。光绪二十七年（1902），英国、美国、德国、法国、西班牙、丹麦、荷兰、瑞挪联盟、日本等9国驻厦门领事与清地方政府签订《厦门鼓浪屿公共地界章程》，鼓浪屿定为公共租界。厦门英租界与鼓浪屿公共租界，隔海相望。英租界面积小，是商贸区；鼓浪屿面积大，是西式住宅区。鼓浪屿原本天风海涛，配上西式建筑和户户钢琴，时称海上花园。

厦门开银行。光绪八年（1882），英国丽如银行设厦门代理处。光绪二十九年（1903），英国汇丰银行设厦门代理处。甲午战争后，英国有利银行、渣打银行、万国宝通洋行、荷兰商业银行、荷兰银行、日本台湾银行，相继进入厦门。宣统元年（1909），大清银行在厦门开设分号。民间也涌现钱庄，作为沟通银行、商户的中介。

厦门办幼儿园。光绪二十四年（1898），英国牧师韦玉振与夫人韦爱莉在鼓浪屿创办"怀德幼稚园"（今为日光幼儿园），是中国第一所幼儿园。

厦门开跑马赌场。据《中国赛马》（China Races），约翰·安德森、余少文回忆[1]，《南京条约》后，西方人士涌入厦门，需要体育娱乐，博彩消遣，英国驻军在鼓浪屿修建跑马场，于道光二十二年（1842）秋季举行赛马会。是为中国最早的赛马赌场。厦门赛马由马会承办。跑马场由鼓浪屿改到演武场（今厦门大学上弦足球场）。"1875年起，每年阳历1月6日至8日是赛马期。每届赛马之期，即以500元向武营租借演武场（今厦大校址）为赛马场所"，"跑马之日，函请水师提督、兴泉永道、厦防分府和地方人士到场参观。其跑马方式，午后2时举行，跑马8场或10场"，"马场外围赌场林立，五光十色，各种赌博都有。设赌之人，中外都有。到场参观者约上万人。其参观目的各有不同。洋人和中国商人，其目的在买马票，一般民众目的大多在赌博，只有妇女儿童，才是实看跑马"[2]。光绪三十四年（1908），商埠衰弱，马会解体，厦门跑马戛然而止。此前，光绪三十三年（1907）《台湾日日新报》报道："闻赛马会今年为止境，明年则无有也。查其故，盖为赛马会公费，系每年从五行茶船入口抽收，计茶一箱，抽银一分，全年所抽以数千计，积至一年，乃于新年赛马时，取以作公费之开销。迩来茶船少入口，此项抽费逐渐稀微。至昨年已几于不及其

[1]《中国赛马》，牛津大学出版社，1983年。英国商人约翰·安德森，时在厦门经商，写有《我们在中国的赛马》，刊于1890年《户外》杂志。余少文，民国时厦门大学图书馆馆长，撰史料《厦大上弦足球场清末曾是跑马场》。

[2] 余少文《厦大上弦足球场清末曾是跑马场》。

半。今年之赛马，实竭力凑足而成，若明年则更难支持。""厦门洋商自茶业改归淡水（今台湾新北）出口以后，赛马之会，自是停止。"①

厦门多佛寺。隋朝建梅山寺、黄佛寺、兴教寺。因年代久远，寺宇毁坏。至宋，梅山寺尚有两殿。朱熹为县主簿，于寺左讲学，于寺后题壁。明嘉靖、隆庆间（1522—1572），刘存业主持重修。唐代在厦门岛五老峰下建普照寺，即南普陀寺。宝殿精美，雄伟宏丽，供奉弥勒、三世尊佛、千手观音、四大天王、十八罗汉等。唐代又在大帽山北面、观音山南麓建甘露寺。《同安县志》："甘露寺始建于唐时，后废。明末中兴祖师无疑和尚鸠资重修。"甘露寺奉祀三世佛祖，两旁为护法神，前殿为笑口常开喜迎八方善信的弥勒菩萨。宋代建同安智门院，元、明重修，乾隆时重建。清代新增佛寺，有顺治时，刘霖任倡修同安梅山寺。康熙时，靖海将军施琅重建唐代普照寺，新建大悲阁，改称南普陀寺；康熙时，福建水师提督吴英（晋江人），捐资倡建虎溪岩；苇老和尚创建白鹿洞佛宇；通意法师在南普陀寺筑舍利塔；提督蓝理重修万石岩，立从征澎湖阵亡将士祠。乾隆时，醉仙岩僧月松与厦门名士黄日纪，在醴泉岩谋建天界寺；虎溪岩僧佛悯于厦门海滨募建海屋寺；僧瑞晃于鼓浪屿三丘田建瑞晃庵。道光时，提督许松年倡修鸿山寺，增建弥陀庵。光绪时，菜姑叶茶花在李仔山募地创建延寿堂、印（应）月堂；同安举人张荄等倡修梵天寺。宣统时，菜姑林玉兰在厦禾路募建佛顶寺；虎溪岩僧会机法师在同安妙高山上开建佛国寺。

① 《台湾日日新报》1907年1月18日刊文。

青岛（胶澳）

青岛，原是即墨县[①]东南胶州湾海边小岛。明代即墨县令许铤《地方事宜议·海防》："本县东南滨海，即中国东界，望之了无津涯，惟岛屿罗峙其间。岛之可人居者，曰青、曰福、曰管、曰白马、曰香花、曰田横、曰颜武。"当时，小青岛附近的海湾称青岛湾，湾边的村庄叫青岛村。青岛《胡氏族谱》："吾族相传自明永乐初年由云南迁居即墨，世居青岛之上庄。"青岛之上庄即青岛村之上村。民国赵琪修、袁荣叟《胶澳志》："青岛村，初为渔舟聚集之所，旧有居民三四户，大都以渔为业。"至清初，这一带为鱼货码头，民间称青岛，朝廷称胶澳镇。光绪时，胶澳镇已有60余家商铺。光绪十七年（1891），清廷在胶澳设防，在青岛村建总兵衙门。光绪二十四年（1898）中德签订《胶澳租借条约》，德皇威廉二世以青岛命名胶澳租借地欧洲人区。青岛一名逐渐代替胶澳[②]。

青岛城建展示德国风格。光绪二十五年（1899）德国人把租借地分为两块，一块是华人区，一块是欧洲人区。欧洲人区即青岛区，由德国人规划设计。在观海山南麓坡地建"青岛区"中心广场，北端为总督府，南端是海湾边叶世克（Joeskee）纪念塔。围绕观海山布置行政区、商业区，东西两侧建居宅。青岛区重要建筑物，水兵俱乐部（1899）、胶澳海关税务司阿里文别墅（1900）、青岛火车站（1902）、海滨饭店（1904）、德华银行（1906）、总督别墅（1906）、胶澳邮政局（1910）、青岛基督教堂（1910）、花园住宅仿照德国样式。红瓦绿树，映衬碧海蓝天。

[①] 东周时，即墨为齐国都市。秦朝设即墨县，为胶东郡郡治。西汉立胶东国，国都即墨。东汉及两晋时，属青州。隋、唐属莱州。明代即墨县令许铤奏请通商青岛口、沧口、金口镇，即墨富甲一方。1943年分设即东、即墨两县，1944年4月，即东县并入即墨县，1945年7月，恢复即东县。建国初期，属胶州专区。1956年3月，即东县并入即墨县，改属莱阳专区。1958年10月，改属青岛市。1961年3月，改属烟台专区。1978年12月，改属青岛市。1989年9月，撤县设市，仍属青岛。

[②] 1914年，第一次世界大战爆发，青岛成为亚洲战场之一，11月，日英联军占领青岛。1919年，巴黎和会将青岛租界主权交给日本。1922年，中国政府从日本收回胶澳租借地，称胶澳商埠，置胶澳商埠局，颁布《胶澳商埠章程及青岛市施行自治制令》，青岛是商埠局下辖一市。1929年，商埠局撤销，成立青岛特别市。青岛一名完全取代胶澳，代表今之青岛地区。

第十四章 清代旅游

青岛是德国宣布的自由港。光绪二十五年（1899），德国开始修筑胶济铁路（济南—青岛），光绪三十年（1904），胶济线通车。青岛对外贸易额迅速上升。光绪三十二年（1906），青岛海关税收总额在全国36个海关中排名第七；宣统二年（1910），排名第六。上升速度在通商口岸首屈一指。

青岛开游艇。光绪二十九年（1903），游艇（帆船）俱乐部成立，使青岛成为中国最早开展帆船运动的城市之一。

汉口

汉口，原与汉阳相连，属汉阳府汉阳县。明成化年间汉江改道（原从龟山南边入江，改从龟山北麓入江），镇、县隔河相望，仍属汉阳管辖。因汉口是汉水长江进出口，明末清初，港口繁忙，贸易发达，"十里帆樯依市立，万家灯火彻夜明"①，"往来要道，居民填溢，商贾辐辏，为楚中第一繁盛处"②，清初刘献廷《广阳杂记》："汉口不特为楚省咽喉，而云贵、四川、湖南、广西、陕西、河南、江西之货物，皆于此焉转输。虽欲不雄于天下，而不可得也。天下有四聚，北则京师，南则佛山，东则苏州，西则汉口。"咸丰八年（1858），《天津条约》增辟汉口为通商口岸，咸丰十一年（1861），勘定英租界458亩，此后，相继开辟德、俄、法、日四国租界。在五国租界（今汉口沿江大道中段，江汉路以北、麻阳街太古下码头以南、中山大道东南的滨江地段），建筑多为欧式、哥特式、洛可可式、巴洛克式等。光绪二十五年（1899）为汉口设夏口厅，与汉阳分治，直属朝廷。③光绪十五年（1889），两广总督张之洞改任湖广总

---

① 吴琪诗句。吴琪，生当明崇祯至清顺治期间，字蕊仙，一字叶仙，号佛眉，苏州人，康侯女，管予嘉妻。工诗词，尤精绘事。其夫参加洪承畴军，尔后坐事死于狱中，吴琪设帐授女徒，后削发为尼，法名上鉴，号辉宗。著有《锁香庵词》、与周羽仙合著《比玉新声集》。

② 《大清一统志》。

③ 1927年，武昌国民政府合汉口、汉阳、武昌为武汉市。

督，在汉口、汉阳、武昌三镇奠定了门类齐全的近代工业体系。其在汉口，主持修建芦汉铁路、后湖长堤，将汉口面积扩大几十倍。汉口迅速发展，名声和实绩远超武昌、汉阳。对外贸易总额始终占全国外贸总额的10%，由汉口输出的茶叶占国内茶叶出口总量的60%。日本驻汉总领事水野幸吉《汉口——中央支那事情》："与武昌、汉阳鼎立之汉口者，贸易年额一亿三千万两，夙超天津，近凌广东，今也位于清国要港之二，将近而摩上海之垒，使观察者艳称为东方之芝加哥。"汉口，是晚清中国仅次于上海的第二大对外通商口岸、第二大金融中心、工商业和旅游都会。

第十二节　晚清交通

一、铁　路

1804年，由英国矿山技师理查·德里维斯克利用瓦特蒸汽机制造出世界上第一台能够在轨运行的蒸汽机车，使用煤炭或木柴做燃料，时速为5至6公里，人称"火车"（Train）。1814年，乔治·史蒂芬孙成功地制造了第一台蒸汽作动力的火车机车。第一台取得成功的蒸汽机车是乔治·史蒂芬孙在1829年建造的"火箭号"。1825年9月27日，世界上第一条行驶蒸汽机车的永久性公用运输设施，英国斯托克顿-达灵顿铁路（Stockton-Darlington Railway）正式通车，标志了近代铁路运输业的开端。

鸦片战争后，列强希望在中国建造铁路，清廷洋务派也主张建造铁路。李鸿章说中国"富强之势，远不逮各国者，察其要领，固由兵器兵船讲求未精，亦由未能兴造铁路之

第十四章　清代旅游

故……若论切实办法，必筹造铁路而后能富强。"①

光绪二年（1876），英国怡和洋行擅自铺设吴淞铁路（上海—吴淞），全长14.5公里，是中国第一条铁路。但朝野上下视其为洪水猛兽，通车仅一年，就被清政府以28万5千两白银赎买，拆除。虽然如此，中国的铁路建设仍在洋务派及列强的谋划下，缓缓推进。

光绪七年（1881），经清廷批准，直隶总督李鸿章下令铺设唐胥铁路（河北省唐山—胥各庄），全长9.2公里。目的，为开滦煤矿运煤。这条铁路是中国第二条铁路，也是第一条清廷官办铁路。总工程师为英国人金达，资金由开平矿务局筹集。李鸿章在开平矿务局下设开平铁路公司，是为中国第一家自办的铁路公司。为避免矛盾激化，唐胥铁路起初以骡马为动力，至光绪八年（1882）才使用蒸汽机车。光绪十四年（1888）唐胥铁路延伸到塘沽和天津，称唐津铁路。随后，延伸至古冶、滦州和山海关，改称津榆铁路。俄国于光绪二十三年（1897）在东北修筑大清东省铁路（哈尔滨—绥芬河、哈尔滨—满洲里、哈尔滨—旅顺），光绪二十九年（1903）通车。德国于光绪二十五年（1899）在山东省修筑胶济铁路（济南—青岛），光绪三十年（1904）通车。法国于光绪二十七年（1901）修筑滇越铁路（云南昆明—越南海防），宣统二年（1910）通车。光绪三十一年（1905），清政府以詹天佑为总工程师，开工修建中国人自行设计施工的京张铁路（京师—张家口），宣统元年（1909）通车。光绪二十一年（1895），清廷政府谕令商办卢汉铁路（京师卢沟桥—汉口）。但筹资

① 《李文忠公全集·奏稿》。

受阻，在北段修了京师卢沟桥至保定一段，长132.7公里；在南端修了汉口通济门至滠口一段，长23.5公里；不得已停工，后由比利时取得卢汉铁路的贷款权和经营权，在光绪二十四年（1898）续修，光绪三十二年（1906）通车，干支线总长1311.4公里，改名京汉铁路。宣统元年（1909），清政府赎回京汉铁路及管理权。

清末，南京修筑市区铁路。光绪三十三年（1907），两江总督端方鉴于南京下关口岸，通往城区极不方便，奏请朝廷，兴建一条连接沪宁铁路、直达南京市区的铁路。经清政府批准，当年10月动工，次年12月竣工，起自下关江边，终于万寿宫站（位于今白下路），长约7.3公里。宣统元年（1909）通车，名为宁省铁路。配备英制机车两台、头等和二等客车两辆、三等客车六辆，以及货车四辆。又有花车一辆，内部装饰富丽堂皇，作为两江总督出行专车。另配铁质水箱车一辆，督署用以江口汲水。这条城中铁路，行驶市区，南北对开，一天数趟，票价十文一站，可以带货，营业状况极好，后又延至中华门外雨花台，极大地改善了南京城区交通。市民习称"小火车"。

铁路建设，划时代地刷新了晚清陆路交通，激发了民众旅游热情。宣统元年（1909），京张铁路开通，京城旅游者挤爆张家口。

二、轮 船

轮船，发动机推动的机械船。1769年，法国发明家乔弗莱·达邦在船上安装蒸汽机用以驱动木桨，1802年，英国人西明顿建造了蒸汽动力的"夏洛蒂·邓达斯"号轮船，是轮船制

第十四章　清代旅游

造的尝试。1807年，美国约翰·史蒂芬森建造"菲尼克斯号"轮桨轮船，从纽约驶向费城，途遇风暴，平安到达，这是轮船在海上的首次航行。同年，美国机械工程师富尔（R.Fulton，1765—1815）设计出蒸汽机带动车轮拨水的"克莱蒙特"轮船。性能可靠，执行定期航班，奠定了轮船不容摇撼的水上地位。

晚清，中国轮船制造业起步。

外资造船。道光二十三年（1843）英国人莱蒙特（J.Lamont）在香港开办中国境内第一家外资船厂，当年下水的"天朝号"，载重80吨。道光二十五年（1845），英人柯拜在广州黄埔投资柯拜船坞。咸丰至宣统，英商、美商、荷兰商、日商在广州、上海、福州、厦门、烟台等地陆续办厂，造船、修船①。

国人也开船厂。

在上海咸丰八年（1858）广东人郭甘章，开办甘章船厂，修船。同治四年（1865）曾国藩、李鸿章在上海开办国营的江南制造局，造船。官督商办的轮船招商局开办修理厂。广东人方举赞开办发昌机器厂，加工轮船零件。光绪时，民资有均昌机器厂（前身为发昌机器厂）、公茂机器厂、广德昌机器造船行、森记制造机器轮船厂、求新制造机器轮船厂②、大隆铁工厂③、协顺昌船厂、汇昌机器船厂等。其中，规模最大的造船厂是江南制造局。同治七年（1868）第一艘轮船下水，初名恬吉，后名惠吉。至光绪十一年（1885）江南制造局共造8艘兵轮、7艘小型船只，计15艘。后李鸿章认为造船质量差、时间长、花费高，转而外购，江南制造局停止造船。直到光绪三十一年（1905），造船与制造局分立，称江南船

---

① 咸丰时（1851—1861），英商在广州黄埔开办于仁船坞公司，在上海开办董家渡船坞、浦东船厂、浦东铁厂、上海船厂、Reynolds & Collyer船厂、祥安顺船厂等；美商在广州黄埔开办旗记船厂，在上海开办小型船厂伯维公司、杜拉普船坞、下海浦船厂、贝立斯船厂等。同治时（1861—1875），英商在上海开办祥生船厂、浦东船厂、耶松船厂、东方船坞等；美商在上海开办旗记铁厂。光绪时（1875—1908），英商在上海开办大成机器厂、亚古船厂、和丰船厂、万隆铁工厂；美商在上海开办瑞熔船厂；荷商在上海开办和兰造机器厂。宣统时，日商在上海开办东华造船株式会社。等等。

② 创办时资本699 000元，其创办人朱志尧为法国东方汇理银行买办。后因向该银行贷款80万两，周转不灵，无力偿还，拟售给法国油船公司。几经交涉，1919年改为中法合营，资本120万两，实为法方所控制，有船坞一座。

③ 早期曾修理轮船，后专事修造纺织机构。

坞，重新承揽修船与造船业务。光绪三十三年（1907）至宣统三年（1911），江南船坞制造500吨以上船舰9艘。其中，"江华"号是专用于长江运输的客货轮，时速14海里，载重大，吃水浅，煤耗低，船身轻便、坚固，主机与锅炉也具较高技术水平。当时学术界、造船界评价"江华"号是中国造船最大、最好的一艘，是长江各轮之冠。

在安庆，咸丰十一年（1861），曾国藩创办中国有史以来第一个新式军工厂，安庆内军械所。当时无锡人徐寿（1818—1884）、华蘅芳（1833—1902）受曾国藩聘请，到厂研制轮船。同治二年（1863），制成一艘实验性小型木质蒸汽轮船，长约二丈八九尺，航速每小时二十五六里，是中国自己制造的第一艘蒸汽轮船。该船型后在南京放大，曾国藩命名黄鹄，同治五年（1866）黄鹄在南京试航。

在福州，同治五年，闽浙总督左宗棠（1812—1885）在福州马尾开办大型造船企业福州船政局。由林则徐女婿前江西巡抚沈葆桢（1820—1879）任总理船政。船政局工人多达3300人。船政局浮船坞，可容北洋水师最大铁甲舰。从建厂到光绪三十一年（1905），共造商轮8艘，兵轮32艘。福州船政局是晚清中国造船业中首屈一指的工厂。

晚清轮船用于国防。

清政府4支舰队，广东水师、福建水师、南洋水师和北洋水师，北洋水师的舰船大部购自外国，其他3支舰队的舰船有许多来自江南制造局和福州船政局。

晚清轮船用于航运。

外资航运。道光二十四年（1844），英国在香港设立了大英火轮船公司的分机构，开辟了锡兰到香港航线。道光二十八年（1848），英国怡和洋行又在香港设立了香港广州轮船公司，经营香港到广州的运输业务。第二次鸦片战争后，英国太古、美国旗昌等8家轮船公司控制了长江和中国东南沿海的航运。

国人也办航运。同治十一年（1873），官督商办的轮船招商局所开沿海航线有：上海—烟台—天津—牛庄；上海—汕头—广州—香港；上海—厦门；上海—宁波；上海—温州；上海—福州。内河航线主要是上海—汉口、上海—宜昌两线，并在广东内河运行。海外航运，驶往日本、新加坡、菲律宾等地。

如同铁路，轮船航运业为晚清交通带来了划时代的变化。

三、电　报

电报通信，1837年英国库克和惠斯通设计制造了第一个有线电报。同年，美国S.F.B.莫尔斯试验成功编码电报，这种编码电报迅即风靡西方。

晚清时，国人多称电报为"铜线"或"电线"。同治四年（1865），李鸿章致信总理衙门："铜线费钱不多，递信极速，洋人处心积虑要办，将来不知能否永远禁阻"，"若至万不能禁时，惟有自置铜线以敌彼飞线之一法。"但是，朝廷一片反对。几年后，正如李鸿章预料，同治九年（1870），清政府同意英国大东公司和丹麦大北公司在海上铺设电报电缆，英国大东公司开通印度经新加坡到中国东南沿海线路；丹麦大北公司架设从海参崴到上海、香港海底线路。同治十三年（1874），日本进攻台湾。钦差大臣沈葆桢奉命救援，奏请

架设有线电报。清廷上谕："所请设电线通消息，亦着沈葆桢等迅速办理。"惜战情紧急经费拮据，计划搁置，但在光绪二年（1876）建立了第一所电报学堂，福州电报学堂。光绪三年（1877），福建巡抚丁日昌巡视台湾，再议台湾电报。李鸿章力促其成，方案奉旨施行，苦于经费，修了一条从台湾府到旗后（从高雄——台南——基隆）全长95公里的电报线，是中国自己修建、自己掌管的第一条电报线。光绪五年（1879），李鸿章在大沽、北塘海口炮台试设电报达于天津，效果良好。光绪六年（1880），俄国侵略新疆，李鸿章趁机上奏，请设电报，具体说明架设电报的军事紧迫性与经费可行性。建议先用淮军军饷，办成后招募商股，缴还本银；并培养人才，自行经理。清廷批准。光绪六年（1880）十月，李鸿章在天津设立电报总局、电报学堂。由此，中国电报事业发展迅速。先后开通了天津至上海线，广州至九龙线，上海、浙江、福建、广东线，津京线、长江线，云南至缅甸线，山海关、营口、旅顺、奉天线，汉口、泸州、成都线，四川、云南线，福建至台湾水线。吉林、珲春、俄国线，天津至保定线，济宁至开封线，九江、赣州、庾岭、广东线，云南蒙自至越南线，保定、太原、西安、兰州线，新疆线，上海宝山至菲律宾、关岛、中途岛、檀香山、旧金山国际线。

晚清电报的开办，加强了国防，加强了国际联系，促进了政治、商贸、家庭、旅行旅游、留洋留学等各项社会事务。

四、邮 局

清代，继承发展传统邮驿制度。邮驿星罗

棋布，驿站多达2000，递铺多达14 000，配有7万多名驿夫、4万多名铺兵，规模空前。组织管理，基本上沿袭明代，在兵部设车驾清吏司，管理全国邮驿。车驾司下设驿传科，脚力科、马政科、马档房、递送科等机构，分办该司事务。另设会同馆和捷报处。会同馆管理首都皇华驿。捷报处管理首都的收发文，各省在捷报处各设驻京提塘官1人，负责交发本省公文。各省邮驿归按察使管理，省内设驿传盐法道或粮驿盐道，主管所辖驿站。与明代比，清代也有两项改革，一是"裁驿丞，归州县"，把城内或离城较近的驿站由原来驿丞管理改由州县管理。二是革除驿马由百姓负担的制度，改"民养民应"为"官养官应"，减轻百姓的负担。清朝的邮驿由驿、站、塘、台、所、铺构成。驿主要设在各省；站传送军事文报；塘设于新疆、甘肃等边疆地区；台主要设在西北地区，每台有官兵若干人，负责接递公文；所即递运所，用来运送官物，后裁并归驿；铺即急递铺，为步递通信组织，与明朝制度基本相同。六种基本组织形式相互补充，形成以驿为主体的马递通信和以铺为主体的步递通信。但弊端渐起，积重难返。《清史稿》归纳为"越数诛求"、"横索滋扰"、"蠹国病民"。并且邮驿是官办的非营利性机构，仅为政府传达命令、传递文书，不为社会行业和民众传递信件或途中寄宿。

晚清外商"客邮"的出现。"客邮"，是西方列强在中国非法开设的邮局。英、法等国早在十七世纪，已经经营国家邮政，既满足政府的通信需要，也为民间通信提供服务。清初，西方来华贸易者没有邮政便利。发信、

收信须依靠过往船只来回捎带。1834年，英国商务监督律劳卑在广州住所开办英国邮局，是中国最早的"客邮"。鸦片战争后，英国、法国、俄国、美国、日本、德国在中国通商口岸大开"客邮"。洋人"客邮"不受中国政府管辖，各自执行本国的邮政章程，使用本国的邮票，加盖中国地名邮戳，收寄本国侨民的邮件，也收寄中国人在中国境内的邮件，甚至凭借"客邮"邮袋不受海关检查的特权，走私毒品、珍宝。"客邮"是对中国主权的一种侵犯，但"客邮"确实是比驿站优越的邮递方式。朝野有识之士强烈呼吁：革除陈旧驿传，兴办新式邮政。

同治二年（1863），清廷任命英国人赫德①为海关总税务司。赫德将英国海关制度引入中国海关，并于同治五年（1866）在北京、上海、镇江、天津海关先后设立邮务办事处，收寄驻华使馆文件和海关公私信件。光绪四年（1878年），天津海关税务司英籍德国人德璀琳，开办天津海关书信馆，管理海关、使馆邮件，兼收民间邮件；并在北京、天津、上海、烟台和牛庄（营口）等地试设邮政机构，发行中国第一套邮票"大龙邮票"。这套邮票共3枚，"一分银"（绿色，寄印刷品邮资）、"三分银"（红色，寄普通信函邮资）、"五分银"（桔黄色，寄挂号邮资），标以英文China和汉文大清邮政局，主图是腾云驾雾的龙，集邮界习称"海关大龙"。是为中国新式邮政的开端。1885年，宁波海关文牍李圭②建议"设立国家邮政局，在通商口岸设立分局，以代替外国邮政机构"③。1895年，张之洞进呈《请办邮政片》，认为泰西各国邮政"递送

① 上海海关大厦正门广场上的赫德铜像的中文铭文："前清太子太保尚书衔总税务司、英男爵赫君德，字鹭宾，生于道光乙未，卒于宣统辛亥，享遐龄者七十七年；总关权者四十八载，创办全国邮政，建设沿海灯楼，资矜式于邦人，备咨询于政府，诚、悫、谦、忍、智、果、明、通，立中华不朽之功，膺世界非常之誉。"

② 李圭（1842—1903），字小池，江苏江宁（今南京）人。23岁受聘宁波海关文牍（秘书），1876年，赫德委派他参加美国建国100周年费城博览会，回国后，李圭写《环游地球新录》，书中详尽记述美国邮政，建议开办中国邮政。深得李鸿章赞许。1885年，李圭将英文《香港邮政指南》译成汉语，同时编写《译拟邮政局寄信条规》。对各种邮件的规格、特征、资费等做了详细规定。其中，首称postcard为明信片。李圭是中国新式邮政倡导者之一。

③ 清·李圭《送薛福成禀帖》。

官民往来文函，取资甚微，获利甚巨，日盛一日，且权操于上，有所统一，利商利民，而即以利国"，要求"大举开办，推行沿江、沿海各省兼及内地水陆各路，务令各国将所设信局全行撤去，并与各国入会，彼此传递文函，互相联络。如果中国邮政认真举行，各国在华所设信局必肯裁撤，此本各国通例之法，实属有利无弊之胜算。"光绪二十二年（1896），光绪皇帝批准设立大清国家邮政局。

晚清，在官邮出现的前后，民间通信组织民信局活跃。民信局，始于明代。明代永乐年间（1403—1424）宁波商人首创。是一种私人经营的通信传递赢利机构。同治、咸丰、光绪时，大小民信局数以千家，遍布国内城市及国外华侨聚居地。各民信局或独资，或共同出资，彼此协作，互换互递，构成民间通信网，几乎包揽了晚清中国商业城市的商务信件、私人信件、包裹、汇兑、现金押运、报纸运输。适应了晚清商品社会和市民生活的需要。大清国家邮政局成立，规定民局可向官局挂号，但民信局追逐利益，拒绝合作，勾结"客邮"，作梗国家邮政。直到民国十七年（1928），南京国民政府交通工作会议通过决议："民信局应于民国十九年（1930）一律废止。"

与电报一样，新式邮政促进了政治、商贸、家庭、旅行旅游、留洋留学等各项社会事务。

第十三节　晚清宾馆酒楼

清代，驿传发达，为旅行官员保障住宿。民间旅馆的数量质量也比明代量增质优。依然

实行登记制度、纳税制度，依然奉行宾至如归的服务宗旨和食宿合一的经营模式。新增式样是民间会馆、西式旅馆，数量激增的饮食游乐场所是酒楼。

会馆

会馆，相当于同乡招待所和办事处，是明清科举制度和工商业活动的产物。出于明代，盛于清代。明成祖迁都北京，永乐十三年（1415）恢复科举，各地举子上京应考，因人地生疏，住宿困难，引起本土在京做官和在京经商者的关心。他们相互邀请，筹措资金，购置房产，供家乡举子及家乡旅客住宿，这就是会馆，又称"试馆"。明中叶，商帮为协调关系，联络感情，也在大都市设立会馆，苏州、汉口、上海等地的多数会馆，就是同乡工商会馆，又称行馆。清代，会馆尤盛。单是晋商会馆，有人统计，从顺治十三年（1656）到光绪十四年（1888），在全国各地就有500余座。如今尚存50余座，如北京阳平会馆、三家店山西会馆、河南开封山陕甘会馆、江苏苏州全晋会馆、山东聊城山陕会馆、河南社旗山陕会馆、江苏徐州山西会馆、甘肃天水山陕会馆、内蒙古多伦山西会馆等。而北京一地，集中各省各地大小会馆四百余所，在前三门外，形成大片会馆区，为各地来京旅客提供了食宿与谋事的方便。光绪"戊戌变法"，康有为住北京米市胡同南海会馆，谭嗣同住北京北半截胡同浏阳会馆。张居正、纪晓岚、曾国藩、梁启超、章太炎住过北京湖广会馆。

会馆又是传播戏曲的平台。北京较大会馆建有戏楼。如江浙银号会馆戏楼、湖广会馆大戏楼、平阳会馆戏楼、湖南会馆戏楼等。孔尚

第十四章 清代旅游

任《桃花扇》的演出舞台是安徽休宁会馆碧山堂戏楼（在今北京菜市口丞相胡同）。

台湾也有会馆，大陆移民的地区性行馆。用于同乡住宿、聚会、议事、约谈生意、祝节团拜。淡水有汀州会馆。台南有雍正七年（1729）所开潮汕会馆，光绪元年（1875）所开两广会馆。彰化有同治七年（1868）所开福州三山会馆，乾隆二十六年（1761）所开汀州会馆，鹿港有乾隆五年（1740）所开金门馆。①

西式旅馆

晚清，外资开办西式旅馆，多称饭店。

北京饭店（今北京饭店）。光绪二十六年（1900），法国人在东交民巷外国兵营东面开小酒馆，第二年搬到兵营北面，挂上北京饭店招牌。1903年，饭店迁至东长安街王府井南口。五层红砖楼房，有48间上等西式客房。光绪三十三年（1907），中法实业银行接管、改造北京饭店，建筑风格、内部设施在京城首屈一指。

北京六国饭店。位于今北京东交民巷。光绪二十七年（1901），一位比利时人在北京御河东侧建造西式宾馆，造型为古典欧式山字形两层砖楼。光绪二十九年（1903）改建，造型趋向现代风格。光绪三十一年（1905），推倒再建，由英、法、美、德、日、俄六国合资，取名六国饭店。地上四层，地下一层，客房200余套，是当时北京最高的洋楼之一，是各国公使、官员及上层人士住宿、餐饮、娱乐、聚会场所。

上海礼查饭店（今浦江饭店）。道光二十六年（1846），英国商人阿斯脱豪夫·礼查（Richard）在英租界与上海县城之间、今

① 参看陈燕钊《台湾清代会馆与日本占领台湾时代旅馆之比较研究》，《第八届海峡两岸传统民居理论（青年）学术会议（2009赣州）论文》。

金陵东路外滩附近，兴建旅馆，名为Richard's Hotel and Restaurant（礼查饭店）。咸丰六年（1856），礼查饭店迁至苏州河韦尔斯桥（外白渡桥前身）旁边。礼查饭店配置高档，有客房、弹子房、酒吧、舞厅、扑克室，楼下大厅常有歌舞、戏剧表演。同治六年（1867），使用煤气；光绪八年（1882），安装电灯；光绪九年（1883），使用自来水。光绪三十二年（1906），拆除旧楼，重建五层砖木楼房，建筑面积为8100平方米（今金山大楼）。又另造一座六层大楼。这座大楼四面临街，占地4437平方米，建筑面积为15011平方米。新的礼查饭店共设客房200多套，配备电梯，供应热水，客房装有电话、放映半有声电影，顶层大餐厅宽敞豪华，可容纳500人就餐或跳舞。是远东最豪华的大酒店。

上海汇中饭店（今和平饭店南楼）。咸丰四年（1854），上海外资建中央饭店，一幢英国式三层楼。光绪二十一年（1895），汇中洋行通过股权交换，控制中央饭店，改名汇中饭店。光绪三十二年，汇中饭店重建六层新楼，占地2125平方米，建筑面积11607平方米。正大门安装转门，屋顶设置花园及巴洛克式凉亭，装配电梯，是上海最早拥有电梯的豪华旅馆。

天津利顺德大饭店，在今天津市和平区解放北路。1863年，外商开办，初为平房，光绪十年（1884）扩建为英国古典式三层楼房，是天津英租界最大最高的建筑。

日本人在台湾也开旅馆，最大的是铁路大饭店，还有专为旅游者开设的温泉旅馆。

西式旅馆条件舒适，讲究礼仪、管理规范。善于通过外国旅行社拓展客源。它的兴起，促进了中国传统旅馆业的转型。

酒楼

清代，不管住只管吃喝玩乐的酒楼，竞相开业。

北京多酒楼。《清稗类钞》记载京城三种酒肆。第一种为南酒店，出售女贞、花雕、绍兴酒及竹叶青酒等，多为江南绍兴一带度数较低的发酵酒，主要为黄酒。第二种为京酒店，出售雪酒、冬酒、涞酒等，多为度数较高的蒸馏酒。第三种是药酒店，所售的酒多保健疗疾的药酒和各种果露酒。如玫瑰露、茵陈露、苹果露、山楂露、葡萄露、五加皮、莲花白之属。

南京多酒楼。吴敬梓《儒林外史》："（南京）城里几十条大街，几百条小巷，都是人烟稠集，金粉楼台……大小酒楼有六七百座。"酒楼最集中的地段在旅游景区秦淮河、夫子庙。《画舫余谭》说秦淮河畔有名的酒楼有泰源、德源、太和、来仪等。秦淮河上，又有流动酒楼，游人坐船，饮酒作乐。余怀《板桥杂记》说夫子庙的利涉桥至武定桥间"茶寮酒肆，东西林立"。这些酒楼，多喝"花酒"，美女陪酒；爱以华美建筑和别致园林，招徕顾客。甘熙《白下琐言》："小彩霞街聚峰园前开酒馆，池亭树石，结构紧簇。""东花园……旧有酒肆，山肴野蔬，冠绝一时，游者必就饮焉。"

第十四节　景观名胜

一、北京皇家园林

清代皇家园林集中在北京西郊。北京西郊

地处永定河洪积扇的下缘，淙淙泉流，片片湖泊，构造园林，环境适宜。明代率先开发，清代发力经营。圆明园、蔚秀园、畅春园、静宜园、静明园、清漪园、颐和园、钓鱼台等，衔山抱水，连绵不绝。

圆明园，在今北京海淀区东部。本是清初的一座大型御苑，康熙赐与四皇子胤禛即雍正，经重修，占地5200亩。乾隆时为圆明园加盖附园，与长春园和绮春园，合称"圆明三园"，周长十余公里。嘉庆、道光、咸丰时，又加装饰。开湖造山，罗置奇石，种植名贵花木，建有楼台、殿阁、亭榭、轩馆一百四十余所。"桃花源"的武陵春色，杭州西湖的断桥残雪、柳浪闻莺、平湖秋月、雷峰夕照、三潭印月，欧式西洋楼等，尽在其中。被洋人称为"万园之园"。咸丰十年（1860）毁于英法联军。

畅春园，在今北京海淀区圆明园之南、北京大学之西。原址是明神宗外祖父李伟修建的清华园，园内分前湖、后湖，立挹海堂、清雅亭、听水音、花聚亭等，明人称为"京师第一名园"。康熙时扩建，由宫廷画师叶洮总体策划，江南园匠张然具体设计，利用清华园旧址，引万泉河，仿江南山水，造畅春园。《清史稿》说康熙、乾隆等帝王后妃常到畅春园调养休息，兼理政务。

蔚秀园，今属北京大学，在北京大学主校园西门对面。初为圆明园附园，称含芳园，占地8万平方米。道光时赐定郡王载铨，俗称定王园。咸丰时转赐醇亲王奕譞，御书蔚秀园。两年后，遭海淀农民和英法联军洗劫，光绪时重修。宣统年间，赐五子摄政王载沣。

第十四章 清代旅游

承泽园，在畅春园、蔚秀园西边，今属北京大学生活区，占地2万平方米。是清代皇家小园林，始建于雍正三年（1725）。园内溪湖，东西走向；园内楼馆，隔水南北。初赐于果亲王允礼，道光时赐寿恩公主，光绪时赐庆亲王奕劻。

静宜园，今北京海淀区香山公园。园中二十八景，翠微亭、栖云楼、香山寺、勤政殿等，皆出乾隆十年（1745）。后于咸丰十年（1860）和光绪二十六年（1900）相继遭受英法联军和八国联军的破坏。

静明园，在今北京海淀区玉泉山。初建于清顺治二年（1645），称澄心园。康熙大增建筑，改称静明园。乾隆时，园内已有三十二景，芙蓉晴照、玉峰塔影、云外钟声、华滋馆、观音洞、犁云亭、心远阁等。布局合理，风景和谐。后被英法联军、八国联军烧毁大半。

颐和园，今北京海淀区颐和园。乾隆时建造，原名清漪园。咸丰十年，英法联军付之一炬。光绪十四年（1888）慈禧太后下令修复，更名颐和园。颐和园山青水秀，高阁长廊，金殿巍峨，花木扶疏，是清代造园艺术的典范。

钓鱼台，在今北京海淀区玉渊潭东侧。金代为皇家钓鱼的鱼藻池，有金章宗钓角台，故称钓鱼台。明代，钓鱼台辟为皇家京郊别墅。明人刘侗《帝京景物略》："堤柳四垂，水四面，一渚中央，渚置一榭，水置一舟，沙汀鸟闲，曲房入邃，藤花一架，水紫一方。"乾隆时再造。把鱼藻池浚池为湖，引西山水扩容水域，园内玉阶画堂、假山玲珑、小径曲折、流水潺潺。诸多题额"钓鱼台"、"澄漪亭"、

"潇碧斋"、"养源斋",出自乾隆手笔。

二、承德避暑山庄、外八庙

皇家的京外园林,有避暑山庄。山庄位于燕山腹地今河北承德武烈河边。承德地区,原无城市,只有一个小小的聚落,叫热河上营。康熙四十二年(1703),玄烨下令按热河上营的天然地形,修筑行宫,八年后,亲题"避暑山庄"。总体面积约合8400亩,五分之四是山区,五分之一是平原及湖泊。山区在山庄的西部和北部,冈峦起伏,峡谷幽深,林木繁茂,鸟兽蕃息,野趣无穷。平原及湖区在山庄的东南部。平原,坦荡开阔、绿草如茵,风光爽丽;人工湖,碧波摇漾,岸柳垂拂,优美清凉。湖区的南岸,正宫、东宫、松鹤斋、万壑松风四组官殿,青砖灰瓦,松轩茅屋,古朴雅洁,契合野趣,是一座自然人文水乳交融、南秀北雄相得益彰的宏大园林。从康熙开始,清代帝后每年夏天都到这里栖迟宴饮,纳凉消夏,谋划朝政,决策军机。避暑山庄其实已是仅次于北京紫禁城的政治中枢。

康熙五十二年(1713)至乾隆四十九年(1784),玄烨、弘历为尊重藏传佛教,团结蒙、藏民族,巩固国家统一,在避暑山庄的外围修筑了兼有汉族、蒙族、藏族寺庙风格的十二座寺庙:溥仁寺、溥善寺、普乐寺、殊像寺、普宁寺、普佑寺、广缘寺、广安寺、罗汉堂、安远庙、普陀宗乘庙、须弥佛寿庙,统称"外八庙"[①]。外八庙建筑精湛,风格各异,是汉族、蒙族、藏族文化交融的典范。外八庙与避暑山庄,遥相呼应。外八庙金碧辉煌,环列东北,拱卫山庄;避暑山庄青砖灰瓦,静坐西南,怀柔致远;象征各民族的同心协力和清帝

① 外八庙的12座寺庙,有8座住有喇嘛,归北京理藩院喇嘛印务处管辖,又都在古北口外,习称"外八庙"。其中,罗汉堂、广安寺、普乐寺三个庙,朝廷向未安设喇嘛,由内务府管理;而溥仁寺和溥善寺、安远庙、广缘寺、普佑寺、普宁寺、须弥福寿之庙、普陀宗乘之庙、殊像寺九座庙设八个管理机构(普佑寺附属于普宁寺),由朝廷派驻喇嘛,京师理藩院管理并逐月按人数由理藩院发放其饷银,清正史文献将这九座寺庙称"外庙",后俗称为"外八庙"或热河喇嘛庙。

国的强大巩固。外八庙之外，清廷在承德敕建的寺庙还有31座，社稷坛、先农坛、开仁寺、关岳庙、火神庙、尊经阁、文庙、城隍庙等，总计43座，今人统称外八庙寺庙群。

追随宫廷的车水马龙，王公贵族也在避暑山庄和外八庙附近建造府第甲宅，大量的工匠、民夫、商贩，也纷纷赶来谋生安家。本来默默无闻、小如村庄的热河上营，迅即人口激增，民房骤起，街巷逶迤，店铺琳琅，地方行政机构，按步就班。雍正元年（1723）置热河厅，雍正十一年（1733）改承德州，乾隆五年（1740）以承德州为热河道治所，乾隆四十三年（1778）又将承德州升格为承德府。乾隆说："热河自皇祖建立山庄以来，迄今六十余年，户口日滋，耕桑益辟，俨然一大都会。"今河北承德，已因避暑山庄和外八庙成为蜚声海内外的旅游名城。

三、盛京皇宫

盛京皇宫，今沈阳故宫。后金①努尔哈赤天命十年（1625）开建，清皇太极崇德元年（1636）完工，后经维修增饰，至乾隆时定格。

沈阳老城区呈"井"字形，盛京皇宫位于"井"字中心，占地6万平方米。布局可分东、西、中三路。东路是努尔哈赤建造的大政殿与十王亭；中路为清太宗续建的大中阙，包括大清门、崇政殿、凤凰楼、清宁宫、关雎宫、衍庆宫、永福宫；西路是乾隆增建的文溯阁。

整座皇宫楼阁林立，殿宇巍峨，雕梁画栋，富丽堂皇。汇集满、蒙、汉建筑艺术，又极富满族特色。其中，以东路的大政殿、十王亭，中路的崇政殿、凤凰楼，西路的文渊阁最

---

① 后金（1616—1636），或称后金汗国。是出身建州女真的努尔哈赤在满洲（现今中国东北）建立的王朝，为清朝的前身。明万历四十四年（1616），努尔哈赤在赫图阿拉称汗，国号金或大金。为区别金元之金，特称"后金"。后金天命六年三月，努尔哈赤占领沈阳。四月，迁都今辽宁辽阳，称东京；天命十年又迁都今辽宁沈阳。1634年清太宗皇太极尊沈阳为盛京。1636年，皇太极改国号大金为大清。1644年清朝迁都北京，以沈阳为留都。1657年在沈阳设奉天府，沈阳又称奉天。

为突出。

大政殿是一座八角重檐亭式建筑，俗称八角殿，用于大典。十王亭在大政殿两侧八字形排列，东侧五亭由北往南依次为左翼王亭、镶黄旗亭、正白旗亭、镶白旗亭、正蓝旗亭；西侧五亭依次为右翼王亭、正黄旗亭、正红旗亭、镶红旗亭、镶蓝旗亭。是清初八旗贝勒、大臣理政之处。大政殿和十王亭，脱胎满清帐殿，体现满族八旗制度。

崇政殿在中路前院正中，俗称"金銮殿"，是沈阳故宫最重要的建筑。大殿木结构，殿柱圆形，两柱间雕龙连接，龙头出檐外，龙尾入殿中，增加殿宇的帝王气魄。凤凰楼，建造在4米高的青砖台基上，有三层，为盛京最高建筑，楼上藏有乾隆御匾"紫气东来"。文溯阁存放《文溯阁四库全书》、《古今图书集成》。阁内彩绘不用行龙飞凤，而是"白马献书"、"翰墨卷册"，古雅清新，融和藏书功能。

四、私家园林

清代，富贵人家造园成风。

京师怡园，在今北京宣武门外米市胡同。主人是康熙时礼部尚书王崇简及其子大学士王熙之。清人黄元治《怡园图》诗序：

> 叠石凿池，莳花种竹，随地之高低广狭，布亭台，构楼阁，或冠云林之上，或托松石之间，层梯纤蹬，步步幽回。游人入其中，如历武夸九曲，而不能尽其奇，当春花烂漫，夏阴绸缪，壑震秋涛，严冬雪时，则焚香展帙，坐石挥弦，莺送好音，鹤舒

啸舞，游鱼出没，明月依人，觉天地与胸次相为浩浩，无所凝滞，斯诚怡然有以自得，而不能举似语人也。

当时的一班名流，如毛奇龄、陈维崧、朱彝尊、周之道、李良年等，常在怡园宴集雅会，即景赋诗，"宾朋觞咏之盛，诸名家诗几充栋"①。内廷画家焦秉贞特绘绢本《怡园图》称之扬之，今藏于浙江省博物馆。

江宁随园，在今南京小仓山（南京广州路西侧），旧主人是雍正时江宁织造隋赫德，本名隋园。一说，随园是康熙江宁织造曹寅的园林，后归隋赫德，乾隆十三年（1748）归袁枚。袁枚购置隋氏废园，改名"随园"，筑室定居，"增荣饰观，迥非从前光景"②。

> 金陵城北，冈岭蜿蜒，林木瀚翳，至为幽秀。最著名者，随园、陶谷。陶即贞白隐居之所而卜宅，非其人无甚足观。随园乃深谷中依山崖而建坡陀，上下悉出天然。谷有流水，为湖，为桥，为亭，为舫。正屋数十楹在最高处，如嶰山红雪、琉璃世界、小眠斋、金石斋群玉头、小仓山房、玲珑宛转，极水明木瑟之致，一榻一几皆具逸趣。余曾于春时下榻其中旬日，莺声掠窗，鹤影在岫，万花竞放，众绿环生，觉当日此老清福，同时文人真不及也。下有牡丹亭，甚宏敞。园门之外无垣墙，惟修竹万竿，一碧如海，过客杳不知中有如许台榭也。③

① 清·戴璐《藤荫杂记》。

② 袁枚《随园诗话》。

③ 清·欧阳兆熊、金安清《水窗春呓》。

在随园，袁枚一住48年。游园常客既有天下才子，又有金陵闺秀。文采风流，与园并茂。"名家五为之图，先生六为之记，皆足以传世而宝贵者也。"①

苏州网师园，是最出名的清代私家园林，在今苏州带城桥路阔家头巷。本是宋代淳熙年间吏部侍郎史正志的万卷堂，堂前有花园一座，题名渔隐。乾隆时，光禄寺少卿宋宗元退隐苏州，购得万卷堂旧址营筑别业，取名网师。宋氏死后，园渐颓废。乾隆末，归于太仓富商瞿远村，瞿氏再造：

> 因其规模，别为结构，叠石种木，布置得宜，增建亭宇，易旧为新。既落成，招予辈四五人，谈宴竟日之集。石径屈曲，似往而复，沧浪渺然，一望无际。有堂曰梅花铁石山房，曰小山丛桂轩，有阁曰濯缨水阁，有燕居之室曰蹈和馆，有亭于水者曰月到风来，有亭于崖者曰云岗，有斜轩曰竹外一枝，有斋曰集虚……地只数亩而有纡回不尽之致……柳子厚所谓奥如旷如者，殆兼得之矣。②

人称瞿园。同治初，园归江苏按察使李鸿裔。因地近北宋苏舜钦沧浪亭，改名"苏邻小筑"。网师园东部为宅第，中部为主园，西部为内园，园小邻虚，疏密有致，山幽桂馥，泉清石冷，精雕细刻，淡妆浅抹，奴役风月，最可人意，是古代私家小型园林的极致。

扬州园林。明代的旧园林遭战火洗劫，清代的新园林万木迎春。康熙时，王洗马园、卞园、员园、贺园、冶春园、南园、郑御史园、

①清·管镛《随园五纪》跋。

②清·钱大昕《网师园记》。

第十四章　清代旅游

筱园,并称八大名园。乾隆时,因皇帝南巡,地方"穷极物力以供宸赏"①,扬州"增假山而作坞,家家住青翠城闉;开止水以为渠,处处是烟波楼阁。"②《水窗春呓》说:

> 计自北门抵平山,两岸救十里楼台相接,无一处重复,其尤妙者在虹桥迤西一转,小金山矗其南,五顶桥锁其中,而白塔一区雄伟古朴,往往夕阳返照,箫鼓灯船,如入汉官图画。盖皆以重资广延名士为之创稿,一一布置使然也。城内之园数十,最旷逸者断推康山草堂,而尉氏之园,湖石亦最胜,闻移植时费二十余万金。其华丽缜密者,为张氏观察所居,俗称谓张大麻子是也……园广数十亩,中有三层楼可瞰大江,凡赏梅,赏荷,赏桂,赏菊,皆各有专地。演剧宴客。上下数级如大内式。另有套房三十余间,回环曲折不知所向,金玉锦绣,四壁皆满,禽鱼尤多。

清人谢溶生说:

> 杭州以湖山胜,苏州以市肆胜,扬州以园林胜,三者鼎峙,不可轩轾,洵至论也。③

但扬州的园林之胜,自"嘉庆一朝二十五年,已渐颓废"④。钱泳《履园丛话》说他乾隆五十二年(1787)初游扬州:"其时,九峰园、倚虹园、西园曲水、水金山、尺五楼诸处,自天宁门起,直到淮南第一观,楼台掩映,朱碧新鲜,宛入赵千里仙山楼阁。今隔

---

① 清·欧阳兆熊,金安清《水窗春呓》。

② 清·李斗《扬州画舫录》谢溶生序。

③ 清·李斗《扬州画舫录》谢溶生序。

④ 清·欧阳兆熊,金安清《水窗春呓》。

三十余年，几成瓦砾场，非复旧时光景矣。"现存扬州清代园林，已很少嘉庆以前的作品。

其实，不但扬州园林从嘉庆没落，举国园林，也都从嘉庆转向没落。原因是乾隆一过，满清机器急剧老化，政治、经济急剧恶化，"则看那，白杨村里人呜咽，青枫林下鬼吟哦，更兼着，连天衰草遮坟墓"①。富家的园林兴致也再三而竭。

清代，传统旅游以新疆行、西藏行，富有特色；以旅游鉴赏，富有品味。晚清，出国游洋，开创划时代旅游新风；晚清兴起的华城洋场和铁路、轮船、大饭店等新事物，既是中国农业社会向工业社会转变的一段垫脚石，也是中国传统旅游向现代化旅游转变的一段垫脚石。

①清·曹雪芹《红楼梦》。

第十五章

民国旅游

1911年（宣统三年），辛亥革命爆发。1912年，中华民国建立。一方面，帝制灭亡，共和新生；一方面，战争连绵，社会动荡；中国以局促的步伐，开始了农业社会向工业社会的转变，也开始了中国古代旅游向现代旅游的蹒跚过渡。

第一节 旅游活动

民国，政府、金融界、工商界支持旅游，鼓励旅游。1934年，浙江设置名胜导游局。1935年，青岛设立旅客接待处。水陆空交通行业优待游客，工商界借旅游洽谈商贸，促进了民国旅游的兴盛。

民国游客，无论国内游，还是出国游，比起晚清，数量激增。游客主体，政府官员、企业职员、文人（教师、学生、记者、科技人

员及其他职业的文化人），虽属小众，但阶层增广。游客出行，个体为主，或有团体。旅游活动，主要沿袭传统，观光山水，观赏草木，观赏城市；大幅拓展晚清的国外游学。1937年后，八年抗战，三年内战，旅游业停滞，旅游活动萎靡，抗战时仅在西南大后方有一些零星的游览，内战时，少量游客的游步也局限于东南山水、北平、上海及沿海大城市。

一、游观山水

民国著名的山水游客偶有政客，多在学术圈、文化圈、艺术界、教育界、新闻界。

蒋维乔（1873—1958），字竹庄，号因是子，江苏武进（今常州）人。民国时历任教育部参事、江苏省教育厅厅长、东南大学校长、上海光华大学教授。其人游踪广泛，遍游江苏、浙江、安徽、湖南、河北、山东、山西、陕西的知名山水，著有旅游集《因是子游记》。

蒋维乔特爱浙江天台山。《因是子游记·天台山纪游》：

> 大抵天台之宏大，实可称岳。或峰，或瀑，或森林，若移其一在他山，即可得名。而天台到处皆是，虽有而不名。其名者，乃他山所无也。雁荡之奇，譬则仙境；天台之大，譬则佛国。山中无处非大谷，无处非村落，而风景无处不奇。文字不能形容，图画不能着笔，摄影亦只能得其一斑，大矣哉，莫能尚矣！

称赞天台山的美而险：

> 天台山的石梁飞瀑，风景极美，

第十五章 民国旅游

> 但是也极险。上面两支瀑布,直冲下来,把石块冲为天然石梁,梁的下面,千军万马,浩瀚奔腾,实在骇人心目。石梁的两端,不过四五尺阔,背是拱起的,最狭处不过尺许。我们游历到这个地方,谁有胆量走过这石梁呢?从前徐霞客从石梁上走过去,也说是毛骨耸然。①

民国六年(1917),蒋维乔为商务印书馆《中国名胜》编纂《天台山》图册,作《天台山弁言》:

> 天台山,在浙江天台县北,志称高一万八千丈,周围八百里,要未经实测,然其博大雄奇,实可称岳,以余所经岱衡二岳比之,不如天台远甚。

蒋维乔无疑是天台山的铁杆粉丝。

蒋叔南(1884—1934),名希召,字以行,别号亦澹荡人、雁荡山人,浙江乐清人。光绪三十二年(1907)与蒋介石、张群为保定陆军速成学堂同学,参加同盟会,加入光复会。民国时,任沪军招兵指挥部参事室主任、浙江第五区禁烟监督、袁世凯大总统府军事处谘议官。1915年,自请解甲。1917年至1931年,栖居浙江雁荡山14年,自称山贼、雁荡山主人,广邀朋友,作客雁荡。康有为《雁荡山志序》:

> 蒋君叔南将军不好武,好为名山游,足迹遍国内,履山如飞,长啸作鸾吟,若孙登生于雁荡,据灵岩以为室,视雁荡以为家,凿山修道,种树

---

① 赵君豪《蒋竹庄先生访问记》。赵君豪(1900—?),江苏兴化人。《申报》记者、编辑、编辑主任。1929年兼任复旦大学新闻系编辑课教授。1932年主编《旅行杂志》。1949年去台湾,主持《新生报》,主办《自由谈》(原《旅行杂志》)。

筑桥以便交通，又缒幽访古成《雁荡山志》，以惠游者。有蒋叔南乎！

1934年，蒋叔南去世，葬雁荡灵岩展旗峰。上海《申报》称他早年革命，"后隐居温州雁荡山，考览名胜，导引游客，凡游是山者，莫不称便"。冯玉祥挽之："半世功名随流水，一生事业在名山。"

蒋叔南有此声誉，依赖他对雁荡山的开发、探究与宣扬。

蒋叔南开发雁荡飞渡。雁荡山灵岩区有天柱、展旗两峰，天柱峰高270米，展旗峰高260米，相隔约250米。当地采药人为折取绝壁石斛，身系绳索，攀岩峭壁。蒋叔南为刺激游客，动员山民，许以报酬，悬索两峰，表演飞渡。这一节目，至今尤火。

蒋叔南探究雁荡山，重修《雁荡山志》，阅时五载，1924年完稿[①]。全书54卷。卷首有康有为诸人序，卷中分述山水、建置、物产、人物、金石、艺文及其他。卢礼阳校蒋叔南《雁荡山志》："蒋叔南爱雁荡山之雄奇，慨记载之错谬，蓄意重订山志。其不辞辛劳，奔走于山泉林间，常常攀绝壁，坠深潭，躬探其险，而醉心于山志的编撰。""全山名胜，靡有缺漏。"是历代《雁荡山志》的最佳文本。

蒋叔南宣传雁荡山。1916年出版《雁荡名胜》摄影集，1917年出版《中国名胜：雁荡山》，1927年出版《雁荡新便览》，1937年出版《雁荡山一览》，1938年出版《东瓯雁荡名胜便览》。另有《蒋叔南游记》一本，民国十年（1921）年出版。梁启超作序。记游天台山、方城山、武夷山、普陀山、黄山、曲阜、

① 《雁荡山志》，蒋叔南重修，卢礼阳、詹王美校注。2010年线装书局。

泰山、房山、汤山、嵩山、武州山、恒山、洞庭山、雁荡山等。吴虞《宜隐堂丁卯日记》（1927年9月21日），蒋介石戎马倥偬，随身所带之书，除开《曾文正公全集》、《兴登堡成败鉴》，就是《蒋叔南游记》。

张大千（1899—1983），四川内江人，祖籍广东番禺。中国著名画家、书法家。钟情黄山，三次登览。1927年夏，29岁，初游黄山。"历前澥，下百步云梯，穿鳌鱼口，度天海，观文笔生花，登始信峰"。1931年秋，33岁，二游黄山，进汤口，浴温泉，至慈光阁、文殊院，经阎王壁、大士崖、百步云梯，登莲花峰、莲蕊峰，过鳌鱼背、光明顶、狮子林、石笋峰、文笔峰，到始信峰。带照相机，拍三百余幅照片，精选十二幅，题名《黄山画影》。1936年，38岁，三游黄山，篆刻印章"三到黄山绝顶人"。1949年，张大千离开大陆，黄山仍是他心中山，画中山。1962年作《黄山慈光寺》；1969年，作《黄山松石图》；1974年，75岁，作《三到黄山绝顶行》；1979年，80岁，作《黄山怀旧图》；1982年，83岁，作《黄山文笔峰》等等。

朱自清（1898—1948），字佩弦，江苏海州人。杰出散文家、诗人、学者。1924年2月，游观温州瑞安仙岩山，激赏仙岩之绿："我第二次到仙岩的时候，我惊诧于梅雨潭的绿了。""我的心随潭水的绿而摇荡。那醉人的绿呀！仿佛一张极大极大的荷叶铺着，满是奇异的绿呀。""这平铺着，厚积着的绿，着实可爱。""宛然一块温润的碧玉，只清清的一色——但你却看不透她！""送你一个名字，我从此叫你'女儿绿'"。①

---

① 朱自清《温州的踪迹·绿》。

老舍（1899—1966），原名舒庆春，字舍予。满族，北京人。小说家、戏剧家。1942年8月，旅游灌县青城山，激赏青城之青："上清宫在山头，可以东望平原，青碧千顷；山是青的，地也是青的，好像山上的滴翠慢慢流到人间去了的样子。它'青'，青得出奇，它不像深山老峪中那种老松凝碧的深绿，也不像北方山上的那种东一块西一块的绿，它的青色是包住了全山，没有露着山骨的地方；而且，这个笼罩全山的青色是竹叶、楠叶的嫩绿，是一种要滴落的，有些光泽的，要浮动的，淡绿。这个青色使人心中轻快，可是不敢高声呼唤，仿佛怕把那似滴未滴，欲动未动的青翠惊坏了似的。这个青色是使人吸到心中去的，而不是只看一眼，夸赞一声便完事的。当这个青色在你周围，你便觉出一种恬静，一种说不出，也无须说出的舒适。假若你非去形容一下不可呢，你自然的只会找到一个字——幽。"①

①老舍《青蓉略记》。

林散之（1898—1989），别名三痴、左耳、江上老人，籍贯安徽和县乌江镇。诗人、书法家、画家。1934年，孤身一人，始发滁州，游历苏、鲁、豫、陕、川、湘、鄂、赣、皖，登览嵩山、华山、终南、太白、剑阁、峨眉，下巴东，穿三峡，浮洞庭，过庐山，东归和县，行程16 000公里。绘800余幅画，作200余首诗，撰五万余字《漫游小记》，连载于中国第一份旅游刊物《旅行杂志》。

二、游观花木

江苏苏州是观梅胜地。踏青赏梅是苏州民俗，也是江南游风。著名者有西山梅园，前临太湖万顷，背靠龙山九峰，原是清末进士徐殿一的小桃园，1912年为荣氏私园，植梅数千株，以梅饰山，倚山植梅，花径蜿蜒，湖石玲珑，取名梅园。又有西山林屋梅海，每年早春，农历正月十五至二月二十，登临林屋山，梅花万顷，浩瀚如海。又有太湖之滨光福古镇邓蔚山梅花坞。邓蔚梅花，明代已经出名。明人姚希孟《梅花杂咏》："梅花之盛不得不推吴中，而必以光福诸山为最"。民国时，苏州观梅，熙熙攘攘。

浙江超山（在余杭塘栖镇）也是观梅胜地。超山梅花数以万计，千姿百态，如飞雪漫空，天花乱出，人称"十里梅花香雪海"。超山梅，五代（936—946）开种。中国五大古梅，楚梅、晋梅、隋梅、唐梅、宋梅，超山有其二，唐梅与宋梅。1923年仲春，书画家周庆云、书画家姚虞琴与王绶珊等共游超山，见报慈寺香海楼（今大明堂）宋梅，鱼鳞虬曲，特为构筑小亭，称宋梅亭。又寄书吴昌硕，邀绘宋梅图。吴昌硕，名俊卿，别号缶庐、苦铁，浙江安吉人，金石书画大师、西泠印社首任社长。酷爱超山梅花，《忆梅》：

十年不到香雪海，梅花忆我我忆梅。
何处买棹冒雪去，便向花前倾一杯。

并在超山自选墓地。1927年，吴昌硕去世。葬于超山，与梅厮守。

四川成都自古有花市，每当二月，青羊宫花会如火如荼，唐人肖遘《成都》："月晓已闻花市合。"陆游《梅花绝句》："当年走马锦城西，曾为梅花醉似泥，二十里路香不断，青羊宫到浣花溪。"清人杨燮《锦城竹枝词》："一扬二益古名都，禁得车尘半点无。四十里城花作郭，芙蓉围绕几千株。"民国

时，花会由二月初延长至四月初，茶楼酒馆百余家，有杂技、戏剧演出，又在青羊宫外筑擂比武，名曰"打金章"，实现了岁时休闲、商品贸易和杂耍娱乐三合一综合性游观场所，每日往观者10万余人。

三、游观城市

民国城市，南京、北京、上海、天津、杭州、苏州、武汉、广州、重庆、昆明、洛阳、哈尔滨、沈阳、大连，都是国内外游客的旅游热门。兹举南京、重庆。

旅游南京。南京本是六朝古都，明初京城。1912年至1913年是民国临时政府首都，1927年至1949年4月是国民政府首都。1929年成立首都建设委员会，制《首都计划》。孙科《首都计划》序："首都于一国，故不唯发号施令之中枢，实亦文化精华之所荟萃。"在城市布局、道路系统上采纳欧美概念，在建筑样式、造型上采用中国传统形式。经过1928年到1937年的十年建设，城市格局与城市面貌明显变化，除开八年沦陷[①]，南京一直是重要旅游城市，旅游服务也较成熟。

浏览市容，可去新街口、鼓楼、中山北路、中央路、中正路（今中山南路）、中山东路、汉中路，观赏法国梧桐大道，及大道两边兴造的各式行政、公共、文化建筑。可去颐和路、山西路，观赏大片花园别墅，《首都计划》所称"第一住宅区"，即颐和公馆区。纪果庵《两都赋》："（民国）十七年至廿六年（1928—1937），可谓南京建设的猛进时期。如今我们进挹江门直至新街口一带所见的街道住宅，宽辟整洁，碧绿的梧桐，青翠的冬青，和山西路、宁海路一带德国式住宅竹篱外的蔷

[①] 1937年12月13日至1945年8月。

薇,大有异国风趣,这些差不多都是那时建筑起来的,而以前则是菜圃竹园,荒芜三径。"

观光名胜,朱自清推荐一条游路。1934年,朱自清纪游《南京》:

> 逛南京像逛古董铺子,到处都有些时代侵蚀的遗痕。……我劝你上鸡鸣寺去,最好选一个微雨天或月夜。在朦胧里,才酝酿着那一缕幽幽的古味。你坐在一排明窗的豁蒙楼上,吃一碗茶,看面前苍然蜿蜒着的台城。台城外明净荒寒的玄武湖就像大涤子的画。……
>
> 从寺后的园地,拣着路上台城;没有垛子,真像平台一样。踏在茸茸的草上,说不出的静。夏天白昼有成群的黑蝴蝶,在微风里飞;……城上可以望南京的每一角。……
>
> 下山,绕着大弯儿出城。……一出城,看见湖,就有烟水苍茫之意;船也大多了,有藤椅子可以躺着。水中岸上都光光的;亏得湖里有五个洲子点缀着,不然便一览无余了。这里的水是白的,又有波澜,俨然长江大河的气势,与西湖的静绿不同。最宜于看月,一片空蒙,无边无界。……
>
> 清凉山在一个角落里,似乎人迹不多。扫叶楼的安排与豁蒙楼相仿佛,但窗外的景象不同。这里是滴绿的山环抱着,山下一片滴绿的树;那绿色真是扑到人眉宇上来。……
>
> 莫愁湖在华严庵里。湖不大,

又不能泛舟,夏天却有荷花荷叶。临湖一带屋子,凭栏眺望,也颇有远情。莫愁小像,在胜棋楼下,不知谁画的,大约不很古罢;但脸子画得秀逸之至,衣褶也柔活之至,大有"挥袖凌虚翔"的意思;……所谓胜棋楼,相传是明太祖与徐达下棋,徐达胜了,太祖便赐给他这一所屋子。太祖那样人,居然也会做出这种雅事来了。

　　秦淮河我已另有记。……

　　明故宫只是一片瓦砾场,在斜阳里看,只感到李太白《忆秦娥》的"西风残照,汉家陵阙"二语的妙。午门还残存着,遥遥直对洪武门的城楼,有万千气象。……明孝陵道上的石人石马,虽然残缺零乱,还可见泱泱大风;享殿并不巍峨,只陵下的隧道,阴森袭人,夏天在里面呆着,凉风沁人肌骨。这陵大概是开国时草创的规模,所以简朴得很;比起长陵,差得真太远了。然而简朴得好。

　　雨花台的石子,人人皆知。……记得刘后村的诗云:"昔日讲师何处在,高台犹以'雨花'名。有时宝向泥寻得,一片山无草敢生。"……

　　燕子矶在长江里看,一片绝壁,危亭翼然,的确惊心动魄。……

　　南京的新名胜,不用说,首推中山陵。中山陵全用青白两色,以象征青天白日,与帝王陵寝用红墙黄瓦的不同。假如红墙黄瓦有富贵气,那青

第十五章 民国旅游

琉璃瓦的享堂,青琉璃瓦的碑亭却有名贵气。从陵门上享堂,白石台阶不知多少级,但爬得够累的;然而你远看,决想不到会有这么多的台阶儿。这是设计的妙处。……近处山角里一座阵亡将士纪念塔,粗粗的,矮矮的,正当着一个青青的小山峰,让两边儿的山紧紧抱着,静极,稳极。(节录)

推荐的景点依次是:鸡鸣寺、台城、玄武湖、豁蒙楼、清凉山、扫叶楼、莫愁湖、华严庵、棋胜楼、秦淮河、明故宫、雨花台、燕子矶、中山陵。至于石头城、牛首山、汤山、朝天宫、幕府山、紫金山、栖霞山、明孝陵、白鹭洲、凤凰台,也是民国南京的游观热点。

购物,有中央商场(中正路)、复兴商场(中正路)、建康商场(建康路)、永安商场(夫子庙)等[1]。

住宿,有高档中央饭店、安乐酒店[2]。洗浴,可去三新池(中华路)、大明湖(中山东路)、温泉(碑亭巷)、又新池(北门桥)[3]。

消闲娱乐,可去电影院看电影、剧场看戏剧、茶馆听歌女唱歌、夫子庙逛大众集市。可去扬子江边兜风,秦淮河边听曲。张恨水《日暮过秦淮》:

傍晚,穿着一件薄薄的绸衫,拿了一柄折扇,……是到扬子江边去兜风呢,还是到秦淮河去听曲?……十有八九奔城南。新街口有冷气设备的电影院,花牌楼有堆着鲜红滴翠的水果公司,尤其是秦淮河畔的夫子庙,

---

[1] 民国十七年(1928)《新南京志》。

[2] 民国十七年《新南京志》。

[3] 民国三十五年(1946)《首都游览指南》。

你总有机会与朋友会面。你们聚餐，在老万全喝啤酒、吃地道的南京菜，每人不过两块钱的份子。酒醉饭饱，你躺在河厅栏杆边的藤椅上喝茶嗑瓜子，迎水风之徐徐，望银河之耿耿。九点多钟，出了酒馆，你在红蓝的霓红灯光下走上夫子庙大街，听着两边的高楼上，弦索鼓板，喧闹着歌女的清唱。有时你也不免走进书场，听几段大鼓，或在附近露天花园，打一盘弹子，一混就是十二点钟，……那时凉风习习，清露满空，绸衫已挡不住晚凉。四周灯光不及处，秋虫齐鸣。

就是抗战之前南京休闲生活的白描。

出门往来，可坐公共汽车、人力车、出租车、马车、小火车。1934年，南京有6条公共汽车线路，有西式马车335辆，马车巡街，是南京一景。张爱玲《半生缘》说上海人到南京作客，南京人以马车待客。小火车，即晚清宁省铁路，起自下关站，终至雨花台，穿行城区，是南京一特①。谷万中老人说："自己第一次坐这趟小火车时才7岁，车上人很多，自己就趴在窗户边上看一排排绿树不停后退。""对于许多和我一样的老南京来说，我们小时候和全家一起坐的是穿城而过的小火车。一家人坐在小火车上说说笑笑，那才是民国南京真正的风景。"②

当时已有旅行社，旅行社推出多种旅游项目，如"南京五日游"③。民国南京最有名的旅行社是中国旅行社南京分社，位于建康路上海商业储蓄银行旧址（今工行南京城南支行）。

① 小火车铁路，1958年7月拆除。运行近50年。

②《扬子晚报》，2014年4月2日。谷万中，南京汽车制造厂退休职工。

③ 1947年《南京导游》。

第十五章 民国旅游

游览业务，主要是组团旅游和接待旅游，从短程到出境，导游册有旅游国外注意事项。抗战时，南京分社承接两件大事，南运故宫国宝，承运兵工器材。①

旅行单位不断刷新旅游指南，全方位介绍南京"吃住行游购娱"。1924年中华书局发行陆衣言编《最新南京游览指南》；1931年中国旅行社发行《首都导游》；1946年开明图书教育用品社印行贝建华编《首都游览指南》；1947年中国旅行社发行《南京导游》；南京社会服务处资料室编辑《南京游览手册》，分册讲解陵园，石头城附清凉山、栖霞、汤山，莫愁湖附朝天宫，白鹭洲附凤凰台、雨花台、玄武湖、燕子矶、鼓楼。又有英文《中国南京导游图》，1937年发行。

旅游重庆。重庆，春秋时为巴国地域。战国时，秦灭巴，筑巴郡城②，秦夺天下，称巴郡。汉称江州，隋唐称渝州，宋代称重庆，设重庆府，元明沿用。清光绪十六年（1890）中英《新订烟台条约续增专条》确定重庆为通商口岸。民国初，重庆是四川省辖市，抗战时为"战时首都"、院辖市、"永久陪都"③。战前，重庆已是长江上游交通枢纽、西南工商金融重地。战时，国民政府、同盟国中国战区统帅部、大韩流亡政府、各国使馆、各种反法西斯国际组织，移帜重庆；沿海及长江中下游地区的大量工商金融企业、学校、科研院所、社会团体，迁往重庆；各界头面人士、文化名人和各地逃难人群，涌入重庆；重庆衙门激增、企业激增、人口激增。《重庆志》1936年城内注册商企2400多家，1945年27316家；人口1938年52万，1946年124.5万。抗战时期，重庆交

① 《南京晨报》2014年3月20日，仲敏《民国时南京旅行社很牛》。

② 城址在今渝中区朝天门附近，是重庆建城之始。

③ 民国二十六年（1937）十一月国民政府发布《国民政府移驻重庆宣言》，以重庆为中国战时首都，民国三十五年（1946）五月五日发布《还都令》，回都南京。期间，民国二十八年（1939），国民政府颁令重庆为中央院（行政院）辖市（南京、上海、天津、青岛、北平之后第六个中央院辖市）。民国二十九年（1940）年，国民政府发布《国民政府令》，确定重庆"永久成为中国之陪都"。

· 819 ·

通，市内市郊有公共汽车、黄包车、马车、滑竿和轿子；市外由单一水路转为水陆空三路①。旅行社由一家增至三家，四川旅行社②、中国旅行社重庆分社、四川旅行社万县分社。旅馆增多，1939年734家，床位70张以上大型旅馆71家。餐饮发达，1944年约有300家餐馆。③是抗日战争中国大后方的政治、经济、文化中心。即便大轰炸④，重庆市面依旧。朱自清《重庆一瞥》：

> 从昆明来，一路上想，重庆经过那么多回轰炸，景象该很惨罢。报上虽不说起，可是想得到的。可是，想不到的！我坐轿子，坐洋车，坐公共汽车，看了不少的街，炸痕是有的，瓦砾场是有的，可是，我不得不吃惊了，整个的重庆市还是堂皇伟丽的！街上还是川流不息的车子和步行人，挤着挨着，一个垂头丧气的也没有。

美国总统罗斯福赞美重庆人民，在空袭的恐怖中，表现出沉着和不可征服的气概。⑤

抗战时期，重庆旅游，虽受制约，却因战时首都的确立，区域经济文化中心的形成，大量机关、院校、人员的迁入，保持发扬了抗战之前的热情与活动。1927年到1945年，《旅行杂志》

① 民国三十年（1941），重庆有民营轮船公司14家，轮船288艘，川江流域重庆区另有木船4万艘，年运输量达250万吨，船工30万人。公路运输，全面整修川湘、川黔两条公路，改造增筑重庆连接成都、遂宁、老河口、贵阳、广元、宝鸡、兰州、迪化公路，连接中国至印度、缅甸、苏联国际公路。民国二十九年（1940），开辟重庆至香港、成都、宜昌、贵阳等10余条国内航空运输线。民国三十年年底，开通重庆至河内、仰光、加尔各答、阿拉木图等国际航线。

② 四川旅行社是重庆最早的旅行社，前身是川江旅行社，民国二十年（1931）五月六日成立。民国二十七年（1938），改制四川旅行社股份有限公司。抗战时有分社十三处，办事处十七处，招待所二十五处。

③ 张龙，吕飞《抗战时期重庆旅游业的发展状况及原因分析》，《重庆教育学院学报》，2004年，第6卷，第17期。

④ 1938年2月18日至1943年8月23日，日本对中国战时首都重庆进行长达5年半的战略轰炸，计218次，出动飞机9000多架次，投弹11 500枚以上。资料来源：千树《回眸民国时的重庆》。

⑤ 民国三十三年（1944）六月二十日，美国副总统华莱士访华抵渝，罗斯福总统委托他携带一幅精美卷轴，内书颂词，赠与战胜大轰炸的重庆人民："我谨以美国人民的名义，向重庆市赠送这一书卷，以表达我们对英勇的重庆市男女老幼的赞美之情。在空袭的恐怖中，甚至在这种恐怖尚未为全世界所知悉的日子里，重庆市及其人民一直表现出沉着和不可征服的气概。你们的这种表现，自豪地证明了恐怖手段决不能摧折决心为自由战斗的人民的意志。你们对自由事业的忠贞不渝，必将激起未来一代又一代人的勇气。"资料来源：千树《回眸民国时的重庆》。

第十五章　民国旅游

不断发表重庆旅游的文章。主要旅游景区有北碚、南山、南泉、歌乐山等。

北碚，位于重庆城区西北，拥有缙云山、嘉陵江小三峡、温泉公园（北温泉公园）、平民公园（北碚公园）。是市民畅游之地，师生畅游之地，名人常游之地。1929年5月28日《嘉陵江日报》，合川县三庙场自家坪何氏族立白平小学校，学生30余人，白色制服，洋鼓喇叭，由校长何镜清率领，"来峡游览温泉公园，参观北碚场市。"1936年黄炎培游北碚，作《北碚之游》，称"北碚二字，名满天下。"1942年再携夫人游北碚，感叹"松波秋月剪，巴雨夜愁灯。国破家何在？兹游感不胜。"①于右任，也是北碚常客。1939年游北碚温泉，吴南轩作陪，兴致勃勃作对联："游北温泉，吃西瓜，南轩作东道主；至上清寺，呼下车，右任转左手拐。"梁实秋在北碚买房而居，称雅舍，创作《雅舍小品》。老舍常住北碚，入住蔡锷路24号，创作抗战作品《骂汪精卫》等。②

南山公园，今重庆南山植物园，原是荒山野岭。1936年四川旅行社社长汪代玺买下南山汪山，广植花木，建造别墅，开办重庆第一家"日光浴俱乐部"，邀请富商和高级职员旅游健身，大受游客欢迎。③

南泉，位于重庆巴南南泉街道，1927年开发，以温泉闻名，"凡春秋佳日及星期休沐，城中士女，往游者甚众"④。

歌乐山，地处沙坪坝区。山水清丽，林泉幽深，云雾缭绕。抗战时，设有蒋介石、林森、冯玉祥官邸。冰心栖居林庙五号，潜心写作。1942年8月，冰心得病，郭沫若、老舍、冯

---

① 黄炎培《重游北碚温泉公园自歌乐山往内子维钧偕行得八律》。

② 资料来源：西南大学蒋萍《民国时期北碚地区的旅游业》。

③ 张龙，吕飞《抗战时期重庆旅游业的发展状况及原因分析》。

④ 邱培豪《闲话重庆南泉》，《旅行杂志》，1939年第10期。

乃超等游山探望。郭沫若诗《赠谢冰心》：

> 怪道新词少，病依江上楼。
> 碧帘锁烟霭，红烛映清流。
> 婉婉唱随乐，殷殷家国忧。
> 微怜松石瘦，贞静立山头。

1944年，臧克家隐居歌乐山大天池六号，一住四年。先后出版诗集《古树的花朵》、《向祖国》、《感情的野马》、《国旗飘在鸦雀尖》、《生命的秋天》、《泥土的歌》等。

重庆市区旅游文化的主要节目是戏剧与歌舞。

重庆是大后方戏剧中心。有四家影院，新生路国泰电影院，公园路民众电影院，中正路新川电影院，磁器街唯一电影院。26家剧场，在今解放碑处有：国泰大剧院、青年馆、大世界夫子池、人民剧场、胜利剧场和实验剧场。① 1941年，中山一路新建一所著名的抗战剧场，取义"抗战建国"的话剧剧场"抗建堂"，上演郭沫若《棠棣之花》、《虎符》、《屈原》，曹禺《北京人》、《雷雨》，吴祖光《牛郎织女》等。

重庆是大后方歌舞中心。1935年，重庆第一家交际舞舞厅白宫舞厅在罗庙街（今民族路）开张。抗战时，先后出现打铜街圆圆舞厅、小什字皇后舞厅、都邮街一带的胜利大厦舞厅、扬子江舞厅、南国音乐厅、夜总会音乐厅、合众夜花园，歌乐山林园以宋美龄命名的美龄舞厅。青年路国际俱乐部场地最大，可容千人共舞。舞厅有专职舞女、专职乐队，乐器是西洋拉管、圆号，舞曲和舞步，尽是狐步、华尔兹、探戈。1945年，"陪都五月皇后选

① 张龙，吕飞《抗战时期重庆旅游业的发展状况及原因分析》。

美舞会"在胜利大厦举行,盟军总部军乐队担纲演奏,捧出了"山城小姐"、"五月之花"、"五月皇后"几项桂冠。①

四、学术考察

地质考察丁文江②。1913年到1928年,丁文江奔波正太铁路沿线③,在云南、四川、贵州、江苏、安徽、浙江、陕西、河南、广西,调查地质,涉及地质、古生物、矿产、地理、人类学等学科。调查扬子江下游地质的研究成果《芜湖以下扬子江流域地质报告》、调查西南地质的《丰宁系地层学》均有独到的科学创见。1923年,安特生④出版《中国北方之新生界》,引述丁文江河南三门峡地质研究结论。民国十七年,葛利普⑤描述丁文江广西所采化石,出版《中国西南部二叠纪马平灰岩动物群》。丁文江是一位卓越的地质学家和科考探险家,力倡"登山必到峰顶,移动必须步行","近路不走走远路,平路不走走山路"。人称丁文江"二十世纪徐霞客"。

建筑考察梁思成⑥。梁思成致力研究中国古建筑。1932年至1939年,与林徽因⑦、刘敦桢、莫宗江等中国营造学社成员,行走河北、山西、浙江、江苏、河南、山东、陕西、四川,深入城乡,调查古寺庙、古民居、古崖墓、古石刻等。旅途一路辛苦。梁思成《宝坻县广济寺三大士殿》记民国二十二年(1933)六月考察河北宝坻:

---

① 《民国重庆舞厅那些事》,《重庆晚报》,2014年1月27日。

② 丁文江(1887—1936),江苏泰兴人。光绪二十八年(1902)留学日本、英国,宣统三年(1911)回国。1913年,担任工商部矿政司地质科科长,与章鸿钊等创办农商部地质研究所,任所长。1931年任北京大学地质学教授。

③ 正太铁路,即今石太铁路,石家庄到太原,山西省最早的铁路,原定河北正定县柳林堡至太原,故名。后因线路经滹沱河架桥困难,改由石家庄修起,故又称石太铁路。

④ 安特生(Johan Gunnar Andersson,1874—1960),瑞典地质学家、考古学家。1914年受聘中国北洋政府农商部矿政顾问,在中国从事地质调查和古生物化石采集。

⑤ 葛利普(Amadeus William Grabau,1870—1946),德裔美国地质学家、古生物学家、地层学家。1920年应聘到中国,任农商部地质调查所古生物室主任,兼北京大学地质系古生物学教授。1929年任中央研究院地质研究所通讯研究员。1934年任北京大学地质系主任。

⑥ 梁思成(1901—1972),广东新会人。1924年,留学美国,专攻建筑。1928年,与林徽因在加拿大结婚。回国后创办东北大学建筑系,任系主任、教授。1929年,任中国营造学社法式部主任。学社从事古代建筑实例的调查、研究和测绘,编辑出版《中国营造学社汇刊》。1946年,创办清华大学建筑系,任系主任。中国著名建筑学家和建筑学教育家。

⑦ 林徽因(1904—1955),女,出生浙江杭州,籍贯福建闽县(今福州)。建筑学家、诗人。代表诗作《你是人间四月天》。

823

到了通州桥，车折向北，由北门外过去，在这里可以看见通州塔，高高耸起，它那不足度的收分，和重重过深过密的檐，使人得到不安定的印象。通州以东的公路是土路，将就以前的大路所改成的。过了通州约两三里到箭杆河，白河的一支流。河上有桥，那种特别国产工程，在木柱木架之上，安扎高粱秆，铺放泥土，居然有力量载渡现代机械文明的产物，倒颇值得注意，虽然车到了桥头，乘客却要被请下车来，步行过桥，让空车开过去。过了桥是河心沙洲，过了沙洲又有桥，如是者两次，才算过完了箭杆河。河迤东有两三段沙滩，长者三四里，短者二三十丈，满载的车，到了沙上，车轮飞转，而车不进，乘客又被请下来，让轻车过去，客人却在松软的沙里，弯腰伸颈，努力跋涉，过了沙滩。土路还算平坦，一直到夏垫。由夏垫折向东南沿着一道防水堤走，忽而在堤左，忽而过堤右，越走路越坏。过了新集之后，我们简直就在泥泞里开汽车，有许多地方泥浆一直浸没车的蹬脚板，又有些地方车身竟斜到与地面成四十五度角，路既高低不平，速度直同蜗牛一样。如此千辛万苦，进城时已是下午三时半。

但梁思成进入广济寺三大殿，一看之下，大喜过望，舟车劳顿，一扫而空，"在发现蓟县独乐寺几个月后，又得见一个辽构，实是一个奢侈的幸福"。因其在蓟县独乐寺、宝坻广济寺、河北正定隆兴寺、山西应县木塔、大同华严寺等调查研究的成就，1946年，梁思成受聘美国耶鲁大学教授，联合国大厦设计顾问建筑师，美国普林斯顿大学名誉文学博士学位。1948年，当选中央研究院院士。

郑振铎等综合考察平绥线。冰心《平绥沿线旅行记》序：

> 民国二十三年（1934）七月，应平绥铁路局长沈昌先生之约，组织了一个平绥沿线旅行团。团员有文国鼐女士（**Miss AuAgusta Wagner**）、雷洁琼女士、顾颉刚先生、郑振铎先生、陈其田先生、赵澄先生，还有文藻和我，一共八人。我们旅行的目的，大约是注意平绥沿线的风景、古迹、美建、风俗、宗教以及经济、物产种种的状况，作几篇简单的报告。我们自七月七日出发，十八日到平地泉，因故折回。第二次出发，系八月八日，文女士赴北戴河未同行，因邀容庚先生加入。八月二十五日重复回来，两次共历时六星期，经地是平绥全线，自清华园站至包头站，旁及云岗、百灵庙等处。

旅行团乘坐平绥路局的公事专车，由顾颉刚先生分配工作，"注意沿线经济状况者有陈其田先生，宗教状况者有雷洁琼女士，古迹故事者有郑振铎先生，民族历史者有顾颉刚先生，蒙古毡房者有文藻（吴文藻），文国鼐女士写英文导游小册，赵澄先生担任摄影，而我只担任记载途中的印象，是最轻的工作。"① 旅

---

① 冰心《平绥沿线旅行记》。

行归来，各人作品出炉。冰心《平绥沿线旅行记》，顾颉刚《王同春开发河套记》，吴文藻《蒙古包》，郑振铎《西行书简》，郑振铎、容庚《西北胜迹》，雷洁琼《平绥沿线之天主教会》等。

教育考察顾颉刚。1937年9月，受管理中英庚子赔款委员会的委托，顾颉刚与陶孟和、戴乐仁、王渭珍考察西北教育。顾颉刚离苏州，赴南京，坐轮船经九江至汉口，坐火车经郑州、西安抵兰州。考察三个月后，陶、戴、王离开，顾颉刚只身一人，以八个多月时间，或骑骡马，或步行，来往河、湟、洮、岷①，深入临洮、渭远、康乐、陇西、漳县、岷县、临潭、卓尼、合作、夏河、临夏、永靖、广河、西宁十五县市，调查教育状况。向委员会提交《补助西北教育设计报告》，建议补助甘肃教育，应以各县为重点，以师范教育为重点，以职业教育为重点。又致信委员会，建议重视发展民族教育，在回民区开设师范讲习所，在藏民区开设职业学校。设立社会教育工作站，传播现代文化。一年西北行，顾颉刚写出两本书《西北考察日记》、《甘青闻见录》。

五、游学海外

民国，留学之风承接晚清，持续上扬，主要地点是日本、法国、英国、德国、美国、苏联。国民政府于1930年通过了《改进全国教育方针》，颁布了相应的留学政策。到1936年，全国理科留学生6206人，文科留学生7758人②。

日本。辛亥革命，大量日本留学生回国。自1913年又有大量学生到日本求学。1914年，孙中山、黄兴等在日本创办法政学校，招收中国革命人士，更加鼓动了中国青年留学日本的

---

① 河，黄河；湟，湟水；河湟指今青海、甘肃境内黄河、湟水流域。洮，黄河支流，源于青海河南蒙古族自治县西倾山，曲折东流，至甘肃岷县急转西北，出九甸峡与海奠峡，穿临洮盆地，于永靖县注入刘家峡水库，全长673公里。岷，今甘肃岷县。河湟洮岷，概指今青海湖以东、兰州以西、祁连以南、黄河以北的湟水流域。

② 凌宸《民国时代的留学》。

第十五章 民国旅游

热情。留日生占出国生半数以上。有些人成为国民党中坚，蒋介石、胡汉民、戴季陶、阎锡山、何应钦、白崇禧；有些人成为共产党精英，李大钊、李达、周恩来、董必武、彭湃、王若飞、夏衍；有些人成为社会才俊，郁达夫、李叔同等。1915年日本提出对华"二十一条"，留日学生大批归国。1936年，留日人数又回升至6000人左右[①]。次年，日本侵华，留学生集体退学。

法国。1915年，中国留法（留学法国巴斯德研究所和巴黎大学攻读生物及化学）第一人李石，联合蔡元培、吴稚晖等成立"留法勤工俭学会"和"留法预备学堂"，帮助国内有志青年赴法留学。1916年，在巴黎成立华法教育会，在中国多地设立华法教育会分会，办起多所留法预备学校。1920年，留法勤工俭学人数多达1900人[②]。同年，中国教育部出资，在巴黎大学设立"中国学院"，培养传播中国文化、中国图书翻译的人才；1921年在里昂政府无偿提供校舍的支持下，筹资开办"里昂中法大学"[③]，培养科学高才、学术精英、社会贤达，如冼星海、徐悲鸿、巴金、傅雷、姜亮夫、郑毓秀、严济慈、翁文灏、钱三强、熊庆来、童第周等。周恩来、邓小平也于民国九年到法国勤工俭学。

英国。晚清，留英严复翻译《天演论》，使中国青年羡慕英伦三岛。1927年，留英学生达300人。此后，英国决定归还1922年以后的庚子赔款。两国成立"中英庚款董事会"，决定以归还的款项作为基金，所得利息用于文化教育事业，15%用于派遣英国留学生。自1933年到1936年，赴英留学500人[④]。著名学者有丁文

---

① 陈潮《近代留学生》。

② 胡志刚《留法勤工俭学运动的由来和发展》。

③ 里昂中法大学，1950年停办。

④ 张培富《中国近代留学活动的历史走向与化学留学生》。

· 827 ·

江、李四光、钱钟书、徐志摩、傅斯年、朱光潜、金岳霖、费孝通、吕叔湘等。

德国。晚清，北洋军官留学德国，已有一定人数。一战，德国战败，与中国签订了自晚清以来第一份互利平等邦交协定。引导中国青年赴德留学。1923年，留德生超500人。1937年，留德生达700人①。其中，二成官费，八成自费；九成学理工，一成学文科。玉成一批有为人才，张君劢、罗家伦、季羡林、贺麟、叶企孙、赵九章等。

①张亚群《20世纪20—30年代中国留德教育述论》。

美国。民国时留美学生逐年增加。公费庚款生，至1945年约3000—4000人；自费生，1927年至1937年，计有1517人，是公费318人的五倍；到1949年，留美生总数至少2万②，涌现出梁思成、吴有训、吴大猷、叶企孙、赵忠尧、汤佩松、钱学森、茅以升等科学家；马寅初、陈达、林语堂、胡适、梁实秋、闻一多等人文学家；顾维钧、梁敦彦、蒋梦麟、陶行知、萨本栋、顾毓琇等社会活动家和教育家。

②孔凡岭《民国时期的留美途径》。

苏联。1920年，苏联建立具有统战性质的莫斯科东方大学，招生对象是苏联远东少数民族和亚洲各国的革命青年。当时的苏联与中国共产党、国民党关系密切，两党派人留学，十分积极。1925年孙中山逝世，东方大学中国部改名中山大学，到1930年中山大学关闭，留学生总数超过千人③。共产党刘少奇、任弼时、刘伯承、聂荣臻、叶剑英、杨尚昆等，国民党郑介民、谷正纲、蒋经国等，均有一段留苏时光。

③宋健《百年接力留学潮》。

留学生游学海外，是民国华人游洋的主要人流。

六、团体旅游

民间自发组织旅游团体，集体旅游。规

模最大的旅游团体是1915年上海孙宗源等五人发起的友声旅行团，至1937年，团友万余人，拥有湖州、汉口、杭州、镇江、无锡支团，组织旅行1122次，旅游路线由上海市郊扩展到华北、西北、华南、华东地区，甚至境外[①]。1930年，上海青年组织"中国青年亚细亚步行团"，倡议步行游亚洲。步行团在《申报》发表宣言：

> 在历史上背负了五千余年的文明和创造的中华民族，不幸到了近世，萎靡和颓废，成了青年们普遍的精神病态，我们觉得时代的精灵，已在向我们欢呼，我们毫不客气地把这个伟大的重担肩负起来，我们决定以坚毅不拔的勇敢精神，从上海出发，逐步实践我们的目的。在每一步伐中，我们要显示中华民族历史的光荣，在每一个步伐中，给社会以极深刻的印象，一直到我们预定的途程的最终点。

步行团五男三女，经杭州、福建、广东、广西、到达越南海防市，退出五人，行至越南清化，又退出二人，步行团解体。

七、万里走单骑

潘德明（1908—1976），又名文希。浙江湖州人，祖籍上海南汇。从小爱体育，长跑，登山，向往远足。先后就读东吴大学第三附中（今湖州二中）、上海南洋高级商校。21岁时，在南京经营"快活岭"西餐馆。1930年夏天，参加中国青年亚细亚八人步行团，在越南清化，步行团解体，潘德明决定只身一人，环

[①]《友声旅行团简史》，民国三十六年（1947），友声旅行团编印。

游世界。

1931年元旦，潘德明在越南西贡（今胡志明市）购买一辆英制"兰翎牌"自行车，开始万里走单骑，为此，自制一本重达4公斤的《名人留墨集》，扉页《自叙》：

> 以世界为我之大学校，以天然与人事为我之教科书，以耳闻目见直接接触为我之读书方法，以风雪雨霜、炎荒烈日、晨星夜月为我之奖励金。德明坚决地一往无前，表现我中国国民性于世界，使知我中国是向前的，以谋世界上之荣光。

从西贡，潘德明且骑且走，经越南、柬埔寨、泰国、马来西亚，渡海到达新加坡。新加坡华侨巨商胡文虎第一个在《名人留墨集》上题词："希望全世界的路都印着你脚车的轮迹。"

同年四月三日，潘德明连人带车，登上轮船，开往印度，拜谒了泰戈尔与圣雄甘地。泰戈尔说："我相信，你们有一个伟大的将来；我相信，当你们的国家站立起来，把自己的精神表达出来的时候，亚洲也将有一个伟大的将来，我们都将分享这个将来带给我们的快乐。"圣雄甘地送给潘德明一面亲手制作的印度国旗和一张签名照，他说："中印两国山水相邻，又都是人口众多、饱受列强欺负的国家，这一方面是由于近代政治的腐败，一方面是由于经济的落后，希望我们两国迅速自强。"潘德明在印度致信家人："德明自当勇往直前。力振民族精神，以雪'病夫'之耻。"

同年四月，潘德明从印度西行，穿越沙漠，路遇强盗，再三央求，保全了罗盘和《名人留墨集》。随之，潘德明取道伊朗、伊拉克、叙利亚、耶路撒冷，渡过苏伊士运河，踏上非洲大陆，到达埃及首都开罗。在开罗，潘德明瞻仰金字塔，观看狮身人面像"斯芬克司"，游览阿蒙神庙。六月底，潘德明从亚历山大港渡过地中海，到达欧洲之国希腊。在希腊，潘德明探访奥运发祥地奥林匹亚。有感中国拟缺席美国洛杉矶第十届奥运会（1932），特地在古运动场遗址旁石柱，用中文和英文写下一张纸贴："中国人潘德明步行到此。"希腊首相维尼各罗斯接见潘德明，说："我从你身上看到了东方古国的觉醒。"离开希腊。潘德明周游欧洲，遍历土耳其、保加利亚、罗马尼亚、奥地利、意大利、法国、比利时、荷兰、德国、丹麦、挪威、英国等十多个国家。

在法国，1933年7月，法国巴黎各报竞相报道潘德明抵达巴黎的消息。法国总统莱伯朗、总理达拉第接见潘德明。莱伯朗总统说："潘德明先生，对于你的壮举，我想用法国之雄拿破仑的一句话奉送：中国是一个多病的、沉睡的巨人，但是当他醒来时，全世界都会震动。"

在德国，正值希特勒当政时期。在德期间，潘德明不仅游历了当时的柏林，还走访了德国政府机构，目睹纳粹德国的社会状况。

在英国，受到英国首相麦克唐纳接见。

1934年1月，潘德明乘船到达美国纽约，由纽约，北上加拿大渥太华，然后又返回美国，旅游将近一年。在华盛顿、密西西比河、内华达山脉都有他的身影。美国总统罗斯福接见潘

德明，赠送一枚金牌。罗斯福说："这是美国人民赠送给你的，你应该享有荣誉，荣誉永远属于有奋斗精神的人。"

离开美国，潘德明搭飞机到古巴，经巴拿马，再过美国旧金山，横渡太平洋。经夏威夷檀香山、斐济群岛，到达澳洲、新西兰的奥克兰、悉尼。

1935年，在澳洲一处荒僻山坳，土著人俘虏潘德明，捆绑树上，长矛对胸。急中生智，潘德明用新学的毛利语说明身份，顷刻间俘虏成座上宾。土著长老点派武士，护送他通过隘口。潘德明乘船北上，到达印度尼西亚。原本打算从印尼去日本，但其时日本军国主义气焰嚣张，他决定不去日本，改道新加坡、马来亚、泰国、缅甸，于1937年6月抵达云南。

至此，潘德明用时七年，徒步单车，历尽千辛万苦，游历五大洲（亚洲、非洲、欧洲、美洲、大洋洲）的40多个国家和地区。

同年七月六日潘德明返回上海。第二天，"卢沟桥事变"爆发。国难当头，潘德明放弃原定的青藏高原考察计划，把各国华侨捐助的10万美元捐献给抗日事业，到联合国善后救济总署短暂工作。之后，做裁缝、画宫灯，沉寂无名，1976年10月18日去世。去世三年，1979年3月，体育编辑季一德，听闻潘德明壮游线索，敏感追踪，在上海永嘉路派出所发现了潘德明的出国护照、签证、船票、书信及名人题词；随即，又获知了潘德明随身携带的《名人留墨集》；发掘整理，撰写报告文学《异域万里行——潘德明只身环游世界闻见记》，1979年7月，在《中国体育报》连载21期，乃使潘氏壮游，名震华夏。1984年，中央新闻纪录电

第十五章　民国旅游

影制片厂摄制中华儿女奥运梦纪录片《零的突破》，旌扬潘德明形象。2008年12月27日，潘德明诞生100周年纪念日，中国自行车旅游者协会特设最高奖"潘德明骑游奖"。2009年，浙江湖州宾馆设置潘德明铜像。2012年，上海海湾园人文纪念园设置潘德明铜像。在世界旅游史上，潘德明以徒步单车，独游世界，名垂不朽。

第二节　以文载游

民国，文言文式微，白话文①兴起。

一、古典记游诗词

量多者有柳亚子②。柳亚子远游江、浙、平、津、东南亚，作《浙游杂诗八十首》、《秣陵杂诗三十首》、《鲁游杂诗一百首》、《北行杂诗一百四十首》、《游菲七律二百零九首》。自谓"游屐纵横所及者，尽收罗入诗箧中矣。"③

惊世者有毛泽东。1925年12月，重游长沙橘子洲，作《沁园春·长沙》：

> 独立寒秋，湘江北去，橘子洲头。看万山红遍，层林尽染，漫江碧透，百舸争流。鹰击长空，鱼翔浅底，万类霜天竞自由。怅寥廓，问苍茫大地，谁主沉浮？
>
> 携来百侣曾游，忆往昔峥嵘岁月稠。恰同学少年，风华正茂，书生意气，挥斥方遒。指点江山，激扬文字，粪土当年万户侯。曾记否，到中流击水，浪遏飞舟？

---

① 白话文，相对文言文，是以现代汉语口语为基础的书面语言。

② 柳亚子（1887—1958），江苏苏州吴江人。诗人，清末创办南社。民国初，任孙中山总统府秘书，中国国民党中央监察委员。抗战时，任中国国民党革命委员会中央常务委员兼监察委员会主席。1949年后，任中央人民政府委员、全国人大常委会委员。

③ 柳亚子《自撰年谱》。

写景，秋水长天，寥廓高旷；远看万山红遍，近观百舸争流；仰视鹰击长空，俯视鱼翔浅底；感慨谁主沉浮。写己，携来二字，领袖气度；指点二字，元首风骨；"中流击水，浪遏飞舟"，豪情翻江倒海，气势力挽乾坤。激昂而从容地倾吐了一位湘江游客，一位时代英雄，"挥斥八极，神气不变"①、"平治天下，舍我其谁"②的壮志豪情。

悦世者有李叔同③。《春游曲》：

> 春风吹面薄如纱，春人装束淡于画。
> 游春人在画中行，万花飞舞春人下。
> 梨花淡白菜花黄，柳花委地荠花香。
> 莺啼陌上人归去，花外疏钟送夕阳。

描写花季郊游，旧体新调，清新流利，传唱一时。

二、白话记游新诗④

佳作联翩。徐志摩从上海坐火车去杭州。作《沪杭车中》：

> 匆匆匆！催催催！
> 一卷烟，一片山，几点云影。
> 一道水，一条桥，一枝橹声。
> 一林松，一丛竹，红叶纷纷。

充满新式交通的新鲜快感。戴望舒在香港浅水湾凭吊萧红墓，作《萧红墓畔口占》：

> 走六小时寂寞的长途，
> 到你头边放一束红山茶，
> 我等待着，长夜漫漫，
> 你却卧听着海涛闲话。

表达深长怀念。刘大白秋游山水，作《秋晚的

---

① 《庄子·田子方》。

② 《孟子·公孙丑》。

③ 李叔同（1880—1942），字息霜，别号漱筒，谱名文涛，浙江平湖人。音乐家、美术家、书法家、戏剧家，一代高僧。从日本留学归国，民国二年（1913）任浙江两级师范学校教师。民国三年加入西泠印社。民国四年（1915），兼任南京高等师范学校图画音乐教师。民国七年（1918）取名演音，入杭州虎跑定慧寺，剃度出家。法名演音，号弘一。

④ 新诗，民国初期产生的、以白话（寻常说话）作为基本语言、不拘格律、不须规范、自由抒写的诗歌体裁。

江上》：

> 归巢的鸟儿，
> 尽管是倦了，
> 还驮着斜阳回去。
> 双翅一翻，
> 把斜阳掉在江上。
> 头白的芦苇，
> 也妆成一瞬的红颜了。

以鸟驮斜阳的生动形象，串联夕阳、归鸟、江水、芦苇，编织出一幅诗意盎然的江晚秋景。

三、白话游记散文

周作人《济南道中》：

> 今天下午同四个朋友去游大明湖，从鹊华桥下船。这是一种"出坂船"似的长方的船，门窗做得很考究，船头有匾一块，文云："逸兴豪情"。我说船头，只因它形式似船头，但行驶起来，它却变了船尾，一个舟子便站在那里倒撑上去。他所用的家伙只是一支天然木的篙，不知是什么树，剥去了皮，很是光滑，树身却是弯来扭去的并不笔直；他拿了这件东西，能够使一只大船进退回旋无不如意，并且不曾遇见一点小冲撞，在我只知道使船用桨橹的人看了不禁着实惊叹。……大明湖的印象仿佛像南京的玄武湖，不过这湖是在城里，很是别致。清人铁保有一联云："四面荷花三面柳，一城山色半城湖。"实在说得湖好。（节录）

轻声慢语，老成持重。朱自清《桨声灯影里的秦淮河》：

> 秦淮河的水是碧阴阴的；看起来厚而不腻，或者是六朝金粉所凝么？我们初上船的时候，天色还未断黑，那漾漾的柔波是这样的恬静，委婉，使我们一面有水阔天空之想，一面又憧憬着纸醉金迷之境了。等到灯火明时，阴阴的变为沉沉了：黯淡的水光，像梦一般；那偶然闪烁着的光芒，就是梦的眼睛了。我们坐在舱前，因了那隆起的顶棚，仿佛总是昂着首向前走着似的；于是飘飘然如御风而行的我们，看着那些自在的湾泊着的船，船里走马灯般的人物，便像是下界一般，迢迢的远了，又像在雾里看花，尽朦朦胧胧的。这时我们已过了利涉桥，望见东关头了。沿路听见断续的歌声：有从沿河的妓楼飘来的，有从河上船里度来的。我们明知那些歌声，只是些因袭的言词，从生涩的歌喉里机械的发出来的；但它们经了夏夜的微风的吹漾和水波的摇拂，袅娜着到我们耳边的时候，已经不单是她们的歌声，而混着微风和河水的密语了。于是我们不得不被牵惹着，震撼着，相与浮沉于这歌声里了。（节录）

绮丽纤细，声情婉转。郁达夫《超山的梅花》：

第十五章　民国旅游

超山是在塘栖镇南，据说高有五十余丈，周二十里，因其山超然出于皋亭黄鹤之外，故名。超山脚下，塘栖附近的居民，因为住近水乡，阡陌不广之故，所靠以谋生的完全是果木的栽培。所以超山一带的梅林，成千成万；由我们过路的外乡人看来，只以为是乡民趣味的高尚，个个都在学林和靖的终身不娶，殊不知实际上他们却是正靠此而养活妻孥的哩！

超山的梅花，向来是开在立春前后的；梅干极粗极大，枝叉离披四散，五步一丛，十步一坂，每个梅林，总有千株内外，一株的花朵，又有万颗左右；故而开的时候，香气远传到十里之外的临平山麓，登高而远望下来，自然自成一个雪海；近年来虽说梅株减少了一点，但我想比到罗浮的仙境，总也只有过之，不会不及。

从杭州到超山去的汽车路上，过临平山后，两旁已经有一处一处的梅林在迎送了，而汇聚得最多，游人所必到的看梅胜地，大抵总在汽车站西南，超山东北麓，报慈寺大明堂前头，梅花丛里有一个周梦坡筑的宋梅亭在那里的周围五六里地的一圈地方。

大明寺前的所谓宋梅，是一棵曲屈苍老，根脚边只剩了两条树皮围拱，中间空心，上面枝干四叉的梅树。因为怕有人折，树外面全部是

用一铁丝网罩住的。树当然是一株老树，起码也要比我的年纪大一两倍，但究竟是不是宋梅，我却不敢断定。去年秋天，曾在天台山国清寺的伽蓝殿前，看见过一株所谓隋梅；前年冬天，也曾在临平山下安隐寺里看见过一枝所谓唐梅；但所谓隋，所谓唐，所谓宋等等，我想也不过"所谓"而已，究竟如何，还得去问问植物考古的专家才行。

  出大明堂，从梅花林里穿过，西面从吴昌硕的坟旁一条石砌路上攀登上去，是上超山顶去的大路了。一路上有许多同梦也似的疏林，一株两株如被遗忘了似的红白梅花，不少的坟园，在招你上山，到了半山的竹林边的真武殿外，超山之所以为超，就有点感觉得到了；从这里向东西北的三面望去，是汪洋的湖水，曲折的河身，无数的果树，不断的低岗，还有塘的两面的点点的人家，这便算是塘栖一带的水乡全景的鸟瞰。

  从中圣殿再沿石级上去。走过黑龙潭，更走二里，就可以到山顶，第一要使你骇一跳的，是没有到上圣殿之先的那一座天然石筑的天门。到了这里，你才晓得超山的奇特，才晓得志上所说的"山有石鱼石笋等，他石多异形，如人兽状"诸记载的不虚。实实在在，超山的好处，是在山头一堆石，山下万梅花。（节录）

第十五章　民国旅游

构思开朗而紧凑，用笔舒畅而细腻。

四、白话游记文集

民国时期出版时人旅游文献562种①，其中，记游文集为数甚多。赵君濠《东北履痕记》，卢作孚《东北游记》，田曙岚《海南岛旅行记》、《广西旅行记》，沪江大学学生西北旅行团《西北记游》，冰心《平绥沿线旅行记》，郑振铎《西行书简》，李健吾《意大利书简》，范长江《塞上行》、《西线风云》，朱自清《欧游杂记》、《伦敦杂记》，小默《欧游漫忆》，胡愈之《莫斯科印象记》等。

① 贾鸿雁《民国时期图书游记的出版》。

第三节　景区开拓

1928年，国民政府内政部颁布《名胜古迹古物保存条例》，加强文物古迹与游览资源保护。地方政府比较重视旅游资源的开发与整治。

一、开放皇家景区

在北京，1914年北洋政府内务总长朱启钤提议开放北京地区皇家及官家名胜②。北洋政府先后改造皇家社稷坛、先农坛为中央公园、先农坛公园；开放故宫、地坛（京兆公园）、北海、颐和园、天坛、中南海、雍和宫等。故宫开放当日，北京万人空巷。在东北，1926年，开放沈阳清室宫殿（今沈阳故宫）为东三省博物馆。1927年开放清昭陵（沈阳北郊，清太宗皇太极与孝端文皇后博尔济吉特氏陵墓）为北陵公园，1929年开放福陵（沈阳东郊，清太祖努尔哈赤和孝慈高皇后叶赫那拉氏陵墓）为东陵公园。

② 《朱总长请开放京畿名胜》，《申报》1914年6月2日。

二、整治名胜景区

南通、无锡、杭州制定旅游景区建设规

划。杭州市长周象贤："欲繁荣杭市，首当整理西湖，吸引游客。"①1927年至1936年，杭州市政府修理西湖，植树700万棵。各大城市建设城市公园，广州越秀公园、北京中央公园、汉口市府公园、无锡锡邑第二公园（今称惠山园）等等。

景区出现专职导游。有些出自旅游管理部门，浙江名胜管理处的职能之一就是培训导游。有些自发为之。泰山导游，古多以舆夫兼任，至民国时而渐有"专职"。1920年上海文书局出版《中国各省秘密生涯》："宿泰安三日，偕友人三五辈游泰山，山中之民，有以导游为业者，尽旅客于山中诸胜境，咸以人地生疏，未能遍历为恨，有此辈为前导，则无迷途之患，而何处可以寄宿，何处可以打尖，皆由其人代为安排，费银一二元，亦无伤于惠。而彼辈受赐已不尠矣。"

三、修筑纪念景观

民国时期，建造了一批辛亥革命、抗日战争纪念景观。

广州黄花岗烈士墓园。宣统三年（1911）广州起义，一批同志英勇牺牲，遗骸安葬广州红花岗，后改名黄花岗，史称黄花岗七十二烈士。民国元年，1912年，同盟会建园纪念，1921年落成。占地16万平方米，安放七十二烈士墓。墓后纪功坊屹立自由女神像，苍松翠柏，气魄雄伟。巍峨正门牌坊，镌刻孙中山亲笔题词"浩气长存"。中国航空先行者冯如②，飞行失事，也安葬黄花岗。

各地中山公园。1925年，孙中山在北平（北京）逝世。为表纪念，全国各地从通都大邑到边远县市纷纷设置中山公园。这些中山公园或

①《杭州市政府十周年纪念特刊序》。

②冯如（1884—1912），原名冯九如，广东恩平人。光绪三十三年（1907），冯如受莱特兄弟1903年发明飞机的激励，在旧金山奥克兰设立飞机制造厂，宣统元年（1909）成立广东飞行器公司，制造了第一架飞机，试飞失败。宣统二年（1910），制作第二架飞机，试飞成功。宣统三年，冯如携带两架飞机回到中国。广东革命军政府委任冯如为飞行队长。1912年8月25日，冯如在广州燕塘的飞行表演中失事牺牲，追授陆军少将。

第十五章　民国旅游

新建，计有267座[①]。或利用旧园改名，广州中山公园改自观音山公园，贵阳中山公园改自贵阳公园，北京中山公园改自中央公园，天津中山公园改自天津公园，太原中山公园改自瀛湖公园，青岛中山公园改自原日占青岛时的前公园。

南京中山陵。孙中山遗嘱："吾死之后，可葬于紫金山麓，因南京为临时政府所在地，所以不忘辛亥革命也。"同年，国民党中央执行委员会筹备安葬事宜。选定紫金山中茅山坡为中山墓址。地处南京东郊钟山风景名胜区，东毗灵谷寺，西邻明孝陵，于1926年春动工，1929年夏完工，陵墓采用吕彦直设计方案，依山而建，由南往北逐渐升高，主要建筑牌坊、墓道、陵门、石阶、碑亭、祭堂和墓室等，排列在一条中轴线上，色调和谐，庄严宏伟，周围建筑，众星捧月，体现了中国传统建筑的风格，时称中国第一陵。

重庆精神堡垒和抗战胜利纪念碑。1941年底，国民政府在重庆督邮街广场树立碑形建筑，称"精神堡垒"，碑高七丈七尺，寓意"七七抗战"。战后，1946年，重庆市长张笃伦提议在"精神堡垒"原址，建造抗战胜利纪功碑，10月31日奠基，次年"双十"节落成。碑高27.5米，八角柱形，外饰浮雕，内有旋梯，可达顶端。顶部四面安装标准钟。《申报》称为"唯一具有伟大历史纪念性的抗战胜利纪功碑"。

衡阳会战纪念碑。1944年6月，中日长（沙）衡（阳）会战，衡阳中国守军是国军第10军，中将军长方先觉，总兵力1.7万人。日军先后投入四个师团，即68师团、116师团、58师团、13师团约九万人。再加空军第五航空军全

[①] 陈蕴茜《空间重组与孙中山崇拜——以民国时期中山公园为中心的考察》。

力配合。第10军独守孤城,血战47天,未得一兵一卒的增援和粮弹补充,持续之弥久,战斗之惨烈,震惊世界。日军五个师团伤亡人数,据日军统计为2.9万人。为纪念衡阳会战,国民政府修筑纪念碑,1947年奠基,1948年完工,蒋介石亲题"衡阳抗战纪念城"。

四、推介旅游资源

全国各大城市和名胜景区纷纷出版旅游指南,推广旅游。1933年,中华日报社刊行《武汉三镇指南》。1935年,西安编印《西安城市旅游详解》。1937年,中华书局出版《新编庐山导游》、《故宫导游》。1940年左右,文酉石印书局出版《新绘详细西京华山胜境全图》。1947年,北京颐和园事务所编印《颐和园导游》。1949年,杭州新医书局出版《杭州西湖导游》、《导游丛书》。期间,又有《苏州导游丛书》、《扬州导游》、《北京香山公园导游图》、《全国名胜导游》等。威海卫商会以旅游促商贸,打出广告:"惟望中外各界人士莅威或游览名胜,赏鉴自然之美或消夏避暑领略空气之清,或经营商业以促进敝埠之繁荣"①。1936年,中美贸易协会讨论旅游,提议联合各方组织导游协会。

第四节 旅行社

中国旅行社。民国初年,1923年,中国诞生旅行社,时称上海商业储蓄银行旅行部。早先,外国旅游代理商②,英国的通济旅行社、美国的运通银行旅行部,在中国设置旅游机构。受此启发,上海银行家陈光甫③,一位

---

① 易伟新《民国时期中国旅游业发展背景透视》。

② 19世纪,英国人托马斯·库克(Thomas Cook)成为西方公认的第一个旅行代理商。成功安排350人到英格兰旅游,安排16万5千人到伦敦参观。下半叶,欧洲的旅游组织逐渐增多。1857年,英国成立登山俱乐部,1885年成立帐篷俱乐部;1890年,法国、德国成立观光俱乐部。20世纪初,美国的运通公司、托马斯·库克公司和以比利时为主的铁路卧车公司、世界旅游代理业的三大公司。

③ 陈光甫(1881—1976),原名辉祖,易名辉德,字光甫,江苏镇江人。读私塾,学英文,考入汉口邮政局。留学美国宾夕法尼亚大学商学院,1909年回国,被江苏巡抚程德全任为江苏银行总经理。1911年辛亥革命后,任江苏省银行监督。1914年6月创办上海商业储蓄银行,任上海银行公会会长。1927年任国民政府财政委员会主任委员、江苏省政府委员、中央银行理事、中国银行常务董事和交通银行董事。1931年与英商太古洋行合资开设宝丰保险公司。1936年,任国民党政府财政部高等顾问。1937年,任大本营贸易委员会中将衔主任委员。抗战时,任国民参政会参政员,国立复兴贸易公司董事长,中、美、英平准基金委员会主席,促成2500万美元的中美"桐油借款"及4500万美元贷款。1947年任国民政府委员,主管中央银行外汇平衡基金委员会。1948年为立法委员。1950年陈光甫以上海商业储蓄银行香港分行在香港注册上海商业银行。1954年定居台湾。1965年上海商业储蓄银行在台北复业,任董事长。

第十五章 民国旅游

"酷好山水"、"萍踪所至,不知几万里"[①]的旅游爱好者,在自己开办的上海商业储蓄银行开设旅行部,承办旅行代理业务,"导客以应办之事,助人以必需之便。如舟车舱之代订,旅舍卧铺之预定,团体旅行之计划,调查游览之入手,以致轮船进出日期,火车往来时间"[②];代办留学生出国手续,指导留学生出国事项等等。1927年,旅行部改名中国旅行社,办社宗旨,发扬国光,便利行旅,阐扬名胜,提倡游览,辅助工商[③]。实行经理负责制,下设七部一处:运输部、事务部、航务部、出版部、会计部、出纳部、稽核部、文书处,分工明确,运作高效。

中国旅行社至抗战前,已有66处分社和21家招待所[④],陈光甫要求"招待所一定要设在风景名胜之区"[⑤],浙江奉化溪口,就有中国旅行社招待所。

中国旅行社开通游览专线,如上海游杭专线、上海至浙江海宁观潮专线等。

中国旅行社组织团体旅游。1933年组织国人麦加朝圣,接待爪哇华侨实业考察团。1926年,组织第十一届奥林匹克运动会(德国柏林)参观团、赴日观樱团。

中国旅行社创办国内第一份旅游刊物。1927年,陈光甫为旅行社策划《旅行杂志》,初为季刊,一年四期,设编辑部于上海仁记路110号,聘请《申报》编辑赵君豪任主编。杂志以提倡旅游、服务旅游为宗旨,刊稿多为介绍风景名胜、民俗风情的游记、随笔、诗词、图片等。版式风格,文字图画,均精心设计,以100余面十六开铜版纸,数十幅精美图片的篇幅容量,仅售国币两角,发刊后销量甚好。并将每期分送中外交通机构及其高级职员。1929

[①] 孙晓村主编《陈光甫与上海银行》,中国文史出版社,1991年。

[②] 芄吉《交通与旅行社》,载《旅行杂志》1927年春季号。

[③] 马向东《民国时期中国旅行社经营管理个案研究》。

[④] 北京工商大学马向东《民国时期旅行社及经营个案研究》。

[⑤] 吴经研《陈光甫与上海银行》,中国文史出版社,1997年。

年，《旅行杂志》由季刊改为月刊。1930年夏，《旅行杂志》为订户举办抽签赠奖活动，中签者分别赠送照相机、望远镜、旅行留声机等。抗战期间，杂志迁桂林出版，1944年迁到重庆，抗战胜利后迁回上海。《旅行杂志》的显著特点是撰稿人均为民国时期享誉文坛的新闻界、小说界乃至政界的重要人物。1936年出版的第十卷第一期，刊登"十周年纪念征文特辑"，征文作者有罗家伦、张恨水、赵景深、于右任、胡愈之、周瘦鹃等。胡适为上海新亚大酒店题词的广告也在这一期："新亚酒店的成功使我们深信我们中国民族不是不能过整齐清洁的生活。"1949年，《旅行杂志》部分迁台湾，改办《自由谈》；部分留上海，后迁北京，1955年，由中国青年出版社更名《旅行家》。

中国旅行社创办中华风景宣传册。1933年夏，聘请著名美国记者斯诺撰写英文五册，分别介绍中国名胜景观，分寄外商驻华各机构、各轮船公司、各铁路及航空公司，并通过芝加哥博览会华人出品办事处，寄两万册至美国芝加哥，抵制日本在美宣传。斯诺所写宣传册总印数20万份，耗金14 000余元。中外名人纷纷回函，称道有加。

同年，中国旅行社创办《行旅便览》月刊，专门报导舟车路线、船期、时刻、票价，由戴欲仁承办，以广告收入抵付成本，赠送旅客。创编名胜日历，分赠各界。创编名胜折页，计中文者17种，英文者5种，广致客户。

中国旅行社出版导游书籍。如《杭州导游》、《南京导游》、《昆明导游》、《莫干山导游》等。

第十五章 民国旅游

中国旅行社为提倡旅游，推广旅游，为中国旅游的公众传播，冲锋在前。

中国旅行社是中国第一家专营旅游的企业，是"有补于国民经济"①的新兴企业，标志中国现代旅游服务业的起步。

稍后于中国旅行社，1932年四川成立川江旅行社，名义商办，实际是官商合办，1937年改名四川旅行社。

第五节 旅 馆

上承晚清，民国时，外资继续开办新式饭店，民族资本也投资兴建新式旅馆。

在北京，1912年，东长安街建长安春饭店（民资）。1917年，王府井大街北京饭店（外资）加建七层法式楼房，有客房105间。每间设有电话，室内有暖气、卫生间。楼房电梯，屋顶有花园舞场。1918年，前门外香厂路建东方饭店（民资）。1922年，东长安街建中央饭店（民资）。1934年北平全市详图，列有《北平旅馆名称地址一览表》，标出旅店共计130家。其中，高档西式饭店，30家左右，老式传统饭店100家左右②。北京民资高档饭店，仿效西人，利用股份制筹资建造。建筑风格属半中半西，中西融合，多为庭院式或园林式。管理上借鉴西方旅店管理模式，设董事会、总经理，下设业务经理和财务经理。"饭店类皆规模壮丽，其设备如客厅、饭厅、浴室、舞场等，颇称完美。"③

在上海，1929年，在今静安区建百乐门大饭店；1931年，建国际饭店。

在天津，1923年，建国民饭店；1930年，

---

① 唐渭滨《中旅二十三年》，《旅行杂志》1946年，第1期。

② 一象博客《东安饭店的前身是长安春饭店吗》。

③ 《北京志·房地产志》。

建惠中饭店。

在南京，1930年，在今中山东路建中央饭店。

在汉口，1920年，在今中山大道六渡桥，建远东饭店。老板是广东煤矿商人王崇佑。钢骨水泥结构的一栋五层楼，初名东安旅社，设备豪华、房间宽敞、空气流通、交通方便。后转租余大宏经营，余改名远东饭店。1932年，远东饭店出售陈子菊、谢家彦等人合股的同德棉纱公司。1938年10月，日寇占领武汉，远东饭店用作日军招待所和兵站，门口挂上"大日本板垣部队"的木牌。1940年，汪伪政权以远东饭店为武汉绥靖公署。1942年8月，又以远东饭店为武汉行营。日本投降，武汉伪军头目邹平凡被蒋介石临时委任总指挥和军长。远东饭店门前，为武汉守备军和暂编第二十一军军部。1950年6月，同德棉纱公司将远东饭店卖给中南百货公司。

在常州，1916年，金泽初家族在乌龙庵地带建造旅馆，取名"大陆饭店"。五层楼，外型欧式，内部中式。吸引南来北往的名流，东至西去的贵客。是民国常州第一座新式饭店，带动了常州旅馆业。它的周边随后落成了风格各异的大成旅馆、中央旅馆、爵禄旅馆、康禄旅馆等[①]。

在长沙，有民国旅社，在潮宗街梓园6号，原称"絮庐"、"絮园"，原是清末布政使衔道员张自牧宅园。民国时，张家没落，宅园改作旅社。旅社四合院，院中有木构戏楼，歇山式屋顶，小青瓦，屋脊雕饰，飞檐翘角。

在扬州，新胜街有3家旅社，大陆旅社、绿杨旅社和中西旅社，而以大陆旅社最有名气。

[①] 陈伟堂《民国常州第一座"现代化"大饭店》，《常州日报》，2012年10月30日。

大门口，从早到晚，聚集黄包车、三轮车，等候旅客出行。

在青岛，德国旅馆，起步最早。光绪二十五年（1899）德国人开建的亨利王子饭店。亨利三座楼，东馆餐饮部，有音乐厅，故址在今泛海名人酒店；中馆客房部，今为栈桥王子饭店；西馆原是一座旅馆，多娱乐设施，如拳击场，故址在今青岛日报社一带。光绪二十九年（1903）德国人在今第一海水浴场开建海滨旅馆，客房31间，造型优美。尾随德国旅馆的是日本和式旅馆。日本记者田原天南《胶州湾》说民国二年（1913），大鲍岛区山东路（今中山路北端）有和式松茂里旅馆，码头区有和式大和馆、福屋旅馆，并挑明这两家旅馆各有美女提供服务。1914年，日本人占领青岛，和式旅馆大批涌现。在青岛，起步较晚却发展迅速的是本国旅馆。德占时，浙江人丁敬臣在火车站附近开设悦来公司，从事货物运输，兼营住宿；在北京路上开设悦来客栈，专营住宿。附近还有中华栈、连升栈等中国传统小客栈。民国九年，富商朱子兴已在中山路经营春和楼，又在天津路开办东华旅社，广告："新建四层洋房，大小客房一百余间，汽椅（沙发）、铁床、衣镜、面盆件件具备。并备有台球、钢琴、游乐设施。厨师系南北高手、欧西名匠。"并强调招待人员，老实本分，可代客人报关完税、照料行李。之后，广西路出现另一家国人旅馆，因床位多于东华，特称第一旅社，附有舞厅，招有舞女40多人，是当时青岛舞厅中舞女最多的一家。而永安大戏院附近的瀛洲旅社、亚细亚旅馆，今火车站对面的车站旅馆、今广西路的侯爵饭店，因

位置便利，也客源充足。青岛又有公寓式旅馆，如路德公寓，在今德县路；胶州旅社，在今中山路，主要接待家庭旅行团。青岛还有不少特殊旅馆，疗养院、平康里。疗养院，德国人带头修造。崂山风景区筑有麦克伦堡疗养院（又称柳树台疗养院），有5间单人带仆役住宿的小客房，有5间可供家庭住宿的大客房，附设吸烟室、阅览室、娱乐室、餐厅等。这类疗养型旅馆环境幽静、设施齐全，入住者非富即贵。1928年，中国戏剧家、海洋学先驱宋春舫在金口一路33号修建"万国疗养院"，广告虽用"病房""病床"词语，却并不阻滞游客入住。平康里本是唐代长安花柳街。青岛冠名"平康"的里院，是办有营业执照的公娼场所，或称乐户。如黄岛路一等妓院天香楼、平康五里，有乐户14家，妓女100多人。青岛大窑沟，是当时最大的"红灯区"。沧口路，集中俄国妓女，称"红灯一号"、"红灯二号"。临清路，集中日本妓女，艺伎和色妓。游客到此，可以住宿过夜。①

在北戴河旅游区（今属河北秦皇岛市），1912年，建亚细亚饭店，在今海滩路与东三路交叉处，两层木楼，阳台宽敞，宜观海景。门窗弧形，装有百叶，房内有壁炉、厚木地板。1941年12月8日，太平洋战争爆发，北戴河避暑游客骤减，旅馆停业。如今是河北总工会北戴河疗养院2号楼。民国九年前后，北戴河同福旅馆开业，股东是中国人，经理是西方人。"1923年赢余达1万余元，1922年赢余达8000余元，客房共88间，可容160余人。"② "规模较大，设备较周，位临海边，凉风飒飒，住于是者，飘飘欲仙矣。房分特等、头等、二等三

① 孙英男，孙桂东，孙艺嘉《老青岛的旅馆往事》。

② 民国十四年（1925）《旅行杂志》。

种，特等1位每日20元，每月270元，加1位每日8元，月加180元；头等一位每日11元，每月260元，加一位与特等同；二等一位每日9元，每月210元，外加一位与特等同。儿童按年岁而收费，仆役每日1元，每月18元，狗每日5角，每月10元。仅特等、头等设浴室，二等则无之。"① 饭店于1946年9月1日停业，如今是中国煤矿工人北戴河疗养院。北戴河又有毕琪饭店。毕琪，英文beatch（海滩）的音译。位于平水桥北。白俄人开办。"管理方面颇佳，房舍也整洁可喜，房饭费，1位每日由7元至13元，每月由160元至260元，其加人方法，多1位每日加5元，按月者照120元算，儿童以年岁而论费，狗以食量酌商，月约9元左右，仆妇每月8元。"② 1941年12月7日，太平洋战争，毕琪停业。现址属今北戴河铁路分局工人疗养院。③

民国寺院，依旧接待旅客。1921年，周作人生病，住北平香山碧云寺。1929年，冰心与吴文藻结婚，在北平西山大觉寺，租客房，度蜜月。1932年，埃德加·斯诺与海伦·斯诺在中国结婚，蜜月住地也是北平西山一座寺庙。海伦·斯诺说："寺庙不但是修行场所，还是中国俗家人的旅馆系统，很多中国贵族都在寺庙里长期租赁客房，在那里度周末。"确实，吴佩孚下野，常住天津武清寺。蒋介石回乡，或住奉化雪窦寺。④

第六节 旅行交通

民国时，新式交通火车、轮船，大有发展。汽车、飞机，也从无到有，从小到大。

---

① 民国二十年（1931）7月30日，天津《益世报》。

② 民国二十年（1931）7月30日，天津《益世报》。

③ 赵成伟《秦皇岛餐饮史》。

④ 李开周《民国时期的寺院：可度假 当旅馆以及办婚礼》，《郑州晚报》，2014年5月26日。

一、民国铁路

晚清，中国境内共修筑铁路约9 400公里，列强控制约80%；国有铁路，官商自筑和收回自办的仅约20%。1912年，孙中山在《建国方略》中，企划了"完成铁道十万英里（十六万公里）"的宏伟蓝图。辞去大总统后，出任中华民国铁道协会会长，提出"交通为实业之母，铁道又为交通之母"①，在上海筹办中国铁路总公司。北洋政府陆续收回列强路权，在交通部下设路政司主管全国铁路。1925年国民政府成立，设铁道部掌管全国铁路。铁路以国营为主，部分路线民营。1932年颁布中国第一部《铁道法》。抗日战争前，国民政府重点建设粤汉、陇海两路，并在华东、华北地区修建了浙赣、同蒲、江南、淮南、苏嘉线。1927年至1937年间，国民政府共修铁路3793公里，全国铁路里程已达1.2万公里②。1937年，对日抗战，国民政府继续在西部修筑铁路，兴建湘黔、湘桂、黔桂、滇缅、川滇等线。1945年抗战胜利，中华民国收回东北和台湾，全国铁路里程约有30 190公里。③

铁路鼓励旅游。为吸引游客，铁路部门降低票价。1930年京沪铁路管理局降低旅行团体票价，"本路行车每日往首都上海之间经过各大站如昆山、苏州、无锡、常州、镇江等站皆为中国名胜之区"，"团体旅行本路订有定章核减票价"，"各联运车站并有减价之周游票发售"。1932年《国内联运规章》"由中华国有铁路各大车站至中国各名胜地点有减价之来回游览票发售"。铁路部门举办旅游活动。1936年，天津北宁路局组织北平汤山游览团，津浦路局主办济南泰山旅行团。京沪、沪杭甬

① 民国元年（1912）6月25日，孙中山与《民立报》记者谈话。

② 不包括同期东北三省修筑的铁路。1931年"九一八"事变，日本在东北地区和华北扶持伪满洲国等傀儡政权，为军事和资源掠夺，大力建设铁路。到1939年，伪满洲国铁路总长已超过一万公里。

③ 陈延厚《中国铁路创建百年史》，台湾铁路管理局，1981年。铁道部《中国铁路的发展历程》，2007年。

第十五章　民国旅游

铁路还随时举行划船竞赛、登高竞赛、菊花展览、探梅旅行及赏月旅行。铁路部门编印旅游指南。1924年，沪杭甬铁路管理局编印《导游丛书》。《国有铁路联运规章》规定联运各路为沿线著名名胜编制中英文宣传刊物，赠送游客。1931年，铁路联运处刊出装帧精美的英文旅行手册（China for the tourist）。1935年，沪杭甬铁路管理局搜集江浙著名塔影38幅编辑《东南塔影》。铁路局还在上海、南京、北平及青岛分别举行全国铁路沿线出产货品展览会。①

二、民国轮船

晚清，外国轮船横行中国的领海及内河，同治四年（1865）江南制造局成立，中国轮船制造业起步；同治十一年（1872），轮船招商局成立，中国轮船航运业起步。民国，中国轮船业进入新时期。1912年至1927年，中国轮船数量、吨位持续增长，百吨级、千吨级明显增加，万吨级实现零的突破。轮船航运开辟远洋航线，轮船航运体系逐渐形成。至1936年，中国已拥有5000吨以上的大中型轮船公司27家，其中万吨以上轮船公司14家。同时，民国政府成立航政局，管理全国航运，规范航业秩序，保护航运商利益，努力培养航运人才，累计4039人获得高级和中级船员证书。②

民国航运，应当书写卢作孚。建国初年，毛泽东对黄炎培说："在中国近代历史上，有4个人是我们万万不可忘记的，搞重工业的张之洞，搞纺织工业的张謇，搞交通运输业的卢作孚，搞化学工业的范旭东。"③卢作孚（1893—1952），重庆合川人。家境贫寒，自学成才。参加同盟会、少年中国学会。1925年创办民生

① 本节资料来源：易伟新《民国时期中国旅游业发展背景透视》。

② 参看华中师范大学中国近代史研究所郭晋《民国时期的轮船航运业》。

③ 张绪武《我的父亲张謇》。

公司，筹得8 000元资本，亲赴上海订购一艘载重70吨浅水铁壳小船，取名民生，开辟嘉陵江渝（重庆）合（合川）航线，提出"一切为了顾客"的经营口号。1929年，增置两艘轮船民用号、民望号，总吨位230吨，航线从嘉陵江扩展到长江渝涪（重庆涪陵）、渝沪（上海）线。1930年起，以民生公司为中心，统一川江航运，收买华商轮船28艘，合并重庆上下航线的14个轮船公司。1935年，收购美国捷江公司11艘轮船。计有轮船42艘、吨位16 884吨、职工2836人、经营了川江航运大半业务。1938年秋，武汉失守，大量人员、物资屯集宜昌，遭受日机轰炸。卢作孚集中全部船只，昼夜抢运，奋战40天，终于抢在宜昌沦陷之前，把人员、物资抢运四川。这次抢运，被誉为中国的"敦克尔克大撤退"。抗战中，民生公司共抢运各类人员150余万人、物资100余万吨、遭日机炸毁船只16艘、牺牲职工100余人。同时，收购由沦陷区逃出的长江中下游华轮公司的70多艘轮船，轮船数量增加到137艘、36 000余吨位，成为战时中国最大的航运企业。抗战胜利，国民政府授予卢作孚一等一级奖章。战后，卢作孚以上海为沿海、远洋发展基地，增辟上海到台湾、汕头、香港等南洋航线和上海到连云港、青岛、天津、营口等北洋航线。并与金城银行集资100万美金，创办太平洋轮船公司，购入海轮3艘，把航线延伸到越南、泰国、菲律宾、新加坡和日本。到1949年，民生公司拥有江海船舶150余只，吨位72000吨，职工9000余人，投资60多个企事业，是中国最大和最有影响的民营企业集团之一①。2008年，重庆评选历史名人，卢作孚获评："民生公司、北

① 中华人民共和国成立后，1950年，卢作孚组织18艘海外轮船从香港驶回大陆，担任全国政协委员、西南军政委员会委员，北碚文化事业管理委员会主任等职。1951年春，卢作孚逐步将滞留香港的船只驶回中国，同年冬天，卢赴京开会，周恩来希望他到交通部担任负责工作。1952年1月，离京返渝时，正值"五反"运动，他被指为"不法资本家"，不甘受辱，于1952年2月8日在重庆服用安眠药辞世。遗嘱：一、借用民生公司家具，送还民生公司。二、民生公司股票交给国家。三、今后生活依靠儿女。四、西南军政委员会证章送还军政委员会。

碚实验区、《卢作孚集》，其中任一项都足以改变历史，卢作孚正是这样一位改变历史而让中国人不能忘记的重庆人。"2011年5月1日，重庆市合川区卢作孚广场卢作孚青铜雕塑揭幕。

三、民国汽车

1885年，德国工程师卡尔·本茨（Karl Benz）创立的奔驰公司和莱茵煤气发动机厂制成第一辆奔驰专利机动三轮汽车，采用两冲程单缸0.9马力汽油机、火花点火、水冷循环、钢管车架、钢板弹簧悬架、后轮驱动、前轮转向和制动手把等。1886年，奔驰三轮机动车获得德意志专利权（专利号：37435a），是世界上第一辆现代汽车。人称1885或1886年为汽车元年。

光绪二十七年（1901）冬天，旅居上海的匈牙利人李恩时，从香港运来两辆奥兹莫比尔牌汽车。黑色木制车身、包有橡胶轮胎的木制车轮、装有车顶、煤油灯、手捏喇叭，外表与马车相似。开上大街，隆隆轰鸣。上海租界工部局特地开会研究，给予临时牌照，暂列马车类，每月征税2元。这两部汽车，是在西洋汽车发明十六年后，开上中华大地的并列第一的汽车。光绪二十八年（1902）11月，慈禧太后六十大寿，直隶总督袁世凯花1万两白银，从香港购进一辆双排座、黑色皮革内饰的美国小汽车送作寿礼，是开上中华大地的第三辆汽车。光绪三十四年（1908），美商环球供应公司百货商场开设汽车出租部，首次经营汽车业务。宣统三年（1911）上海工部局批准美商平治门洋行和美汽车公司试办汽车出租行。随后。亨茂洋行、中央汽车公司和华商也先后经营汽

车行。汽车开始成为中国旅行和运输的新式载体。

1912年，民国伊始，孙中山倡导发展公路汽车交通。孙中山说："交通之法，铁路为急务，然马路尤不可少。盖马路费较省便，且马路行自动车，自动车费亦较少。"① 汽车运输业逐渐增强。1937年，广州成立国民政府军事委员会西进出口物资运输总经理处，对外称兴运公司，拥有汽车3600辆。1938年，全国公路里程117 296公里，民用汽车保有量64 635辆。1946年，全国道路机动车由靠左行驶改为靠右行驶。1949年，全国民用汽车保有量69 159辆。②

1920年，孙中山倡导发展汽车工业。《建国方略》："发展自动车工业"。但民国的汽车制造，零星缓慢，不成气候。1931年5月，辽宁迫击炮厂引进美国技术，仿造美国万国牌载重汽车，制成国产第一辆汽车民生牌75型1.8吨载货汽车，采用六缸水冷汽油发动机，65马力，前后轮距4.7米，最高车速为每小时40公里。全车666种零件，有464种自制，202种进口。1931年9月上海市展览会，民生汽车置于展厅中央③。1932年，山西汽车修理厂试制成山西牌1.5吨汽油载货汽车④。1933年，山西汽车修理厂又制成"山西牌"货运汽车2辆、煤气客车1辆、向新加坡柔佛木材公司出口煤气车10辆。1936年，湖南长沙湖南机械厂试制成"衡岳牌"25座汽车2辆，售予湖南省公路局作长途客车。同年，国民政府资源委员会筹建中国汽车制造公司，与德国奔驰（Benz）厂合作生产柴油机汽车。1937年，中国汽车制造公司在湖南株洲建厂，组装出第一辆2.5吨柴油汽车，

① 《孙中山全集》第2卷，北京，中华书局，1982年。

② 《当代汽车报》2003年9月15日。

③ 民生工厂原定制造生产55型载重2吨和100型载重3吨两种汽车。初定计划年产75型汽车100辆，100型汽车50辆。后调整为75型2.5吨载货汽车。1931年九一八事变，日本抢走厂内即将完成的首批40辆汽车及零部件。1934年，日本人在辽宁成立日资的同和自动车工业株式会社，所用厂址就是辽宁迫击炮厂厂址。

④ 20世纪20年代，阎锡山在太原创办兵工厂。1932年，阎锡山出任太原绥靖公署主任，将名为晋绥军修械所的兵工厂改称为壬申制造厂，制造农具等，其中双向引信厂改为山西汽车修理厂。厂址在太原小东门，工人百余名，厂长姜寿亭，主要负责修理绥靖公署公车。1932年4月，阎锡山令汽车修理厂制造汽车，由姜寿亭负责设计、试制。1932年12月仿美国飞德乐（Federal）牌汽车试制成装载量1.5吨的汽油载货汽车一辆，定名为山西牌。到1933年夏，试车行驶约1.8万千米。源自《中国汽车工业发展史》，机械工业出版社，1995年。

定名中圆牌。同年，支秉渊①等人创办的上海新中工程公司试制高速柴油机汽车。1939年，国民政府资源委员会在昆明成立中央机器厂，买下美国斯图尔特汽车厂全部器材和设备，成立第五分厂生产汽车，1942年，试制"资源牌"汽车2辆。1945年国民政府接管天津日营华北自动车株式会社，改名天津汽车制配总厂，1946年6月，装配第十辆飞鹰牌三轮汽车（9辆客车、1辆货车），发动机功率6千瓦，最高时速50公里，可载客6人或载货650公斤。②

民国培养汽车制造人才。1935年，上海交通大学自动机（汽车）专业第一批学生10人毕业，是中国高校培养的第一批汽车专业毕业生。1936年，陆军交辎学校在南京丁家桥成立，是中国第一家汽车专门高校。

汽车客运为旅游服务。1936年4月，北平公共汽车加开温泉汤山两条游览路线。1937年1月全国公路交通委员会在安徽宣城设立游旅服务社，答复旅游咨询，介绍食宿游观，印发公路旅行指南、公路地图、代办公路导游，并且开设南京至黄山游路线为交通设备实验路，洽办游客所有旅行事务。一些地方实行公路与铁路的联运。③

四、民国飞机

1903年，美国莱特兄弟制造出第一架依靠自身动力进行载人飞行的飞

---

① 支秉渊（1897—1971），号爱洲，族号达瀛，浙江省嵊县人。1915年进上海南洋公学电机科，获电机工程学士学位。毕业后，受聘上海美商慎昌洋行实习工程师、工程师。1925年支秉渊联络大学同学筹办新中工程股份有限公司（现上海新中动力机厂），仿制、试制机器产品，承接设计工程项目。1932年当选中国工程师学会副会长，后任会长。大约在1935年，支秉渊领导研制柴油汽车发动机和煤气汽车发动机。1937年春发动机装配完成，这是中国第一部自制的高速柴油汽车发动机。被安装在那辆Commer牌卡车上，由支秉渊亲自驾驶着向市政府公用局报告试车成功。1939年初，零件加工陆续完成，开始装配。同年6月，65马力柴油汽车发动机在新中祁阳制造厂制成，装在原已修复的旧汽车上，试用成功。1939年夏，战时柴油成了十分紧张的战略物资，支秉渊审时度势，开始试制煤气机，翌年初试车成功，并将它和煤气发生炉装在一辆卡车上。1942年他和司机驾驶这辆汽车从祁阳出发，经湖南、广西、贵州的崎岖山路，成功地驶抵重庆，开创了国产煤气发动机驱动汽车的历史，成为中国近代机械史上的一件要事。当时重庆《大公报》发表文章将支秉渊喻为"中国的福特"。1947年，支秉渊任中国农业机械公司总经理。中华人民共和国建立后，先后担任华东工业部机械处处长、太原重型机器厂副厂长兼总工程师、沈阳矿山机器厂副厂长兼总工程师及原第一机械工业部起重运输机械研究所副所长兼总工程师等职。任中国机械工程学会常务理事和机械传动学会理事长。曾当选为第三届中国人民代表大会代表，辽宁省第二届政协常委。从事科技研究工作50年，是中国机械工业的奠基人之一。

② 李禾俊《民国初年中国的汽车经济价值观》，《集团经济研究》，2007年，第259期。

③ 易伟新《民国时期中国旅游业发展背景透视》。

机"飞行者"1号,并试飞成功。同年,创办"莱特飞机公司"。标志世界航空业的伟大起步。

民国重视飞机制造。1919年,在马尾船政局开办海军飞机工程处,即中国第一个正规的飞机制造厂,马尾飞机制造厂。1920年开办广东飞机制造厂。1934年与美国合作开办中央杭州飞机制造公司。1935年与意大利合作开办中央南昌飞机制造厂。1939年航空委员会开办航空研究所。1941年开办空军第三飞机制造厂。

马尾飞机制造厂。由留学归来的美国麻省理工学院航空工程硕士巴玉藻和王助主持。1919年,巴玉藻自行设计并成功制造第一架水上飞机,取名甲型一号。1922年又完成了甲二、甲三、乙一等初级教练机。1924年到1925年又设计制造了丙一、丙二水上轰炸机,重量达2.95吨,最大时速170公里。到1929年,以水上飞机为主,共制造出6种型号的飞机12架。到抗战前,又先后研制和仿制了教练机和侦察机7种。

广东飞机制造厂。1922年,民国非常大总统孙中山任命美国留学的机械工程专家杨仙逸①为广东航空局局长。次年,杨仙逸在广州创办广州飞机修理厂,仿制詹尼式双翼教练机一架,发动机功率110马力,巡航时速80英里(约129公里),可携带50磅炸弹4枚。孙中山偕夫人宋庆龄亲临广州大沙头机场出席飞机命名典礼和试飞仪式。孙中山以宋庆龄在美国留学时的英文名字"乐士文"(Rosamonde)为这架飞机命名,特别题写"航空救国"。其后,广州飞机修理厂又制成乐士文二号、三号。1928年起,广东飞机制造厂开始研制飞机,定

① 杨仙逸(1891—1923),原籍广东香山(今广东中山),出生美国夏威夷。1910年,加入同盟会,毕业于加州哈里大学机械系,是中国近代航空事业的先驱,誉为"中国革命空军之父"。1919年,杨仙逸奉孙中山令筹组中国第一支飞机队,充任总指挥。率机作战。1923年2月,孙中山在广州成立大元帅府,任命杨仙逸为航空局长,随后筹办广东飞机制造厂,杨仙逸兼任厂长,领导制造了中国第一架飞机"乐士文"号。1923年9月20日,攻打军阀陈炯明,检查水雷,因爆炸牺牲。

名"羊城号"。1928年广飞第一架飞机"羊城51号",飞行成功。接着设计制造"羊城52号",时速128公里。1929年又造出时速超过160公里的"羊城54号"、"羊城55号"、"羊城56号",1933年造出"羊城57号",速度达到220多公里。到1936年共研制生产了"羊城"系列的教练机、驱逐机、轰炸机达60多架,成为中国当时在飞机研制方面成就最大的航空工厂。1945年至1948年,设计制造"蜂鸟"号甲型和乙型直升机。

中央杭州飞机制造公司。先是修理外国飞机,逐步过渡到组装、仿制美国飞机,它所制造的美国诺斯罗普式轰炸机25架,是中国首次制造带有应力蒙皮结构的大型飞机。

中央南昌飞机制造厂。1936年,修理"美龄"号飞机和两架意制菲亚特式飞机。1937年开始,制造20架教练机和6架大型S18双发轰炸机,30多架滑翔机,在缅甸装配美国P40"战鹰"式99架。自行研制了中国第一种中型运输机"中运一号"、"中运二号"。"中运一号"总重4540千克,最大飞行速度每小时342公里,航程1600公里,乘员数11人。"中运二号"的最大速度为每小时345公里。于1946年试飞成功。抗战后,中央南昌飞机制造厂迁到四川南川,改为空军第二飞机制造厂。到1947年,仿制苏制伊16飞机30架。

清华筹建航委会航空研究所,研究航空科学、技术、材料;研制研教一、研教二式教练机和研滑一式滑翔运输机。

空军第三飞机制造厂,后为成都飞机制造厂。1942年到1944年,仿制15架美国教练机、15架"研教一"双翼教练机和30架"大公报"

号滑翔机；又根据苏联SB3轰炸机资料，设计制造研轰三式轰炸机，全机总重13 200公斤，是中国当时生产的最大飞机。

据统计，民国40年间，中国组装、仿制、研制的各种飞机大约700架。

民国发展民用航空业。1928年，国民政府开始筹办民用航空业：1929年5月，沪蓉航空管理处在南京成立，7月开通上海南京航段。1930年，中美合资中国航空公司在上海成立；先后开辟了沪蓉、沪平、沪粤及重庆——昆明航线，1931年至1937年间，"中航"旅客、货物和邮件运量逐年增加，累计63 047人次、490吨和160吨。1931年，交通部与德国汉莎航空公司在上海合资组建欧亚航空公司，开通北平至洛阳，北平至银川，北平至广州，兰州至银川，南京至兰州，西安至成都、昆明航线，1937年底，"欧亚"旅客、货物和邮件运量累计27 746人次、627吨和153吨。二战，中德绝交，1943年欧亚航空改组为中央航空公司。1933年广东广西地方政府成立西南航空公司。西南航空公司开通广州至龙州、广州至钦廉、广州至福州、梧州至贵县、广州至南宁及南宁至昆明的国内航线及广州至河内的国际航线。1939年，交通部与苏联民用航空总局签订《建立哈密与阿拉木图之间定期航空运输的协定》，在迪化成立中苏航空公司。1945年，成立华大航空公司。截至1947年，两家最大的航空公司，中航通航里程达50 000公里，央航达33 550公里，开通国内国际航线数十条。

民国培养飞机制造人才和飞行人才。1913年，开办中国第一所正规的航空学校北京南苑航空学校①。1922年开办东三省航空学校。1924

①北京南苑航空学校修理厂研制飞机。1914年，厂长潘世忠设计制造并试飞了59千瓦推进式飞机，称"枪车"。

年开办广东航空学校。1934年，上海交通大学创办航空工程系，其后，清华大学、中央大学、北洋大学、浙江大学也先后设置航空工程系。青年学生，踊跃报考，钱学森、郭永怀、钱伟长、沈元、吴仲华、陆士嘉等，都是毕业于中国大学的航空科技人才。

五、民国城市公交

有轨电车。轻铁的一种，采用电力驱动并在轨道上行驶的轻型轨道交通车辆。晚清，光绪二十五年（1899），北京出现有轨电车，由德国西门子公司修建，永定门至郊区马家堡火车站。光绪三十年（1904），香港开通有轨电车。光绪三十二年（1906），天津开通有轨电车。光绪三十四年（1908），上海开通。宣统元年（1909），大连有轨电车，今201路、202路，通车。

1924年，北京开通市内有轨电车。1925年，沈阳开通有轨电车。1927年，哈尔滨有轨电车通车。同年，美洲华侨伍藉磐广州电车股份有限公司，在广州铺设广九站至德西路路轨，后不能为继。1941年，长春开通有轨道电车。

当时有轨电车的规模以上海最大。宣统元年（1909），英商上海电车公司建造的第一条有轨电车线路，从今南京路口至延安东路外滩。同年5月，法商上海法兰西电车电灯公司经营的有轨电车，由十六铺出发，经过公馆马路、霞飞路，至善钟路（今常熟路）。1913年华商陆鸿伯电车公司，建成老城厢环城园路一带四条电车线路。至1937年7月，上海计有25条电车线路，基本形成市区电车网络。

无轨电车，电力发动、不须固定轨道的公

共交通，即"有线电动客车"。上海是民国唯一开通无轨电车的城市。1914年，英商电车公司，在上海公共租界福建路，首辟一条1.1公里长的无轨线路，南起郑家木桥（今东新桥），北至老闸桥南堍（今福建中路北京东路），中途设南京路站（今南京东路）。1916年，该线延伸，从老闸桥经北京路（今北京东路）延至天后宫桥（今河南路桥北）。这条线路就是今天上海的14路电车线路，它是全国乃至全世界历史最老仍在营运的无轨电车线路。1920年，英商电车公司开辟第二条无轨电车线路（16路），从泥城桥（今西藏中路北京东路口）至天后宫桥。1926年，法商电车电灯公司也增设无轨线路，并与英商电车公司联营。至1927年，上海无轨线路增至5条，车辆增至85辆，线长增至25.10公里。至1937年，线路增至9条，车辆120辆，线长33.8公里。

有轨电车与无轨电车改善了城市交通和城市旅游。

民国，中国旅行社的运作和现代交通工具的运用，使中国旅游初具现代旅游业规模。

第十六章

共和国旅游

1949年，中华人民共和国成立，中国旅游逐步复兴。特别是1978年以来，中国日益解放的生产力、改革开放的市场经济、迅猛增长的社会财富、显著改善的生活条件、日新月异的科学技术，使中国旅游高歌猛进，跃升世界旅游大国。

第一节 旅游大众化

共和国旅游的伟大成就，是实现了小众化旅游向大众化旅游的巨大转变。

1949年至1977年，公民国内旅游的主要形式是假日休闲。节假日，一般一天，最多三天（春节），出门旅游，时间紧张；外宾来华的主要形式是外事接待，规模小，人数少；旅游活动，如清风徐来，波澜不惊。尔后至今，群众性三大旅游，潮涌浪叠：公民国内游，公民

出境游与境外民众来华游。

一、公民国内游

1995年，国务院决定[①]，终止单休日工作制，实行双休日工作制，每周工作时间40小时，星期六和星期日为周休息日。1999年和2007年国务院两次增加公众法定休假日[②]，各地为方便公众旅游，将临近春节（十一国庆节）的双休日与三天节假日组合为连续七天的长假，称旅游黄金周。2011年，国务院确定每年5月19日为中国旅游日。近些年，每逢双休、旅游黄金周及其他节假日，景区、景点，车堵、人堵，但游客兴致年年高涨，游客人数年年增加。1993年至2007年，国内旅游人数从4亿人次增长到16亿人次，年均增长10%；国内旅游收入从864亿元增长到7771亿元，年均增长17%。[③] 2010年，国内旅游人数21亿人次。[④] 2012年，30亿人次，旅游收入2.3万亿元。[⑤] 2013年，32.6亿人次，旅游收入2.6万亿元。[⑥]

旅游已经是中国的大众生活方式，中国旅游大众化。

二、公民出境游

1989年之前，出境出国旅游颇受限制。1990年10月，开放东南亚三国（新加坡、马来西亚、泰国）游。1997年，试办港澳游、边境出境游。2007年，日本游、韩国游、北美游、北欧游、中东游、南非游，计有132个国家接纳中国游客，出境总数4095万人次；[⑦] 2010年，出境总数5739万人次[⑧]。2012年，出境总数8200万人次，出境游花费980亿美元。[⑨] 2013年，出境总数9818.5万人次，其中，因公出境621.6万人次，因私出境9196.90

[①]《国务院关于修改〈国务院关于职工工作时间的规定〉的决定》，1995年。

[②] 1949年《全国年节及纪念日放假办法》规定全体公民节假日：新年，放假一日。春节，放假三日。劳动节，放假一日。国庆纪念日，放假两日。如适逢星期日，应在次日补假。1999年《国务院关于修改〈全国年节及纪念日放假办法〉的决定》：全体公民放假节日：新年，放假一天。春节，放假三天。劳动节，放假三天。国庆节，放假三天。如逢星期六、星期日，应在工作日补假。2007年，《国务院关于修改〈全国年节及纪念日放假办法〉的决定》修改全体公民放假节日：增加清明节、端午节、中秋节各一天，减劳动节三天为一天。

[③]《中国旅游业改革开放三十年发展报告》，国家旅游局课题组，2008年12月。

[④]《新民晚报》2011年4月15日，沈敏岚《2011中国国内旅游交易会今在西安开幕》。

[⑤] 中商情报网《2012年中国旅游市场深度分析报告》。

[⑥] 国家旅游局政策法规司《2013年中国旅游业统计公报》，2014年9月发布。

[⑦]《中国旅游业改革开放三十年发展报告》，国家旅游局课题组，2008年12月。

[⑧]《中国旅游集团发展报告（1979—2010）》，中国旅游研究院，2011年。

[⑨] 中商情报网《2012年中国旅游市场深度分析报告》。

第十六章 共和国旅游

万人次。① 主要目的国是日本、韩国、越南、台湾、美国、俄罗斯、新加坡、泰国、马来西亚、加拿大、英国、德国、西班牙、法国、瑞士、澳大利亚等。

中国出境游客多为城市居民，近些年，农民开始出境旅游，人数从少到多，逐年增长，乡土从南到北，逐渐扩大。2007年，新疆神州观光旅行社组织港、澳和海南、深圳旅游团，全团40人，有农民11人，如新疆奇台县东湾镇中渠村农民王吉福和妻子刘玉琴、姐姐王吉兰。② 2007年，内蒙古东方路桥集团31名优秀农民工，参加公司组织的香港、台湾地区和菲律宾旅游。③ 2012年5月至10月，浙江鄞州公安分局受理14 700人次出境申请，七成农民。如集士港镇广瘴村农民华光耀夫妻。④ 2013年，安徽省天长市公安局出入境管理科门庭若市，一月之中，受理出境申请987人，农村户口790人，占80%；年龄多在50岁至60岁左右；旅游目的地，最远欧美，最多港澳，最受欢迎新马泰。⑤

二十一世纪初，中国成为世界旅游市场主要客源国。

三、境外民众来华游

1949年至1977年，入境（外国公民与港澳台同胞）游客累计不到70万人次。游客身份主要是外交人员、友好人士，性质属于外事交往。自1978年中国对外开放，境外民众踊跃来华，或来华留学，或来华经商，或来华考察，或来华度假，身份系于各行各业，规模已由小众来华转为大众来华。⑥ 到2007年，入境旅游人数从1978年的180万人次增加到1.3亿人次，增长71.9倍，年均增幅达15.9%；旅游外汇收入

---

① 国家旅游局政策法规司《2013年中国旅游业统计公报》。

② 天山网讯，2007年11月6日。

③ 新华网讯，2007年1月14日。

④ 浙江鄞州旅游快报，2012年10月19日。

⑤ 大公网，2013年3月20日。

⑥《中国旅游业改革开放三十年发展报告》，国家旅游局课题组，2008年12月。

从2.63亿美元增加到419.19亿美元，增长158.4倍，年均增幅达到19.1%。① 其中，港澳台同胞是主要客流，外国公民也数以千万，2012年外籍游客2719万人次。② 2013年，外籍游客2629万人次。③

主要客源国，亚洲的日本、韩国；2007年分别为397万人次和477万人次。欧洲的俄罗斯，2007年为300万人次。北美洲的美国，2007年为190万人次。大洋洲的澳大利亚，2007年为60万人次。④

外国游客的主要观光地，是首都北京、东南沿海的上海、广东、浙江、江苏等省市。也有少数游客游至新疆、西藏、青海、内蒙、甘肃、宁夏地区。

中国接待境外游客的世界排名，1978年不到前40位，1980年进入前20位，1988年进入前10位，1999年进入前5位。

二十世纪末，中国成为世界旅游主要目的国。⑤

① 《中国旅游业改革开放三十年发展报告》，国家旅游局课题组，2008年12月。

② 中商情报网《2012年中国旅游市场深度分析报告》。

③ 国家旅游局政策法规司《2013年中国旅游业统计公报》。

④ 丁志宏，刘京鹏《2000年以来我国外国游客的人口社会特征及其消费情况分析》。

⑤ 《中国旅游业改革开放三十年发展报告》，国家旅游局课题组，2008年12月。

第二节 旅游活动如火如荼

一、国内：旅游活动推陈出新

山水游。是国内旅游的传统形式，也是主要形式。建国初期（前30年，1949年至1978年），山水游客主要是山水景区周边的居民，出差附近的公职人员，度假的学校师生，诗人、作家等，虽来往于途，却不见拥挤。进入八十年代，著名山川，大众纷至，长假期间，客流汹涌，堵塞之事，常见报端。近些年，山水旅游的热点，由传统的名山大川转向人烟稀少、始露峥嵘的奇山异水，尤其是青年人的旅游热点，多在西藏高原、青海高原、新疆戈壁、内蒙草原、云贵高原、陕甘高原、湘西地区。刘彦峰，英美语言文学专家、旅游家、摄影家，利用暑假，游观新疆火焰山、云南怒江大峡谷、川藏公路西藏八宿县业拉山路段九十九道湾、青海湖鸟岛、宁夏贺兰山、内蒙草原、四川亚丁神山、甘肃玉门关故址、云南石林等，拍摄了大量山水佳作。

乡村游。建国初期，旅游乡村田园者，大多是采风乡下的文艺人士，到农村实习的学校师生。近些年，城市居民是乡村游主体，利用节假日，上山下乡，品味农家饮食，欣赏农家风光。国家旅游局因势利导，确定2006年旅游主题是"中国乡村游"，宣传口号为"新农村、新旅游、新体验、新风尚"，乡村游大盛于时。接待形式，主要有农家土菜馆、度假农庄、古村寨、农林牧副产品基地等。农家土菜馆，利用当地农产品和田园环境，为城市居民和外来游客提供乡村饮食，俗称"农家乐"。度假农庄，占地有一定规模，拥有酒店、餐厅、庄园等，为游客提供乡村生活体验，如广东梅州雁南飞山庄。古村寨，以浓厚的古村寨文化和古村寨建筑吸引游客，如贵州镇远侗族古寨——北侗大寨。农林牧副产品基地，引导游客观看特色土产，如茶叶、手工艺品的制作工艺，安徽黄山市黄山区太平镇猴坑就是全国一村一品（猴魁绿茶）示范村。乡村游的另一种形式，是游客自建度假屋。城市居民，在农村自租土地，自租房屋或自建房屋，用以度假。李联春，历史学与民俗文化学专家，热爱乡土田园，在江西瑞金农村，修建小农庄，常常千里自驾，游居瑞金乡下。

寺庙游。建国初期，游庙观光，多游著名寺庙，如杭州西湖灵隐寺、北京香山卧佛寺、四川成都武侯庙、甘肃敦煌莫高窟、河南洛阳龙门石窟、山西大同云冈石窟等。近三十年，因宗教意识复苏及旅游资源挖掘，各地或维修庙宇，如山西普救寺[①]；或新造庙宇，如深圳弘法寺[②]。寺庙为招徕信徒，欢迎游客，或举办弘法大会，或举行仪仗游庙，或编印宗教手册，或编辑楹联诗集。游客大致分两类，一类，观光客，浏览历史文化与宗教文化；一类，进香客，烧香叩头，祈神求佛。[③] 寺庙游，空前热闹。

古迹游。热点有：北京十三陵、北京故宫、八达岭长城、沈阳故宫、河北山海关、南京明孝陵、西安兵马俑、西安华清池、开封大相国寺、武汉黄鹤楼、湖南岳阳楼、南昌滕王阁等。热点之外，近些年，各地也在开发古迹资源。山西鹳雀楼，始建于北周（约557—580），元初毁于兵火。1997年运城永济市在黄河之滨破土重建，2002年落成开放。山东淄博市桓台县马踏湖青丘于明代筑有纪念鲁仲连、诸葛亮、苏东坡的三贤祠，清代维修，增设颜斶、辕固牌位[④]，建国时已颓败，1985年政府和村民投资重修，改称五贤祠，附近居民、学生时时游观。

园林游。古典园林的旅游热点，首推北京、苏州。如北京颐和园、苏州网师园等。新建园林，风格上多属现代园林，一般城市公园都是现代园林。是城市居民双休日最常去的游息场所，清晨傍晚最常去的健身场所。

都市游。游观历史名城，北京、南京、西安、成都、洛阳、开封、苏州、杭州、济

[①] 普救寺，位于山西永济市蒲州镇西厢村。原名永清院，唐武则天时期建造的佛教寺院。因元代王实甫《崔莺莺待月西厢记》（西厢，普救寺西厢）名声显著。建国时，寺殿僧舍均已毁坍，唯有一座13层、高37米的舍利砖塔屹立不倒。1986年重修，依山而筑，高下相倾，一塔凌空，廊宇四周。

[②] 深圳弘法寺，位于深圳梧桐山，始建于1985年，是建国以来，国内兴建的首座佛教寺院，规模宏伟，气象庄严。

[③] 进香客，概指程度不同的宗教倾向和宗教信仰者。观光客或有烧香者，大抵入乡随俗，逢场作戏。

[④] 颜斶，齐国高士，不畏权归，不慕荣利。辕固是西汉传诗四大家之一，所传《诗经》称"齐诗"。

南、福州、昆明、沈阳等。这些历史名城与时俱进，展现现代化新面貌。游观现代名城，上海、天津、武汉、厦门、青岛、宁波、哈尔滨、大连等，这些城市，晚清民国时，以洋场租界知名，如今租界文化消融殆尽，展现出崭新的现代面貌与现代繁荣。游观当代新起名城，与香港隔海相望的广东深圳，高居世界屋脊的西藏拉萨，新疆第一都市乌鲁木齐等。

蜜月游。当代青年喜用的新婚度假方式。或专去一地，或周游多地。海南三亚、云南丽江、湖南凤凰、江苏苏州、浙江杭州等地，因风情柔丽，是蜜月旅行的优选之地。

民俗游。观光各民族的风土民俗。旅游湖南，观看张家界土家族民俗；旅游山西，观看平遥古城风貌；旅游福建，观看漳州客家围楼；旅游青海，观看湟源①独特的汉、藏、回、蒙各个民族相生相长的民俗文化。

① 湟源，在青海西宁西郊。

文化游。亲身体验地方文化或民族文化的旅游。女诗人谷雪儿，旅游云南，翻越横断山，穿过无量河，行走茶马古道，深入原始森林，以两年多时间，探秘纳西族文化，创作纪实小说《纳西族人最后的殉情》，寻访玉龙雪山纳西族古稀老人，编撰纪录片《最后的大东巴》；期间，旅居丽江，创作歌曲《香格里拉》与《凤凰天堂》，歌唱丽江山水的摇曳与丽江文化的纯朴。近来，又勤游南北，搜求古老的摇篮曲，梳理中华民族的母亲文化。

工业游。引导游客，旅游工厂，观看作业，欣赏产品。2002年，刘会远、李蕾蕾等出版《德国工业旅游与工业遗产保护》，以丰富的文字、照片、视频文献以及学术描述和反思，全面反映了作者游观德国工业的过程，

分析了工业旅游的经济和文化含义，激发中国读者理解、关注工业旅游的价值。近些年，工业旅游这一新型的旅游方式与推广营销方式，已经在现代大中型企业逐渐推开。2008年，国家旅游局公布的全国工业旅游示范点已达103家：北京首钢、天津大力士、上海宝钢、河北承德华富玻璃器皿有限公司、山西大同晋华宫煤矿、内蒙古呼和浩特市蒙牛乳业（集团）工业旅游区、辽宁鞍钢工业之旅、吉林长春第一汽车集团、黑龙江大庆石油工业旅游中心、江苏连云港港区、浙江宁波吉利汽车有限公司、安徽古井集团、福建马尾造船厂、江西景德镇雕塑瓷厂明青园、山东青岛海尔工业园、河南洛阳一拖集团、湖北长江三峡工程坝区、湖南醴陵陶瓷基地、广东佛山佛陶集团石湾美术陶瓷厂等。2012年，珠海企业保健品牌汤臣倍健耗资两亿打造"透明工厂"，开展工业旅游，游客走进工厂，全方位全透明观看产品制造过程，好感陡升，收到了"游客走进来，品牌带出去"的良好效应。①

　　边境游。近些年，边境商贸集市与边境开放关口成为旅游热点。如广西崇左、云南西双版纳、内蒙满洲里、黑龙江黑河等地。游客两大类，一类不过境，一类过境。2012年，黑龙江黑河，接待游客487万人次，其中，国内游376万人次，过境游110万人次。② 2013年，内蒙满洲里接待国内游492万人次，过境游129万人次。③

　　红色游。执政党与政府倡导的一种主题旅游形式，通过游览1840年鸦片战争以来为国奋斗、为民革命的重大事件、重要人物的故地、故址、事迹与纪念景区，传承民族先进文化，

① 陈荷《工业旅游》，《羊城晚报》2014年10月16日。

② 穆瑞龙《中国黑河2012年接待游客创历史新高》，中国新闻网，中新社黑河2013年1月21日电。

③ 数字来源，百度百科"满洲里"。

第十六章　共和国旅游

开展爱国主义教育与革命理想教育。因红色是中国现代革命的颜色象征，故称红色旅游。家喻户晓的红色游览地，有浙江嘉兴南湖红船、江西井冈山、瑞金、贵州遵义、陕西延安等。

军事游。游览军事基地、军事博物馆，如北京中国人民革命军事博物馆、山东威海中国甲午战争博物馆；游览战争遗址，如广东东莞虎门炮台、辽宁大连湾与徐家山炮台；游览军事主题景区，如安徽宣城金梅岭军事旅游风景区、山东羊山古镇国际军事旅游度假区。这类军事旅游风景区、度假区，提供衣食住行，游客可以体验军事生活，模拟军事战斗。

养生游。旨在养生的旅游，客源多中老年，所游景区多为温泉，如南宁九曲湾温泉休闲保健一日游；海滨，2014年东北20万老人过冬海南岛[①]；道山，如旅行社推出的江苏茅山养生游，湖北武当山养生游；长寿乡，如广西河池市巴马瑶族自治县，百岁以上寿星的人口比例高居世界长寿区之首，养生者云来雨集，仅2010年1至5月份，吸引中外游客64万人次。[②]

写生游。学校美术、艺术设计专业师生的实习方式。教师带队，学生集体出行，到山水中师法自然，临摹景物。写生游，也是画家的野外绘画方式。许多名山大川如黄山、张家界，都有驻山画家。

美食游。一种新颖的旅游形式，以享受和体验各地美食为主的休闲旅游。多属旅行社或媒体组织。一般游客是顺道美食。

摄影游。摄影爱好者的摄影之游。或个体，或团体。深圳老年摄影协会、深圳企业家摄影协会年年组织会员外出旅游，创作作品。

自驾游。私家车流行，自驾游兴起。自

---

① 凤凰网《今年东北三省将有20万"候鸟"老人奔赴三亚过冬》，2014年10月23日。

② 陈莹峰《巴马打造生态长寿旅游品牌的调查和启示》，巴马佳讯网，2011年9月15日。

驾车一般用自家车（轿车、越野车、房车、摩托车等），也可租车。因此需求，各大城市已有租车业。自驾游，具有高度的自主性和灵活性。自驾游客，年轻化，具有良好的经济条件、身体素质和强烈的旅游兴趣。自驾游或一人、一家单车出行，或由亲朋好友多车出行，或由汽车发烧友组织同一品牌的车队，或由旅行社、汽车俱乐部安排，提供相应的安全指引和后勤保障。

自行车游。以自行车（人力脚踏车）为交通工具的旅游。1987年7月，宁夏警察赵含宁与宁夏供销学校老师顾平骑游中国，起点，陕西西安，目的地，上海。[①] 2008年，安徽淮北矿业集团退休职工樊玉生，以75岁高龄，从安徽淮北骑行北京，游览山川，观光北京奥林匹克运动会。2010年3月，深圳青年周子迁单车游中国，用时400天，骑行18个省份、3个直辖市、2个特别行政区，访问28个民族，车程近3万公里。出版游记《400日：单车迁寻万里》。目前，自行车游已是常见旅游活动，生成了安全、环保、经典的自行车旅游路线，如海南岛自行车环岛游。

登山游。登山爱好者的旅游，以攀登与刷新奇岭险峰的高度、难度为目标。一般由民间登山团体组织。如北京大学山鹰社是学生登山社团，成立于1989年。社团主旨是远足、登山、攀岩和科学考察。社团精神是"存鹰之心于高远，取鹰之志而凌云，习鹰之性以涉险，融鹰之神在山巅"。深圳大学女教师梁群参加中国登山协会登山活动，于2003年5月21日，登顶喜马拉雅山脉珠穆朗玛峰，成为中国内地首位登上珠峰的汉族女性。

---

① 赵含宁《我骑自行车游中国》，中国警察网，2009年3月21日。

潜水游。旅游景区为游客或潜水爱好者提供的潜水活动。近些年，潜水已经成为上百万游客的旅游体验项目，越来越多的青少年以潜水为旅游动因。国内景区的潜水基地主要有海南三亚、浙江千岛湖和山东长岛等。

校园游。近些年，大学校园对公众开放，以鲜明特色，如北京大学的湖光塔影，武汉大学的东湖樱花，厦门大学的天风海涛，深圳大学的白云红荔，吸引了大量游客。这些游客欣赏校园风光，感受校园文化，享受观光，陶冶精神。

二、出境：旅游形式一花五叶

专程观光。公民出国游的主流。或随团游，通过旅行社组团出游，如观光旅行团、摄影旅行团等；通过国际交流组织安排的夏令营、训练营等。或结伴游，三两知己，夫妻、恋人。或一国游，泰国游、美国游、韩国游、日本游、南非游等。或多国游，新马泰游、东欧游、北欧游、中东游等。或搭乘飞机旅游，专游海岛，马尔代夫、印尼巴厘岛等。或专游港口城市，搭乘邮轮，在上海搭乘歌诗达邮轮大西洋号，航行韩国济州、日本福冈、长崎；在烟台搭乘挪威邮轮美国之傲号，航行夏威夷。以及出国蜜月游、出国登山游、出国摄影游、出国滑雪游、出国购物游、出国自驾游等等。

留学游观。建国初期，国家实行公派留学，严格选拔，理科为主。各类留学生，1950年至1965年，计约1.6万人，主要派往苏联、东欧；1966年至1971年，因文革，公派停顿；1972年至1978年，恢复公派，计约1977人。1981年，国家制定自费留学与公费留学在政治

上一视同仁的政策，增扩公派，不限自费；1992年，国家实行"支持留学，鼓励回国，来去自由"的政策，出国留学的规模迅速上升。1978年—2008年，计约139.15万人，留学境外、国外。其中，国家公派约9.99万人，单位公派约15.24万人，自费约113.91万人，分布美、欧、亚、澳上百个国家与地区。留学规模，史无前例[①]；在学期间，游观各国。

公务交往。政府、事业、企业单位为涉外事务出国公干、公务之余，顺道浏览。

商务考察。企业经营跨国业务的必须形式。考察之际，顺道游观。考察人员多系企业高管与技术骨干。

学术交流。学术界、科技界、教育界、演艺界、体育界人士因学者访问、项目合作、科学研讨等出境出国，工作闲暇，观赏异国风物。

三、特种旅游招徕外宾

特种旅游，指政府与民间协会组织的旨在招徕外宾的旅游活动。如外交年会、国际体育赛会、国际交易会、国际展览会等。1957年起，举办中国进出口商品交易会，简称广交会，每年春季一次，秋季一次，是客商云集的国际贸易盛会。1990年，在北京举办第十一届亚洲运动会。1992年起，主办中国友好观光年。1997年起，在上海主办艺术博览会。1998年起，在上海、昆明交替举办中国国际旅游交易会。1999年起，在深圳举办中国国际高新技术成果交易会。2004年起，由深圳主办中国国际文化产业博览交易会。2008年，在北京举办第二十九届奥林匹克运动会。2010年，在上海举办第41届世界博览会，在广州举办第十六届亚

[①] 参看苗丹国，程希《1949—2009：中国留学政策的发展、现状与趋势》。

洲运动会，由重庆、湖北轮流主办中国长江三峡国际旅游节。2011年，在深圳举办第二十六届世界大学生运动会。这些外交、商贸、体育、科技、文化、艺术盛会，持续加热来华游、国内游，不断促成外宾来华的旅游高潮。

第三节　旅游资源大开发

二十世纪七、八十年代，中国旅游业开始兴旺，以支柱产业的美好前景，推动旅游资源大开发。

一、山水开发

奇山异水是旅游资源的主要题材，主攻方向，全国各地着力寻找，着力开发。

四川九寨沟，阿坝藏族羌族自治州九寨沟县一条森林覆盖、湖泊串联、藏民扎寨的高山沟谷，原为南坪县（九寨沟县）林业局林场。1978年，因风景罕见奇丽，引发有识之士的关注，政府停止林业采伐，成立九寨沟自然保护区管理所，加强生态环境保护。1984年，开拓交通，开辟景区，接待游客。2007年高达251万，2014年突破400万。[1]

湖南张家界，与索溪峪、天子山合称武陵源风景区，地属湖南张家界市，原是一所国营农场，后因石英砂岩峰林地貌，受人激赏，于1982年辟为中国第一座国家森林公园。之后，不断开发，已有八大景区及度假村、民俗文化村、水上游乐中心，配置游览索道、游览电梯、游览小火车。中外游客纷至沓来。2013年，武陵源景区接待游客1381万人次。[2] 2015年，张家界落成大峡谷玻璃桥，长430米，宽6米，高悬谷底约300米，可让800人同时过桥。

[1] 许萃、松涛《九寨沟景区自1984年开发以来游客接待人次首破400万大关》，四川在线，2014年10月23日。

[2]《2013年武陵源区国民经济和社会发展统计公报》，张家界市武陵源区统计局，2014年3月发布。

是目前世界最长、最高斜拉式高山峡谷玻璃桥,并具备蹦极、溜索、舞台等多种功能。①

新疆喀纳斯,位于新疆阿尔泰山中段,接壤哈萨克斯坦、俄罗斯、蒙古国。拥有优美的森林、草原、河谷。1980年,新疆维吾尔自治区人民政府设立喀纳斯自然保护区。1986年,定为国家级自然保护区。2000年成立喀纳斯环境与旅游管理委员会,统一管理资源的开发、利用与保护。2006年,喀纳斯先后成为国家级景区、国家地质公园、国家森林公园、中国西部十佳景区、中国摄影家创作基地等。2011年,接待游客90.66万人,门票收入9645万元,农牧民人均纯收入达到7620元。

湖北神农架,位于湖北西部。"十一五"期间(2006—2010),利用原始生态与神农文化资源,创建景区。"十二五"期间(2011—2015),神农架更是大力引资,改造神农顶,开辟金丝猴观赏,开发官门山、红河谷,营造巴人部落、神农文化园,扩建神农架滑雪场、神农养生堂、温泉酒店等。2012年,游客突破417万人次,旅游经济总收入28.27亿元,形成677家旅游饭店产业群。②

青海青海湖,地处青藏高原东北部,是中国最大的内陆湖,也是中国最大的咸水湖。四面环山,湖面海拔3196米,面积4456平方公里。2001年,青海省政府制定《青海省旅游业发展与布局总体规划》,重点建设青海湖景区。2007年,成立青海湖景区保护利用管理局(青海湖国家级自然保护区管理局、青海湖国家级风景名胜区管理局),负责青海湖景区的保护与利用,努力建设生态保护基础,完善野生动物保护、救护、监控措施。自青藏铁路通

① 罗克文,武斌《张家界"世界最长最高玻璃桥"进试验阶段 7月底建成》,中新网,2015年5月8日电。

② 王汉梅《神农架2012年游客突破400万人次》,国家旅游局信息中心,2013年2月1日。

车，引来大量中外游客。2010年接待游客62.56万人次，2011年1至8月，接待游客61.6万人次。①

同时，传统山水景区，也得到新开发与新建设。如江西上饶三清山。

三清山，道教根底深厚。东晋葛洪结庐炼丹；唐代建老子宫观；北宋建葛仙观、福庆观、灵济庙、风雷塔；南宋建三清道观；元时，扩建三清观。明代重建三清宫、龙虎殿、羽化坛、玉零观、演教殿、九天应元府、潘公殿、天门石坊、飞仙台、流霞桥等；清代，三清山游客渐多，香客渐多；但名气始终不及江西龙虎山。清末、民国，三清山因社会动荡归于寂寥。共和国以来，三清山受到旅游、宗教界的高度重视，大力开发，大力建设。1985年，成为江西省重点风景名胜区。1988年，成为国家级重点风景名胜区。2005年，成为国家地质公园。2008年，因独特的花岗岩石柱、山峰、造型石、多种植被、气候，创造了罕见的景观效果，列入《世界遗产名录》，成为江西第一个世界自然遗产。2011年晋升"国家5A级旅游景区"。至今，三清山旅游服务配套成型，山下，建有高速公路；山上，建有环山公路，金沙索道，双溪索道；交通、住宿、饮食、商店、摄影、旅行社，日趋完好。景区影响，超越龙虎山。

二、水库利用

建国初期，大兴水利，建造大型水库，形成浩大人工湖，为所在地区提供了可持续开发的旅游资源。

浙江千岛湖，位于浙江省淳安县境，是1959年新安江水力发电站筑坝蓄水的人工水库，

---

① 张利锋《青海湖旅游呈现强劲发展态势》，《青海日报》2011年8月19日。

水域面积1万平方公里，与加拿大渥太华西南的金斯顿湖、湖北黄石阳新仙岛湖并称世界三大千岛湖。碧波浩瀚，岛屿罗列，树木繁茂，港湾幽深。后经开发，2001年创建国家级旅游景区。适宜休闲度假、观光浏览、水上运动。

广东万绿湖，位于河源市东源县境，原是1958年建造的新丰江水库，因四季处处皆绿，称万绿湖。水域面积370平方公里，湖中绿岛360多座。亚热带森林，动植物丰富，生态原始，环境优美。1993年辟为国家森林公园，1995年开发旅游风景区。适宜行舟休闲、绿色养身。

安徽太平湖，位于黄山市黄山区（原太平县），原称陈村水库，1957年开工，1970年完工，改名太平湖。水域面积88.6平方公里。南依黄山，北靠九华，山青水碧，蟹屿螺州。1999年，成立太平湖风景区管理委员会，负责景区的开发、建设、管理和保护。现已成为国家级旅游景区、国家湿地公园、国家水利风景区、中国热点湖泊旅游胜地。

三、河道利用

江河穿城，是得天独厚的地理优势。上海最早利用河道优势开发河道旅游。建国初，上海轮渡公司经营黄浦江游览，一度停航（1966—1978），1979年复航。近三十年，河道旅游的热点，是乘船夜游。诸如，广州珠江夜游①、无锡古运河夜游②、桂林漓江夜游、上海黄浦江夜游、苏州河夜游。

四、草原开发

新疆那拉提草原，位于新疆伊犁。地势倾斜，山泉密布，溪流纵横，繁花似锦，草原莽莽。是牧民聚会、游客流连的自然风景区。

---

① 广州珠江夜游，是广州城市旅游的品牌，广州客轮公司经营四十年。2008年广州政府治理珠江，十里珠江，异彩缤纷。夜游珠江，更为红火。

② 无锡古运河夜游。无锡古运河是京杭大运河的一段，它北接长江，南达太湖，全长四十多公里，纵贯无锡城区。无锡古运河的历史可以追溯到商末，三千年前，周太王长子泰伯在梅里建勾吴国，为了灌溉和排洪的需要，率领民众开凿了伯渎河。历史上吴王阖闾攻楚，夫差北上伐齐，都曾通过这条河。可见这条河当时不仅是在交通和农业灌溉上发挥着重要作用，而且在军事上也起着重要的作用。这条河不仅是无锡最早的人工河，应该说也是人类历史上最早的运河了。现在无锡人叫伯渎河，也叫伯渎港。悠悠河水，凝聚了无锡三千年风风雨雨的历史，交织着水乡河古朴醇厚的民风民俗。

2014年6月，举办盛大的第二届那拉提草原文化旅游节暨那拉提山花节。

甘肃当周草原，位于合作市郊，高山之下，森林之外，地形开阔，绿草连天，日照灿烂。2003年，当地政府发力建设，景区服务设施日趋完善，是甘南香巴拉旅游艺术节主会场，是游客避暑度假的好去处。

内蒙古苏泊罕草原，位于鄂尔多斯伊金霍洛旗苏泊尔噶镇，方圆153平方公里的原生态游牧区，东联控股集团投资开发。以草原风光为背景，以激情、浪漫为主题，营造七旗会盟区、游牧时代区、宗教信仰区、那达慕娱乐区，极富游牧风情。

内蒙古呼伦贝尔草原，位于大兴安岭以西，地属呼伦贝尔市，地势东高西低，水草丰美，素称牧草王国，是国家旅游局认定的中国六大重点旅游开发区，如今已是中外闻名的旅游胜地。

内蒙锡林郭勒草原，位于内蒙古锡林郭勒盟。绿草如海，畜群如云，毡包如扣，河曲流银，是中国北方最华丽、最壮美的草原，号称草原天堂。是观赏草原景色、领略游牧风情的好地方。

五、海滨开发

中国海岸线漫长，旅游资源丰富。建国初期，最著名的海滨旅游度假区是河北北戴河。毛泽东《浪淘沙》："大雨落幽燕，白浪滔天。秦皇岛外打渔船，一片汪洋都不见，知向谁边？"就是1954年游北戴河的即兴吟咏。近三十年，沿海各省广西、广东、海南、福建、浙江、山东、河北、辽宁及天津、上海争相研制海滨旅游规划，并付诸实施。

北海银滩。1992年，广西北海开发南部海滨，建成银滩旅游度假区，以滩长平、沙细白、水温净、浪柔软、无鲨鱼、无污染，号称中国第一滩。

珠海情侣大道。1993年，广东珠海开工沿海观光大道，绵延28公里，称情侣大道，是珠海旅游的标志性景观。

深圳大梅沙。1999年，深圳开发大梅沙海滩，建成大梅沙海滨公园，免费开放。

六、海岛开发

中国沿海岛屿星罗棋布，是近些年旅游开发的重要资源。

海南岛。中国最大的热带岛屿。2010年，国务院颁布《关于推进海南国际旅游岛建设发展的若干意见》，海南国际旅游岛建设揭开序幕，目标，世界一流的海岛休闲度假旅游胜地。

福建沿海六岛。2012年，福建省政府公布《福建省现代海洋服务业发展规划》，建设6个各具特色的旅游海岛：鼓浪屿、平潭岛、东山岛、湄洲岛、琅岐岛和崳山岛。

浙江象山三岛。2012年，宁波市象山县旅游集团有限公司组建渔山岛、檀头山岛、花岙岛三个海岛旅游开发公司，开发海中三岛，建设海岛景区。

七、古迹开发

陕西兵马俑，坑址西安临潼秦始皇陵陪葬坑。陶制兵马模拟真人真马，大小相似，排列有序，形象各异，1974年发掘，1979年开馆展出。至2006年，接待中外游客5000多万人次。

河南殷墟，位于河南安阳市殷都区小屯村周围。是商代中晚期（约前1319—约前1046）

第十六章　共和国旅游

首都遗址①。晚清、民国时发现，总面积约24平方公里。1950年至1986年，殷墟是文物考古保护区。1987年，安阳市政府在殷墟宫殿区遗址征购农田，兴建殷墟博物馆。2001年，安阳市政府再次征地殷墟，迁移住户。2006年，全面治理殷墟环境，在博物馆收藏、展示殷墟出土可移动文物，殷墟成为古迹旅游重地。同年，殷墟列入《世界遗产名录》。2010年，列为国家考古遗址公园，国家级旅游景区。

八、民俗开发

中国历史悠久，民族众多，民族文化积淀深厚。民俗旅游资源的开发，成效显著。

湖南凤凰古城。凤凰县属湘西土家族苗族自治州，是苗族和土家族的世代居地。凤凰城始建于清康熙四十三年（1704），风雨沧桑，古貌犹存。1985年，凤凰利用古城风貌，开发民俗文化，走上旅游兴县之路。1986年，进入全国旅游外事开放甲类县城。1997年，列为湖南风景名胜区。1999年，列为国家级生态示范县。2000年，加大旅游资源开发力度。2001年，列为国家级历史文化名城。海内外游客年年激增。2005年，旅游接待人数252万人次，2006年旅游接待人数350万人次，2007年仅"五一"黄金周，接待旅客313万人次。②

云南丽江。位于云南西北部，青藏高原、云贵高原过渡地段，雪山、河谷、深峡、草甸、平坝，地形地貌多样，气候变化显著。丽江古城，始建于南宋，富有历史文化遗存；丽江以纳西族为主，并有白族、彝族、傈僳族、普米族等，富有多民族风俗。1986年列为中国历史文化名城，1997年列入《世界文化遗产名录》，2011年评为国家级旅游景区。是雪

---

① 公元前1319年第20代商王盘庚自奄（今山东曲阜）迁殷，到前1046年帝辛亡国，共8代12位国王（盘庚、小辛、小乙、武丁、祖庚、祖甲、廪辛、康丁、武乙、文丁、帝乙、帝辛），以殷为都，历时273年。商亡，沦为废墟。

② 吴凤齐《对湖南省凤凰县旅游业未来发展的思考》，《中国社会发展战略》2007年第3期。

山游、古城游、民俗游、生态游的绝好之地。2011年接待游客1184万人次，2012年接待游客1599万人次，其中，海外游客84万人次。①

① 数字来源：丽江市旅游局。

九、温泉开发

温泉资源，开发尤多，各省皆备。

西藏羊八井温泉，位于拉萨市西北当雄县境。泉温保持47℃，融融热流，蒸汽腾腾，与皑皑雪山完美契合，是西藏高原的诱人景区。

河北茗汤温泉，位于河北霸州。澳大利亚开发商投资，是温泉为主的综合性旅游景区。

贵州水晶温泉，位于贵州遵义绥阳县温泉镇。2006年规划建设，景区环境幽雅，空气清新，配套齐全。附有芙蓉江漂流、高空双道溜索、酒吧街、会议中心等。

山东杏石温泉，位于日照市五莲县。2014年开业。项目投资约5亿元，总占地面积1050亩，是大型综合性旅游度假区。

湖南紫龙湾温泉，位于长沙宁乡。2014年开业。规模大，可容纳3600人同时更衣；功能齐全，冲浪、地热、保健、住宿、饮食等。

十、园林开发

城市园林如雨后春笋。广东深圳，1980年建市，到2014年已建设公园889座，生态景观林带475公里，面积125 420亩，生态公益林面积45 080公顷，绿道里程2400公里。②

② 数字来源，深圳本地宝网。

前代废置或者改作他用的园林，多有修复。广西桂林雁山园，始建于清同治八年（1869），是桂林士绅唐岳的雁山园别墅。宣统三年（1911）两广总督岑春煊以纹银4万两购买，改名雁山公园。后为广西大学、广西师范大学、雁山中学、广西农学院办学场所，长期淡出游客视野。2005年，彭鹏③出资修缮，对

③ 彭鹏，深圳大学历史教授、文化学者。

外开放，现为桂林著名景观园林和漓江画派创作基地，人称"桂林佳境，一园看尽"。

十一、公墓开发

旅游资源新题材。

安徽黄山龙裔公墓，坐落于黄山北麓夫子峰下风景湖畔，规划用地500余亩。群山叠嶂，茂林修竹，绿水荡漾。1985年，由中国民革安徽省委员会和黄山市政府合作兴建，原为国际华侨公墓。1987年，改制黄山龙裔公墓经营管理有限公司，开展商业经营。2006年，重新规划，迁移居民，打造公墓景区，营造缅怀亲人、慰藉心灵的绿色生态文化艺术陵园。

十二、生态保护与利用

保护自然生态，利用生态景观，是旅游资源开发新课题。

深圳湾红树林[①]是一条天然的绿色长廊，万只候鸟，聚集飞翔。1984年，成立深圳福田红树林保护区，总面积304公顷。1999年，因交通需要建设滨海大道，原计划贴近红树林，后考虑到保护红树林，深圳市政府修改道路规划，在红树林与道路之间修建生态滨海公园，交付红树林自然保护区统一管理，2000年底，公园开放，游客入园，可以靠近红树林，观鸟、观海。民间人士积极参与，形成力量，2013年成立深圳红树林湿地保护基金（公募）会，专事红树林环境的维护与保养。

十三、体育开发

各大景区利用自身的资源条件开发体育旅游项目，如水上运动、潜水、骑马、射箭、攀岩等。单独开发的体育景区，主要有高山滑雪、高尔夫运动。

高山滑雪场。建设最早的是吉林金厂滑

---

① 红树林（Mangrove），指生长在热带、亚热带海岸潮间滩涂湿地，受周期性潮水浸淹，以红树植物为主体的常绿灌木或乔木群落。是陆地向海洋过渡的特殊生态系。全世界约有55种红树林树种。在中国，主要分布在海南岛、广西、广东和福建。

雪场,位于通化市西南,20世纪50年代兴建,海拔1206米,设有50米级跳台和5公里越野滑雪道。近些年,新开发的滑雪场有黑龙江亚布力滑雪场,位于尚志市境,最高处海拔1374.8米,滑雪期150天,有旅游索道、通行滑道。吉林北大湖滑雪场,位于永吉县境。开发面积17.5平方公里,滑雪期140天。主峰海拔1408.8米。吉林长白山和平滑雪场,位于延边安图县境长白山旅游经济开发区,滑雪场海拔900米,山体落差140米。河北新雪国滑雪场,位于张家口市赤城县,2014年4月开工,总投资109亿元,是一座滑雪、休闲、度假的旅游景区。

高尔夫球场。据《朝向白皮书——中国高尔夫行业报告》[1],2013年,全国共有高尔夫设施521家,共11 497个球洞,折合639个18洞高尔夫球场。深圳观澜湖高尔夫球会以10个球场、180洞的总量位居世界规模第一。

十四、乡村开发

乡村旅游资源开发充分,古城老寨,林场茶乡,纷纷挂出旅游路标。

云南昆明石林彝族自治县,以喀斯特石林景观著称。

贵州黔南布依族苗族自治州贵定县,以金海雪山油菜景区著称。

安徽黄山市黟县宏村,以徽派古村落著称。

江苏苏州昆山市周庄与浙江桐乡市乌镇,以水乡古镇著称。

江西上饶婺源,明清建筑多完好,烂漫梯田油菜花。开发旅游,客流量逐年跳升,2003年比1993年增长52倍,旅游综合收入增长350倍。2013年,成为国家乡村旅游度假实验区。[2]

[1]《朝向白皮书》,朝向管理集团发布。该集团成立于1999年,是中国一家专营高尔夫业务的公司。

[2] 天创智业《婺源旅游业发展现状分析》,游憩中国网,2011年5月26日。

十五、城市开发

旅游兴市成为一批城市的发展战略，涌现一批旅游新城。大致可分两类：一类是经济发达，带动旅游；一类是发展旅游，带动经济。

前者如广东深圳市。深圳，别称鹏城，与香港隔海相望，原是小渔村。1980年，设立经济特区，用三十年时间，创造了小渔村变为大都市的神话。与北京、上海、广州并称京、沪、广、深。是中国改革开放的试验田。参观者继踵摩肩，是一座经济巨变、远近慕名、争相一睹的城市。期间，深圳以现代化城市建设为背景，开发本土景区，世界之窗、锦绣中华、欢乐海岸、大小梅沙、梧桐山等，又使它成为一座现代化滨海花园旅游城。

辽宁大连市。大连，别称滨城。位于辽东半岛南端，原本是中国东部沿海重要的经济、贸易、港口、工业城市。近些年，利用环境优势，以旅游业为新兴产业，2013年，拥有旅游宾馆（饭店）253家，旅行社398家，国家级旅游景区（点）45处，接待中外游客5349.9万人次，旅游总收入900.8亿元。号称东北之窗、北方明珠、浪漫之都，当选国际花园城市、中国最佳旅游城市。

后者如海南三亚市。三亚，别称鹿城，位于海南岛最南端，拥有美丽的南海海滨风光，多民族风情。原来也是渔村，最著名的亚龙湾景区原来是军事禁地。1988年海南建省，解禁亚龙湾，开发度假区，1992年成为国家旅游度假区。继而，开发利用三亚200公里海岸线、港湾、岛屿、海面、阳光、沙滩、森林、温泉、岩洞、田园，形成丰满的旅游体系，中外游客，尤其是冬季，人潮迭起，截止2014年底，

仅国际五星级酒店就有32家。以旅游为龙头的第三产业税收占全市地方税收的70%以上;直接从业人员占全市就业人数40%以上,是三亚经济增长贡献率最大的产业①。三亚正向亚洲一流、世界著名的旅游城市迈进。

① 《三亚旅游业发展概述》,百度文库。

西藏林芝地区。位于西藏东南部雅鲁藏布江中下游。西接拉萨,东接昌都,北接那曲,南接印度、缅甸。平均海拔3100米,最低处900米,是世界陆地垂直地貌落差最大的地带,拥有雅鲁藏布江大峡谷、错高湖、原始森林,喜马拉雅南段最高雪峰南迦巴瓦,气候湿润,景色宜人。人称"西藏江南"。

黑龙江伊春市。位于黑龙江省东北部,与俄罗斯隔江相望。伊春有世界上面积最大的红松原始林,号称天然氧吧。1980年,旅游业起步。伊春市政府定位"祖国林都、红松故乡、绿色伊春、森林氧吧",加大财政投入,调动企业投入、民间投入,提升旅游基础设施、城市环境和服务功能,重点开发森林生态、滑雪、狩猎、雾凇、林海雪原、地质观光等冬季旅游项目,2012年,建有5家国家级自然保护区、5家国家级景区、2家国家地质公园及滑雪场、狩猎场等。客源市场初具规模,游客人数和旅游收入逐年增高。2013年接待游客2144万人次。②成为中国北部的旅游重地,号称"南有三亚,北有伊春"。

② 伊春市旅游局《2013年伊春市旅游工作总结》。

其他如黑龙江五大连池市、四川都江堰市、福建武夷山市、湖南张家界市、安徽黄山市、江西井冈山市、云南香格里拉市、云南普洱市、海南五指山市,都是因景立名,因游而兴的旅游城市。

总结经验,资源开发利用也有败笔。有

些景区，商业氛围过重；有些景区单纯复制他乡或他国景观。有些景区甚至存在环境污染问题。

十六、旅游资源大开发的主力

中国旅游资源开发的主力是政府和企业（国资、民资、外资），开发模式，大体三种。政府投资，企业投资，政府与企业合作投资（政府引导性前期投资、企业项目投资）。

兴建公共景观，如城市公园、城市雕塑、纪念碑等主要由政府投资。2014年，安徽铜陵滨江（长江）公园，属于铜陵市政府的城建项目。建成后，由政府管理，管理部门是城市管理局。城市管理局一般以购买服务的方式委托企业具体管理。如深圳自行车游道，政府建造，委托公司看管，城管局监管。

兴建营业景区，如旅游度假村，多由企业租赁土地或购置土地，投资建设。如梅州雁南飞茶田度假村，占地450公顷，是融合茶叶种植与乡村旅游的国家级旅游景区，由民营企业广东宝丽华集团公司投资，1995年动工，1997年营业。深圳东部华侨城，坐落在深圳大梅沙，占地9平方公里，是一家依山临海的大型山地景区，由国资企业华侨城集团投资，2004年动工，2007年试业，2008年正式营业，主要景点有：茶溪谷、云海谷、茵特拉根小镇、大华兴寺、天麓大宅、大侠谷生态乐园等，体现了人与自然的和谐共处。

兴建旅游经济开发区，以旅游、度假、购物、娱乐、高端产业、金融、地产为一体的综合旅游区，一般由政府主导，规划土地，作引导性前期投资，用于基础设施和周边环境，如道路、交通、水电等；企业通过招投标投资开

发具体项目。山东泰安旅游经济开发区,由泰安市政府划出23.9平方公里的土地,整治交通水电,采用优惠政策,吸引企业投资政府的规划项目,建设一座具备旅游风景、体育运动、文化娱乐、休闲购物、商业金融、高新产业、人居示范、生态保护、行政办公、旧村安置功能的旅游经济园区。

第四节 旅游行业大发展

1949年到1977年,中国旅游服务业概由政府包办,主要为外宾服务。自1978年,旅游服务业走进市场,国资、民资、外资三管齐下[①]。相关行业通力协作,迅速发展为国民经济第三产业的中流砥柱[②]。

一、旅行社

民国时,旅行社屈指可数。主要有陈光甫创办的中国旅行社,和官商合办的四川旅行社。陈光甫的中国旅行社1950年在台湾注册,是台湾第一家旅行社;所办香港中国旅行社,1952年由国家接管,是现今香港中国旅行社的前身。四川旅行社,1951年,由四川省工商局、公股代表、私股代表组成清算小组,清理股权,重估资产,改组为公私合营企业,并入国营西南联营公司。

共和国创办旅行社。

1949年建立的厦门华侨服务社是第一家国营旅行社。随后,重点侨乡相继成立华侨服务社。1957年,统筹设立华侨旅行服务社总社,1974年更名中国旅行社,主要接待华侨、外籍华人、港澳同胞、台湾同胞,现已成为入境游、出境游、国内游三业并举的大型旅游企

[①]《中国旅游业改革开放三十年发展报告》:2007年,累计合同外资金额127.21亿美元,累计实际利用外资金额72.79亿美元。

[②]第一产业指利用自然力为主,生产不必经过深度加工就可消费的产品或工业原料的部门,如农业、林业、渔业、畜牧业、采集业、采矿业;第二产业指对第一产业提供的产品(原料)进行加工的部门,如采矿业、制造业,电力、燃气及水的生产和供应业,建筑业;第三产业指不生产物质产品的行业,即服务业。主要是流通部门,包括交通运输、邮电通讯、商业饮食、物资供销和仓储;生产和生活服务部门,包括金融、保险、地质普查、房地产管理、公用事业、居民服务、旅游、信息咨询、技术服务;文化和居民素质服务部门,包括教育、文化、广播、电视、科学研究、卫生、体育和社会福利。

第十六章 共和国旅游

业，简称中旅。

1954年，国务院成立中国国际旅行社总社。1964年，中国国际旅行社总社与国务院中国旅行游览事业管理局（今为国家旅游局），政企合一，"两块牌子，一套人马"。对外招徕用国旅总社，对内行使行业管理政府职能。1982年，政企分开，社、局分署办公和经营。1984年，中国国际旅行总社成为自负盈亏的企业单位。2008年，更名中国国际旅行社总社有限公司。如今也是入境游、出境游、国内游三游并重的大型旅游企业，简称国旅。

到2009年，国营、民营与外资旅行社计有19 800多家，其中，国际旅行社1800多家，国内旅行社18 000多家；[①] 2007年外资独资16家，外资控股11家，外资参股8家。[②]

1990年，国家旅游局颁布《关于在国外设立旅游经营机构的暂行管理办法》，旅行社走出国门，布局国外。1995年，中国招商国际旅行社成功收购英国文化旅行社。2001年中国加入世界贸易组织，一批规模较大、较有实力的中国旅行社相继到东南亚和欧美国家开展跨国经营。此先此后，中国国际旅行社在日本、丹麦、瑞典、法国、美国等地区设立了10个冠名CITS[③]的海外旅游公司。宣传中国旅游，招揽游华客源。

2009年，国务院颁布《旅行社条例》。规定申请设立旅行社，应当具备固定的经营场所、必要的营业设施、不少于30万元人民币的注册资本。规定外商投资旅行社，须向国务院旅游行政主管部门提出申请，但不得经营中国内地居民出境出国旅游业务。规定经营国内旅游业务和入境旅游业务的旅行社，应当存

[①] 2009年国务院法制办就《旅行社条例》答记者问。

[②] 《中国旅游业改革开放三十年发展报告》，国家旅游局课题组，2008年12月。

[③] CITS，China International Travel Service，中国国际旅行社。

入质量保证金人民币20万元；经营出境旅游业务的旅行社，应当增存质量保证金人民币120万元。规定旅行社取得经营许可满两年，且未因侵害旅游者合法权益受到行政机关罚款以上处罚的，可以申请经营出境旅游业务。《旅行社条例》的颁布与实施，加强了旅行社管理，降低了旅游市场准入门槛，减轻了旅行社经营负担，加大了打击违法经营的力度，有利于保障旅游者和旅行社合法权益，维护旅游市场秩序。

二、星级饭店

二十世纪中期，国际上形成了比较统一的饭店等级标准，并用星的数量和设色表示旅游饭店的等级，即一星级、二星级、三星级、四星级、五星级（含白金五星级）。在国家旅游局指导下，中国饭店也采用星级标准，由中国旅游饭店业协会组织的全国旅游饭店星级评定委员会主持评定。

1997年，中国大陆评定星级饭店总数2724家，占饭店总数52.37%，星级饭店的利润率6.1%，远高于非星级饭店0.78%的利润率。2005年，全国星级饭店11 828家，五星级客房出租率为66.03%，四星级客房、三星级客房和二星级客房依次为65.09%、61.21%和57.11%。2007年，全国星级饭店13 583家。2009年，高星级饭店数量增长率接近20%，覆盖全国热点旅游城市和经济发达地区。①《HOTELS》杂志2012年公布全球酒店排名，上海锦江国际酒店集团名列第九、如家酒店集团名列第十。

星级饭店规模与水平的拔高，与外资进入甚有关联。1979年中国第一家中外合资饭店北京建国饭店申报兴建。1982年广东省旅游局

---

①数字来源：陈莹莹《大力推进旅游标准化建设》，中国经济网，2010年9月10日。国家旅游局课题组，《中国旅游业改革开放三十年发展报告》，2008年12月。

第十六章　共和国旅游

与香港维昌发展有限公司签订《合作经营白天鹅宾馆协议书》。1998年国家旅游局和对外贸易经济合作部联合发布《中外合资旅行社试点暂行办法》，中国饭店市场对外商投资基本放开，不仅允许外资饭店聘用外国管理人员，并且允许外商在华成立饭店管理公司，直接输出饭店管理技术和管理人员。

三、旅游集团

二十世纪九十年代，中国旅游企业、旅行社、饭店、交通、景区，出现协同操作、联手经营的趋势，产生集团化经营模式。2009年，《国务院关于加快发展旅游业的意见》明确提出："支持各类企业跨行业、跨地区、跨所有制兼并重组，培育一批具有竞争力的大型旅游企业集团。"旅游集团由两个以上服务旅游的企业、旅行社、酒店、车船、景区或其他实业等，以产权为基础，联合组建，构筑完整的"行、游、住、食、购、娱"的旅游服务体系，构筑以旅游为主业的产业集群体系。是目前中国旅游业的核心力量，也是跨国经营、竞争国际的主要力量。

2012年12月，中国旅游研究院与中国旅游协会联合发布《2012旅游集团年度20强排名》，前五名依次是：中国港中旅集团公司，携程旅游集团，锦江国际集团有限公司，华侨城集团公司，北京首都旅游集团有限责任公司。①

中国港中旅集团公司。中国港中旅集团公司是香港中旅（集团）有限公司的母公司②，简称：港中旅集团。前身是陈光甫1928年创办的香港中国旅行社，1985年组建集团。现为国务院国资委直接管理的大型驻港国有中资企业。港中旅以旅游为主业，以实业投资（钢铁和电

---

① 第六至第二十名依次是：海航旅业控股（集团）有限公司，中国国旅集团有限公司，南京金陵饭店集团有限公司，广州岭南国际企业集团有限公司，去哪儿网，上海春秋国际旅行社（集团）有限公司，杭州市商贸旅游集团有限公司，中青旅控股股份有限公司，开元旅业集团有限公司，同程网络科技股份有限公司，安徽省旅游集团有限责任公司，景域国际旅游运营集团，黄山旅游集团有限公司，大连海昌旅游集团有限公司，宝中旅游，华天实业控股集团有限公司。

② 母公司是指拥有其他公司一定数额的股份或根据协议，能够控制、支配其他公司的人事、财务、业务等事项的公司。

力)、房地产、物流贸易为支柱产业,不断壮大旅游主业的规模。港中旅集团控股的香港中旅国际投资有限公司是集团发展旅游主业的上市公司,经营内地、香港、海外的地面旅行社、网上旅行社以及酒店、景区、度假区、高尔夫、客运等旅游业务,具有完善的现代旅游产业链和较强的旅游综合投资能力。2007年,中国中旅集团并入港中旅集团,进一步延伸了港中旅集团的旅游产业链,完善了旅游网点布局,增强了旅游综合服务配套功能,提高了旅游主业的综合盈利能力,使港中旅集团一跃成为中国最大的旅游企业。

携程旅游集团。一家综合性旅游旅行服务民营企业。立足国内商务旅行与休闲旅游服务市场,致力全方位、一站式的旅游旅行服务与资源运作、产业投资的咨询服务。集团1999年开办携程旅行网(CTRIP),总部设在上海,员工14 000余人,在北京、香港等16个城市设立分支机构,在南通设立服务联络中心,向5000万以上会员提供集酒店预订、机票预订、旅游度假、商旅管理、特约商户及旅游资讯,被誉为互联网和传统旅游无缝结合的典范。凭借稳定的业务发展和优异的盈利能力,CTRIP于2003年在美国纳斯达克成功上市,上市当天创纳市3年来开盘当日涨幅最高纪录。

锦江国际集团。国资委管辖的综合性旅游企业集团。以酒店、餐饮服务、旅游客运业为核心产业,设有酒店、旅游、客运物流、地产、实业、金融六个事业部。注册资本人民币20亿元,总资产人民币180亿元。总部设在上海。2013年,集团拥有客运、物流产业。所属锦江汽车服务公司拥有7000辆中高档客车,合资经营锦海捷亚国际货运公司。旗下锦江酒店在全国经营管理全资、控股酒店近1000家，客房数100 000余间，名列全球酒店集团300强第22位。

华侨城集团，即华侨城集团公司。1985年由国务院国有资产监督管理委员会（国资委）创办的大型央企，总部设在深圳。核心业务旅游、房地产、通讯电子。华侨城擅长旅游演艺，拥有千人以上剧场及表演场地25个，演职人员2700余名；1991年成功推出第一台大型旅游文化晚会《艺术大游行》，累计推出60多台大中型演出剧目，接待观众7700万人次。2009年，华侨城主营业务整体上市。

首都旅游集团。建于1998年，北京市国资企业。总部地点，中国北京。集群式发展，集约化运营。1999年，国家部委所属在京旅游类企业脱离行政部属，并入首旅集团；2004年，与北京新燕莎集团、全聚德集团、古玩城集团和东来顺集团资产重组；2010年，北京农业集团、西单友谊集团并入首旅集团；全面涵盖酒店、旅行社、汽车、购物、餐饮、会展、娱乐、景区业务。首旅集团致力于"一个板块、一家上市公司、一个品牌系列、一套连锁经营体系"的经营格局。主营旅游商业的首商集团股份有限公司、主营酒店景区的首旅股份、主营酒店连锁的如家酒店集团，主营餐饮的全聚德集团，先后上市。

旅游集团参与国际竞争，加快了我国旅游业发展的国际化进程。国旅、中青旅等大型国有企业，1990年就开始在香港及海外布点。1998年，中青旅收购香港中青旅，在日本和加拿大设立了子公司。2001年中国正式加入世界

贸易组织，中国企业连续收购境外优良酒店资产。中国国旅在全球10个国家和地区设有12家全资和控股子公司。锦江国际酒店集团收购美国独立酒店管理公司洲际集团。深圳新世界集团收购洛杉矶万豪酒店、洛杉矶喜来登环球酒店资产。复星集团收购法国地中海俱乐部7.1%股权，海航集团斥资4.316亿欧元收购西班牙NH酒店20%股份。锦江集团同菲律宾上好佳集团、法国卢浮饭店集团合作，输出锦江之星品牌。阳光集团对柬埔寨吴哥皇宫度假村输出品牌管理。民营汉庭、如家、携程等海外上市。

2006年，中国国家旅游局加入世界旅游组织，中国旅游行业加入太平洋亚洲旅行协会（PATA），中国的国际地位不断提高，中文已成为了世界旅游组织的官方语言之一。中国旅游业在全球旅游界已有举足轻重的地位。

中国旅游业参与国际竞争，也有挫折。1993年，香港中旅集团到美国佛罗里达州奥兰多市兴建锦绣中华主题公园，耗资1亿美元，占地460多亩，拥有缩微的故宫、长城、颐和园等60余处景点，但游客稀少，惨淡经营10年，2003年关闭。①

四、工艺产业

旅游工艺品。指为旅游者购物市场生产的富有民族地域特色，具有工艺性、礼仪性、实用性和纪念意义的物质商品。如漆器、陶器、瓷器、刺绣、玉雕、麦秸工艺品、桦树皮工艺品，等等。

建国初期，旅游工艺生产，小作坊，小规模。近三十年，旅游工艺品受到旅游业和政府重视。1978年至1979年，为扩大旅游纪念品、工艺纪念品、工艺品的生产和经营，国家专项

①张松《锦绣中华在美关门可惜了》，人民网，2004年1月9日。

拨给基建投资2900万元。1981年到1985年，每年专项投资1000万元，补助经济困难的重点产区和边远游览区①。国家制定工艺美术保护条例，实行国家工艺美术大师的命名制度，治理整顿旅游商品的市场秩序。旅游工艺生产打开新局面。民间工艺生产，大量出现，原有的国营、集体工艺企业，适应市场需求，变革企业体制，融入旅游业服务链，出现了生产、销售与旅游观赏相结合的工艺品企业。1979年至1991年，旅游商品销售创汇累计59.39亿元人民币，占外汇累计31%，其中，购买最多的旅游商品前十名依次是中药材、丝绸、字画、陶瓷、玉雕、文房四宝、景泰蓝、工艺扇、台布、木雕。除去中草药，后九种都是旅游工艺品。

1993年，苏州全国旅游商品工作会议，提出为保障工艺质量，扶持传统工艺，确认旅游工艺品生产定点企业300家。如北京珐琅厂、北京工艺美术厂的景泰蓝，天津杨柳青画社杨柳青年画，苏州刺绣研究所的苏绣，无锡惠山泥人厂的惠山泥人等。

2005年，上海主办旅游纪念品礼品博览会，大力展示、大力宣传、大力促销。

五、商务信息化

计算机技术在外资和合资饭店率先应用。1981年，中国国际旅行社引进美国PRIME550型超级小型计算机系统；1984年上海锦江饭店引入美国Conic公司的电脑管理系统。此后，航空公司的电脑订票网络系统、旅游企业办公室自动化系统等适用于旅游企业的计算机系统得到逐步推广。20世纪90年代，国际互联网的发展带动了旅游网站的全面兴起。1997年，国家旅游局开通中国旅游网。2000年，国家旅游局主

---

①1980年，国家经委《关于旅游纪念品工艺品生产和经营若干问题的暂行规定》。

持实施的"金旅工程"对我国旅游业的信息化起到了重要的推动作用。目前已建成星级饭店的管理系统、旅游投诉系统、旅游统计系统、旅游财务指标管理系统、旅游项目投资管理系统、景区点管理系统和导游管理系统等十余个业务管理系统，形成了全国行业管理数据体系，基本覆盖了行业管理层面。进入新世纪，旅游电子商务快速兴盛。2002年，建成中国第一个旅游目的地营销系统（DMS）广东南海DMS。以虚拟旅游、电子地图等为主要服务内容的网站不断出现，替代了传统旅游企业的部分功能，成为旅游行业的生力军。

六、旅游传媒

旅游刊物。民国时，中国旅行社创办的《旅行杂志》，一枝独秀；1949年1月，上海创刊一份《旅行天地》，昙花一现。共和国初期，仍是竹外桃花三两枝。一份是《地理知识》，1950年，由南京中国地理研究所的科研人员和南京大学地理系教师，自费创办；1953年，编辑部挂靠中国科学院地理研究所，改由科学出版社出版；1966年5月，因"文化大革命"停刊；1972年，复刊。另一份是《旅行家》，1955年，中国青年出版社接手《旅行杂志》[①]，改办《旅行家》。

1978年之后，旅游杂志百花齐放。

老刊物，改头换面。1993年，《地理知识》脱离行政隶属，成立杂志社，2000年更名《中国国家地理》，由中国科学院地理科学与资源研究所和中国地理学会主办，月刊，办刊旨在介绍中国地理及世界地理风貌，传播人文地理精神。是中国大陆发行量最大、年销20万册的地理杂志。

① 1949年，《旅行杂志》部分迁往台湾，部分留在上海。

第十六章 共和国旅游

新刊物，纷纷出台。1979年北京创办《旅游》月刊，指导回归自然，体验旅游人生，读者群庞大。1980年，中国旅游协会在香港创刊《中国旅游》，后交由时尚杂志社承办，改名《时尚旅游》。2001年，云南省社会科学院民族文学研究所改刊《山茶》杂志为《华夏人文地理》，后更名《华夏地理》，月刊。探索天下奇观，揭示自然奥秘，与美国《国家地理》合作，同步刊出美国《国家地理》杂志的精彩内容。2011年9月，科学出版社和中国旅游报社共同创办《中国国家旅游》杂志，月刊，该刊既具公益性，又肩负着以旅游宣传中国形象、助推中国旅游产业发展的使命。其他如北京《中国城市旅游》、《当代旅游》，天津《中国科学探险》，南京《中国旅游地理》，上海《西藏人文地理》、《私家地理》，杭州日报报业集团《风景名胜》、玩家传播集团的《玩家旅游》、华商传媒集团《自驾游》、台湾《自游自在》，港台《旅讯》、《环球旅游》、《旅游中国周刊》等等，总量超过100家。

旅游刊物的涌现，为宣传旅游，推介旅游，发挥了重大的舆论导向作用。

网络专栏。二十一世纪，网络纵横，各家网站，新浪、腾讯、百度、网易、凤凰、搜狐，都有旅游专栏，旅游广告。纸质旅游杂志也借力网络，开办电子版。2006年开始，专门的网上电子旅游杂志，《黑孩子》旅游杂志，网易《易游人杂志》，迅雷《La Vie》自游式杂志等等，闪亮登网，深受青少年欢迎。

电视频道。2002年1月，国内第一家专业性旅游卫视频道，海南电视台旅游综合频道（旅游卫视TSTV）开播。各家电视台大都开有旅游

专题节目，广泛采播旅游广告。

旅游标识。1985年，国家旅游局确定"马超龙雀"为中国旅游业的图标，象征天马行空，逍遥旅游。"马超龙雀"是东汉（25—220）青铜制品，1969年甘肃武威出土，高34.5cm，长45cm，所铸铜马昂首扬尾，四蹄腾跃，飞超足下龙雀。东汉张衡《东京赋》："龙雀蟠蜿，天马半汉。"现藏甘肃博物馆。

第五节　旅游交通现代化

二十一世纪，中国逐步实现海陆空现代化交通。

一、飞机航空

1950年，共和国民航开飞，仅有30架小型机（接受14架、从苏联购进16架），座位数总计630个。开通3条国际航线，北京至赤塔、北京至伊尔库茨克、北京至阿拉木图；开通2条国内航线，天津至北京至汉口至重庆，天津至北京至汉口至广州。①民航运输总周转量157万吨公里，旅客运输量1万人次，货邮运输量767吨。

2010年，拥有民航运输机1597架，定期航线1880条，其中，国内航线1578条（含至港澳台航线85条）；国际航线302条，通航五大洲54个国家112个重要城市，有55个国家的84家航空公司的飞机往来中国，民航网络基本覆盖五大洲。国内外航线总里程276.5万公里，其中，国内航线169.5万公里，国际航线107万公里。新疆和内蒙古自治区分别有机场16个和10个。西藏昌都邦达机场是世界上海拔最高的机场。

2010年，民航运输总周转量538亿吨公里，旅客运输量2.68亿人次，货邮运输量563万吨，

① 李军《大鹏展翅乘风起——新中国民航事业发展回顾》，中国民航报电子版，2011年5月9日。

运输总周转量已是60年前的1.5万倍。中国民航运输总周转量的世界排名，1975年第40位，1980年第33位，1990年第16位，2000年第9位，2005年跃升第2位，是名副其实的民航大国。①

二、公路汽车

建国伊始，国内公路通车里程8万公里。2008年，公路通车总里程373万公里，增长45倍。其中，农村公路是公路建设的基础性工程。2008年，农村公路通车里程312.5万公里，乡镇沥青、水泥路率达88.6%，乡镇客车通达率达98%，行政村客车通达率达87%。

高速公路是汽车奔驰的靓丽风景线。1988年10月，沪嘉（上海—嘉定）高速公路通车，全长20.4公里，开启中国高速公路建设。1990年9月1日，沈大（沈阳—大连）高速公路通车，全长375公里。到2008年，全国高速公路里程60 302公里，长度仅次美国（约十万公里），位居世界第二。

2008年，全国汽车保有量6467万辆，比民国增长1290多倍；公路客运量268.2亿人次，占综合运输体系的92%；货运量191.7亿吨，占综合运输总量的73%。公路机动车运输成为服务范围最广、承担运量最大、运输组织最灵活、运输产品最多样、就业人员最多的运输方式。②

三、铁路列车

建国伊始，全国铁路2.2万公里，里程少，标准低，平均时速43公里。1950年6月开工新中国第一条铁路成渝铁路，1952年7月通车，全长530公里。2010年，铁路营运里程9.1万公里，长度世界第二。③

其中，青藏铁路意义非凡。2001年6月29日，青藏铁路开工，克服冻土、高原缺氧、

---

① 李军《大鹏展翅乘风起——新中国民航事业发展回顾》，中国民航报电子版，2011年5月9日。

② 林红梅《新中国交通60年：铺就大国腾飞之路》，新华社北京2008年8月16日电。周音《高速公路带来和谐之美》，中新社北京2008年8月18日电。

③ 北京尚正明远研究院《2013—2017年中国高铁行业深度调研与投资战略规划分析报告》。

生态脆弱、天气恶劣四大难题，于2006年7月1日，落成通车。青藏铁路，东起青海西宁，南至西藏拉萨，全长1956公里。途径冻土地段550公里，海拔4000米以上地段960公里，最高点海拔5072米，是世界上冻土最长、海拔最高的铁路，号称天路。青藏铁路结束了西藏已有飞机航线、汽车公路、轮船水路，独无火车铁路的状况，一举实现西藏交通立体化。极大地促进了西藏、青海的社会进步和经济发展。旅游业受惠，首当其冲。2004年进藏游客100多万人次，2006年249万人次，2007年突破400万人次，旅游总收入48亿元，占全区GDP14%。2011年西藏社会消费品零售总额突破100亿元，吸引民间投资84.5亿元。①

高铁建设举世瞩目。高铁，高速铁路，指新建专用线路，具有专用控制系统，运行时速不低于250公里动车组②列车铁路。2008年，中国制造的京津高铁开通，时速350公里，旅程半小时，标志中国进入高铁时代。2008年4月18日，京沪高速铁路开工，简称京沪高铁，北起北京南站，南至上海虹桥站，全长1318公里，基础设施设计时速380公里，实际运营时速310公里，2011年6月30日通车，旅程5至7小时。2012年底，全国高铁通车里程，达到13 000公里，长度居世界第一。中国高铁注意开通旅游热线。2015年6月28日，安徽合肥至福建福州的合福高铁开通，跨长江，经铜陵，越南陵，依黄山，穿婺源，沿三清山，贴武夷山，过古田，通南平，一路名胜，风光无限，世称"旅游高铁"、"最美高铁"。

四、轮船客运

内河客运。以长江客运为例，1949年6月，

① 李阳丹《拉萨旅游公司》，《中国证券报》2008年3月17日。

② 动车一般指承载运营载荷并自带动力的轨道车辆。在中国，时速高达200公里或以上的列车称为"动车"。从根本上说动车和高铁都是动车组，只是速度以及运行的线路不同。高铁时速300公里以上，动车组时速200—250公里；高铁有新建的专门运行线路，动车组则与普通列车在既有线路运行。区分标志，中国以"G"开头的高速动车、以"C"开头的城际列车是高铁，以"D"开头的动车不是高铁，称动车。

第十六章 共和国旅游

长江客运恢复航行，最早的一班客船，是招商局江陵号，6月3日至6月12日，由上海抵达汉口。1954年，上海江南造船厂民众轮下水，排水量1540吨，载客968人，装有中国设计和制造的第一部电动液压舵机，是当时最大、最快、载客最多、设计最完善的川江客轮。加上不断修复的旧轮，长江客运量，从1949年的155.3万人增加到1957年的854.2万人，从1966年的1462万人增加到1969年的1935万人。客运客位由1958年的13 052个增至1965年的55 529个，1976年的75 631个。长江干线大中小型客轮1976年达到1654艘。1985年，长江航运经营体制转化，长江水系出现814家轮船公司。干线客运航线49条。客运量大涨，1985年比1979年增加73.3%，达到3472.6万人。但自1990年起，沿江铁路与沿江高速公路的兴起，直接冲淡长江客运，客运量以每年20%的速度直线下滑，2001年10月，长江最大的客运专业化公司长航武汉客运有限公司退出长江客运。除三峡库区尚有客运旅游外，长江干线地方客运企业及长航集团重庆长江轮公司也逐步退出长江客运。未来，营运舒适游轮，开展沿江旅游，应是长江客运新篇章。①

沿海客运。主要有四条航线，分别是香港至上海、香港至广州、香港至厦门、香港至汕头。又有香港至深圳、香港至澳门、香港至东莞、深圳至澳门以及舟山群岛客运、渤海湾客运、琼州海峡客运、台湾海峡客运等。

国际客运。中日海上航线，至2014年，常年开通4条，定期往返。一条是上海—大阪—神户，客货轮，原为"鉴真"号，后换"新鉴真"号，载客量345人，航行时间约45小时。

---

① 项能波《百年长江客运话沧桑》。

一条是天津至神户，客货轮"燕京"号，载客量399人，航行时间约60小时。一条是青岛至下关，客货轮"理想之国"号，载客量350人，航行时间约36小时。一条是上海至长崎，客货轮"海洋玫瑰"号，载客量约1000人，航行时间约22小时。另有豪华邮轮：日韩线"歌诗达邮轮"，航行上海、韩国济州、韩国釜山、上海；日韩线"皇家加勒比邮轮"，航行上海、韩国济州、韩国丽水、上海；日韩线"海娜号邮轮"，航行上海、日本长崎、日本福冈、上海；东南亚线"丽星邮轮"，航行中国香港、新加坡、马来西亚、中国香港。

五、城市地铁

地铁，是服务城市，电力驱动，主要运行地下，可以延伸至地面或高架桥，拥有独立路权，营运班次密集的轨道交通。城市轻轨[①]，如符合地铁营运要求，也算地铁。地铁运载量大、快捷、安全、准点，保护环境，节约能源，是城市轨道交通的主要形式。

第一条城市地铁是北京地铁，1965年7月，一期线路动工，从北京站到古城站，1969年开通试运营。

至2014年，中国地铁营运城市23家：北京、香港、上海、广州、深圳、重庆、天津、南京、武汉、沈阳、杭州、高雄、成都、昆明、苏州、西安、佛山、哈尔滨、杭州、郑州、长沙、宁波、台北。

迄今在建地铁城市16家：大连、徐州、东莞、石家庄、贵阳、无锡、福州、青岛、常州、温州、太原、南宁、马鞍山、芜湖、合肥、乌鲁木齐。

地铁为城市交通、城市旅游带来了极大的

①轻轨，指轨距1435毫米国际标准、双轨运行、采用自动化信号系统的列车。

第十六章　共和国旅游

方便。

六、江河大桥

民国及民国之前，长江主干道没有一座桥梁。黄河上有三座，一座是兰州中山桥[①]，一座是平汉铁路郑州黄河铁路桥[②]，一座是京沪铁路济南市北泺口黄河桥[③]。共和国开国，长江、黄河之上，一桥又一桥，合计45座，天堑变通途。

长江大桥

长江第一座大桥是武汉长江大桥，1955年开工，1957年竣工。横跨武昌蛇山和汉阳龟山，是长江第一座双层铁路、公路两用桥。正桥1156米，北岸引桥303米，南岸引桥211米，总长1670米。上层双向四车道公路，附设人行道；下层为京广铁路对开复线；桥墩跨度128米，通行万吨巨轮。号称"万里长江第一桥"。

第二座是南京长江大桥，1960年开工，1968年竣工。跨江连接南京鼓楼下关和南京浦口，是长江上第二座双层铁路、公路两用桥。正桥1577米，上层公路，连引桥长4589米，四车道，附设人行道；下层宽14米，连引桥长6772米，京沪铁路对开复线。桥墩跨度160米，桥下通航净空高度为最高通航水位以上24米，通行万吨巨轮。以"世界最长的公铁两用桥"载入1960年《吉尼斯世界纪录大全》。

之后，上海修建上海长江大桥（公路桥），崇启大桥（高速公路桥）。

江苏修建南京长江二桥（公路桥），南京长江三桥（公路桥），南京长江四桥（公路桥），南京大胜关大桥（铁路桥），润扬大桥（镇江—扬州公路桥），江阴长江大桥（公路桥），苏通大桥（苏州—南通公路桥），沪

[①] 兰州中山桥位于兰州城北白塔山下。前身是明洪武五年（1372），在兰州城西7里处修建的黄河浮桥。明洪武九年（1376），移至城西10里处，称镇远桥。明洪武十八年（1385），移至白塔山下。当年的黄河浮桥，用24只大船，横排黄河之上。每年冬季拆除，春季重搭。清光绪三十三年（1907），政府动用库银30万两，由德商泰来洋行承建，改建浮桥为铁桥，长233.3米，宽7.5米，初名兰州黄河铁桥，1942年改名中山桥。

[②] 光绪二十九年（1903）开工，比利时工程公司承建，光绪三十二年（1906）通车。桥长3015米，是民国时期最长的桥。

[③] 清宣统元年（1909）7月开工，民国元年（1912）11月竣工。桥长1255.2米，桁宽9.4米。

通铁路长江大桥（南通—张家港公路铁路两用桥）。

安徽修建安庆大桥（公路桥），铜陵公路大桥，铜陵公铁两用大桥，芜湖大桥（公路铁路两用桥），马鞍山大桥（公路桥）。

江西修建九江大桥（公路铁路两用桥），九江长江二桥（公路桥），九江长江三桥（公路桥）。

湖北修建武汉长江二桥（公路桥），武汉长江三桥（公路桥），武汉长江四桥（公路桥），武汉长江五桥（公路桥），武汉长江六桥（公路铁路两用桥），武汉长江七桥（公路桥），武汉长江八桥（公路桥），武汉长江九桥（公路桥），武汉长江十桥（公路桥），黄冈长江大桥（公路铁路两用桥），鄂黄大桥（黄冈—鄂州公路桥），黄石大桥（公路桥），巴东大桥（公路桥），西陵大桥（公路桥），夷陵大桥（公路桥），葛洲坝大桥（公路桥），宜昌铁路大桥，宜昌公路大桥，枝城大桥（公路铁路两用桥），荆州大桥（公路桥），荆岳大桥（公路桥）。

重庆修建万州大桥（公路桥），巫山大桥（公路桥），云阳大桥（公路桥），奉节大桥（公路桥）。四川修建宜宾大桥（公路桥）。

长江之下，又有长江隧道。

武汉有长江公路隧道，2004年开工，2010年通车，是中国第一条过江隧道。有地铁过江隧道，2006年开工，起于汉口常青花园，止于武昌鲁巷，2012年通车；又有三阳路公路地铁两用过江隧道，连接汉口三阳路、武昌秦园路。

上海也有长江公路隧道，2004年奠基。全长8.95公里，起自浦东立交，于长兴岛新开河

第十六章 共和国旅游

处登陆。

黄河大桥

合计新修32座。

山西,1972年通车保德黄河大桥(公路桥)。内蒙,1983年通车包头黄河大桥(公路桥)。宁夏,1994年通车银川黄河大桥(公路桥)。甘肃,2012年合龙八盘峡黄河特大桥(铁路桥)。

跨省的有陕西山西。1969年通车吴堡黄河大桥(公路桥)。位于陕西省榆林市吴堡县宋家川镇与山西省吕梁市柳林县薛村镇之间。1972年通车乡韩黄河大桥(公路桥),东起山西乡宁县枣岭乡,西至陕西韩城市枣庄乡,横跨黄河大峡谷。2011年通车石清黄河大桥(公路桥),位于山西石楼县、陕西清涧县交界渡口,桥高100米,称黄河第一高桥。2012年合龙晋陕黄河特大桥(高速铁路桥),连接山西省永济市和陕西省合阳县。2013年开工孟门黄河大桥(公路桥),东起山西吕梁柳林县孟门镇,西至陕西榆林市吴堡县寇家塬镇。

山东,1970年通车平阴黄河大桥(公路桥)。1972年通车滨州黄河一桥(公路桥)。1982年通车济南黄河大桥(公路桥),1987年通车胜利黄河大桥(公路桥),1999年通车济南黄河第二公路大桥,2004年通车滨州黄河二桥(高速公路桥),2007年通车滨州黄河三桥(公路铁路两用桥)。

河南,1960年通车郑州黄河铁路新桥[①],1977年通车河南洛阳黄河公路大桥。1981年通车曹家圈黄河大桥(铁路桥),1986年通车郑州黄河公路大桥,1989年通车开封黄河公路大桥,1994年通车济源小浪底黄河大桥(公路

[①] 新桥相对老桥而言,老桥指民国平汉铁路郑州黄河大桥,因残破,1987年拆除,仅留5孔桥墩,原址保存。

桥），2001年通车焦作南河渡黄河大桥（公路桥），2003年通车洛阳黄河高速公路大桥，2004年通车刘江黄河大桥（高速公路桥），2006年通车开封黄河高速公路特大桥，2010年通车郑新黄河大桥（公路桥），2013年通车桃花峪黄河大桥（高速公路桥）。正在建设的焦作至荥阳黄河大桥（公路桥）、官渡黄河大桥（公路桥）、河洛黄河大桥（高速公路桥）。

山西河南，1993年通车三门峡黄河大桥（公路桥），北起山西平陆县，南至河南三门峡市。

山东河南，1986年通车长东（河南长垣县—山东东明县）黄河大桥（铁路桥）。

长江、黄河之上，一座座大桥，是一座座交通枢纽，也是一座座灿烂景观。

第六节　港澳台旅游业

一、香港旅游业

香港（Hong Kong），紧邻广东深圳。1840年之前是小渔村。1842年至1997年，香港是英国租借地。1997年7月1日，中国对香港恢复行使主权，实行一国两制，享有独立立法、司法、行政权及免向中央缴纳关贸税，全称中华人民共和国香港特别行政区。是全球闻名的国际大都市，是仅次于伦敦和纽约的全球第三大金融中心，是全球最受欢迎的旅游胜地，购物天堂。

香港旅游事务署是香港政府专责旅游事务的部门，1999年成立，负责统筹政府内部各项旅游发展工作，促进香港成为亚洲首要的国际大城市及世界级的度假和商务旅游目的地。

香港旅游发展局是专门负责宣传推广香港商务旅游、消闲旅游的法定机构。前身是香港旅游协会。主要任务,吸引世界各国游客到港旅游。

香港旅游业议会是香港旅游业界的主要组织,成立于1978年,以保障旅行社的利益为宗旨。香港法例规定,任何公司必须成为香港旅游业议会会员,才可以申领旅行代理商牌照经营离港外游服务。

香港旅游业是香港立法会拥有议席的功能组别。

香港政府为确保到访香港的旅客出入境方便快捷。现时约170个国家的国民可以无签证进入香港。2002年,取消大陆香港游配额。2003年实施港澳个人游。香港海陆空交通发达,酒店设施完善,长期保持优良服务水准。

香港主要旅游景点,有维多利亚港、太平山、大屿山大佛像;有全球最大型灯光音乐汇演"幻彩咏香江";有海洋公园,园内登山电梯是全世界第二长的户外电动扶梯;有迪士尼乐园度假区;昂坪缆车是世界上营运距离最长的吊挂式缆车系统。

2012年,香港旅游业收益占香港国民生产总值4.4%,直接或间接参与旅游业的就业人数逾25万,占总就业人数的6.9%。2013年,世界各地访港旅客5429万人次。其中,内地访港旅客4070万人次,占访港旅客总量的75%。

二、澳门旅游业

澳门(Macau),紧邻广东珠海。1553年,葡萄牙人攫取澳门居住权。1887年,中葡签订《和好通商条约》,澳门成为葡萄牙特殊租借地。1999年澳门回归中国,实行一国两

制,全称中华人民共和国澳门特别行政区。

澳门是国际自由港,也是世界四大赌城之一。旅游业是澳门最重要的经济支柱,旅游博彩及相关行业人员,约占澳门就业人口的三分之一。来澳游客多为博彩,博彩带动澳门旅游,形成一个以博彩业、游览业、饮食业、娱乐业、客运业、酒店业及酒店培训业相辅相成的旅游业体系。澳门客运,陆路通珠海;水路有往来频密的航班直通珠海、深圳、香港;1995年,澳门国际机场启用,国外游客可直达澳门。1982年游客量达400万人次,1996年800万人次,2000年916万人次。① 2013年,中国内地继续蝉联澳门最大客源地,内地旅客1800多万人次,增长达10%。现时,澳门有102间酒店,合计28 800个房间。

澳门景观,有著名庙宇妈阁庙、普济禅院、莲峰庙,有大三巴牌坊、大炮台,东望洋山的灯塔,西望洋山的主教堂。有富有南欧特色的建筑,临时市政局大楼等;有道教、基督教、伊斯兰教、摩门教、印度教等宗教场所。澳门地方虽小,公园众多。

澳门有独特的土生文化。数百年来,不少居住在澳门的葡萄牙人与华籍居民通婚,形成具有印、欧、亚裔血统的土生葡人族群,语言(土语Patua)、价值观、生活习惯表现出东西兼备的文化特色。

澳门每年举办国际旅游体育盛事。诸如国际烟花汇演、国际音乐节、格兰披治大赛车、国际龙舟邀请赛、国际女排大奖赛、国际马拉松比赛、两年一度的国际高尔夫球锦标赛等。

三、台湾旅游业

台湾旅游资源丰富。观光游憩区有279处,

---

① 张向前《澳门旅游业现状及展望》。

第十六章　共和国旅游

其中阿里山、阳明山、太鲁阁、垦丁、东部海岸等景区开发具有世界级水准。岛内族群多种，人文色彩丰富多元，区域文化多彩多姿。自1956年起，台湾开始有计划发展旅游业。近几年，实施"观光客倍增计划"，实施"外籍旅客购物退税"制度，推行"生态保育，环境永续"，制定"观光资源永续发展策略"，建立观光资源退场与养息机制，观光环境监测机制，致力营造服务环境。构思全岛旅游布局：台北等大城市，以景观游、工业游、科技游、文化游为主；台湾西部，以海岸、海岛游为主；台湾中部山区，以生态、农业游为主。阿里山茶区、大禹岭茶区以山林经济为特色，开展茶产业、茶文化旅游。如大禹岭位于花莲、台中、南投三县交汇处，海拔2600米的原始森林茶区，高山茶，色泽珠绿黑亮，叶片幼嫩肥大，号称茶中之特优珍品。游客到此，赏茶、品茶、听茶，观看歌舞，引发游客买茶兴趣。

台湾旅游服务业体系健全，数量众多。2012年有2895家旅行社，其中61 900人通过旅游领队考试，实际执业或特约人数约5万多人；能够接待大陆观光的导游2万名。旅馆业及民宿发达，2008年，观光旅馆96家，其中，国际观光旅馆71家，客房数21 745间；一般观光旅馆26家，客房数4015间；普通旅馆3643家，客房数157 652间；民宿1818家，合法民宿房间4060间。[1] 位于台北的圆山饭店，由宋美龄策划、督建，红柱金瓦，气势宏伟，富丽堂皇，体现中国古典风格。长荣桂冠饭店是现代五星级酒店，以海洋风情为装潢主题，气息高雅。

台湾入境旅游，1989年200万人次，2002年273万人次[2]。2008年7月，两岸正式开通大陆居

---

[1] 严华《台湾旅游业发展现状、特点与启示》，2013年。

[2] 张玉冰《台湾旅游业发展现状》，《统一论坛》2008年。

民赴台游，游客人数快速增长。2012年，大陆赴台游客197万人次；2013年，287万人次；是全球赴台旅客的最大客源。①

① 雅萍《2013年大陆赴台游客》，央广网，2014年1月22日。

第七节 国家旅游战略

一、政府主导，改革体制

建国初期，旅游业由政府直接管理，直接经营，体制特征是政企不分，政企合一。1964年设立中国旅行游览事业管理局，归属外交部，与国旅总社合署办公，两块牌子一套人马，直接管理旅行社和旅游涉外饭店。1978年更名中国旅行游览事业管理总局，仍由外交部代管。

1982年，中国旅行游览事业管理总局更名为中华人民共和国国家旅游局，简称国家旅游局（National Tourism Administration，缩写NTA）。与国旅总社分署办公，形式上，走出政企分开第一步。

1986年，国务院批准，成立第一家旅游行业协会——中国旅游协会。协会会员包括旅游城市、旅游企业集团、旅行社、星级饭店、旅游景区、旅游科研院所、旅游媒体等，覆盖了旅游业主要企事业单位。随之，中国旅行社协会、中国旅游饭店业协会、中国旅游教育协会及各省各地市分会，陆续建立。这些民间团体，在政府的扶持下，对内服务、协调、监管，对外联系政府、企业与市场，是政府下放职能、社会承接职能的载体，是改革已有旅游管理体制，建立现代旅游管理体制的重要组织机构。

1988年10月，国务院发布国家旅游局"三

第十六章　共和国旅游

定"（定职能、定机构、定人员编制）方案。全面、系统的推行旅游管理体制改革，确定政府旅游部门的主要职能，是通过法规、政策、规划、标准、统筹、协调、监管、审批①、指导旅游业发展，不再经营旅游企业，不再介入旅游企业内部管理。据此，1998年，中国旅行总社、国际饭店等国家旅游局直属企业脱离国家旅游局，自主经营；1999年，北京市旅游局的直属企业脱离北京旅游局，组建首都旅游集团，标志着国营旅游业的管理体制从中央到地方，全面实现政企分开，走进政府主导发展、企业自主经营的新阶段。

二、政府主导，重点发展

政府主导，确定旅游业在经济社会活动中的地位，制定支持旅游业发展政策，统筹各方力量促进旅游产业发展。1981年，国务院召开第一次全国旅游工作会议，明确提出：旅游事业是一项综合性的经济事业，是国民经济的一个组成部分，是关系到国计民生的一项不可缺少的事业。1985年，国家旅游局确定"马超龙雀"为中国旅游业的图标②，批准《全国旅游事业发展规划》（1986—2000），将旅游业定为国家重点支持发展的一项事业。1999年国家旅游局提出建设世界旅游强国的总目标。2000年至2004年，全国共安排旅游国债67亿元。2005年至2007年，又安排了21亿元资金用于红色旅游建设。2013年，中国面向国际，提出共建"丝绸之路经济带"和"21世纪海上丝绸之路"的重大战略构想，与沿线国家共同打造政治互信、经济融合、文化包容的利益共同体和责任共同体。这一构想不仅为中外经济、文化、教育的多方面合作，提供了宏大思路，也

---

① 依法审批外国在我国境内设立的旅游机构，审查外商投资旅行社市场准入资格，依法审批经营国际旅游业务的旅行社，审批出国（境）旅游、边境旅游。依法审批港澳台在内地设立的旅游机构，审查港澳台投资旅行社市场准入资格。

② "马超龙雀"是东汉（25—220）青铜制品，1969年甘肃武威出土，高34.5cm，长45cm，所铸铜马昂首扬尾，四蹄腾跃，飞超足下龙雀。东汉张衡《东京赋》："龙雀蟠蜿，天马半汉。"现藏甘肃博物馆。用作图标，象征中国旅游业如天马行空，逍遥而游。

为中外游客，勾勒了锦绣旅途。

地方政府也大力扶持旅游发展。1985年陕西省出台省级政府第一个《关于大力发展旅游业的决定》，迄今为止，全国各省区市政府共出台了60余个关于发展旅游业的意见或决定，已有27个省区市把旅游业确定为支柱产业、主导产业或重要产业。2010年，湖南旅游总收入1425亿元，跻身"全国十强"。2011年，湖南旅游总收入1782亿元，从旅游资源大省跨进旅游产业大省。2012年，旅游总收入2234亿元。2013年总收入2681亿元。①

三、政府主导，市场运作

政府主导，以导向性投入和规划项目，打造良好的旅游产业发展平台与发展环境，引导社会资本进入旅游业。1985年，国务院批转国家旅游局《关于当前旅游体制改革几个问题的报告》，提出："以国家投资为主建设旅游基础设施转变为国家、地方、部门、集体、个人一起上，自力更生与利用外资一起上。"这一方针，促成国资、民资、外资三马奔腾，旅游产业全面起跑。

原由政府管理的旅游资源，也通过组建企业经营、企业上市经营、租赁经营或受托经营，实现市场运作。

安徽黄山风景区，原由黄山市人民政府黄山风景区管理委员会管理。1989年，撤销管委会旅游处，成立安徽省黄山旅游发展总公司，转为企业管理。1995年企业改制，以总公司优良资产和优质企业组建黄山旅游发展股份有限公司。1996年，上市发行股票。上市之前，1995年度，外部收入597万元，景区开放，难以维持。上市之后，截至2000年底，接待海内外

---

① 《湖南旅游业进军3000亿俱乐部》，中国旅游新闻网，2014年5月24日。

游客1700万人次，旅游收入30亿元，创汇7亿美元。

1997年，湖南张家界景区把所属黄龙洞景区，以委托经营的方式转交中国大通实业有限公司（北京），把所属宝峰湖景区，以租赁经营的方式转交马来西亚公司，是企业受托经营和租赁经营的开端。

1998年，四川雅安市政府与成都民营企业万贯置业投资有限公司签订《开发建设碧峰峡的合同书》，碧峰峡是一个独立、完整的景区，协议规定碧峰峡为其所有，万贯公司以350万元人民币的价格买断其50年独家经营权。这一租赁与张家界租赁不同，张家界是个别租赁，碧峰峡是整体租赁，时称"碧峰峡模式"。碧峰峡整体租赁模式规避了多家经营难以协调的缺陷，充分自主，提升效益。1999年底到2003年初，碧峰峡接待游客300万人次，实现旅游收入3亿元。①

2001年，四川省旅游局宣布，面向国内外法人，出让九寨沟国家森林公园、三星堆遗址开发保护、四姑娘山风景区、稻城亚丁生态景区、青城山磁悬浮旅游列车工程、剑门三国古蜀道景区、凉山中华航天博览园、自贡恐龙王国公园、阆中古城保护与开发、跑马山康巴文化旅游区十大著名旅游景区经营权。通过协议，有法人主体在约定期内开发经营。前提条件是按照政府统一规划和严格保护自然环境。②

四、政府主导，规范行业

1987年，在国家旅游局的指导下，中国旅游饭店业协会颁布《旅游涉外饭店星级的划分与评定》，开始了中国酒店的标准化进程。1995年，国家旅游局组织各方力量成立全国旅

---

① 李品利《对旅游区整体租赁经营模式的进一步思考》。

② 杨全新，刘瑾《人民日报海外版》，2001年2月22日。

游标准化技术委员会，制定、颁布了一系列旅游基础设施建设标准、服务标准，质量认证标准，全面启动旅游业各行各业的标准化。

旅行社：2011年，颁布《旅行社出境旅游服务规范》、《旅行社服务通则》、《旅行社入境旅游服务规范》。

旅游景区：1999年，颁布《旅游区（点）质量等级的划分与评定》。旅游区质量分为4A、3A、2A、1A四个等级。2012年，国家旅游局颁布新的《旅游区质量等级管理办法》，旅游景区质量分为5个等级，从低到高依次为1A、2A、3A、4A、5A。2010年，颁布《旅游景区服务指南》。2011年，颁布《旅游景区游客中心设置与服务规范》、《旅游景区讲解服务规范》、《绿色旅游景区》、《温泉企业服务质量等级划分与评定》等。

旅游饭店：2002年，颁布《中国旅游饭店行业规范》。2006年，颁布《绿色旅游饭店》。2007年，颁布《中国饭店行业服务礼仪规范》。2008年，颁布《中国饭店行业突发事件应急规范（试行）》。2010年，颁布《旅游饭店星级的划分与评定》、《旅游饭店管理信息系统建设规范》、《中国会议饭店建设与运营规范（试行）》。2011年，颁布《中国饭店管理公司运营规范（试行）》。

度假区：2010年，颁布《旅游度假区等级划分》、《旅游娱乐场所基础设施管理及服务规范》。

游乐园：2010年，颁布《游乐园（场）服务质量》。

餐饮：2005年，颁布《餐饮业和集体用餐配送单位卫生规范》。2010年，颁布《旅游餐馆设施与服务等级划分》。

购物：2010年，颁布《旅游购物场所服务质量要求》。

交通：2011年，颁布《游览船服务质量要求》、《旅游客车设施与服务规范》。

安全：2011年，颁布《宗教活动场所和旅游场所燃香安全规范》。

旅游厕所：2003年，颁布《旅游厕所质量等级的划分与评定》。

公共信息：2006年，颁布《标志用公共信息图形符号》（通用符号、旅游休闲符号）。2007年，颁布《公共信息导向系统设置原则与要求》（公共交通车站、购物场所、宾馆和饭店）。2010年，颁布《旅游信息咨询中心设置与服务规范》、《旅游电子商务网站建设技术规范》。2011年，颁布《城市旅游公共信息导向系统设置原则与要求》、《旅游景区公共信息息导向系统设置规范》。

导游：2010年，颁布《导游服务规范》。

中国，旅游业标准之多之细，领先世界。"截至目前（2007），我国已经颁布了18项旅游标准，其中国家标准11项、行业标准7项，是世界上颁布旅游业标准最多的国家。"[1]有效地规范了旅游行业的运作，提高了旅游行业的质量。

五、政府主导，培养旅游人才

国家重视旅游从业教育。建立了中等、高等职业教育，培养旅游一线服务型人才；建立本科专业教育及研究生教育，培养旅游管理类经营类人才。

1978年10月，江苏省旅游学校正式成立，随后成立了北京旅游学院、湖北旅游学校、四

---

[1] 国家旅游局课题组《中国旅游业改革开放三十年发展报告》，2008年12月。

川旅游学校。这四所学校是我国第一批旅游中等职业学校。目前旅游中等职业教育的规模已与旅游高等教育相当。2007年，全国共有中等职业学校871所，在校学生37.64万人。

1979年，中国第一所旅游高等学校——上海旅游高等专科学校成立。从1980年开始，国家旅游局先后投资，与大连外国语学院、杭州大学、南开大学、西北大学、西安外国语学院、长春大学、中山大学、北京第二外国语学院等8所高等院校联合开办了旅游系和旅游经济、旅游管理专业。此后，高等旅游院校不断增多。2007年，全国共有高等旅游院校及开设旅游系（专业）的高等院校770所，在校生39.74万人；中等职业学校871所，在校学生37.64万人。

国家重视旅游从业培训。1979年，国家旅游局在北京第二外国语学院举办了第一期旅游翻译导游培训班，1981年又在北戴河举办了首期全国饭店经理培训班，逐步建立了国家、省级、地市级旅游部门和旅游企业的四级培训体系。2007年，全行业在职人员培训总量达320万人次。1989年，全国实行导游资格考试。2007年，通过考试，持有导游资格证书的人员达到58万人，其中，持有导游IC卡人员40万人，通过考试取得中级导游员证书1.79万人。

六、国家立法保障

2013年4月25日第十二届全国人民代表大会常务委员会第二次会议通过《中华人民共和国旅游法》，保障旅游者和旅游经营者的合法权益，规范旅游市场秩序，保护和合理利用旅游资源，促进旅游业持续健康发展。

第八节　旅游文艺创作

一、诗歌记游

潘海东①，古诗记游，游武夷山，作《西江月·春游武夷》：

> 雨洗半园青竹，露垂一地黄花。
> 船横西畔有渔家，草屋风流云挂。
> 雷震天边惊蛰，日升有意明霞。
> 他年若许结篱笆，即此武夷山下。

绘景织情，寄意山野。游长城，作《永遇乐·长城写意》：

> 算汝沧桑，三千岁月，岂由秦始。商纣龙旂，周文战将，早引兵车至。②原中放牧，军前筑垒，但把鬼方雄视。问边墙，狼烟烽火，是否发端如此？
> 沉沉关隘，悠悠霜雪，记着艰难形势。范杞梁冤，孟姜女哭，每惑多情子。若非扰攘，全无觊觎，要汝坚城何事？叹天下，谁能一统，高歌已矣。

纵论千秋功过，感慨守土艰难。游鄱阳湖，作《七律·鄱阳写意》：

> 大江中裂涌湖山，江浊湖清亘古漫。
> 水蚀山空穿万窍，声随浪激悦千滩。
> 金秋速客石钟凛，紫蟹丰容瓦缶欢。
> 最忆船娘樽似瓮，一层诗境百层澜。

大景起，小景收，由景及人，诗酒一船。

---

① 潘海东，江西省宜黄县人，善书法、篆刻，诗词作家，文学教授。

② 作者自注：《诗·小雅·出车》"王命南仲，往城于方"，《毛传》"王，殷王也。南仲，文王之属"。

严阵①，新诗记游，游黄山，作《桃花坞》：

> 桃花坞，睡着了。
> 梨花、月色，
> 是她的梦。

①严阵，原名阎桂青，山东莱阳人，诗人。

画面婉约，意境朦胧。春游长江南岸，作《江南春歌》：

> 十里桃花，
> 十里杨柳，
> 十里红旗风里抖。
> 江南春，
> 浓似酒。（节录）

古典节奏，清新热烈。

沙白新诗记游。游南京，凭吊太平天国遗存，作《太平天国的石舫》②：

> 战斗的信风旗哪儿去了？为什么只有雕栋画椽？
> 你不觉得这楼台太沉？笛管丝弦像解不开的船缆。
> 你不觉得这船舱太小？绣幕珠帘把长天遮断。（节录）

②沙白，原名理陶、李涛，笔名鲁氓，江苏如皋人，诗人。太平天国石舫，存南京民国总统府遗址。

批评天国领袖，盘踞南京，苟于安乐。

海子③新诗记游，秋游北方山野，作《幸福一日·致秋天的花楸树》：

> 我无限的热爱着新的一日
> 今天的太阳　今天的马　今天的花楸树
> 使我健康　富足　拥有一生
>
> 从黎明到黄昏

③海子（1964—1989），原名查海生，籍贯安徽怀宁，诗人。

阳光充足
胜过一切过去的诗
幸福找到我
幸福说："瞧！这个诗人
他比我本人还要幸福"

在劈开了我的秋天
在劈开了我的骨头的秋天
我爱你，花楸树

深情抒发独游山野的快乐与幸福。游西藏，作《西藏》：

西藏，一块孤独的石头坐满整个天空
没有任何夜晚能使我沉睡
没有任何黎明能使我醒来

一块孤独的石头坐满整个天空
他说：在这一千年里我只热爱我自己

一块孤独的石头坐满整个天空
没有任何泪水使我变成花朵
没有任何国王使我变成王

深情抒发回归原始的自在与神秘。游青海德令哈[①]，作《日记》：

姐姐，今夜我在德令哈，夜色笼罩
姐姐，我今夜只有戈壁

草原尽头我两手空空
悲痛时握不住一颗泪滴
姐姐，今夜我在德令哈
这是雨水中一座荒凉的城

除了那些路过的和居住的

[①] 德令哈，蒙古语意：金色的世界。青海海西蒙古族藏族自治州县级市，位于柴达木盆地东北边缘，平均海拔2980米。

德令哈——今夜
这是唯一的,最后的,抒情。
这是唯一的,最后的,草原。
我把石头还给石头
让胜利的胜利
今夜青稞只属于她自己
一切都在生长

今夜我只有美丽的戈壁,空空
姐姐,今夜我不关心人类,我只想你

深情抒发寄身荒漠的孤独与依恋、寂寞与沸腾。海子是人间旅途的独行客,是生命旅途的思考者。

二、散文记游

李健吾①《雨中登泰山》:

> 从火车上遥望泰山,几十年来有好些次了,每次想起"孔子登东山而小鲁,登泰山而小天下"那句话来,就觉得过而不登,像欠下悠久的文化传统一笔债似的。杜甫的愿望:"会当凌绝顶,一览众山小",我也一样有,惜乎来去匆匆,每次都当面错过了。而今确实要登泰山了,偏偏天公不作美,下起雨来,淅淅沥沥,不像落在地上,倒像落在心里。(节录)

① 李健吾(1906—1982),笔名刘西渭,山西安邑人。作家、戏剧家。

语言质朴,情意真切。

杨朔②,海边度假,作《雪浪花》:

> 凉秋八月,天气分外清爽。我有时爱坐在海边礁石上,望着潮涨潮落,云起云飞。月亮圆的时候,正涨

② 杨朔(1913—1968),原名杨毓瑨,山东蓬莱人,散文家。

大潮。瞧那茫茫无边的大海上,滚滚滔滔,一浪高似一浪,撞到礁石上,唰地卷起几丈高的雪浪花,猛力冲激着海边的礁石。

画面优美,诗义玲珑。

余秋雨①的旅游散文,是文化旅游的结晶。1992年,出版《文化苦旅》,集中文章大多是作者游步所至的文化感想,是文化散文集,也是记游散文集。《道士塔》、《莫高窟》、《阳关雪》、《沙原隐泉》,描写西北黄沙积淀的苍老文明;《白发苏州》、《江南小镇》,描写江南水乡饱和的柔媚底蕴;《都江堰》、《三峡》、《洞庭一角》、《庐山》、《寂寞天柱山》、《风雨天一阁》,描写四川、湖北、湖南、江西、安徽、浙江等地的景观名胜,构筑起悠长的旅游长廊、历史长廊、文化长廊。2000年,出版《千年一叹》,记述坐车越野四万公里的"千禧之旅"。2001年,出版《行者无疆》,记述游观欧洲26国的亲身感受。一时,读者风靡。

三、旅游舞蹈与歌剧

旅游歌舞令人振奋的作品有深圳民俗村《龙凤舞中华》。凝聚奇思妙想,巧用声、光、电、水,妙合舞蹈、杂技、魔术,500多名演员、1200多套服装、55分钟的演出,展示天地洪荒的远古回音,展示中华大地56种民俗风情,展示中华民族伟大复兴的凤翥龙腾,淋漓尽致地倾泻出中华文化的绚丽辉煌。

旅游歌剧添花景区的作品有:云南昆明《云南印象》、云南丽江《印象丽江》、广西桂林《印象·刘三姐》、湖南张家界《天门

① 余秋雨,1946年生于浙江余姚,戏剧家、散文家。

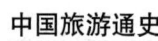

狐仙——新刘海砍樵》等。《刘三姐》、《天门狐仙》的鲜明特征是利用自然山水作舞台背景，境界博大，气势恢宏。

四、旅游影视

2012年中央电视台摄制播出纪录片《舌尖上的中国》，引起海内外热烈反响，激发万千观众美食旅游的兴趣。2014年中央电视台、安徽广播电视台联合出品纪录片《大黄山》，备受观众喜爱。

五、旅游绘画

刘声雨。辽宁盖县人，国画家、油画家。七八年间，旅游西藏十几次，所见所感，深藏于心，创作长度40米的国画《西藏组画》，诸多人物，栩栩如生，深受俄罗斯、中亚诸国美术界重视。

邹明，安徽人，国画家，热爱江南山水，旅游江南西塘（浙江嘉善），捕捉西塘的棚廊、老屋、河道，融和水乡景致，以独特感悟，创作《水墨水乡》，画面古朴、格调清新，历史氤氲中，浮动现代气息。

潘喜良，辽宁西丰人，国画家。行走新疆，创作《喀什风情》，游观深圳，创作铸铜浮雕壁画《老东门墟市图》，获中国首届壁画大展佳作奖。

六、旅游摄影

王琛，湖南宁乡人，摄影家，旅游家。以15年时间，游历五洲四海，风餐露宿，探幽历险，拍摄野生动物、野生环境，出版《地球表情》、《地球的温度》、《地球的密码》、《地球的主人》系列作品集，获中国摄影金像奖、美国摄影班尼奖。

第十六章 共和国旅游

第九节 旅游理论研究

近三十年，旅游理论研究随着旅游的兴旺而兴旺。

一、研究机构

1999年，中国社会科学院成立旅游研究中心。主要任务是从事旅游理论和实证研究，承担中国社会科学院、政府及有关部门委托的研究项目，为旅游相关产业提供咨询服务。

2008年，国家旅游局成立中国旅游研究院。重点研究旅游基础理论、旅游政策、旅游发展规划等。下设四个研究所：旅游政策与发展战略研究所、旅游产业运行与企业发展研究所、区域旅游发展与规划研究所、国际旅游研究所。并在全国各地的高等学校与社会科学机构设立了十四个研究基地：主攻旅游市场与目的地营销、旅游基础理论、旅游影响、饭店产业、旅游安全、都市旅游、台湾旅游、西部旅游发展、旅游职业教育、旅游标准化、边境旅游、旅游学术评价等。

这一期间，一些大学致力于旅游研究，或先或后建立旅游研究中心（所）。1997年，北京大学建立城市与环境学院，成立旅游研究与规划中心。2000年，中山大学成立旅游发展与规划研究中心。2006年，东北财经大学与辽宁省大连市旅游局合作成立东北财经大学大连旅游产业发展研究所、与辽宁省旅游局合作成立东北财经大学辽宁旅游产业发展研究中心等。

一些大企业也在2010年前后，从事旅游智力开发，开展旅游理论研究。如北京巅峰智业集团、浙江远见旅游设计集团、北京东方园林

股份集团、河北旅游规划发展研究院等。

研究机构提供研究平台，凝聚研究力量，迅速提升了中国旅游研究的广度、深度与水平。

二、旅游学科

旅游学是一门研究旅游本质、特征、发生发展规律，与社会政治、经济、文化相互关系、相互作用的学科。

近三十年，国内旅游研究全面铺开，主要基础科目：旅游学，旅游文化学，旅游景观学，旅游史，导游学，旅游资源学①，旅游产品研究②等。主要交叉科目：旅游经济学，旅游管理学③，旅游地理学，旅游社会学④，旅游心理学，旅游交通学，旅游美学，旅游文学等。主要应用科目：旅游标准化，旅游信息化，行业与市场调查等。

这些科目，研究成果丰硕⑤，支撑起现行旅游高等教育课程体系。搭建了旅游学科的基本框架。

研究偏差是，误将旅游学的主要研究对象局限为旅游服务业，误将旅游学局限为一门产业学问，而忽视旅游本质（人类的一种生活方式与文化

①含开发、规划。

②旅游产品指开发应用的旅游活动项目。

③含旅游市场学。

④含旅游民俗学。

⑤旅游学：申葆嘉《旅游学原理》，李天元《旅游学概论》，袁美昌《旅游通论》，翟辅东《旅游六要素理论属性探讨》等。旅游文化学：喻学才《旅游文化学》、《中国旅游文化传统》，石云霞、祁超萍《中国旅游文化概论》等。旅游景观学：陈传康《天然风景及其构景》、《建筑景观与旅游》、《园林建筑景观》等。旅游史：王淑良、张天来《中国旅游史》，王永忠《西方旅游史》，彭顺生《世界旅游发展史》等。导游学：毛福禄、樊志勇《导游概论》。旅游资源学：保继刚《旅游开发研究：原理·方法·实践》，刘春《旅游资源开发与规划》，吴必虎、俞曦《旅游规划原理》等。旅游产品研究：范能船、朱海森《城市旅游学》，崔凤军《城市旅游的发展与实践》，朱姝《中国乡村旅游发展研究》，张建春《中国生态旅游研究》，周振国、高海生《红色旅游基本理论研究》，胥兴安、李柏文、杨懿、班旋《养生旅游理论探析》，陈文《海洋旅游及其特点研究》，吴章文《森林旅游区环境资源评价研究》，黄翔《旅游节庆策划与营销研究》，佚名《会展旅游概论》，曹东、王浪《国内外体育旅游研究现状及比较分析》，刘效明《低碳旅游及其发展研究》等。旅游经济学：石斌《旅游经济学》，易丽萍《区域旅游产业经济研究》等。旅游管理学：李昕《旅游管理学》，徐春波《旅游市场营销学》，梁宗晖、冯荣辉《酒店管理概论》，蒋冰华《旅游商品的特点与分类研究》，许豫宏、崔宴芳《旅游地产开发概论》，邓宏兵、童建新《旅游投资环境研究》，宁士敏《中国旅游消费研究》等。旅游地理学：陶犁《旅游地理学》等。旅游社会学：王宁、刘丹萍、马凌《旅游社会学》，刘丽川《民俗学与民俗旅游》等。旅游心理学：李祝舜《旅游心理学》等。旅游美学：曹诗图《旅游审美概论》等。旅游文学：蒋益《论旅游文学的特征》等。应用科目：李鹏、冯艳滨、孙俊明《旅游标准化理论研究与实践》，李田、姚丽芬、邱明慧、李请辰《中国旅游信息化发展战略研究》，北京信鼎达咨询公司《中国旅游客运行业分析报告》等。

活动）与旅游主体的研究，导致中国高等教育的学科与专业分类目录，只在管理学的工商管理之下设置旅游管理。这一误区制约了旅游学科的发展与成熟。

旅游，是人类生活的产物，是人类通过旅行观赏外物的文化活动。从不依附旅游服务，旅游理论的发生远远早于旅游服务业。旅游服务业及旅游相关产业的发生、发展、发达是人的旅游文化活动发生、发展、发达的衍生。旅游学是一门以文化为本的综合性学科。2008年，深圳大学开设旅游文化本科专业，其学科考量，就是要打破旅游专业囿于经济管理的局限，凸显旅游学科的文化意义。

三、理论共识

国内旅游研究在诸多范畴存有争议，也在诸多范畴达成共识。主要共识是：

旅游是人类最具幸福感的生活方式之一。生活越富足，旅游越兴盛。

旅游主体（游客）的大众化是社会发展与人类生活的巨大进步。旅游主体的全民化是社会发展与人类生活的终极目标之一。

旅游客体（自然、人文景观）是审美对象。自然景观的原生态是最珍贵的旅游资源。人文景观应当具有鲜明的民族性、地域性、形象的独特性和深厚的文化内涵。

中国数千年古代旅游为现代旅游创造了雄厚的旅游文化基础和鲜明的旅游民族风格。

应当弘扬古代旅游的优良传统：崇拜自然的传统，探幽历险的传统，修身养性的传统，格物致知的传统，重人重文的传统，爱国爱民的传统，寓志以游的传统，以文载游的传统，以游育人的传统，保护环境的传统，应当弘扬

古代旅游的审美境界：追求情景交融，"观山则情满于山，观水则意溢于水"。

应当弘扬古代旅游的哲学精神：探究、领悟人与自然，人与社会，人与生活的关系，追求物我和谐。

旅游催生旅游业。旅游业的基础是国民经济，经济越发展，旅游业越发达。旅游业以拉动消费，带动相关行业，促进国民经济。坚持旅游资源国有化，旅游经营市场化。中国旅游业应以完善的现代化、高水平服务与鲜明的民族特色迎接未来。

国运盛，旅游盛。中国旅游势将天马行空，逍遥世界。

参考文献

A

[1] 安德逊【英】.《英国人眼中的大清王朝》.北京：群言出版社，2002年.

[2] 安志敏.《仰韶文化》.北京：中华书局，1982年.

B

[3] 班固【东汉】.《汉书》.北京：中华书局，2000年.

[4] 班固【东汉】.《白虎通》.上海：上海古籍出版社，1990年.

[5] 《北京志·房地产志》.北京：北京出版社，2009年.

[6] 白寿彝.《中国交通史》.北京：团结出版社，2011年.

[7] 鲍照【南朝宋】.《鲍参军集》.上海：上海古籍出版社，1980年.

[8] 斌椿【清】.《乘槎笔记》.《西海纪游草·乘槎笔记·诗二种·初使泰西记·航海述奇·欧美环游记》.长沙：岳麓书社，1985年.

C

[9] 长孙无忌【唐】.《唐律疏议》.北京：中华书局，1983年.

[10] 长水子睿【宋】.《起信论疏笔削记》.日本延宝五年（康熙十六年，1677年）刻本.

[11] 成寻【日】著，王丽萍.《新校参天台五台山记》.上海：上海古籍出版社，2009年.

[12] 陈鼎【清】.《滇黔纪游》.《中国边疆行纪调查记报告书等边务资料丛编》.香港：蝠池书院出版有限公司，2009年.

[13] 陈潮.《近代留学生》.上海：上海古籍出版社，1998年.

[14] 陈建勤.《明清时令游俗与江南社会》,《苏州科技学院学报》.2006年第1期.

[15] 陈寿【西晋】.《三国志》.北京：中华书局，2000年.

[16] 陈奇猷.《韩非子集释》.北京：中华书局，1962年.

[17] 陈奇猷.《吕氏春秋校释》.上海：学林出版社，2001年.

[18] 陈一平.《淮南子校注译》.广州：广东人民出版社，1994年.

[19] 陈玉甲.《绥蒙辑要》.铅印本，1937年.

[20] 陈莹莹.《大力推进旅游标准化建设》.中国经济网，2010年9月10日.

[21] 陈燕钊.《台湾清代会馆与日本占领台湾时代旅馆之比较研究》.《第八届海峡两岸传统民居理论（青年）学术会议（赣州）论文》.2009年.

[22] 陈延厚主编.《中国铁路创建百年史》.台湾铁路管理局，1981年.

[23] 陈子展.《诗经直解》.上海：复旦大学出版社，1983年.

[24] 程春宇【明】.《士商类要》.杨正泰《明代驿站考》附录，上海：上海古籍出版社，2006年.

[25] 常璩.【东晋】.《华阳国志》.济南：齐鲁书社，2010年.

[26] 曹学佺【明】.《蜀中名胜记》.重庆：重庆出版社，1984年.

[27] 曹寅，彭定求【清】等.《全唐诗》.北京：中华书局，1960年.

[28] 曹植【三国魏】著，赵幼文.《曹植集校注》.北京：人民文学出版社，1998年

[29] 蔡绦【北宋】.《西清诗话》.陶宗仪【明】.《说

郛》. 北京：中国书店，1986年.

[30] 蔡绦【北宋】.《铁围山丛谈》. 北京：中华书局，1983年.

D

[31] 邓之诚《清诗纪事初编》. 上海：上海古籍出版社，2012年.

[32] 杜宝【唐】.《大业杂记》. 陶宗仪【明】.《说郛》. 北京：中国书店，1986.

[33]《杜工部集》. 上海：上海古籍出版社，2003年.

[34] 杜光庭五代.《洞天福地记》. 陶宗仪【明】.《说郛》，北京：中国书店，1986年.

[35] 杜佑【唐】.《通典》. 杭州：浙江古籍出版社，2000年.

[36] 段成式【唐】.《酉阳杂俎》. 济南：齐鲁书社，2007年.

[37] 段玉裁【清】.《说文解字注》. 上海：上海古籍出版社，1988年.

[38]《敦煌变文集》. 北京：人民文学出版社，1957年.

[39] 董浩.《全唐文》. 北京：中华书局，2009年.

[40] 董湘琴【清】.《松游小唱》.《董湘琴先生遗著》. 民国成都福民公司代印.

[41] 戴德【西汉】著，黄怀信.《大戴礼记汇校集注》. 西安：陕西三秦出版社，2005年.

[42] 戴璐【清】.《藤荫杂记》. 清刻本.

E

[43]《2013—2017年中国高铁行业深度调研与投资战略规划分析报告》. 前瞻网.

F

[44] 方士淦【清】.《东归日记》. 兰州：甘肃人民出版社，2002年.

[45] 方诗铭，王修龄.《古本竹书纪年辑证》. 上海：上海古籍出版社，2005年.

[46] 方玉润【清】.《诗经原始》. 北京：中华书局，1986年.

[47] 方勺【北宋】.《泊宅编》. 陶宗仪【明】.《说郛》. 北京：中国书店，1986年.

[48] 冯福京，郭荐【元】.《大德昌国州图志》.北京：商务印书馆，2013年.

[49] 冯梦龙【明】.《古今小说》.上海：上海古籍出版社，1987年.

[50] 冯自由.《中华民国开国前革命史》.桂林：广西师范大学出版社，2011年.

[51] 房玄龄【唐】.《晋书》.北京：中华书局，2000年.

[52] 范成大【南宋】.《吴郡志》.南京：江苏古籍出版社，1999年.

[53] 范成大【南宋】.《吴船录》、《揽辔录》、《骖鸾录》、《桂海虞衡志》.李勇先.《宋元地理史料汇编》.成都：四川大学出版社，2007年.

[54] 范纯仁【北宋】.《安州白兆山寺经藏记》，《范忠宣公文集》.北京：线装书局，2004年.

[55] 范公偁【南宋】.《过庭录》.陶宗仪【明】.《说郛》.北京：中国书店，1986年.

[56] 范能船.《旅游与中国文化》.上海：百家出版社，2000年.

[57] 范文澜.《文心雕龙注》.北京：人民文学出版社，1958年.

[58] 范晔【南朝宋】.《后汉书》.北京：中华书局，2000年.

[59] 法显【十六国后秦】.《佛国记》.重庆：重庆出版社，2008年.

[60] 傅梅【明】.《嵩书》.四库全书本.

[61] 傅璇琮.《全宋诗》.北京：北京大学出版社，1995年.

[62] 费著【元】.《岁华纪丽谱》.李勇先.《宋元地理史料汇编》.成都：四川大学出版社，2007年.

[63] 费信【明】.《星槎胜览》.上海：中华书局，1954年.

G

[64] 戈岱司【法】.《希腊拉丁作家远东文献辑录》.耿升译.北京：中华书局，1987年.

[65] 甘熙【清】.《白下琐言》.南京：南京出版社，2007年.

[66]《关尹子》.陶宗仪【明】.《说郛》.北京：中国书店，1986年.

[67] 归庄【清】.《洞庭山看梅花记》,《归庄集》.上海:上海古籍出版社,2010年.

[68] 巩珍【明】.《西洋番国志》.北京:中华书局,1982年.

[69]《国语》.上海:上海古籍出版社,1998年.

[70] 高明.《大戴礼记今译今注》.天津:天津古籍出版社,1988年.

[71] 高濂【明】.《起居安乐笺》.《遵生八笺》.兰州:甘肃文化出版社,2004年.

[72] 郭晋.《民国时期的轮船航运业》.辛亥革命网,2010年11月11日.

[73] 郭茂倩【北宋】.《乐府诗集》.北京:中华书局,1979年.

[74] 郭璞【东晋】著,聂恩彦.《郭弘农集校注》.太原:山西人民出版社,1991年.

[75] 郭璞【东晋】注.《穆天子传》.《四部丛刊初编》.上海:上海书店,1989年.

[76] 郭嵩焘【清】.《郭嵩焘日记》.长沙:湖南人民出版社,1981年.

[77] 郭庆藩【清】.《庄子集注》.北京:中华书局,1961年.

[78] 顾春【明】.《列子》.《六子全书》.长春:吉林出版集团有限责任公司,2010年.

[79] 顾栋高【清】.《春秋大事表》.北京:中华书局,1993年.

[80] 顾恺之【东晋】.《魏晋胜流画赞》.陈传习《六朝画论研究》.天津:天津人民美术出版社,2006年.

[81] 顾颉刚.《五藏山经初探》.北京:北京大学潜社.《史学论丛》第一册.1934年.

[82] 顾炎武【清】.《与友人书》.《亭林文集》.上海:扫叶山房石印本,1919年.

[83] 顾炎武【清】.《与周籀书书》.《亭林文集》.上海:扫叶山房石印本,1919年.

[84] 顾炎武【清】.《昌平山水记·京东考古录》.北京:北京出版社,1962年.

[85] 顾炎武【清】.《日知录》.合肥:安徽大学出版社,

2007年.

[86]《管子》. 杭州：浙江人民出版社，2000年.

[87] 葛洪【东晋】.《抱朴子》. 北京：旅游教育出版社，2012年.

[88] 葛寅亮【明】.《金陵玄观志》. 南京：南京出版社，2011年.

H

[89]《会稽二志》（施宿【南宋】.《嘉泰会稽志》、张淏【南宋】.《宝庆会稽续志》），合肥：安徽文艺出版社，2012年.

[90] 何乔远【明】.《闽书》. 福州：福建人民出版社，1994年.

[91] 何天爵（Chester Holcombe）【美】.《真正的中国佬》（Real Chinaman）. 北京：中华书局，2006年.

[92] 何清谷.《三辅黄图校释》. 北京：中华书局，2005年.

[93] 和瑛【清】.《西藏赋》（附新疆赋）. 光绪八年刻本，湖南省图书馆藏.

[94] 胡穤【南宋】.《简斋先生年谱》. 上海：商务印书馆，1929年刻本.

[95] 郝懿行【清】.《山海经笺疏》. 成都：巴蜀书社，1958年.

[96]《湖南旅游业进军3000亿俱乐部》. 中国旅游新闻网，2014年5月24日.

[97] 洪皓【北宋】.《松漠纪闻》. 李勇先.《宋元地理史料汇编》. 成都：四川大学出版社，2007年.

[98] 洪亮吉【清】.《遣使伊犁日记》.《洪亮吉集》. 北京：中华书局，2001年.

[99] 洪兴祖【南宋】.《楚辞补注》. 北京：中华书局，1983年.

[100] 桓谭【东汉】.《新论》. 上海：上海人民出版社，1977年.

[101] 黄汴【明】.《一统路程图记》/杨正泰.《明代驿站考》附录. 上海：上海古籍出版社，2006年.

[102] 黄省曾【清】.《吴风录》/曹溶【清】辑.《学海类编》. 上海：涵芬楼影印本，1920年.

[103] 黄宗羲【清】.《明儒学案》. 北京：中华书局，

1985年.

[104] 黄仲昭【明】等.《八闽通志》.福州：福建人民出版社，2006年.

[105] 黄遵宪【清】.《与梁启超书》.《黄遵宪集》.天津：天津人民出版社，2003年.

[106] 慧皎【南朝梁】.《高僧传》.西安：陕西人民出版社，2010年.

[107] 慧能【唐】.《坛经》.北京：中华书局，2010年.

[108] 慧立【唐】.《大慈恩寺三藏法师传》.《中外交通史籍丛刊》.北京：中华书局，1983年.

J

[109] 计成【明】.《园冶》.北京：中国建筑工业出版社，2009年.

[110] 贾公彦【唐】.《周礼注疏》.上海：上海古籍出版社，2010年.

[111] 贾兰坡.《北京人的故居》.北京：北京出版社，1958年.

[112] 贾谊【西汉】.《过秦论》.《贾谊集》.上海：上海人民出版社，1976年.

[113] 嵇康【西晋】.《释私论》.《嵇康集》.北京：人民文学出版社，1962年.

[114] 蒋伯潜.《诸子通考》.上海：上海古籍出版社，2013年.

[115] 蒋萍.《民国时期北碚地区的旅游业》.西南大学硕士学位论文，2010年.

[116] 蒋叔南【民国】重修.《雁荡山志》.卢礼阳，詹王美校注.北京：线装书局，2010年.

[117] 蒋维乔.《因是子游记》.上海：商务印书馆，1935年.

[118] 蒋一葵【明】.《尧山堂外纪》.济南：齐鲁书社，1997年.

[119] 蒋骥【清】.《山带阁注楚辞》.上海：上海古籍出版社，1984年.

[120] 景廉【清】.《冰岭纪程》.《西域探险考察大系》.乌鲁木齐：新疆人民出版社，2008年.

[121] 瞿佑.《归田诗话》.乔光辉.《瞿佑全集校注》.杭

州：浙江古籍出版社，2010年.

[122] 嘉靖.《池州府志》.上海：上海古籍书店，1962年.

K

[123]《孔丛子》.北京：中华书局，2009年.

[124] 康有为【清】.《欧洲十一国游记》.北京：社会科学文献出版社，2007年.

L

[125] 吕和叔【唐】.《地志图序》.《吕和叔文集》.《四部丛刊》.香港：商务印书馆影印本，1979年.

[126] 利玛窦【意】.《中国札记》.北京：中华书局，2010年.

[127] 李百药【唐】.《北齐书》.北京：中华书局，2000年.

[128] 李淳风【唐】.《观象玩占》.京都：日本京都大学人文科学研究所藏，明抄本.

[129] 李斗【清】.《扬州画舫录》.扬州：广陵书社，2010年.

[130] 李东有【元】.《古杭杂记》/曹溶【清】辑.《学海类编》.上海：涵芬楼影印本，1920年.

[131] 李昉【北宋】.《太平广记》.北京：中华书局，1961年.

[132] 李格非【北宋】.《洛阳名园记》.李勇先.《宋元地理史料汇编》.成都：四川大学出版社，2007年.

[133] 李军.《大鹏展翅乘风起——新中国民航事业发展回顾》.中国民航报电子版，2011年5月9日.

[134] 李禾俊.《民国初年中国的汽车经济价值观》.《集团经济研究》.2007年，第259期.

[135] 李吉甫.《元和郡县制》.北京：中华书局，2008年.

[136] 李乐【明】.《见闻杂记》.上海：上海古籍出版社，1986年.

[137] 李林甫【唐】.《唐六典》.北京：中华书局，1992年.

[138] 李濬【唐】.《松窗杂录》.陶宗仪【明】.《说郛》.北京：中国书店，1986年.

[139] 李太【唐】.《李太白集》.合肥：黄山书社，2012年.

[140] 李日华【清】.《紫桃轩杂缀》.上海：中央书店，1935年.

[141] 李石【宋】.《续博物志》.成都：巴蜀书社，1991年.

[142] 李世民【唐】.《帝京篇序》.《全唐诗》卷一.北京：中华书局，1960年.

[143] 李焘【南宋】.《续资治通鉴长编》.北京：中华书局，1979年.

[144] 李泰【唐】.《括地志》.贺次君【清】辑，北京：中华书局，1980年.

[145] 李清照【宋】.《金石录后序》.《李清照集校注》.北京：人民文学出版社，1979年.

[146] 李修生.《全元文》.南京：江苏古籍出版社，1998年.

[147] 李远【北宋】.《青唐录》/陶宗仪【明】.《说郛》.北京：中国书店，1986年.

[148] 李元弼【北宋】.《作邑自箴》.上海：商务印书馆，1936年.

[149] 李延寿【唐】.《南史》/《二十四史》.北京：中华书局，2000年.

[150] 李约瑟【英】.《中国科学技术史》.上海：上海古籍出版社，1990年.

[151] 李贽【明】.《焚书·续焚书》.北京：中华书局，1975年.

[152] 李志常【元】.《长春真人西游记》.石家庄：河北人民出版社，2001年.

[153] 逯钦立.《先秦汉魏晋南北朝诗》.北京：中华书局，1983年.

[154] 刘道真【西晋】.《钱塘记》.《太平御览》注引，北京：中华书局，1966年.

[155] 刘昫【后晋】.《旧唐书》.北京：中华书局，2000年.

[156] 刘起釪.《碣石考》.南京：江苏省社会科学院《江海学刊》.1984年，第5期.

[157] 刘侗，于奕正【明】.《帝京景物略》.北京：中国书店，2007年.

[158] 刘向【西汉】.《新序·说苑》.上海：上海古籍出版社，1991年.

[159] 刘向【西汉】.《列仙传》.上海：上海古籍出版社，1989年.

[160] 刘献廷【清】.《广阳杂记》.北京：中华书局，1957年.

[161] 刘熙【东汉】.《释名》.长沙：湖南师范大学出版社，2007年.

[162] 刘熙载【清】.《艺概》.上海：上海古籍出版社，1978年.

[163] 刘义庆【南朝宋】.《世说新语》.武汉：崇文书局，2007年.

[164] 莉埃特·默茨【美】.《几近褪色的记录》.北京：海洋出版社，1993年.

[165] 郦道元【北魏】，王先谦校.《水经注》.北京：中华书局，2009年.

[166] 《六韬》.郑州：中州古籍出版社，2008年.

[167] 罗大经【南宋】.《鹤林玉露》.北京：中华书局，1983年.

[168] 罗泌【南宋】.《路史》.北京：国家图书馆出版社，2003年.

[169] 罗浚【北宋】.《宝庆四明志》.四库全书本.

[170] 罗愿【南宋】.《新安志》.合肥：黄山书社，2008年.

[171] 罗振玉【清】.《殷墟书契考释三种》.北京：中华书局，2006年.

[172] 《老子》.北京：中华书局，2006年.

[173] 《临安三志》（周淙【宋】.《乾道临安志》.赵与修【南宋】.《淳祐临安志》.潜说友【南宋】.《咸淳临安志》）.杭州：西泠印社，2002年.

[174] 姬志真【元】.《云山集》/《中华道藏》第25册.北京：华夏出版社，2004年.

[175] 廖宁.《中国高尔夫球场数量预测和发展研究》.北京林业大学硕士学位论文，2008年.

[176] 《卢作孚集》.武汉：华中师范大学出版社，2011年.

[177] 柳宗元【唐】.《柳河东集》.长春：吉林出版集团

有限责任公司，2005年.

[178] 柳亚子.《自传·年谱·日记》.上海：上海人民出版社，1986年.

[179] 鲁迅.《汉文学史纲要》.北京：人民文学出版社，1973年.

[180] 娄近垣【清】.《龙虎山志》.乾隆五年刊本.

[181] 乐史【北宋】.《太平寰宇记》.北京：中华书局，2008年.

[182] 林洪【南宋】.《山家清事》.陶宗仪【明】.《说郛》.北京：中国书店，1986年.

[183] 林则徐【清】.《林则徐全集》.福州：海峡文艺出版社，2002年.

[184] 林针【清】.《西海纪游草》/《西海纪游草·乘槎笔记·诗二种·初使泰西记·航海述奇·欧美环游记》.长沙：岳麓书社，1985年.

[185] 梁份【清】.《秦边纪略》.《西北史地资料丛书》.西宁：青海人民出版社，1987年.

[186] 梁廷枏【清】.《粤海关志》.广州：中山图书馆道光藏本.

[187] 梁启超【清】.《新大陆游记》.长春：吉林出版集团有限责任公司，2012年.

[188] 黎庶昌【清】.《西洋杂志》.北京：社会科学文献出版社，2007年.

[189] 陆游【南宋】.《入蜀记·老学庵笔记》.上海：上海远东出版社，1996年.

[190] 陆游【南宋】.《剑南诗稿》.上海：上海古籍出版社，2005年.

[191] 陆羽【唐】.《自传》.董浩.《全唐文》.北京：中华书局，2009年.

[192] 楼钥【南宋】.《攻媿集》.北京：中华书局，1985年.

M

[193] 马欢【明】著，万明校注.《瀛涯胜览》.北京：海洋出版社，2005年.

[194] 马克思【德】.《政治经济学批判·导言》.《马克思恩格斯全集》第12卷.北京：人民出版社，1998年.

[195] 马克思【德】.《不列颠在印度统治的未来结果》/

《马克思恩格斯全集》第9卷.北京:人民出版社,1961年.

[196] 马可·波罗【意】.《马可·波罗游记》.北京:中国文史出版社,2008年.

[197] 马尼爱【法】.《游历四川成都记》.《渝报》第9册.光绪二十四年(1898).

[198] 马黎诺里【意】.《马黎诺里游记》/张星烺.《中西交通史料汇编》.北京:中华书局,2003年.

[199] 马向东.《民国时期旅行社及经营个案研究》.北京工商大学硕士学位论文,2003年.

[200] 马永卿【南宋】.《懒真子》.四库全书本.

[201] 马永卿【南宋】.《元城先生语录》.明刻本.

[202] 《福州府志》.明万历本.

[203] 《明实录》.台北:台湾中央研究院历史语言研究所影印,1962年.

[204] 僧佑【唐】.《牟子理惑论》.《弘明集》.北京:中华书局,2011.

[205] 孟棨【唐】.《本事诗》/《唐五代笔记小说大观》.上海:上海古籍出版社,2000年

[206] 孟元老【南宋】.《东京梦华录》.郑州:中州古籍出版社,2010年.

[207] 胡应麟【明】.《诗薮》.上海:上海古籍出版社,1958年.

[208] 梅莉.《明清时期武当山朝山进香研究》.武汉:华中师范大学出版社,2007年.

[209] 穆彰阿,潘锡恩【清】.《大清一统志》.上海:上海古籍出版社,2008年.

N

[210] 迺贤【元】.《河朔访古记》.钱熙祚【清】.《守山阁丛书》.光绪十五年(1889)石印本.

[211] 耐得翁【南宋】.《都胜记胜》.呼和浩特:远方出版社,2001年.

[212] 倪守约【南宋】.《赤松山志》.四库全书本.

[213] 南开大学古籍与文化研究所.《清文海》.北京:国家图书馆出版社,2010年.

O

[214] 欧阳询【唐】.《艺文类聚》.上海：上海古籍出版社，1999年.

[215] 欧阳兆熊，金安清【清】.《水窗春呓》.北京：中华书局，1984年.

[216] 欧阳修，宋祁【北宋】.《新唐书》.北京：中华书局，2006年.

[217] 欧阳修【北宋】.《新五代史》.《二十四史》.北京：中华书局，2000年.

[218] 欧阳修【北宋】.《居士传》.《欧阳文忠公集》.北京：北京图书馆出版社，2005年.

[219] 欧阳修【北宋】.《六一诗话》.《六一诗话·冷斋夜话》.南京：凤凰出版社，2009年.

P

[220] 彭定求【清】等.《全唐诗》.北京：中华书局，1960年.

[221] 彭勇.《中国旅游史》.郑州：郑州大学出版社，2006年.

Q

[222] 祁韵士【清】.《万里行程记》.太原：山西人民出版社，1991年.

[223] 全祖望【清】.《亭林先生神道表》.朱铸禹.《全祖望集汇校集注》.上海：上海古籍出版社，2000年.

[224] 权载之【唐】.《魏国公贞元十道录序》/《权载之文集》.上海：上海古籍出版社，1994年.

[225] 秦嘉谟【清】辑.《世本八种》.北京：北京图书馆出版社，2008年.

[226] 钱伯城等.《全明文》.上海：上海古籍出版社，1994年.

[227] 钱大昕【清】.《网师园记》，《十驾斋养新余录》.清刻本.

[228] 钱谦益【清】.《列朝诗集小传》.上海：上海古籍出版社，2008年.

[229] 钱咏【清】.《履园丛话》.上海：上海古籍出版社，2012年.

[230]《清实录》.北京：中华书局，1985年.

R

[231] 阮元【清】.《十三经注疏》.北京：中华书局，1980年.

[232] 阮籍【西晋】.《大人先生传》，《咏怀》.《阮籍集》.上海：上海古籍出版社，1978年.

[233] 冉海河.《唐代旅馆业研究》.山东大学硕士学位论文，2008年.

[234] 容闳【清】.《西学东渐记》.郑州：中州古籍出版社，1998年.

S

[235] 山川早水【日本】.《巴蜀旧影》.东京：成文馆，1909年.

[236] 司马迁【西汉】.《史记》.北京：中华书局，2000年.

[237] 司马光【北宋】.《资治通鉴》.北京：中华书局，1956年.

[238] 史鉴【明】.《晴雨霁三游西湖》/《西村集》/《圭峰集（外四种）》.上海：上海古籍出版社，1991年.

[239] 宋濂【明】.《芝园后集》/《宋濂全集》.杭州：浙江古籍出版社，1999年.

[240] 宋敏求【北宋】.《长安志》.长安县志局，民国二十年（1931）铅印本.

[241] 宋翔凤，钱宝塘【清】辑.《帝王世纪山海经逸周书》.沈阳：辽宁教育出版社，1997年.

[242] 沈德潜【清】.《古诗源》.北京：中华书局，2006年.

[243]《世本八种》.北京：商务印书馆，1959年.

[244] 沈括【北宋】.《梦溪笔谈》.济南：齐鲁书社，2007年.

[245] 沈约【南朝齐】.《宋书》.北京：中华书局，2000年.

[246]《睡虎地秦墓竹简》.北京：文物出版社，1978年.

[247] 苏莱曼【阿拉伯·唐代】.《苏莱曼东游记》.刘半农译.上海：中华书局，1937年.

[248] 苏霖【元】.《书法钩玄》.北京：国家图书馆出版社，2009年.

[249] 苏轼【北宋】.《苏轼文集》.北京：中华书局，1986年.

[250] 苏轼【北宋】.《东坡志林》.北京：中华书局，2007年.

[251] 苏辙【北宋】.《龙川略志》.北京：中华书局，1982年.

[252]《孙中山全集》.北京：中华书局，1982年.

[253] 孙嘉淦【明】.《孙嘉淦文集》.太原：山西古籍出版社，1999年.

[254] 孙棨【唐】.《北里志》.上海：古典文学出版社，1956年.

[255] 孙晓村.《陈光甫与上海银行》.北京：中国文史出版社，1991年.

[256] 孙绰【东晋】.《道贤论》.张溥【明】.《汉魏六朝百三家集》.长春：吉林出版集团，2005年.

[257] 舍人亲王【日】.《日本书纪》.江户版.

[258] 释道宣【唐】.《续高僧传》.《高僧传合集》.上海：上海古籍出版社，2011年.

[259] 释道原【宋】.《景德传灯录》.成都：成都古籍书店，2000年.

[260] 僧佑【南朝梁】.《佑录》(《出三藏记集》).北京：中华书局，2008年.

[261] 邵博【北宋】.《邵氏闻见录》.北京：中华书局，1997年.

[262] 桑原骘藏【日】.《宋末提举市舶西域人蒲寿庚的事迹》.北京：中华书局，2007年.

T

[263]《太平御览》.北京：中华书局，1966年.

[264] 田汝成【明】.《西湖游览志余》.杭州：浙江人民出版社，1980年.

[265] 汤用彤.《汉魏两晋南北朝佛教史》.北京：中华书局，1983年.

[266] 脱脱【元】.《宋史》.北京：中华书局，2000年.

[267] 唐圭璋.《全宋词》.北京：中华书局，1965年.

[268] 唐甄【清】.《潜书》.北京：中华书局，1955年.

[269] 陶保廉【清】.《辛卯侍行记》.兰州：甘肃人民出

版社，2002年.

[270] 陶谦【东晋】.《陶渊明集》.长春：吉林文史出版社，2002年.

[271] 陶翊【南朝梁】.《华阳隐居先生本起录》.张继愈.《中华道藏》.北京：华夏出版社，2004年.

[272] 昙无谶【北魏】译.《大方等大集经》.北京：宗教文化出版社，2009年.

[273] 屠隆【明】.《游具雅编》.曹溶【清】.《学海类编》.上海涵芬楼排印本，民国九年（1920）.

[274] 谭其骧.《"山经"河水下游及其支流考》.《长水集》.北京：人民出版社，2009年.

[275] 谭家健，孙中原译注《墨子今注今译》.北京：商务印书馆，2009年.

W

[276] 王存【北宋】.《元丰九域志》.北京：中华书局，1984年.

[277] 王充【东汉】.《论衡》.上海：上海人民出版社，1974年.

[278] 王定保【五代】.《唐摭言》.上海：古典文学出版社，1957年.

[279] 王得臣，赵令畤【北宋】.《麈史·侯鲭录》.上海：上海古籍出版社，2012年.

[280] 王福鑫.《宋代旅游研究》.保定：河北大学出版社，2007年.

[281] 王国维【清】.《人间词话》.上海：上海古籍出版社，1998年.

[282] 王国维【清】.《今本竹书纪年疏证》.沈阳：辽宁教育出版社，1997年.

[283] 王国轩，王秀梅译注.《孔子家语》.北京：中华书局，2009年.

[284] 王观【北宋】.《扬州芍药谱提要》.四库全书本.

[285] 王肯堂【明】.《律例笺释》，何勤华.《中国法学史》第二卷，北京：法律出版社，2000年.

[286] 王利器校注，应劭【东汉】.《风俗通义》.北京：中华书局，2010年.

[287] 王士性【明】.《广志绎》.北京：中华书局，1997

年.

[288] 王士禎【清】.《带经堂诗话》.北京：人民文学出版社，1963年.

[289] 王思任【明】.《王季重集》.杭州：浙江古籍出版社，2012年.

[290] 杨伦【明】.《剑侠传校证》.郑州：中州古籍出版社，2012年.

[291] 王淑良.《中国旅游史》.北京：旅游教育出版社，1998年.

[292] 王韬【清】.《漫游随录·扶桑游记》.长沙：湖南人民出版社，1982年.

[293] 王韬【清】.《弢园尺牍》.北京：中华书局，1959年.

[294] 王微【南朝宋】.《叙画》.陈传席.《中国绘画美学史》.北京：人民美术出版社，2009年.

[295] 王象之【南宋】.《舆地纪胜》.北京：中华书局，2005年.

[296] 王先谦【清】.《荀子集解》.北京：中华书局，1988年.

[297] 王逸【东汉】.《楚辞章句》.北京：中华书局，2008年.

[298] 王永积【明】.《锡山景物略》.济南，齐鲁书社，1997年.

[299] 王守仁.《文录》.《王阳明全集》.北京：线装书局，2012年.

[300] 王贻梁，陈建敏.《穆天子传汇校集释》.上海：华东师范大学出版社，1994年.

[301] 王慎中【明】.《黄梅原传》.《遵岩先生文集》.清康熙刻本.

[302] 王延德【北宋】.《使高昌记》.王国维辑本.《使高昌记校注》.国家图书馆馆藏.

[303] 王应麟【南宋】.《玉海》.日本京都：中文出版社，1977年.

[304] 王质【南宋】.《绍陶录》.台北：艺文印书馆印行.

[305] 无名氏【元代】.《居家必用事类全集》.北京图书馆古籍珍本丛刊本.

[306] 文同【北宋】.《丹渊集》.《四部丛刊》.上海：商务印书馆，1936年.

[307] 汪大渊【元】.《岛夷志略》.李勇先.《宋元地理史料汇编》.成都：四川大学出版社，2007年.

[308] 汪继培【清】校正.《尸子》.上海：上海古籍出版社，2006年.

[309] 吴澄.《送何太虚北游序》.《吴文正集》.上海：商务印书馆，四库全书影印本，1936年.

[310] 吴从先【明】.《小窗自纪》.北京：中国社会出版社，2004年.

[311] 吴敬梓【清】.《儒林外史》.深圳：海天出版社有限责任公司，2011年.

[312] 吴经研《陈光甫与上海银行》.北京：中国文史出版社，1997年.

[313] 吴秋士【清】.《天下名山游记》.上海：上海书店，1982年.

[314] 魏收【北齐】.《魏书》.北京：中华书局，2000年.

[315] 魏泰【北宋】.《东轩笔录》.北京：中华书局，1997年.

[316] 魏徵【唐】.《隋书》.北京：中华书局，2000年.

[317] 吴吉祜【民国】.《丰南志》.《中国地方志集成》.南京：江苏古籍出版社，1992年.

[318] 吴曾【南宋】.《能改斋漫录》.上海：上海古籍出版社，1979年.

[319] 吴自牧【南宋】.《梦粱录》.杭州：浙江人民出版社，1980年.

[320] 《翁同龢日记》.上海：中华书局，2006年.

X

[321] 西湖老人【南宋】.《繁胜录》.济南：齐鲁书社，1997年.

[322] 许维遹.《韩诗外传集释》.北京：中华书局，1980年.

[323] 许有壬【元】.《圭塘欸乃集》.台北：台湾商务印书馆，1986年.

[324] 徐弘祖【明】.《徐霞客游记》.重庆：重庆出版社，2007年.

[325] 徐干【三国魏】著，孙启治.《中论解诂》.《新编诸子集成续编》.北京：中华书局，2014年.

[326] 徐坚【唐】.《初学记》.北京：中华书局，2004年.

[327] 徐松【清】.《宋会要辑稿》.北京：中华书局，2012年.

[328] 徐旭生《中国古史的传说时代》.北京：文物出版社，1985年.

[329] 徐渭【明】.《畸谱》.《徐渭集》.北京：中华书局，1999年.

[330] 玄奘【唐】.《大唐西域记》.桂林：广西师范大学出版社，2007年.

[331] 《新刻绣像金瓶梅》.北京：北京大学出版社，1988年.

[332] 谢赫【南朝】.《古画品录》.北京：人民美术出版社，1963年.

[333] 谢贵安，谢盛.《中国旅游史》.武汉：武汉大学出版社，2012年.

[334] 谢灵运【南朝刘】著，顾绍柏.《谢灵运集校注》.郑州：中州古籍出版社，1987年

[335] 谢旻【清】.《江西通志》.北京：商务印书馆，2013年.

[336] 谢朓【南朝齐】著，曹融南.《谢宣城集校注》.上海：上海古籍出版社，1991年，

[337] 谢肇淛【明】.《五杂俎》.北京：中华书局，1959年.

[338] 薛居正【北宋】.《旧五代史》.北京：中华书局，2000年.

[339] 薛英群，何双全，李永良.《居延新简释粹》.兰州：兰州大学出版社，1988年.

[340] 萧统【南朝梁】.《文选》.北京：中华书局，1977年.

[341] 萧子显【南朝梁】.《南齐书》.北京：中华书局，2000年.

[342] 项能波.《百年长江客运话沧桑》.《武汉文史资料》.2007年，第3期，31-34.

[343] 辛文房【元】.《唐才子传》.哈尔滨：黑龙江人民

出版社，1986年.

[344] 薛福成【清】.《出使四国日记》.北京：社会科学文献出版社，2007年.

[345] 薛用弱【唐】.《集异记》，《虞初志》.上海：上海书店，1986年.

[346] 忻平.《王韬与中日文化交流》.上海：华东师范大学历史系资料，1985年.

[347] 许承尧【民国】.《歙事闲谭》.合肥：黄山书社，2011年.

[348] 熊梦祥【元】著，北京图书馆善本组.《析津志》.北京：北京古籍出版社，1983年.

Y

[349] 于钦【元】著，刘敦愿等.《齐乘校释》.北京：中华书局，2012年.

[350] 余少文.《厦大上弦足球场清末曾是跑马场》.厦门大学馆藏资料，2009年.

[351] 应劭【东汉】.《汉官仪》/《汉官六种》.北京：中华书局，1990年.

[352] 严华.《台湾旅游业发展现状、特点与启示》.《江苏经济报》2013年2月21日.

[353] 严可均【清】.《全上古三代秦汉三国魏晋南北朝文》.上海：上海古籍出版社，2009年.

[354] 扬雄【西汉】.《太玄经》.台北：台湾中华书局，1965年.

[355] 杨衒之【北魏】.《洛阳伽蓝记》.北京：中华书局，2012年.

[356] 友声旅行团.《友声旅行团简史》.（出版社不详），1947年.

[357] 永瑢，纪昀【清】.《四库全书总目提要》.石家庄：河北人民出版社，2000年.

[358] 《晏子春秋》.北京：中华书局，2007年.

[359] 伊本·贝图达【摩洛哥】.《在美好国家旅游者的欢乐》，引自沈福伟.《中西文化交流史》.上海：上海人民出版社，1988年.

[360] 袁宏道【明】.《袁宏道集》.《传世藏书·集库·别集》.海口：海南国际新闻出版中心，1996年.

[361] 袁康，吴平【东汉】.《越绝书》.北京：人民出版社，2009年.

[362] 袁枚【清】.《随园诗话》.南京：凤凰出版社，2009年.

[363] 袁中道【明】.《袁中道集》.《传世藏书·集库·别集》.海口：海南国际新闻出版中心，1996年.

[364] 袁忠彻【明】.《古今识鉴》.四库全书本.

[365] 姚思廉【唐】.《梁书》.北京：中华书局，2000年.

[366] 余怀【清】.《板桥杂记》.南京：江苏文艺出版社，1987年.

[367] 喻学才.《中国旅游文化传统》.南京：东南大学出版社，1995年.

[368] 鱼豢【魏】.《魏略》.昆明：云南大学出版社，2011年.

[369] 耶律楚材【元】.《西游录》.北京：中华书局，1981年.

[370] 虞荔【南朝·梁陈】.《鼎录》.《四库全书》.

Z

[371] 中国社会科学院考古研究所.《新中国的考古发现与研究》.北京：文物出版社，1984年.

[372] 《中国旅游业改革开放三十年发展报告》.国家旅游局课题组，2008年12月.

[373] 《中国旅游集团发展报告（1979—2010）》.中国旅游研究院，2011年.

[374] 《中国铁路的发展历程》,《中国铁道年鉴》.1999年.

[375] 正先.《黄公度——戊戌维新运动的领袖》,上海《逸经》文史半月刊.1936年，第10期.

[376] 朱弁【南宋】.《曲洧旧闻》.上海：商务印书馆，1936年.

[377] 朱长文【北宋】.《吴郡图经续记》.南京：凤凰出版社，1999年.

[378] 朱骏声【清】.《说文通训定声》.北京：中华书局，1984年.

[379] 朱权【明】.《太和正音谱》.台北：学海出版社，2011年.

[380] 朱熹【南宋】.《朱子语类》.北京：中华书局，1986年.

[381] 朱熹【南宋】.《四书集注》.南京：凤凰出版社，2005年.

[382] 朱熹【南宋】.《诗集传》.北京：中华书局，2011年.

[383] 朱彧【北宋】.《萍洲可谈》.李勇先.《宋元地理史料汇编》.成都：四川大学出版社，2007年.

[384] 宗炳【南朝宋】.《画山水序》.北京：人民美术出版社，1985年.

[385] 《战国策》.上海：上海古籍出版社，1978年.

[386] 张邦基【南宋】.《墨庄漫录》.《宋元笔记小说大观》.上海：上海古籍出版社，2001年.

[387] 张潮【清】.《幽梦影》.郑州：中州古籍出版社，2008年.

[388] 张岱【明】.《陶庵梦忆》.青岛：青岛出版社，2010年.

[389] 张德彝【清】.《航海述奇》.北京图书馆藏本.

[390] 张帆.《南京国民政府民用航空业研究（1927—1937）》.河北大学硕士论文，2007年.

[391] 张华【西晋】.《博物志》.重庆：重庆出版社，2007年.

[392] 张海珊【清】.《游说》，《皇朝经世文编》.

[393] 张君房【北宋】.《云笈七签》.北京：中华书局，2003年.

[394] 张龙，吕飞.《抗战时期重庆旅游业的发展状况及原因分析》.《重庆教育学院学报》.2004年第6期.

[395] 张舜民【北宋】.《彬行录》/《画墁录》.台北：商务印书馆，文渊阁四库全书本，1986年.

[396] 张守节【唐】.《史记正义》.台北：台湾商务印书馆，1986年.

[397] 张廷玉【清】.《明史》.北京：中华书局，2000年.

[398] 张铉【元】.《至正金陵新志》.南京：南京出版社，1991年.

[399] 张向前.《澳门旅游业现状及展望》.《海峡科技与产业》.2001年，第3期.

[400] 张月中，王纲.《全元曲》. 郑州：中州古籍出版社，1996年.

[401] 张彦远【唐】.《历代名画记》. 南京：江苏美术出版社，2007年.

[402] 张玉冰.《台湾旅游业发展现状》.《统一论坛》. 2008年.

[403] 张彦远【唐】.《书法要录》. 北京：人民美术出版社，1984年.

[404] 张仲景【东汉】.《金匮要略》. 太原：山西科学技术出版社，2010年.

[405] 张鷟【唐】.《朝野佥载》.《朝野佥载·云溪友议》. 上海：上海古籍出版社，2012年.

[406] 张宗橚【清】辑.《词林纪事》. 北京：古典文学出版社，1957年.

[407] 赵尔巽等【民国】.《清史稿》. 北京：中华书局，1998年.

[408] 赵汝适【南宋】.《诸蕃志》.《诸蕃志校释·职方外纪校释》/《中外交通史丛书》. 北京：中华书局，2000年.

[409] 赵琪修，袁荣叟【民国】.《胶澳志》，青岛华昌印刷局铅印，1928年.

[410] 赵岐【东汉】著，张澍【清】辑.《三辅故事》.《三辅决录·三辅故事·三辅旧事》. 西安：三秦出版社，2006年.

[411] 赵晔【东汉】.《吴越春秋》. 北京：中华书局，1970年.

[412] 章太炎.《中华民国解》. 日本东京，《民报》1907年（光绪三十三年）7月5日，第十五号. 臧嵘《中国古代的驿传与邮传》. 北京：中国国际广播出版社，2009年.

[413] 祝穆【南宋】.《方舆胜览》. 北京：中华书局，2003年.

[414] 周必大【南宋】.《文忠集·归庐陵日记》. 文渊阁《四库全书》本.

[415] 周达观【元】.《真腊风土记》. 陶宗仪【明】.《说郛》. 北京：中国书店，1986年.

[416]《周敦颐集》.长沙：岳麓书社，2002年.
[417]周煇【南宋】著，刘永翔校注.《清波杂志》.北京：中华书局，2007年.
[418]周密【南宋】.《武林旧事》.北京：中华书局，2007年.
[419]周去非【南宋】著，杨武泉校注《岭外代答》.北京：中华书局，1999年.
[420]周应合【南宋】.《景定建康志》.南京：南京出版社，2009年.
[421]周忱【明】.《小西天游记》.《双崖集》.《明代基本史料丛刊·文集卷》.北京：线装书局，2013年.
[422]郑厚【南宋】.《艺圃折中》.陶宗仪【明】.《说郛》.北京：中国书店，1986年.
[423]郑俊明.《外文史料揭秘清末厦门洋人赛马往事》.厦门史料.
[424]郑若葵.《交通工具史话》.《中国史话》.北京：社会科学文献出版社，2012年.
[425]郑振铎.《西北胜迹》.平绥铁路局，民国二十四年（1935）.
[426]钟嗣成【元】.《录鬼簿》.北京：中国戏剧出版社，1959年.
[427]钟叔和.《走向世界》.北京：中华书局，1985年.
[428]曾敏行【南宋】.《独醒杂志》.上海：上海古籍出版社，1986年.
[429]智匠【南朝陈】.《古今乐录》.郭茂倩【北宋】.《乐府诗集》引.北京：中华书局，1979年.
[430]智升【唐】.《开元录》.小野玄妙等【日】.《大正藏》第五十五册，日本大正一切经刊行会，1934年.
[431]赞宁【宋】.《高僧传》.北京：中华书局，2006年.

图书在版编目(CIP)数据

中国旅游通史:全2卷/章必功著.—北京:商务印书馆,2016
ISBN 978-7-100-12260-3

Ⅰ.①中… Ⅱ.①章… Ⅲ.①旅游业—经济史—中国 Ⅳ.①F592.9

中国版本图书馆 CIP 数据核字(2016)第 110820 号

所有权利保留。
未经许可,不得以任何方式使用。

中国旅游通史(上、下卷)
章必功　著
王晓琪　特约编审

商　务　印　书　馆　出　版
(北京王府井大街36号 邮政编码100710)
商　务　印　书　馆　发　行
北京市松源印刷有限公司印刷
ISBN 978-7-100-12260-3

2016年7月第1版　　　开本 787×1092　1/16
2016年7月北京第1次印刷　印张 60 3/4
定价:198.00元